JN298631

ネオ・シカゴ都市社会学シリーズ 2
松本 康・奥田道大 監修

社会学科と社会学
シカゴ社会学百年の真相

アンドリュー・アボット［著］　松本 康・任雪飛［訳］

ハーベスト社

　1992年のあるとき、私は当時『アメリカ社会学雑誌』（American Journal of Sociology）の編集者であったマルタ・ティエンダから、この雑誌の歴史に取り組み、1995年の百周年を期して発表してほしいと依頼された。他の仕事で忙しいので、私は辞退した。じつを言うと、私は社会学の雑誌に決定的に混ざり合った態度をとっていた。多くの人びとと同様に、私はほとんどの雑誌論文は優秀だがつまらないことに気づいていた。たしかに、私自身の最も良い論文は──「最も良い」というのが最も引用されているという意味であるなら──、ほとんどがつねに主要な雑誌から却下されたものであった。なかでもAJSは目立っていた。しかし、ティエンダ教授は、押しの一手で、結局、私を説き伏せてしまった。

　私の学科の同僚たちがこのプロジェクトの手助けをしてくれたことには、御礼の申し上げようもない。結局、本書のほとんどは、かれらが、AJSの編集委員会の資格において却下した題材からなっている。しかし、AJSの編集者たちは、とても支援的であったと言うことだけは公正である。少なくとも、私が書いたものを見るまでは。それゆえ、私はエドワード・ラウマンとマルタ・ティエンダに感謝している。かれらがいなければ、この本はけっして出版されなかったであろう。
　──序文より

　ブルーマーとワースは、社会生活にかんするシカゴの見方を説明したいと思っている。その一方で、ウォーナーとヒューズは、そんなことはできないし、すべきでないと思っている。ブルーマーは、社会学の核心が個人と集団がどのように相互に影響しあうかという知的な問題であると信じている。ワースは、社会学の核心が、理論は調査から成長するなどといった一組の格率であると信じている。ウォーナーとヒューズは、他の人間が社会学の核心をどう考えているかを気にもとめていない。かれらはただ社会学をつづけたいと思っているだけである。それは、かれらにとって、ワースの格率にしたがい、ブルーマーの問題によって活気づけられたかたちをとるものであった。一方の側〔ウォーナーとヒューズ〕は、他方の側〔ワースとブルーマー〕が説教していることを実践しているが、それでいて、その説教にたいしては、実践をしていないという理由で攻撃し、それ自体は、その実践が説教に沿っていないという理由で攻撃されている。このような密接に関連する矛盾からシンボルが創られる。なぜなら、どちらの側も、それがパーソンズであろうとラザースフェルドであろうと、説教や実践の外部にある考えにたいしては、相手側を防衛するからである。この議論は、シカゴの社会学的実践がじっさいに意味していることのすべてにかんするものである。
　──本書第2章より

*For Woody*

ANDREW ABBOTT
**Department and Discipline**
Chicago Sociology at One Hundred

Copyright © 1999 by The University of Chicago Press. All rights reserved.

Japanese translation rights arranged with The University of Chicago Press through Japan UNI Agency, Inc., Tokyo

# 目次

『社会学科と社会学』日本語版への序文 ……………………… *v*
序文 ……………………………………………………………… *viii*

プロローグ ……………………………………………………… *1*
第1章　シカゴ学派に関する歴史研究 ………………………… *5*
第2章　第二次シカゴ学派における移行と伝統 ……………… *47*
　　　　（エマニュエル・ガジアーノとの共著）
第3章　アルビオン・スモールの *AJS* ………………………… *111*
第4章　シカゴ学派の *AJS* ……………………………………… *141*
第5章　プロフェッショナリズムへ移行する *AJS* …………… *185*
第6章　*AJS* の現代的形態 ……………………………………… *221*
エピローグ ……………………………………………………… *299*

　資料と謝辞 ……………………………………………………… *304*
　訳者解説 ………………………………………………………… *310*
　参考文献 ………………………………………………………… *329*
　索引 ……………………………………………………………… *344*

## 凡例

1. 本書は、Andrew Abbott, *Department and Discipline: Chicago Sociology at One Hundred*, University of Chicago Press, 1999 の全訳である。ただし、著者の了解を得て、記述を一部修正したところがある。
2. 原文中、強調を示すイタリック体の語句には、傍点を付し、書名を示すイタリック体については『　』で括った。ただし、*AJS, ASR* のように、雑誌名を表す略号については原文どおりイタリック体とした。
3. 原文中、引用を示す " " は、「　」で括った。
4. 原文中の ［　］、（　）は、原則としてそのまま表記した。ただし、訳文中に原語を示すために（　）を使ったところがある。
5. 訳者による訳文の補足は、〔　〕で括った。また、訳注は * で示し、段落間に、適宜、挿入した。
6. 外来語のカタカナ表記は、原則として、できるだけ発音に忠実に表記したが、サービス、レベルなど日本語として一般に定着している場合には、慣例にしたがった。人名、地名の場合も同様である。

# 『社会学科と社会学』日本語版への序文

　『社会学科と社会学』の日本語版に短いはしがきを書くことができるのをとてもうれしく思います。

　本書は、私にとっていくつかのレベルで役割を果たしています。経験的には、これはなんといっても、シカゴ社会学の伝統のある部分にかんする歴史書です。そこには、4つの章にわたって、学科の雑誌の体系的な歴史が含まれており、また、これまで研究されてこなかった学科の詳細な歴史、つまり1945年から1960年代初期までの第二次シカゴの歴史も含まれています。加えて、シカゴ学派にかんする歴史研究の概説と研究史、それにシカゴ社会学の現代的な基礎と意義にかんする綱領的な宣言も入っています。

　本書は、ある意味では、まさしくその綱領的宣言にぴったり合っています。その経験的分析は、私にとって、社会生活へのシカゴ・アプローチの基礎をなすと思われる一種の文脈主義と過程主義を例証することを意味していました。同時に、本書は、私の知るかぎりでは、ひとつの学術雑誌の長期間にわたる歴史を、史料にもとづいて研究した最初のものとなっています。それゆえ、本書は学術出版にかんする研究文献に貢献しています。しかし、学術出版の活動は、近年、急速に変化してきており、そのために、本書は、ほとんど風変わりな歴史的書物になってしまっているようにもみえます。

　理論的には、本書にはふたつの重要な次元があります。第一は、私がのちに『学問分野のカオス』(Chaos of Disciplines) のなかで発展させることになる学問分野の動態的理論についての予備的な探求です。私がつねに見いだしてきたことは、注意深い経験的研究は理論にとって最良の基礎であるということです。専門職にかんする私の理論的書物は、1880年から1930年までのアメリカの精神医学の歴史についてのきわめて詳細な博士論文から生まれてきたものでした。同じことは、『社会学科と社会学』にも当てはまりました。私はすでに学問分野の進化にかんして断片的な論文を書いてきましたが、特定の事例について古い記録の詳細にもとづいて取り組むことはとても有用でし

た。「学派」、専門化、そして方法論的変化についての私の理論は、学科、学問分野、雑誌、およびそれらのなかで発展してきた知識の関係にかんするこの研究によって発展しました。

しかし、私にとって、第二の理論的次元は、じっさいにもっと重要でした。私が『社会学科と社会学』を執筆していた当時、社会的時間の理論にかんする私の本の二度目の草稿を書き始めたところでした。この本は、いまだに完成していません。必然的に、社会生活についての高度に過程主義的な説明から出てきた考え方は、『社会学科と社会学』に現れました。「系譜」「社会的実体」「文化的実体」といった概念が、この新しい理論的パラダイムから導出されていることは、プロローグとエピローグの議論で示されているとおりです。じっさい、私にとって、これは本書の最も重要な側面でした。本書は、理論にもとづく歴史研究を試してみる機会だったのです。

もとより本書にはいくつかの重要な限界があります。第一に、それはけっしてシカゴ社会学全体の歴史ではありません。第二に、これらの話には、重要で特異な、ナショナルな側面があり、アメリカ人である私にはそれが見えません。アメリカの高等教育の世界が大きな競争的・永続的変化を遂げてきたことは、ここでは自明のこととしています。それらは、疑いもなく、高等教育の世界が非常に異なっている日本の読者にとって、じつに際立って見えることでしょう。

第三に、ここで年代記を書いた学科に、私自身が長いあいだ関係しており、大いに称賛してきたことからつくられる本書の側面があります。この歴史研究は、詳細で注意深いものであるでしょうが、私が過去のシカゴを称賛していることと、それをさらに次の世代のために再構築したいと願っていることの双方によって、深く影響されているという事実から逃れることはできません。この意味で、私は、直接、絵のなかに足を踏み入れてきたのです。この「絵のなかに入る」という性質は、本書を出版してから十年以上も、私が継続して、本書がその歴史を扱っている雑誌の編集者であったという事実によって強められています。じつに、私はいまや、アルビオン・スモールとハーバート・ブルーマーに次いで、3番目に任期が長い *AJS* 編集者です。そして、順調にいけば、あと2年でブルーマーを超えます。

# 序　文

　それゆえ、本書に個人的な利害関心が入り込むことは避けられないのです。良かれ悪しかれ、私はシカゴ学派社会学と密接に同一化するようになりました。そして本書はその同一化の重要な一歩として読まれざるを得ないのです。

　私は、松本康と任雪飛が本書を日本語に翻訳するに値するものと考えたことを、本当に光栄に思っております。私はふたりの翻訳の努力に感謝しています。私は、日本の読者に、本書に含まれている考え方が、有用であるか、面白いものであるとわかっていただけることを願うのみです。そうでなかったとしても、ことによると、少なくともある読者にとっては、本書は、谷崎潤一郎をもじって『瘋癲老社会学者の日記』として読むことができるかもしれません。

　　　　　　　　　　　2011年4月
　　　　　　　　　　　　　アンドリュー・アボット

# 序文

　1992年のあるとき、私は当時『アメリカ社会学雑誌』(American Journal of Sociology)の編集者であったマルタ・ティエンダから、この雑誌の歴史に取り組み、1995年の百周年を期して発表してほしいと依頼された。他の仕事で忙しいので、私は辞退した。じつを言うと、私は社会学の雑誌に決定的に混ざり合った態度をとっていた。多くの人びとと同様に、私はほとんどの雑誌論文は優秀だがつまらないことに気づいていた。たしかに、私自身の最も良い論文は——「最も良い」というのが最も引用されているという意味であるなら——、ほとんどがつねに主要な雑誌から却下されたものであった。なかでもAJSは目立っていた。しかし、ティエンダ教授は、押しの一手で、結局、私を説き伏せてしまった。

　ひとたび、私がアーカイブにむかうと、このプロジェクトは独自の生命をもつようになった。屋根裏部屋や地下室を熱心に探索しても、初期のAJSのアーカイブはまったく見つからなかった。それゆえ、初期については、さまざまな教授陣の個人文書から再構成しなければならなかった。しかし、こうした教授陣のファイルは、私が何年間も身につけてきたシカゴの伝承の多くに挑戦するものであった。AJSの歴史について想いをめぐらすためには、学科の歴史についてより広く考えることが必要になった。この時点で、私はゲーリー・ファインの編集した第二次シカゴ学派についての本にかかわることになった。結局、私は、その本に、戦後期の教授陣について——マニー・ガジアーノと共著で——ひとつの章を寄稿することになった。

　そろそろ、AJSの百周年は不気味に迫ってきていた。私は学部長になり、このプロジェクトは思ったよりもずっと遅れていた。私はまた、アメリカ社会学会出版委員会の委員長となった。おかげで社会学的な出版について俯瞰する眼をもてるようになり、ずっと広い理論的争点について考えるようになった。私は、1995年にAJSの歴史の前半についての草稿をつくった。その草稿は、このプロジェクトにかんするわれわれの見通し

序　文

が、いかにずれてきたかを示すものとなった。AJSの委員会側では、原稿の長さと、それがフォーマルな理論と仮説の検証を含んでいなかったという事実に恐れおののいた。分析的な歴史は、かれらを困惑させた。それとは反対に、私のほうは、歴史的な複雑さのために、モノグラフが必要となった。AJSを理解することは、〔シカゴ大学社会〕学科を理解することを意味しており、しだいに明らかになったことではあるが、〔社会学という〕学問分野を理解することでもあった。AJSを研究することは、学問分野と学派がどのように発展するのかを考え直すひとつの方法であり、十分に理論的な課題であった。さらに、私は処女地と思われる場所を耕していた。現代の学術出版の制度的構造についての真剣な歴史的探求が、ほとんどなかったのである。

しかし、AJSから大量の削除と完全な書き直しを要求された。多くの交渉をしたものの、あまりうまくいかなかった。メディアはメッセージになった。百年の歴史それ自体が、私が書いていた事柄のひとつを例証するようになった。それは『雑誌』が、狭くて固い構造に変身し、その固定された場所を越え出ることができないということである。

私が、満足のいく完全な原稿であると思えるものを書いたときには、AJSに新しい編集者——エドワード・ラウマン——がおり、百周年から2年たっていた。しかし、その結果は、避けようもなかった。AJSは、私に歴史を書くように頼んだものの、その歴史はAJS誌上で発表するのには適切ではないと決定した。この判決は、AJSが私の書いたものを拒否したという意味においてだけでなく、AJSとしては、じっさい、それ自身の歴史は雑誌の紙幅をさくトピックとして適切でも正当でもないことを結局見いだしたという意味においても、真実であった。『雑誌』の50周年のときには、学術雑誌と学問分野についての大騒動が生じた。しかし百周年では、AJSはあえて自らについて多く振り返ろうとはしなかった。出版するには振り返るべきことが多すぎたのである。

『雑誌』から拒絶されたために、私はプロジェクト全体の再考を余儀なくされた。ある意味で、私の分析のテーマと、私が編集委員会とのあいだで経験したことの意味は、どちらも、AJSがある時点で、学科の見方を示す機関であることをやめ、地理的な意味では広くても、知的な意味では狭く解釈さ

れた学問分野の機関になったということであった。私のデータが示したように、1920年代と1930年代の*AJS*は、学科とその知的プログラム——シカゴ学派と呼ばれるようになるいくらか折衷的なパッケージ——が構成される中心的な手段であった。後年、真に全国的な地位に移動すると、標準化と、ある程度の知的な動脈硬化がもたらされた。

このテーマは、ガジアーノと私がシカゴの教授陣について書いた章の主要テーマとなったものに収斂した。戦後の時期に、学科の回顧的な自己イメージの転換が完成した。そして、シカゴ〔社会学〕の見方は、最終的には、社会学全体を構成するものというよりも、なにか特殊シカゴ的なものとして、当事者の精神のなかで確認された。黄金時代の最後の生き残りが、シカゴ学派の存在を認めはじめたのは、1950年代になってからであった。しかし、それを認めることは、他の見方があること、シカゴが中心や典型ではなく、むしろその一部にすぎないような、より大きな学問分野があることを認めることを意味していた。

こうして、ガジアーノ＝アボット論文は、学科の見方と学問分野の構造にかんする分析への第二の脚となる。この三脚の第三の脚は、私のアメリカ社会学会ソローキン講演に由来していた。それは、1993年に、*AJS*に拒絶された私の長い議論の最後のものとなった。そこで私は、シカゴ学派の理論的精髄は、空間と時間における社会的事実の位置づけを強調するものであると論じた。じっさい、私が読みなおしによってシカゴ学派を見いだしたように、私の論文が主張していたのは、この種の理論は多少とも社会学と同じ外延をもっていたということであった。私は、その意味において、絵のなかに足を踏み入れ、シカゴの見方について大仰な主張をした。

それゆえ、これら3つの部分をまとめて、シカゴ学派とその知的遺産とより大きな学問分野とのあいだの関係の変化を考察する本にするのは意味をもつ。ふたつのより小さな部分はすでに発表した。第2章は、ゲーリー・ファイン編『第二次シカゴ学派？』に「移行と伝統」という題名で現れた。ここではそれをわずかに改訂しただけである。第7章は「時間と場所について」という題名で、ノースカロライナの『社会諸力』(*Social Forces*) によって、最終的に発表した。私は、再掲載を許可していただいたことに感謝している。

# 序　文

　私はこれら3つの部分とシカゴ学派の歴史研究にかんする導入的な論文とを結びつけた。これもまたトプシー〔調教師3人を殺し1903年にアメリカで処刑されたゾウ〕のように成長してきたプロジェクトである。シカゴ学派をめぐる本を組み立てる目的で、私は「シカゴ学派はじっさいには何であったのか」についての短い要約をつくるという考えから始めたが、やがて私はこの特別の「現実」そのものがもうひとつの幻影であることを発見した。それゆえ、この部分もまた実質的な論文となり、学派というものの本質と学派とその歴史研究との関係について洞察している。

　本書の題名〔原題を直訳すれば『学科と学問分野』〕は、ステッフェン・ダイナーがシカゴ社会学科の初期についての論文のために、すでに使った題名の再利用である。私は自分でそれを思いついたが、数年前にダイナーを読んでいたので、ことによると私はたんに心の貯蔵室のどこかから思い出しただけなのかもしれない。それは、私がここでやっていることを表す良い題名であるので、そのままにしておいた。

　このプロジェクトについての私の謝辞は多方面にわたる。*AJS*のプロジェクトについてのシカゴ大学出版会の財政援助に感謝しなければならない。私はまた、共著者のマニー・ガジアーノに対して、われわれの論文をファインの本から再利用させていただいたことに感謝している。もっと重要なのは、アーカイブにおける親交で、かれに感謝していることである。私は、ダン・メイヤーとシカゴ大学特別コレクションのスタッフのつねに変わらぬ支援に感謝している。最後に、オックスフォード大学のナッフィールド・カレッジのウォールデン・アンド・フェローズは、第5章と第6章の執筆を、紛れもなく楽しいものにするような知的歓待を提供してくれた。

　私はまた、*AJS*プロジェクトがひきおこした多くのホラー話を聞いてくれた人びとにも感謝しなければならない。コーリン・ルーカス、リチャード・セーラー、スティーブ・ピンカス、スーザン・ガル、スティーブ・ウォルト、キャサリーン・ヴァーデン、そしてだれよりも私の妻のスーザン・シューラフに。私がこの出来事についてわめき立てるのを、スーがどのくらい耐えてくれたのかはわからないが、それはきっと、とてもうんざりするようなものであったに違いない。

私の学科の同僚たちがこのプロジェクトの手助けをしてくれたことには、御礼の申し上げようもない。結局、本書のほとんどは、かれらが、*AJS*の編集委員会の資格において却下した題材からなっている。しかし、*AJS*の編集者たちは、とても支援的であったと言うことだけは公正である。少なくとも、私が書いたものを見るまでは。それゆえ、私はエドワード・ラウマンとマルタ・ティエンダに感謝している。かれらがいなければ、この本はけっして出版されなかったであろう。

　神のさらなる栄光のために

イリノイ州シカゴ<br>
1998年8月31日

　本文にかんする短い注：従前の私の本の注が脚注ではなく章末注であったことでお叱りを受けた。私は、本書の注をページの下におくことでお答えした。しかし、第2章から第6章までの注は、いくらか複雑な略号の体系を用いている。この体系についての私の説明を繰り返すことを避けるために、資料の包括的な考察についての説明を、エピローグのうしろにおいた。読者は、さらなる謝辞をそこに見いだすであろう。とくに、われわれが長いあいだ忘れていた学問分野の同僚たちにかんする、驚くほど大量の情報を掘り出したリサーチ・アシスタントたちへの謝辞である。

# プロローグ

　シカゴ学派とは厳密に何なのであろうか、あるいは、何であったのだろうか。それは人びとの集団であったのか、それとも一群の観念であったのか。それはある瞬間であったのか、それとも長期にわたる伝統であったのか。シカゴ学派は、より大きな諸力の合流によって生みだされたものなのか、それとも個々のパーソナリティの力によって生みだされたものなのか。まるで猫がもがいているネズミをもてあそぶように、どこまでも続く文献は、こうした問いをもてあそんでいる。たしかに、猫はなかなか食べようとしないようにみえる。これらの問いは、答えが出ていないがゆえに、さらにいっそう楽しめるようだ。

　しかし、われわれがもっているシカゴ学派にかんする多くのイメージにとって重要な鍵となるだけでなく、シカゴ学派そのものにとって重要な鍵となるのは、この答えが出せないという性質である。なぜなら、シカゴ学派はひとつの事物などではなく、むしろ事物を生成するひとつの様式であるからだ。それが、シカゴ学派の理論である。また、それは、シカゴ学派の実践の現実でもあった。以下に続く本書の内容は、シカゴ学派の性格にかんする黙想として、そしてそれをつうじてなされた社会的現実の性格にかんする黙想として受け取られるかもしれない。その真の問題――私が上に挙げたすべての問題の根底にあるもの――は、社会的事物が存在すると述べること、すなわち、シカゴ学派とは過去において何かであったか、現在において何かであると述べることが、何を意味するのかという問題である。われわれの言語学的な慣習が、ここではわれわれを欺く。なぜなら、シカゴ学派という語句は、名詞であり、そのようなものとして、われわれは、食卓や建物のような名詞をかたちづくるのと同じようにそれを理解し、同じような固定的存在としてそれを想像する。しかし、シカゴ学派は事物、すなわちある時点で確立された社会関係や知的観念の固定的な配列ではなかったと私は論じるだろう。それはむしろ関係と観念の伝統であり、その伝統が時間を超えていかに再生産され

るかについての概念と組み合わさったものである。

　私は、その伝統を歴史的に探求しよう。このことは、些末な論点と思われるかもしれないが、そうではない。なぜなら、私は「歴史的」という言葉に、「過程的」という適切な意味をもたせているからである。シカゴ学派は、パークとバージェスが、ハーパー図書館の研究室で『科学としての社会学入門』を書き上げるまでの、いつまでもつづく話し合いにかかわっている場面から始まり、1920年代の偉大な人物たちと偉大な瞬間に移っていく完璧なビデオテープなどではない。この学派が、ほとんど必然的に、20世紀初頭のアメリカの活気あふれる混合から生まれたというような、目的論的な話を生み出すことは簡単にできる。しかし、そうではなく、シカゴ学派は偶然の、偶発的なものであった。じっさい、シカゴ学派についての基本的な問いに答えがないままになっているのは、この学派が捕まるのを拒んでいたためである。

　それゆえ、私はシカゴの伝統に数多くの歴史的な視線を投げかけ、シカゴ学派を現実にしている特定の配列を捉えようとするであろう。私は、シカゴ学派の歴史研究を概説することから始める。このひどく困惑するような文献を理解するために、われわれは、学派の「存在」にかんするわれわれの観念を概念化しなおさなければならない。われわれは、それを数多くの社会的な撚り糸の交差として考え直し、学派の「存在」を、それを構成する社会的諸力を変容させることのできる能力に結びついたものとして想像しなければならない。

　つぎに、私は、第2章において、第二次世界大戦後のシカゴの伝統の再現にむかう。ここで私は、極端に細かい歴史的分析に取りかかり、いかにこの学派が、あれやこれやの個人に具象化された現象としてではなく、構成部分間の複雑な関係として、ある意味で出現したかを示す。最初の節では、学部政治と学科構造の詳細について考察し、(第一次もしくは第二次)シカゴ学派が、あれやこれやの人びとから「構成される」というわれわれのイメージを掘り崩そうと試みる。2番目の節では、1951〜52年に社会学科でなされた膨大な自己評価研究を詳細に読み、社会学の見方にかんする逐語的構築を考究する。多くの点で、これはまさに第一次シカゴ学派のイメージを定式化する時期であり、そのような会話でさえある。

プロローグ

　第3章から第6章は、『アメリカ社会学雑誌』(American Journal of Sociology) の最初の百年間を考察している。ここでの焦点は、社会学科というよりも、その諸機関のひとつである。ここでの重要な目的は、学術出版の深い歴史を発掘することである。学術雑誌にかんするほとんどの研究は、不寛容なまでに現在主義的である。さらに、AJSは学科の一部であるとともに、学科から切り離されてもいた。それゆえ、私がAJSを研究する理由は、ひとつには、シカゴ学派のネットワーク化された性格、つまりそのなかでAJSが長いあいだ中心的な媒介的役割を果たしてきた学科と学問分野のあいだの関係のなかで、それがどのように生じたかについて示すためである。私は、まさにAJSの性格そのものが、その名称の連続性に覆い隠されながら、過去百年間に変化してきたことを強調したい。それは完全に個人的な出来事として始まったが、中期に真に学科の雑誌となった。その後は、おおむね学科の統制を越えた学問分野の機関となった。しかし、われわれがやがて見るように、この学問分野も変容した。なぜなら、学問分野は、初期には、ほとんどこの雑誌とその出版社〔シカゴ大学出版会〕によって支配されていたものの、結局は自律的に発展し、やがてついにAJSが独自のものになるよう余儀なくさせたからである。一群の社会制度間の関係が変わっただけでなく、諸制度そのものが根本的な転位を経験した。AJSの歴史を理解することは、学科と学術雑誌と学問分野のあいだのバランスの変化を理解することであり、じっさい、これら三者を超えて、一方で社会学の観念世界を、他方で大学と学術出版というより大きな環境を理解することである。ここでもまた、私はAJSのような機関が固定的な実体ではなく、時間をつうじた系譜としていかに存在しているかに焦点をあてる。
　学術雑誌の将来について規範的に考えることなしに、AJSの近年の歴史について熟考することはできない。社会学の学術雑誌の現状にかんする私の研究は、記述と理論から、われわれの出版活動が向かうべき場所はどこであるかについての規範的な黙想に進んでいった。この規範的転回の延長線上で、最終章では、シカゴの伝統についての私自身の論争的な読みを含めた。そこまで来れば読者はわかるであろうが、そのような論争的な読みは、事実、伝統それ自体の基礎である。シカゴの伝統についての自覚的な書き手であるこ

とは、そのような読みに取り組むことである。さらに、シカゴの伝統は――別の形ではあるがマルクス主義の伝統と同様に――、つねに思想と行動の統一を求めて議論してきた。処方箋は、知的な判断から生じるものである。それゆえ、私は、シカゴの伝統のもつ根本的な洞察は、社会的事実の位置づけを真剣に取り上げることであり、すべての社会生活を時間と場所に状況づけられたものとして理解することであったと論じる。この洞察によって、社会学的探求の方向を変え、立て直すことができると、私は主張している。

　私がここで述べてきた一般的なテーマは何になるのかと、読者は不思議に思うことがあるであろう。それは、社会的現実を再概念化することと、制度を伝統として分析することである。そこには細部の薮、複雑性という雑木林、事実という仮想の森があるであろう。しかし、社会的世界は構造における活動からつくられている。そして、それゆえにわれわれは、行為と細部から、つまり社会的時間と社会的空間の直接的な文脈における社会的活動から、始めなければならない。長期にわたる諸テーマはつねに残っており、複雑性をとおして私が望んでいるものに到達する道は、社会的世界についての新しいが、しかしとても古くもある見解なのである。

# 第1章 シカゴ学派に関する歴史研究

　シカゴ学派社会学は、ビッグニュースになった。著書や論文のますます太くなる流れが、シカゴ学派の指導者像を描き、シカゴ学派の研究について論じるようになった。それは、まさに「学派」という概念を例証するために採り上げられてきた。

　このような関心は最近のことである。1960年代には、シカゴ学派にかんして全部で4つの論文があるだけだった。しかし、1970年以降、着実に研究の流れが増加してきた。[1] 都市社会学者、社会心理学者、エスノグラファーたちは、みなシカゴの伝統との併合に手を染めている。その一方で、マルクス主義者とフェミニストも同様に、その正体を暴くことに熱心だった。驚くべきことに、関心の多くはヨーロッパから来ていた。フランスからは、マニュエル・カステルの1968年の論文「都市社会学は存在するか」がシカゴの都市研究の再考を開始させた。スウェーデンからは、ウルフ・ハナーツの1980年の著作『都市を探求する』が、人類学にとってのシカゴの伝統を評価した。英国からは、マーチン・バルマーが1984年にシカゴ学派にかんす

---

1　本章は、ファースト・サーチ〔学術論文のデータベース〕において「シカゴ学派」という語句を含むすべての論文にもとづいている。私は、1963年（『社会学アブストラクト』〔社会学の専門雑誌論文の梗概集〕についてファースト・サーチの記事が拾える年）から1930年代にまでさかのぼって『社会科学インデックス』とその前身についても検討した。加えて、私は、特定のシカゴ教授会メンバーについての検索と芋ずる式検索（ハナーツの『都市を探求する』のように、キーワードとして索引に載っていないシカゴ学派にかんする資料を探し出すために、主要参考文献をたどった）によって、データベースを補強した。疑いもなく、そこにはなお見落としがあることをお詫びしたい。いくつかの場合には、読者に、その要約がとくに重要であると思われるものの、語学能力の欠如のために〔本文を〕読むことのできなかった資料について、言及した。私は、フランス語はできるが、ドイツ語とイタリア語は初歩的なもので、オランダ語はまったくわからない。
　私は、ケン・プラマーの序文のついた、さまざまな時期のシカゴ学派についての40編の論文を含む4巻本が、ルートリッジ社から出版されたことを注記しておくべきであろう（1997）。プラマーの序文は、この学派の歴史にかんする基本的な議論をしているが、歴史研究上の問題と論争を検討しているわけではない。クルツ（Kurtz 1984）の努力は、いまなおシカゴ学派とその遺産相続者たちの著作についての最も包括的な紹介でありつづけている。

る最初の完全な書誌的研究を提供し、1988年にデニス・スミスが、最もラジカルな再解釈を出版した。1990年代までに、ポーランド語、イタリア語、フランス語、日本語、スペイン語で、シカゴ学派にかんするオリジナルな要約的研究が存在した。

シカゴ学派にかんする歴史研究には、ふたつの種類のものがある。明示的な歴史研究がもちろん存在し、それらはシカゴ学派を構成すると考えられる戦略、方法、あるいは人びとの範囲を確定し、検討することを目的としている。そのような研究の著者たちは、学派という観点からの分析を追求している。学派それ自体を、その時代にそれが存在すると考えられていたとして分析している。しかし、シカゴ学派を、ときにはその知的内容のために、ときにはその正統性の後光のために、ときには標的としての有用性のために、現在の実質的・方法論的議論のなかで引き合いに出す過程で、年代記として記録する多くの研究もある。これらの援用は、もともとの、創作された、そして再整理されたさまざまな知的家系の線にそって、第二のそして第三のシカゴ学派さえ、想像するかたちをとるかもしれない。

こうした暗黙の性格づけによって生みだされた神話は、しばしばもっと明示的な歴史的分析に影を投げかけ、その結果、基礎をなす歴史がいくらか曖昧である。それゆえ、私は、この章を、もともとのシカゴ学派についての型にはまった歴史を簡潔に素描することから始める。つぎに私は、明示的な歴史解釈に移り、最後に、暗黙の性格づけとあまり歴史的でない研究のもっと広範な流れへと進んでいく。

ここでの私の基本的な実質的対象は、シカゴ〔学派〕の歴史にかんする文献を概説することである。しかしまた、ふたつの副次的で理論的な目的もある。第1に、私は「シカゴ学派」のような文化的客体を特徴づける硬直性と流動性の組み合わせについて熟考したい。私は、このトピックを第2章でもっと広範囲にわたって考察するものの、ここではシカゴ学派というものが、それにかかわった人びとと、シカゴ大学での直接的な後継者と、のちの論文執筆者にとって、それぞれ異なるものであることを示したいと思う。そうすることによって、私は、一群の出来事と、それらにかんする当時およびその後の人びとによる構築との関係について考察したい。そして同時に、私は、それ

らの出来事がじっさいに構造的または因果的に拘束力のある性格をもった社会的実体を構成したかどうかを考察したい。シカゴ学派は、望みどおりにどんなかたちにでも解釈できる出来事の一覧表以上のものであったのだろうか。

第2の理論的目的は、もっと簡単なものである。私は、歴史研究文献の伝統にかんする自然史、つまりそのような伝統が展開する特徴的なパターンについて提案したい。明らかに、この目的は思索的なものである。私はたったひとつの事例しか手にしていない。しかし、この事例には、他の多くの事例に一般化できると思われるパターンが存在する。

それでは、シカゴ学派の型どおりの理解について手短に議論することから始めよう。

## 歴史として、そしてラベルとしてのシカゴ学派

シカゴ学派についての通例の見解は、それがある時期、一群の教授、一群の学生、そして多数の研究からなるというものである。時期はおおざっぱに戦間期で、だいたい1915年から1935年までである。中核的な教授は、ロバート・パーク（1914～34年在職）とアーネスト・バージェス（1916～52年）である。これらの人びとに加えて、同時代人のエルスワース・フェアリス（1920～40年）と、初期にはW・I・トマス（1895～1918年）、それよりあとの時期にはルイス・ワース（1931～52年）とハーバート・ブルーマー（1931～52年）が付け加えられるかもしれない。関与した学生としては、パークとバージェスのもとで博士論文を書いた人びとがほとんどだが、ワースとブルーマーだけでなく、チャールズ・ジョンソン、エヴェレット・ヒューズ、ネルズ・アンダーソン、ルス・キャバン、リフォード・エドワーズ、R・E・L・フェアリス、ハーヴェイ・ゾーボー、ポール・クレッシー、ウォルター・レックレス、E・フランクリン・フレイジア、アーネスト・マウラー、クリフォード・ショウその他、大勢の人がいる。

これらの人びとが生みだした研究を、単純に特徴づけたり、ひとつのパラダイムとしたりするわけにはいかない。しかし、それらの研究を、当時の他の社会学的研究、たとえば、コロンビア大学のフランクリン・ギディングズ

によって鼓舞された研究から区別するような、典型的な姿勢がある。それはしばしば、都市についての研究であり、その場合、ほとんどつねにシカゴについての研究である。それは過程についての研究であり、組織化と解体、葛藤と応化 (accomodation)、社会運動と文化的変化を検討するものである。それは社会を、さまざまな性格をもつ独立した個人との関連でイメージするのではなく、集団と相互作用としてイメージする。方法論的には、それは、きわめて多様であるが、つねに、ある経験的で、観察的でさえある趣がある。たとえその研究が、近隣地区における精神病の数を数えるものであろうと、母国にあてた移民の手紙を読むものであろうと、タクシーダンス・ホールの物憂い贅沢品を見るものであろうと。シカゴの研究者は、数を数える場合ですら、姿の見えない人びとを数えるのではなく、現実の人びとを数えた。

　あとから振り返ると、シカゴ学派の研究には、いくらか明白な強調点があったとみることができる。それらのなかには、この伝統が個人の「精神」と集団の「精神」のあいだの関連、つまり「社会心理学」と呼ばれた問題に関心をもっていたように、概念的なものもあった。ほかに、都市に集中的に焦点をあてたように、経験的なものもあった。さらに、生態学の考えのように、理論的なものもあった。しかし、どの強調点も絶対的なものではなかった。シカゴ学派を「現実の」文化的単位にしているものがあるとすれば、それは、むしろ研究姿勢、コミットメントの強さ、そして構造的・過程的な見方である。

　しかしながら、概念的な焦点は、シカゴ学派をめぐる論争の組織原理であったから、それらをもう少し詳しく描くことが有用である。社会学科の研究には、3つの、多かれ少なかれ自覚的な焦点があった (1950年まで、これらは、3つの中心的な試験範囲であった)。第1は、社会心理学であった。この関心の中心となる創始者は、トマスであり、態度と願望という概念を扱っていた。しかし、プラグマティストのジェームズ、デューイ、そしてミードの心理学の考えも、かれらの同僚であったチャールズ・ホートン・クーリーや、かれらの学生であったエルスワース・フェアリスの考えとともに、重要であった。もっとも、それらがどの程度まで重要であったかは、これまで多くの論争の的であった。

　第2の焦点は、「社会組織」と呼ばれるようになるものであった。これもま

た、トマスの著作に根ざしていた。しかし、それもまた、パーク、バージェス、そしてかれらの学生による多くの研究、とくにシカゴについての研究に生き生きとした関心がみられた。社会組織への関心は、のちの化身としては、ヒューズとかれの同僚であるロイド・ウォーナーによって指導されたフィールドワークと同一視されるようになった。[2]

　第3の概念的な焦点は、生態学であった。それは、ここでもまた、パークとバージェスによる研究の生き生きとしたテーマであり、有名な同心円地帯理論から、70年後のこんにちまでシカゴの近隣地区の名称となっているコミュニティ地区のリストにまでおよんでいる。生態学的伝統には、多様な根源と結合とがあり、それはガジアーノ (Gaziano 1996) によって研究されてきた。ある意味で、生態学は、社会組織論と双子の関係にある。なぜなら、社会組織論は、時間と過程における社会的出来事の位置づけを研究したが、社会生態学は、空間と社会構造における社会的出来事の位置づけを研究したからである。

　ヒューズ=ウォーナー時代について述べるにあたり、私は、伝統的に受け入れられている1930年代半ばにおけるシカゴ学派の衰退を通り越してしまった。しかし、以下で考察する歴史の著作者の多くにとって、学派のその後の歴史はトピックとなってきたので、その歴史を手短に描くことは有用である。1934年のパークの退職は、通常、学派の終焉を意味するものと受けとられている。しかし、かつて学生であったヒューズと人類学者のウォーナーは、1930年代後半に着任して、多くの伝統的なシカゴ学派の関心を復活させた。戦後、学科は、並外れた学生の世代を目の当たりにした。その多くは、伝統的なシカゴ学派の信条にしたがっていた。そのあいだでさえ、他の学生は、さまざまな新しい社会学をとりあげていた。古い伝統にしたがっていた人びと——とくにブルーマー、ヒューズ、ウォーナーの学生——は、ときとして、第二次シカゴ学派として言及される。しかし、かれらは当時、社会学

---

2　フィールドワークの伝統は、直接パークにさかのぼる系譜をもっていたものの、ウォーナー（人類学者）を経由して、そして学問分野が曖昧な人物であるロバート・レッドフィールドをつうじて、人類学にも由来している。レッドフィールドは、社会学科の人類学コースの卒業生であった（それゆえ、大学院でワース、ブルーマー、ヒューズの同級生であった）。そして、もっと重要なのは、ロバート・パークの娘婿であったことである。

科のなかで必ずしも優勢ではなく、じっさい、ありとあらゆる種類の傑出した研究が、戦後のシカゴでなされたことを認識しておくのは重要である（第2章では、この時期を詳細にとりあげる）。

　戦後の輝きは短かった。1950年代半ばには、社会学科は分裂していた。しかし、戦争直後の時期のある学生——モリス・ジャノウィッツ——は、1960年代にシカゴ大学に戻ってきて、古い構造と関心のいくつかを再建しようとした。かれの学生はときとして、第三次シカゴ学派と呼ばれているが、かれの努力は、明らかに古い伝統を借用する多くの試みのひとつにすぎない。その努力がたまたまシカゴ大学で起こったというだけであり、他のものは別のところで起こっていた。

　シカゴ学派という考えは、通常、ルーサー・L・バーナードの1930年の論文「社会学の学派」（Bernard, 1930）によるものとされる。この論文のなかで、バーナードは「シカゴ学派」という語句をいくらか現代的な意味で用いている。しかし、バーナードのいう他の「学派」は、「コロンビア学派」でもなければ、そのような他の社会学派でもなかった。かれの論文は、ギリシャ人たちから始まって、「社会契約学派」（ロック）と「倫理的哲学派」（ハッチソン〔フランシス・ハッチソン、18世紀の哲学者〕）を経由して、「歴史哲学派」（ヴィーコ）とさまざまな19世紀の「実践的・応用的」諸学派にいたるものであった。それゆえ、バーナードによる学派の概念は、じっさい変幻自在のものであるようだ。

　しかし、かれはシカゴ学派を、特定可能な集合体と考えていた。かれは人間生態学について述べ、それを「行動主義社会学」（かれ自身が忠誠を誓っていた学派）の下位区分をなすものとみなし、「旧来の人文地理学」の派生物にすぎないと呼んでいた（1930, 129）。同じような非難のなかで、かれはパークとバージェスの社会学の教科書を脚注で処理していた。シカゴ学派に名指しで言及する場合（もうひとつの脚注、131 n.83）、かれはそれをデュルケムの「いくらか形而上学的な観点」にかんする「わが国における主要な代表」と述べている！　バーナードはまた、ロバート・パークの「個人的な学派」についても言及し、それをデュルケムの個人的な学派と比較しているが、しかし比較に訴えているのは、たんにすべてのそのような学派は非科学的な個人的カルト

第1章　シカゴ学派に関する歴史研究

であるとしてはねつけるためだけである (133)。[3]

　シカゴにかんするバーナードのちょっとした言及は、より広い意識を明らかに示すものであった。モーリス・アルヴァクスは、1932年に「シカゴ、エスニック経験」という論文で、つぎのように書いた。「シカゴ大学に社会学の独自の学派が存在するとすれば、これらの学者たちが研究の主題をそう遠くに求める必要はないという事実と無関係ではない」(Halbwacks 1932, 17、英訳はアボット)。アルヴァクスの身もフタもない言い回しが示唆しているのは、シカゴがすでに1930年代にある種の統一体として、一般にみなされていたということである。

　しかし、シカゴ学派というラベルを最初にほんとうに実質的に貼ったのは、ミラ・アリハンが「生態学派」と呼ぶものにかんする、本一冊分にのぼるおおいに否定的な分析においてであった。シカゴのパラダイムに対する1938年に出版されたアリハンの攻撃 (Alihan 1938) は、明らかに研究の学派、信奉者の集団、分析のスタイル、そして一連の理論を認めていた。彼女もまた、シカゴ学派を個人的な (パークの) 学派として定義していたものの、それがより大きな社会構造として一貫性をもつことを、バーナードよりもはるかによく理解していた。たとえ、彼女がどれほど、その知的企てとしての価値に疑いをもっていたとしてもである。[4]

　アリハンの明確な認定にもかかわらず、現実の「シカゴ学派」のラベルは、1940年代、あるいは1950年代でさえ、社会学的言説の必需品ではなかったように思われる。シルズによる1948年の社会学についての総説では、シカゴ学派が名指しで言及されていなかった。もっともシカゴの論文の没理論性を公然と非難するために多くのページを費やしていたが、それでもその

---

3　もちろん、バーナードには、個人的な意図があった。かれは、シカゴ大学がＷ・Ｉ・トマスの後任にエルスワース・フェアリスを据えたときに、自分が飛び越されたために、シカゴ大学を嫌っていた。かれは、個人的にも、ミードの社会心理学の代表としても、フェアリスを嫌っていた。事実、1931年にかれは、アメリカ社会学会 (American Sociological Society) で、シカゴに対する反乱を指導するところであった。そして、かれがシカゴ学派をただけなすためだけに、シカゴ学派というラベルを貼ったことは不思議なことではない。

4　アリハンは、コロンビア〔大学〕の哲学の学生であった。私は、彼女の本が制度的な敵対関係を反映していると示唆する証拠を知らない。もっとも、彼女の指導教員のなかには、少なくともひとり、コロンビア社会科学の有名な人物がいた。ロバート・マッキーバーである。

記録としての豊かさを称賛していた。『インターナショナル・インデックス』(*International Index*)(『社会科学インデックス』[*Social Science Index*]の前身〔いずれも文献目録〕)とそれを模倣した『社会学アブストラクト』(*Sociological Abstract*)(1963〜)には、1964年まで「シカゴ学派社会学」という項目はなかった。1950年の教科書には、パークにかんしてさえ最小限の言及しかなく、シカゴ学派についてはさらに少なかった。ロバート・ニスベットの影響力のある理論教科書である『社会学の伝統』〔邦訳名：『社会学的発想の系譜』〕(Nisbet, 1966)には、シカゴはまったく触れられていなかった。

　この状況は、1960年代後半にいくらか変化した。デイヴィッド・マッツァの『逸脱者になる』——1960年代後半の中心的な書物——は、シカゴ学派との対話として構築された。この書物は、シカゴ学派という名前を明示的に挙げていた。そして、ルイス・コーザー——かつてシカゴ大学のカレッジで教員だった——は、ロバート・パーク、ジョージ・ハーバート・ミード、そしてのちにはW・I・トマスとフローリアン・ズナニエツキを、広く読まれているかれの著作である『社会学思想の巨匠たち』(Coser 1971, 2d ed. 1977)に含めていた。しかし、1970年代と1980年代の一般的な教科書は、まだシカゴ学派に都市分析の章で1段落か2段落をあてていたにすぎない。教科書が社会学の質的な側から書かれている場合には、シカゴは相互作用とシンボルにかんする議論のなかでも言及されたかもしれない。このレベルの説明は、事実上、現在まで安定したままである(教科書にかんする総説としては、Brunt 1993を参照)。

　より広い学問分野〔社会学〕においてシカゴ学派が相対的に可視的でないことには、数多くの明白な源泉がある。1940年代から、社会学の多くはみずからを科学であると考えるようになり、前科学的な過去として定義するものに無関心であった。さらに、この変化をみちびいた量的研究派は、もうひとつの学科(コロンビア大学)と強く結びついていた。しかし、〔シカゴ学派が〕可視的でないことは、とくにタルコット・パーソンズによる、社会学についてのウェーバー=デュルケム系統図の製造にも現れていた。この系統図は、

---

5　皮肉なことに、科学的エリート主義という同じ非難が、シカゴ学派それ自体に向けられてきた。Bulmer 1984およびDeegan 1988を参照。

第1章　シカゴ学派に関する歴史研究

1970年代にのちの世代がマルクスを神殿に追加すべきであると主張するまで、修正されないままであった。それゆえ、旧来のシカゴ社会学は、新しい計量研究〔コロンビア大学〕と新しい東海岸の理論〔ハーバード大学〕の双方が、それぞれみずからを定義するにあたっての対立物だったのである。シカゴ社会学は、一方で高度に統計的なものでもなければ、他方でヨーロッパ的なものでもなかった。

しかし、第2章で示すように、シカゴ学派という考えは、1950年代初頭まで、シカゴ大学関係者自身の頭のなかにおいてさえ、ほんとうに明白であったわけではない。このとき、〔シカゴ学派という〕現象の衰退は、シカゴ学派を客観的に概念化する信奉者を必要としていたようである。内部的な弱さ（ブルーマー、ワース、ヒューズのあいだの口論）と外部からの脅威（ハーバードとコロンビアの支配）は、ついに凝集性のあるイデオロギーを重要なものにした。

## 主要な歴史研究

シカゴ社会学の歴史についての著作は、おおざっぱに3つの主要な時期に分かれる。第1の時期は、研究対象のイメージを凝縮した。第2の時期は、包括的な歴史的解釈をもたらした。第3の時期は、修正と複雑化をもたらした。これらの時期は、明らかにおおざっぱにしか区分することができないものの、分析のためには有用な導きとなる。

初期は、1960年代と1970年代からなる。R・E・L・フェアリスの『シカゴ社会学1920〜1932』（初版は1967年）〔邦訳名：『シカゴ・ソシオロジー 1920〜1932』〕とジェームズ・キャリーの『社会学と公共問題』（Carey 1975）は、よりどころになる書物である。フェアリスは、第一次シカゴ学派時代の学生であった。キャリー（シカゴで博士号をとっている）は、そのころ学生だった人との数多くのインタビューを集めた。フェアリスの本は、シカゴ学派のようなものが存在したと強力に論じた。それは、学派の主要な人物——パーク、トマス、バージェス、フェアリス——を特定し、この伝統は3つの部分からなる

と主張した。社会生態学、都市研究、そして社会心理学である[6]。キャリーの解釈は、シカゴ学派の社会学者と、社会学の外部のさまざまな集団との強いつながりを強調した。改革主義者、専門職、都市官僚、その他である。キャリーの議論によれば、シカゴの強さの多くは、公共問題に並外れた関与をしていることからきていた。キャリーもまた、第一次シカゴ学派の学生と教授の背景と経験を詳細にたどっていた。

　知的運動にかんする歴史研究の初期にみられる作品がほとんどそうであるように、これらの研究は双方とも、個性を強調していた。ロバート・パークは双方の叙述において絶対的に中心的であったが、トマス、ワース、ブルーマー、そして学科の創設者であるアルビオン・スモールでさえ、同じように、たんに行政的に中心的な組織者であるばかりでなく、特異な個人的な力としても強く描かれていた。この個性というテーマは、この初期段階のもうひとつの研究にも続いていた。ウィニフレッド・ラウシェンブッシュによる以前の雇用主であるロバート・パークについての愛情のこもった伝記である。これは1979年に出版された(Raushenbush 1979)。

　この最初の時期を形成するもうひとつの研究は、モリス・ジャノウィッツに誘われて、かれの新しいシリーズである『社会学の遺産』のためにジェームズ・ショートによって編まれた論文集『大都市の社会機構』(Social Fabric of the Metropolis) である。第二次シカゴ学派の時代に大学院学生であったショートは、もともとのシカゴ学派のスタイルを体現している古典的な小論文を集めた。

　上述したように、その歴史的な記述の初期段階には、シカゴ学派は、ある程度まで、社会学の理論と歴史にかんする論文集にもかかわりがあった。1970年代の新しいラジカルな論者でさえ、シカゴ学派に直面した。この事実は、〔社会学という〕学問分野を意識するさいに、シカゴ学派の重要性が増し

---

6　この見解は、第2章で論じる1950年代初頭の論争によって例証されるように、社会学科自体の自己概念から直接由来していた。しかし、それは、ロバート・パークの遺産をめぐる跡目争いとして、繰り返し疑問が出されるだろう。この本が、フェアリスを中心的な教授会メンバーとして挙げていることは、たんなる親孝行のためではない〔R・E・L・フェアリスは、エルスワース・フェアリスの息子〕。論文はあまり書かなかったが、フェアリスは有力な教員であった。

第1章　シカゴ学派に関する歴史研究

ていることを証明している。『西欧社会学の危機の到来』〔邦訳名：『社会学の再生を求めて』〕において、アルヴィン・グールドナー(Gouldner 1970)は、重砲をパーソンズに向けるために、シカゴ学派をほとんど避けてとおったが、ハーマン・シュウェンディンガーとジュリア・シュウェンディンガーは（『椅子に座った社会学者』[Schwendinger and Schwendinger 1974]のなかで）、シカゴ学派に資本主義の召使いという烙印を押すのに、多くの時間を費やしていた。[7]デニス・スミスがのちに『シカゴ学派』のなかで述べているように、シュウェンディンガーたちの書きぶりは、「1880年代か1890年代のウィスコンシンやカンザスをかすかに思い起こさせる」ものである(Smith 1988, 15-16)。かれらは、シカゴの書き手たちを自分たちの箱に詰め込むのに苦労しており、無理やり、アルビオン・スモールの騒々しいマルクス賛美を否定し、ミードとトマスの不屈の社会心理学を心理学的還元主義として描き出した。かれらがテクノクラートと呼んだパークとバージェスは、「曖昧な抽象の最もばかばかしい極み」で研究をしていた。[8]シカゴ学派へのラジカルな批判は、こんにちまで断続的に続いている(たとえば、Satzewich 1991)。

　こうした肯定的・否定的な研究は、「シカゴ学派」を歴史研究の対象として確固としたものにした。1980年までに、時代、場所、人びと、そして考え方の枠づけが与えられ、描き込まれた。1970年代後半から1980年代前半にかけて、シカゴ学派の研究は成熟し、明確になった。おもな新しい解釈は、フレッド・マシューズ、ポール・ロック、デイヴィッド・ルイスとリチャード・スミス、そしてマーチン・バルマーからきていた。思想史家であるマシ

---

7　したがって、シュウェンディンガーの分析は、コルコ、ウェインステイン、その他の「法人自由主義」の理論家に注意を向けていた。この用語は、シュウェンディンガーたちでさえ書いているように、場面から消え始め、新しい労働史やその他の研究者のもっと洗練されたミクロレベルのマルクス主義的概念に置き換えられた。

8　このラベル貼りは、シカゴが、1950年以来、社会問題研究学会と手を結んでいたこともあって、ASA〔アメリカ社会学会〕の主流政治の反対派として漠然と認められていただけに、いっそう人目をひいた。1960年代には、シカゴの伝統は、漠然と、反対派のラジカルなものと定義されていた。C・ライト・ミルズが、1943年の論文「社会病理学者の専門的イデオロギー」において、シカゴの影響をうけたかなりの数の論者を、村落的価値を愛し、社会の構造的問題を理論化しようとしない保守主義者とみていたことは本当である。しかし、ミルズの論文は、シカゴを名指しで言及してはおらず、じっさい、シカゴと結びつきのない数多くの論者について考察していた。私は、この問題を、第2章の最後に詳しく論じる。

*15*

ューズは、1977年に、ロバート・パークにかんする大きくて繊細な研究を出版した。かれによれば、パークは、伝統的な神話が作り上げたものよりもはるかに複雑であった。かれの家族生活の複雑さ、かれのコミットメントの強さ、成功と失敗の奇妙な混合は、めまいがするような混成物となった。しかしながら、マシューズにとって、パークの究極的な核心にあるものは、かれの考え方それ自体ではなく、探求にむかうある姿勢、社会学の研究にむかう態度であった。

　これとは対照的に、ルイスとスミスの解釈においては、パークは話から姿を消した。ルイスとスミスは、社会心理学の問題に完全に焦点を絞ることによって、たんに生態学と都市研究というシカゴ〔学派〕の三脚のうち2つの脚を無視した。かれらの基本的なねらいは、ミードは、じつはシカゴの伝統の中心ではなかったことを示すことにあった。かれらは、その伝統をただシンボリック相互作用論を構成するものとして定義することから始め、それを、相互作用なかで社会的自己が発達し維持されるという概念につながれた、デューイ＝トマス＝クーリー＝ブルーマーの社会心理学とみなした。ミードは、プラグマティズムの「社会的現実主義者」の流れに属しており、それゆえシンボリック相互作用論の「唯名論的」社会心理学と対立するものであると、かれらは続けて論じた。ルイスとスミスの中心的なねらいは、ブルーマーと、その後のメルツァー、ペトラス、レイノルズ (Meltzer, Petras, Reynolds 1975) のような論者によるミードの遺産の選択的な読み直しと自分たちが考えるものを、攻撃することであった。[9]

　ポール・ロック (Rock 1979) は、マシューズと、ルイスとスミスの中間に位置していた。かれにとって、シンボリック相互作用論は、シカゴ学派の中核にあった。しかし、パークは、ゲオルク・ジンメルの形式論を社会生活の直接的研究と結びつけることをとおして、あの中核を形成するのに重要な役割を果たしていた。じっさい、シンボリック相互作用論におけるプラグマティズムの役割にかんする解釈においてさえ、ロックは大陸の哲学（ジンメルとパークを経由したカントと、クーリー、デューイ、ミードを経由したヘーゲル）がシ

---

[9] ルイスとスミスの説明では、パークはたんにもうひとりのシンボリック相互作用論者であった！ (Lewis and Smith 1980, 5)。

ンボリック相互作用論におよぼした影響をたどることに関心があった。ロックは、シンボリック相互作用論のもつ口述の断片的な性格を強調しようと苦労していた。シンボリック相互作用論は、かれの目には、それが説教する流動性、過程、変化のようなものを実践する社会学的パラダイムであるようにみえた。ロックの見解では、こうした資質が、建築学的な厳格さで考案されたもっと体系的な社会学からの攻撃に、シンボリック相互作用論をさらす中心的な役割を果たしていた。

これらすべての論者とは対照的に、マーチン・バルマーは、シカゴ学派の制度的構造に焦点をあてた。かれにとって本質的な問題は、個人でもなければ、考え方でもなく、むしろ、資金の構造、社会科学部と地域コミュニティ調査委員会の組織であり、そしてとくにシカゴの研究者の多様な方法と研究を、トマスとパークが提供した理論的装置からこしらえた緩やかな枠組みにまとめあげたバージェスの能力であった。多様性を強調するなかで、バルマーは、シカゴのほとんどの解釈にみられる質的方法の過重な強調と思われるものを是正しようと試みる（かれはルイスとスミスを明らかに念頭においている）。われわれはまた、バルマーに、「瞬間の形成」、つまりどうしてシカゴ社会学がこれほど急速にブームとなり、これほど多くを生みだし、そして急速に消えていったのかという問いへの特別な関心をはじめて見いだすのである。

したがって、1980年代半ばまでに、おもな歴史解釈において、シカゴ学派についてのずっと明瞭な、しかしひどく分裂したようにみえるイメージが現れてきた。ロックの解釈と、ルイスとスミスの解釈においては、最も強力に、シカゴ学派は社会心理学であるとみなされた。トマスとミードの心理学の基礎にある相互作用論のプラグマティズムは、他の分野にさかのぼることができないものである。これとは対照的に、マシューズとバルマーの解釈においては、シカゴ学派の核心にあるのは、フィールドワークと生態学的伝統である。もっとも、どちらの論者も、これととくにトマスの社会心理学との組み合わせをみているが。分裂したイメージは、ひとつには、第2章で示すように、この伝統自体の内部にある分裂を反映している。社会心理学陣営と社会組織論陣営の対立は、1950年代前半までの社会学科で顕著となった。時あたかも、第二次シカゴ学派の全盛期である。

しかし、リン・ロフランドがすぐれた論文で指摘したように、「シカゴ学派」は一種の投影装置である。シカゴ学派について述べることは、その現象そのものと同じくらい、論述している人の姿をさらけ出すように思われる (Lofland 1983, 491)。歴史家によるますます明瞭なイメージは、一般的な意識に浸透しなかった。一般的には、シカゴ学派の伝統は、現在の知的な目的にとって適合的と思われるようなものとして、利用されつづけていた。こうした現在の目的にもとづく解釈のうちで最も支持されてきたものは、ベレニス・フィッシャーとアンセルム・ストラウスによって提供された。かれらは、一連の論文と章 (Fisher and Strauss 1978a,b, 1979a,b) のなかで、トマス以降のシカゴ学派の伝統全体が相互作用論と過程論の性格をもつことを探索し、強調した。ほとんどの回顧的な論者とはちがって、フィッシャーとストラウスは伝統の多様性を強調したが、多くの歴史家とちがって、かれらは多様性の底流に知的一貫性が覆い隠されていると信じていた。

　1970年代後半と1980年代前半には、ヨーロッパを舞台としてシカゴ学派の新しい出現もみられた。1979年に、エブス・グラフメイヤーとアイザック・ジョセフは、パーク、バージェス、マッケンジーの『都市』から重要な理論的論文を、ジンメルの関連する文献と、ワースの有名な「生活様式としてのアーバニズム」とともに、フランス語に翻訳し、それらすべてに解釈を加えた序文をつけて、出版した。もっと重要なのは、スウェーデンの人類学者、ウルフ・ハナーツが、その著書『都市を探求する』のなかで、シカゴ学派について大々的に書き、都市人類学を確立し、その領域を囲い込む試みをしていることである (Hannertz 1980)。社会学の論者についてのハナーツの歴史解釈は、ときとして人類学が都市の民族誌的(エスノグラフィック)研究を占有すべきであるという論争的な目的に、圧倒されている。しかし、シカゴのエスノグラファーにかんする章では、いくつかの主要な作品を詳細に取り上げている。もうひとつの章は、もっぱらアーヴィング・ゴッフマンにあてられている（ゴッフマンがしばしばみずから定義したように、「真に人類学者である」と定義されている）。そして、ワースの「アーバニズム」論文は、さらにもうひとつの章の試金石であった。じっさい、ワースの論文はすでにヨーロッパで関心をひいていた。なぜなら1970年までに、マニュエル・カステルによるマルクス主義的攻撃

## 第1章　シカゴ学派に関する歴史研究

(Castells 1968) は、古典の地位を帯びはじめていたからである。

1980年代後半には、修正論の最初の波がもたらされた。それは1990年代までに絶頂に達した。最初の修正が生じたのは、リー・ハーヴェイ (Harvey 1987a) によるシカゴ学派にかんするさまざまな「神話」の暴露においてである。ハーヴェイの本には、学科とそのメンバーについて異常なほどの行政的な細部が含まれていた。しかし、その主要な目的は（その点ではおおいに成功しているのだが）、シカゴは社会改革によって支配されておらず、反理論的ではなく、教条的なまでに質的ではなく、圧倒的にミード主義であったわけではないということを示すところにあった。ハーヴェイはつづけて、1935年以降の学科の歴史は衰退ではなく、最初の見方に対する制限であり、固定化であると論じた。もともと折衷的であったが、1950年代までには、シカゴの伝統は、神話が栄光の日々に投影されたものとなった。つまり、ミード主義的で、教条的なまでに質的で、ことによると教条的なまでに民族誌的でさえあるものとなった。「神話」は、こうしてのちの現在の現実であり、事実、第二次シカゴ学派の現実であった。

もっと凄まじいのは、メアリー・ジョー・ディーガン、デニス・スミス、そしてロルフ・リンドナーであった。これらはすべて、この10年間〔80年代〕の末に出版された。三者はすべて、シカゴ学派をより大きな伝統に埋め込むかたちをとっている。ディーガンにとって、これは、ジェーン・アダムズに象徴される社会改革と関与の伝統であった。アーカイブを徹底的に調査して、ディーガン (Deegan 1988) は、パーク以前のシカゴの人物（スモール、ミード、トマス）と、社会改革運動との密接で互酬的な関係を強調した。そのつながりは、パークの出現と、社会研究を「科学的」にしようとするかれの試みによって破壊された。

ディーガンの論争的な意図──シカゴ学派と結びついた考え方が女性によるものであったことを確かめ、この学派が女性を無視してきたことを描き出すこと──のために、彼女は個人的関係を詳しく分析する戦略をとった。しかし、シカゴ学派と社会改革家の一般的な関係は、研究が始まったばかりのより大きな歴史上の問いである。バルマーも、多くのページをシカゴ学派と社会調査運動との関係にさいている。社会調査運動という名前は、改革家に

よって生みだされた非学問的な経験的社会研究に付与されたものである。かれは、多少とも、この運動との違いについてシカゴ学派自身の診断を受け入れていた。シカゴ学派はますます、理論的で「科学的」になる傾向がある。[10]バルマーと他の人びとは、ひきつづき社会調査運動を詳細に研究してきた(Bulmer, Bales, and Sklar 1991)。その一方で、さらに別の人びとは、その最大の努力であるピッツバーグ調査を研究してきた (Greenwald and Anderson 1996)。これらの研究は、方法論的に、シカゴ学派が調査の伝統にじっさいに多くを負っていたこと、そして疑いもなく最も直接的な相続人であったことを明らかにしている。プラット (Platt 1994) も、ほぼ同じ主張をしている。

デニス・スミス (Smith 1988) のシカゴ学派についての書物は、ディーガンのものと同じ年に出版されたが、シカゴ学派をまったく異なった文脈においていた。つまり、一般的な社会批判の文脈である。スミスの著作は、シュウェンディンガーたちによって始まったシカゴ学派に対するラジカルな批判に反論した。スミスにとって、シカゴ学派は資本主義のリベラルな批判からなるものであった。たしかに、真剣な批判であるが、アメリカ民主主義の基本的枠組みを受け入れる批判である。この解釈が意味しているのは、スミスが第一次シカゴ学派を、たんにアルビオン・スモールからトマスとパークを経てワースとウィリアム・オグバーン、そして最終的にはジャノウィッツにまで伸びるより大きなシカゴ社会学の伝統の一部にすぎない、と考えていることである。シンボリック相互作用論者は、何年間も、シカゴの伝統を、短い期間にかぎられていたというよりも、長期にわたって発展してきたものとして論じてきたものの、スミスの解釈はシカゴの伝統についてのもうひとつの「長い糸」をはじめて確認するものであった。[11]

この時期の第3の主要な修正論者の研究は、1990年に最初にドイツ語で

---

10 これは、社会科学における漸進主義についての興味深いコメントである。なぜなら、ハナーツは、かれ以前の他の多くの論者のように、シカゴ学派を非理論的であるというまったく逆の理由で攻撃していたからである。

11 それゆえ、「シカゴ非正規兵」の集団を形成し、1969年に雑誌『都市生活』(*Urban Life*) を創刊した都市研究のネオ・シカゴ学派 (Thomas 1983aを参照) は、しばしばシカゴの伝統を批判的だが不十分であるとみなした。この議論は、古いエスノグラフィーから出てきたラジカリズムによって引き起こされた「批判的エスノグラフィー」の必然的な到来とともに、強くなっていったであろう (Thomas 1983b)。

第1章　シカゴ学派に関する歴史研究

出版されたロルフ・リンドナー(Lindner)の『都市文化のルポルタージュ』であった(本書の英訳は、1996年に出版された)。ディーガンがシカゴ学派を調査と改革の伝統のなかに位置づけ、スミスが理論的社会批判のより長い伝統に結合させたのとちがって、リンドナーは、パークをシカゴ学派を中心的に体現しているものとして受けとり、かれを世紀の変わり目の新聞報道の伝統のなかに正面から位置づけた。リンドナーは、マリノフスキーのフィールドワークの伝統の子孫として、パークのもうひとつの系譜を認識していたものの、ジャーナリズムのハビトゥスとのより強いつながりを見いだした[12]。しかし、かれはまた、シカゴ学派と改革主義の伝統との関係にかんして、微妙な読みを提供した。かれは、シカゴ学派が改革主義から半分だけ解放されたと感じていた。じっさい、かれは「1920年代のシカゴ学派は、ふたつの異なる文化的潮流、すなわち一方で改革家を原型とするものと、他方で新聞記者を原型とするものの交差点を形成している」と論じた (1996, 199; 強調は原文)。

　それゆえ、1980年代後半の修正論者の研究は、すべてシカゴ学派をより大きな歴史の流れに再挿入するかたちをとった。スミスにとっては、これは、戦間期のシカゴ学派を、それ自体、資本主義のリベラルな批判の一部である、もっと大きく継続的なシカゴの伝統の一部であると論じる単純なかたちをとった。ディーガン、プラット、その他の調査・改革伝統を研究した論者にとっては、第一次シカゴ学派は、19世紀後半から20世紀前半における改革主義から成長した、公式的社会研究にむかう、より大きな転回に埋め込まれる必要があった。シカゴ社会学はそのような文脈において、それほど革命的なものとは思われない。なぜなら、都市エスノグラフィーと調査は、長い前史をもっているからである。ことなる系統をたどってはいるが、類似した議論として、パークの立場をジャーナリズムの伝統に帰属させるリンドナーの議論がある。シカゴ学派を、著述と文学に結びつけることは、シカゴ学派と小説とのつながりをたどる論文の線において繰り返される。ジェームズ・T・

---

12　この系譜は、もっと最近ドイツの研究者たちによって強められている。かれらは、ベルリンにかんする重要なジャーナリストの報告を発掘した〔パークは、ベルリンに留学していた〕。それは、シカゴ学派ののちの産物と不思議なくらい類似している。Jazbinsek and Thies 1997を参照。また、Smith 1979も参照。

ファレル〔シカゴの小説家〕についてのリンドナー(Lindner 1993)、ブルーマーとスタインベックを比較したコート(Cote 1996)がその例である。

　これらのさまざまな修正論は、シカゴ学派にかんする歴史研究の転換点を表しているものの、どれひとつとして完全に新しい議論をしているわけではない。シカゴの伝統がいくつかの時期に広がっているというスミスの考えは、相互作用論の長い伝統があるというフィッシャーとストラウスの概念によって予示されてきた。同様に、この学派の改革主義とのつながりは、以前から一般的な歴史文献において顔を出してきた。文学的な議論については、『黒人のメトロポリス』(1945)へのリチャード・ライトの情熱的な序文に傑出した先行例があった。

　　私は、死と生の両極端の可能性を感じた。その一方で、私の物語を書き、語りたいという切望を胸に秘めて逃れてきた都市で、私は半ば飢え、怒って暮らしていた。しかし、私は自分の物語が何であるのかを知らなかったし、たまたま科学に出会うまでは、私をめった打ちにして愚弄する環境の意味を発見できなかった。…シカゴ大学の社会学科によって積み上げられた事実の巨大な山のおかげで、私は初めて都市の黒人の身体と魂を形成した諸力の具体的な見通しが得られた。…私の小説、『アメリカの息子』を読んで、ビッガー・トマスの現実を疑わしく思ったら、本書に引用された非行率を検討するとよい。(1945, xvii-xviii)

　私は、本節を、シカゴ学派の知的関心の内部にある特定のトピックの歴史についての議論で結ぶことにしたい。これらのトピックには、理論と方法に限定された総説から、シカゴ学派の学生であるジョン・ランデスコの経歴の研究をとおして、犯罪学の歴史を冒険的に読み直したレイノルズ(Reynolds 1995)のような目立った研究までの幅がある。

　相互作用＝プラグマティズムの系譜は、シカゴの理論的遺産のある側面を成文化する試みのなかで、最も明白な対象であった(この系譜を以下で考察するのは、それが高度に現代的な性格をもっているからである)。しかし、シカゴの知識史の他の散乱する側面についての歴史解釈も存在した。ブレイク(Blake 1982)によるパークの集合行動論の理論化、ラピリエル(Laperrière 1982)による第二次シカゴ、ジャウォルスキー(Jaworski 1995)によるジンメルのスモール、パーク、ヒューズへの影響、そしてパークとヒューズのゴフマンへの

影響(1996)、バーンズ(Burns 1996)によるシカゴ学派と実証主義についての解釈などである。

　シカゴ学派の方法論について、とりたてて扱った研究は少なかった。オーバーシャル(Oberschall 1972)の初期の簡潔な研究は、1980年半ばまでは、とくに方法論の歴史を扱った唯一の研究だった。エスノグラフィーについては、いくつかの研究がある(e.g., Jackson 1985, Adler, Adler, and Rochford 1986)。また、シカゴ学派の「関与するエスノグラフィー」についてのボードマン(Bodemann 1978)の興味深い肯定的な読みがある。もっと近年では、エスノグラフィーにかんする論文は、歴史的というよりも、テクスト的／批評的になってきた。デンジン(Denzin 1995)は、テクスト的な観点からシカゴの古典の不可避的な読み直しを提供した。[13]

　他の方法論的な領域は、あまり研究されていない。ハンマースレー(Hammersley 1989)は、ブルーマーの生涯にわたる社会学方法論のきわめて複雑な省察について、有用な要約を提示している。ヴァーホーヴェン(Verhoeven)による1980年のゴッフマンへのインタビューは、1993年に出版され、第二次シカゴ学派の方法にかんする有名な内部者の見解を記録していた。第二次シカゴ学派の方法にかんするプラットの全般的な分析は、詳細で壮大なものである(Platt 1995)。しかし、バルマーの著作は、第一次シカゴ学派の方法についての主要な源泉でありつづけている(しかし、プラットの社会学的方法にかんする全般的な歴史[1996]は、参考文献として重要である)。驚くべきことに、生態学にかんしては、ほとんどまったく研究がない。いくつか単体の評価はあるものの(e.g. Burns 1980; Helmes-Hayes 1987)、方法としての生態学の歴史にかんする継続的な検討はない。その理論史については、ガジアーノ(Gaziano 1996)とメーンズ、ブリッジズとアルマー(Maines, Bridges, and Ulmer 1996)を参照せよ。

---

13　私は、Boelen et al. 1992についても注釈すべきである。それは、ウィリアム・フート・ホワイトの『ストリート・コーナー・ソサエティ』についての回顧である。ホワイトはこの書物の下書きを、博士論文執筆前に完成させていたものの、それは、シカゴの博士論文となり、そして、じっさい、シカゴ大学出版会でつねに最も良く売れている社会学の単行本である。ホワイトとウォーナーについては、プラット(Platt 1996, 265 n.16)が、エスノグラフィーの「ハーバード学派」の可能性を提起している。

これらの特定のトピックにかんする歴史は、これまでの一般的解釈に戦いを挑むものではなく、むしろ増補するものである。シカゴ学派にかんするおもな歴史研究は、きわめて単純な軌道を描いている。好意的だがいくらか構造化されていない回想として30〜40年を費やしたのち、シカゴ学派は1970年ごろに最初の公式的な歴史として提示された。これが、特定の時期の、特定の人びとが、シカゴ学派であるとして、しっかりと固められた最初である。ひきつづく時期に、論者たちは徐々に、幅広い種類の研究によってこのイメージに実質をあたえた。その多くは、伝記的なものだった。1980年代前半までに、このイメージは十分に明瞭になったので、この学派にかんする真剣な要約的研究と包括的な研究が存在しえた。それとともに、なにが標準的な解釈とみなされるようになるかを競う論争的な研究も存在しえた。1980年代後半までには、これらの論争は、完全な修正論を生みだした。ディーガン、スミス、そしてリンドナーのような論者は、シカゴ学派を研究と改革のより大きな流れのなかに再挿入し、それを孤立した瞬間としてではなく、進行中のテーマの例示として理解した。

他のジャンル、他の見方

　シカゴ学派にかんするこれらの明示的な歴史研究は、他の多くの研究によって補完されてきた。そのなかには、社会現象としてのシカゴ学派に関心を寄せるものもあれば、その知的貢献に基本的な焦点をあてるものもある。実質的に、これらは、現在の目的のために、現在の論争のなかで、シカゴ学派を引き合いに出している。
　「社会現象」スタイルの最初のジャンルは、シカゴの伝統を称賛する研究から構成されている。その最も単純な形態は、「シカゴ製造業」と呼んでよいようなジャンルであり、シカゴの過去について特別の見方を生みだすことを思慮深くねらっている。シカゴの歴史研究についての特別な事実は、そのような製造業が現在にまで継続していることである。知的な伝統は、しばしば、その最初の定式化を、聖人伝の内部にいる人物から受けいれているものの、歴史家は、ある学問分野の過去を、最前線にとってそれほど重要でなく

第1章 シカゴ学派に関する歴史研究

なった過去として引き継ぐことが期待されている。しかし、社会学者は、依然として、日頃から、自分たちをロバート・パーク、ハーバート・ブルーマー、エヴェレット・ヒューズの後継者であると公言している。

疑いもなく、第一次シカゴ学派の最も勤勉な回顧的な創造者は、モリス・ジャノウィッツであった。自分自身も戦後シカゴの大学院学生であったジャノウィッツは、1962年にシカゴ大学に戻り、過去にかんする予言者を自認していた。そこでかれは、『社会学の遺産』シリーズ〔シカゴ大学出版会から出版された社会学のシリーズ〕の出版を開始した。それは、包括的なタイトルにもかかわらず、シカゴの教授陣と学生たちの著作の復刻として始まった。スモール、ワース、パーク、バージェス、オグバーン、フレイジア、トマスなどである。また、そのシリーズには、パークとバージェスの1921年の教科書〔グリーンバイブルと呼ばれた『科学としての社会学入門』〕、ジェームズ・ショートによる簡潔なシカゴ古典の論文集〔『大都市の社会機構』〕、そしてR・E・L・フェアリスによる1920年代の〔シカゴ大学社会〕学科についての議論(最初に他の場所で出版されたのち、1970年に再版)〔『シカゴ社会学：1920～1932』〕が含まれていた。バルマーの1984年の歴史研究〔『シカゴ学派社会学』〕も、遺産シリーズの一巻となり、レスター・クルツの長い序文のついたもっと包括的な文献一覧 (Kurtz 1984) も同様であった。[14]

ジャノウィッツ自身は、シカゴ学派についてほとんど書いていない。かれの主要な寄稿は、『社会学の遺産』シリーズにおけるパークとバージェスの教科書およびトマスの論文集への序文である。むしろ、かれは、過去の現実を現在において作りかえることによって、過去の現実を示そうとした。第1に、

---

14 印象的なことは、初期の巻には、シカゴ学派に影響を及ぼしたもののパーソンズの聖典からは除外されてきた大陸の思想家も含まれていたことである。その明白な例は、ジンメルである。クルツは、ジャノウィッツの学生で、シカゴの院生組織である社会研究学会 (Society for Social Research) の会長であった。ジャノウィッツの努力が、シカゴ学派の歴史研究を前進させるのに大きな役割を果たしたようである。たしかに、アメリカの社会学者で、これほど声高に、精力的に伝統を主題にしてきたグループはほかにない。1950年代のコロンビア大学の駆け出しの時期は思い起こされるが、学派を体現するものではない。そして、たしかにネオ機能主義者がいるが、「ネオ」というタグによって加護を求める祈りを別とすれば、驚くべきハーバードの戦後世代は、ラベルを貼られないままである。自己意識以外に「学派であること」の基準がなかったとしても、それでもシカゴは試験に合格するであろう。

かれはジェラルド・サトルズの採用を取り計らった。サトルズは、新しい世代の核となるエスノグラフィーの教員となった（ジャノウィッツは人びとをフィールドに連れて行ったが、そこでかれらを指導することはなかった）。第2に、ジャノウィッツのかんに障るような性格にもかかわらず、そしてときにはそれゆえに、一世代の学生を鼓舞した。ウィリアム・コーンブラム、アルバート・ハンター、チャールズ・ボスク、ルス・ホロビッツ、トマス・ガターボック、ジェームズ・ジェイコブズ、ロバート・バーシック、その他である。そうするなかで、かれは、シカゴの伝統の核心にあると思われたエスノグラフィーと生態学と常識的な理論化の混合物を再建した。[15]

しかし、ジャノウィッツがシカゴの過去にかんする最も勤勉な創造者であったとしても、けっしてかれひとりだけではなかった。ゲーリー・ファインが1995年に編集した『第二次シカゴ学派？』もまた、「シカゴ製造業」ジャンルの典型例である。この書物は、領域ごとに、社会心理学、フィールドワーク、人間生態学の伝統的関心に根ざした思考の共通パターンをたどった。その見方は、ひとつのディアスポラ〔離散〕である。この本では、第二次シカゴ学派は1945年〜55年の偉大な学生たちから構成されているが、かれらは、自分たちの考えを抱いて教えるために、急速に拡大するアメリカの大学システムのなかに、分散していったのである。ファイン編の本のほとんどの著者は、自分たち自身が戦後シカゴ世代の学生たちであった（それゆえ、第一次シカゴ学派の知的な孫を自称していた）が、シカゴ〔大学〕自体は、1950年代後半に主流をなす計量社会学に占拠されたようにみえ、シカゴ学派の姿勢は、卒業生とともに別の〔大学の〕学科に移っていかなければならなかった。[16]

---

15 上述したように、ジャノウィッツの時代は、ときとして第三次シカゴ学派と呼ばれる。しかし、それは反響の反響である。ジェームズ・コールマン、レオ・グッドマン、その他の主流をなす量的研究がそびえ立つ学科において、相対的に重要でない出来事であった。事実、第二次学派でさえ、当時の学科の物語のごく一部でしかなかった。なぜなら、第二次学派は、多様な歴史的その他の研究だけでなく、実質的な人口学と量的調査の分析における強力なプログラムと平行して、生きていたからである。これらの伝統を分離することは、おもにあとから振り返ってのものである。たとえば、ダッドレイ・ダンカンは、オグバーンとブルーマーの双方の学生であると自分自身考えていた。

16 第二次シカゴ学派の概念は、とても古いものである。LaPerrière 1982を参照。第一次学派のイメージのほとんどと同様に、ファインの本における第二次学派のイメージは、多くの点で歴史を省いている。シカゴにおける偉大な戦後世代には、ハワード・S・ベッカー、ラルフ・

## 第1章　シカゴ学派に関する歴史研究

　たんなる伝統の製造とは別に、この伝統の再解釈にかかわる分析的な努力をせずに、シカゴの伝統に由来する人物と考え方を読者に思い起こさせる刺激となる広範囲の称賛型の研究がある。しばしば、そのような称賛は、古株の記憶をめぐって組織される。おもな例は、『都市生活』(*Urban Life* 11, No.4)の特集であった。それは、1983年に「シカゴ学派──伝統と遺産」を祝福した。ここで、ネルズ・アンダーソンとルス・キャバンは、1920年代を回想し、ジョン・スノッドグラスは、いまでは年をとったジャックローラーにインタビューし、マーチン・バルマーは社会研究学会(Society for Social Research：1920年代の同窓会で、のちに学科の院生自治会)について書き、アルバート・ハンター、ジェームズ・トマス、リン・ロフランドは、シカゴの伝統がこんにちにおよぼしている影響を振り返った。驚くべきことではないが、〔『都市生活』誌という〕場所柄からして、シカゴの伝統は、それらの論者たちによって都市エスノグラフィーとの関連で定義された。しかし、社会心理学の強調は、少なくとも認められ、学科のミードへの信奉が言及された(3年前にルイスとスミスによって乱暴にも否定されたが)。しかし、学科の計量的研究の側面、いやじっさい生態学的・空間的伝統でさえ、ほとんど完全に消えていた。

　『社会学的視点』(*Sociological Perspective*)は、1988年にそのような特集を生みだした。第一次学派の時期については、キンボール・ヤングの回顧録があり、これは事実についての誤りに満ちているものの、個人的な回想として重要な価値を含んでいる。第二次シカゴの時期については、ラルフ・ターナーとバーナード・ファーバーの回顧録がある。ジョナサン・ターナーは、直接の経験的研究と量的分析への過剰な依存と、現代社会学の一般理論に対する不信は、シカゴのせいであると非難する奇妙な議論を寄稿した。この論集において、シカゴのイメージはもっと曖昧になり、エスノグラフィーと計量的

---

ターナー、アーノルド・ローズだけでなく、ダッドレイ・ダンカン、アルバート・ライス、ラインハルト・ベンディックスが含まれる。さらに、ハーバードとコロンビアはともに、戦争直後の時代に、同じくらい並外れた、同じくらい多様なコーホートを生みだした。偉大な戦後世代が生みだされたのは、地域の手品ではなく、それまで〔戦争によって〕抑え込まれていた才能が供給されたからである。第二次シカゴ学派が、ハーバードやコロンビアのグループと真に異なるのは、おもに、第一次学派への関心であり、じっさいそれをあとから振り返って客体化したことであった。第2章を参照せよ。古いシカゴの「創造」のなかで、デイヴィッド・メインズによる熱心なブルーマーの復権についても言及しておくべきである。

研究との折衷的な混合物であると認めるものであった。[17]

関連するジャンルは、「末裔学科」文献である。ニューヨーク市立大学 (Kornblum and Boggs 1986)、アリゾナ州立大学 (Ohm 1988)、カンザス (Van Delinder 1991)、ブランダイス (Reinharz 1995) などへのディアスポラをたどるものである。そのような論文のほとんどすべては、シカゴが根から離れた1950年代の転回を悲しんでいる。第2章で示すように、その転回は偶然的で限定的なものであった。

シカゴ学派を社会現象としてとらえる最後のジャンルは、それを想像したり称賛したりすることには関心がなく、「学派であること」を例証する事例として考えることに関心がある。この伝統の核心をなす論文は、ティリヤキアンの「社会学の発展における学派の意義」(Tiryakian 1979) である。ティリヤキアンは、社会科学の歴史を、偉大な人物、純粋な観念、一般的な歴史的文脈と関連づけることに反対した。社会学にとって中心的であるのは、学派であるとかれは感じていた。それは、個人的なつながりのある学者の集団で、カリスマ的なリーダーがいて、経験的現実にかんする特定のパラダイムと、それをどのように探求するかについての一群の前提を共有している。ティリヤキアンは、カリスマ的なリーダーを、偉大な考えをもった人物として描き、典型的には、その革新的な世界観を通常の言語に翻訳することはできないとした。エピゴーネンと援助者がじっさいにそのメッセージを広める。

ティリヤキアンは、自分のモデルの基礎をデュルケムとパーソンズの学派においた (Tiryakian 1979, 232 n.8)。シカゴ学派は、明らかにかれの議論の論理が、かれに強いたものである。しかし、かれの論文は、多くの追跡研究を生みだした。驚くべき量の研究がシカゴ学派に焦点をあてた。フォート (Faught 1980) は、ヒューズの経歴をティリヤキアンの議論の光のなかで解釈した。バルマー (Bulmer 1985) は、ティリヤキアンと同じ経験的な領域をふたたびとりあげ、類似した結論に達した。中心的な人物、地域的な支援、開かれた知

---

17 私はけっして出版されたすべてのシカゴ「回顧録」を見つけたと確信しているわけではない。Lofland 1980で出版された、1969年のブルーマーとヒューズの公開の対話を起こした「古典的シカゴについての回想」も参照。このなかで最良の引用は、ヒューズの「私はシカゴ学派やその他の種類の学派について話をするという考えは好まない。…まっすぐ進め、そしてお好みならシカゴ学派になりなさい」。マルクスも、マルクス主義者ではなかった。

第 1 章　シカゴ学派に関する歴史研究

的環境が、本質的に重要であるということだ。同じ結論は、コーティーズ (Cortese 1995) によっても繰り返された。これとは対照的に、カミック (Camic 1995) は、特定の学科を形成するのに、局地的な偶発性が重要であることを強調した。もっともその過程でかれらは、バルマー＝ティリヤキアン流のシカゴの解説の概要を受け入れていた。他方、ハーヴェイ (Harvey 1987b) は、ティリヤキアンの分析を、利便性によっておおむね決定されるものであるとして疑問視した。

　このように、これらのジャンルの研究はすべて、特定の先祖と子孫をもつ社会・文化的構造、つまり社会現象としてのシカゴ学派に関心を寄せている。それゆえ、それらは、シカゴの伝統を製造するための重要な補強材を提供しているシカゴのもっと公式的な歴史的分析と、類似している。しかし、もっと多くの文献が、現在の論争の文脈において、シカゴ学派の実質的な考えを引き合いに出している。都市研究、人種とエスニシティの研究などである。これらの研究に、ここでは直接的な関心はないが、しかしそれらはいくらかの有用な歴史研究を含んでおり、きわめて重要な結果をもたらす。なぜなら、それらは明示的な歴史研究よりもかなり多くの読者をえているからである。じっさいに学派の公的なイメージを定義しているのは、そのようなシカゴの歴史なのである。

　この研究のいくつかは、内向きのものである。とくに、相互作用論のコミュニティの内部でのシカゴの理論的遺産にかんする広範な文献は、そうである。そのような著作は、学派のプラグマティズムの淵源をたどるかたちをとる。それは、ルイスとスミス (Lewis and Smith 1980) がしたがい、マシューズ (Matthews 1985) がそれらの文献を概説するのにしたがったアプローチである。フェッファー (Feffer) の 1993 年の書物は、プラグマティズムの改革主義を強調した。それはちょうど、ディーガン (Deegan) の 1988 年の書物と、彼女の「フェミニスト・プラグマティズム」についてのコメント (1993) がやったのと同じである。ジョアズ (Joas) の『プラグマティズムと社会理論』(1993) は、もっと理論的な報告である。ジョアズに応えて、デンジン (Denzin 1996) は、古いプラグマティズムを失敗であると読み直し、ナンシー・フレイサーの研究にもとづいて「ポスト構造主義」プラグマティズムを主張する。関連した (そ

29

してきわめて錯綜した)文献は、シンボリック相互作用論の核心をなす定義を、たいていはある形態の歴史的議論に頼りながら提供しようとしてきた。たとえば、メルツァー、ペトラス、レイノルズ (Meltzer, Petras, and Reynolds 1975) を参照せよ。ロックの本 (Rock 1979) は、これらのなかで抜群に微妙なものである。もうひとつの例は、通常は除外されているが、チャウンシー・ライト、チャールズ・サンダース・ピアス、そしてジョシア・ロイスが相互作用論に及ぼした影響を探求したリンコートとヘア (Lincourt and Hare 1973) である。

この研究のほとんどすべてから感じられることは、歴史の細部はそれほど重要ではなく、こんにちのシンボリック相互作用論について、だれが「正しい」のかという含意が重要であるということだ。しかし、じっさいに、シカゴ学派の考えについての研究のほとんどは、公然たる現在主義で、明示的に現在の論争という直接的な文脈において、これらの考えを位置づけている。

このような実質的な研究のさらに大多数は、都市にかんするシカゴ学派の見解に関心を寄せている。この総説のために検索された参考文献の4分の1以上が、何らかの程度で都市研究に関連している。この研究の並外れて多くの量(約3分の1)は、英語文献でなかった。圧倒的に、シカゴ学派への外国の関心は、都市についての研究にあった(たとえば、シカゴ版社会心理学についての外国の文献は、比較的まばらで、その少なさは、このトピックについてのアメリカの文献が大量にあるのと対照的である)。

シカゴ学派の都市にかんする見解を引き合いに出す研究のほとんどは、シカゴ学派を現在の論争の基礎となるものとみなしている。典型的な論文は、シカゴ学派が都市にかんする公式の研究を開始するとともに、過去25年間に挑戦を受けるようになった(生態学的、遷移的)概念を提供した方法について論じている。1970年以降、多くの研究は、さまざまな政治経済学的視点から、都市にかんする生態学的見解の批判に関心を寄せてきた。ルバス (Lebas 1982) は、こうした文献を詳細に検討している。都市にかんするもっと近年の研究は、必然的に、多かれ少なかれシカゴ学派の考え方についての拡張された研究を含んでいる。

相互作用論者とはちがって、都市研究者は、こんにち、だれが遺品と令状をもっているかを気にしない。通常、シカゴ学派は、乗り越えられるべき伝

統か、打倒されるべき正統派として考えられている。その結果、都市にかんするシカゴ学派の見解についての論文で、明示的に歴史にかかわるものは非常に少ない。シカゴ流の研究は、いまでも現在の一部である。ワースにかんするミラーの研究 (Miller 1992) と計画にかんするクックリックの覚書 (Kuklick 1980) は、例外にすぎない。ミラーは、ワースの見解がしだいに変化して、『ゲットー』にみられる比較的標準的なシカゴ・スタイルの消極的順応から、もっと明示的に駆り立てられた個人主義と社会集団関係の民主化の信念に変化したと述べている。クックリックの分析は、シカゴ学派の考え方が連邦住宅政策の転換におよぼした影響力、とくに、連邦政府が借地人の人種に焦点をあてて抵当権を評価することに、遷移*の考え方がおよぼした影響について述べている。しかし、この込み入った話の中心的な人物は、社会学者ではなく、むしろ経済学の大学院学生であったホーマー・ホイトであった。かれの地価にかんする記念碑的な研究 (Hoyt 1933) は、出現しつつある連邦政府の政策の基礎として役立った (しかし、ホイトはロバート・パークから強い影響をうけていた。手書き原稿の証拠にもとづく詳細な議論については、Jackson 1985を参照)。

* 遷移は、生態学の用語で、植生の長期的な変化を言う。人間生態学では、地区の居住者や土地利用の変化を指す。

シカゴ学派が依然として積極的な演技者として舞台を気取って歩き、それゆえほとんど「歴史的」関心をひかない都市の文献とは対照的に、人種とエスニシティにかんする文献では、シカゴ学派の見解はこんにち、衰退の時期ののちに広範な歴史的再評価を見ている。現在のエスニシティとアイデンティティにかんする大量の研究は、多くの論者をロバート・パークにまでさかのぼる多様な道に引き込んでいる。人種関係にかんするパークの理論は、直接的に、またはフレイジア、ジョンソン、ケイトン、ドレークのような主要なアフリカ系アメリカ人の論者への影響をとおして間接的に、アメリカの人種概念を深いところで形成した (たとえばYoung 1994; Faber 1995を参照)。パークもまた、西海岸における白人とアジア人のあいだの人種間関係にかんする基礎的な研究を著して、こんにちまでつづくアジア系アメリカ人とアジア人大学院学生のシカゴへの流入を開始したことは、ユー (Yu 1995) が述べている

とおりである。他のシカゴ学派の人物にかんする研究は、それほど完全には検討されてこなかった。『黒人のメトロポリス』を生みだすにあたってのウォーナーの役割、『アメリカのジレンマ』のアメリカ版の編集者としてのワースの役割 (Salerno 1987, 25)、そして、『社会学の遺産』の黒人の社会学者にかんする巻の会議に関連するジャノウィッツの後援 (Blackwell and Janowitz 1974) は、研究されてこなかった。フレイジアの研究は、もちろん、かなりの分析がなされてきたが、プラット (Platt 1992) が論じたように、シカゴ学派は、フレイジアの話のごく一部にすぎない。

　人種とエスニシティにかんするシカゴの研究についての研究は、シカゴ学派一般についての研究といくらか異なる歴史をたどってきた。1960年代に、偏見についての相対的に心理学的な説明をしているパークの理論に対して、数多くの攻撃がなされた。それは、ミュルダールの『アメリカのジレンマ』の継続的な影響から生まれてきた。同時に、フレイジアの信用を落とすことを目的とした研究がたくさんあった。かれの研究は、モイニハン・レポートに利用されたために、リベラル派に嫌われたのだ (じっさいには、それほど全面的に利用されたわけではない)。1983年までに、フレッド・ワッカーはこの線の議論全体に対する反論を発表した。ワッカーは、パークをかれの文脈に置きなおし、パークが先行する遺伝主義的で人種差別主義的な思想を根底から打破したことを示した。しかし、パークのミュルダールに対する反対は、多くの人びとを魅了しつづけた (たとえば、Henry 1995)。フレイジアについての見解は、何人かの論者によって改訂されてきた。プラットは、そのなかで最も重要である。

　エスニシティとシカゴ学派にかんするふたつの一般的な研究は、ストー・パーソンズ (Stow Persons) とバーバラ・ラル (Barbara Lal) によるものである。ラルの『都市環境における文化の夢物語』は、修正論者の説明であり、パークの分析と都市マイノリティ研究内部で出現しつつあるテーマとの類似性を指摘している (ラルの研究は、学位論文として始まり、最初に1980年代初頭に論文として出版され、1990年に本として結実した)。ラルは、パークの主観的、文化主義的側面を強調する。彼女は、パークが唯物論的決定にかかわるより大きな構造に無関心であった点を批判するものの、マイノリティの下位文化に現

第 1 章　シカゴ学派に関する歴史研究

在なされている多くの肯定的な解釈をかれが予想していたと強調する。類似の見解は、ワッカー(Wacker 1995)によって、人種とエスニシティにかんするヒューズ、ワース、そしてのちのシカゴの著作者たちに分析を拡張して、示されている。

　パーソンズの『シカゴのエスニック研究』は、ラルの本よりも包括的で公平なものである。それは、スモールからヒューズまでのシカゴの理論家を扱い、かれらが当時の人種的・民族的(エスニック)態度というより大きな文脈にいかに反応し、再形成したかを明示的に研究している。パーソンズは、パークよりもトマスを、シカゴにおける人種・民族(エスニシティ)にかんする著作における中心的な思想家にしている。かれは同化(assimilation)の概念が普遍的な方向性をもった過程へとどのように物象化されていったのかに焦点をあてている。このような物象化は、ヒューズが人種的・民族的集団を、バージェスによって強調された生態学的枠組みにふたたび挿入したときにはじめて、取り消された。パークとトマスにかんする詳細な議論に加えて、パーソンズは、パークの伝統のなかで仕事をした人の例として、エドワード・ロイター(Reuter)とE・フランクリン・フレイジアも検討している。

　都市と人種・民族(エスニシティ)にかんする文献は、シカゴの歴史と深い出会いをしてきたが、フェミニストの文献はそうではなかった。ひとりの個人にかんするひとにぎりの研究を別とすれば(アニー・マリオン・マクリーンについてのFish 1981と、フランシス・ドノヴァンについてのKurent 1982)、メアリー・ジョー・ディーガンの著作(たとえば、Deegan 1988, 1995, 1996)は、女性とシカゴ学派にかんする研究のほとんど全部の資料となっている。ディーガンの解釈は、彼女が「シカゴ・ネットワーク」と呼ぶものに成長したオルタナティブな「フェミニスト社会学」の存在を確立しようとする試みの一部である。1988年に出版された本のなかで、ディーガンは主としてシカゴ学派の派生的な性質と、専門的に卓越した地位からの女性の意図的な排除を示すことに、心を奪われていた。彼女は、シカゴ学派の理論的な立場にみられる特別に男性的な側面を描き出すことには、それほど注意を払わなかった。同じことは、ディーガンによる第二次シカゴ学派の女性にかんするいくらか媚びない分析(Fine 1995所収)についても言える。その予想された強力な反論は、同じ本のロパ

33

タ (Lopata) のあとがきに表れている。

　ディーガンの研究は、アメリカの福祉政治と福祉活動において女性が中心であったことを、フェミニスト的に再発見した一部としてみることもできる。この中心性は、この領域におけるこれまでの研究者が、他の歴史家からなかなか認知を得ることがなかったものである。改革主義者の女性とシカゴ学派に関連するもうひとつの研究は、エセル・ダマー (Ethel Dummer) にかんするジェニファー・プラットの短い論文 (Platt 1992) である。ダマーは、シカゴの慈善事業家で、プラットが強調した社会学的役割に加えて、ウィリアム・ヒーリーとオーガスタ・ブロナーの少年非行にかんする形成期の研究の背後にいた有力者であった。ヒーリーとブロナーがボストンに移ったのち、かれらのアプローチは、少年研究所に制度化され、そのなかでシカゴ学派の非行研究が基礎づけられた（たとえば、スラッシャーとショウの研究）。

　多くのヨーロッパ（とくにドイツ）の著作者がもっていた特別の関心は、伝記の分析におけるシカゴ学派の役割であった。『ヨーロッパとアメリカにおけるポーランド農民』に例証される集団的伝記の方法は、アメリカで理解されることはなかった。しかし、クリフォード・ショウとジョン・ランデスコは、それを犯罪の研究に適用した。1939年の、ハーバート・ブルーマーによる有名な『ポーランド農民』への攻撃は、生活史分析を社会学的方法として葬る助けとなった。それは、1960年代と1970年代にグレン・エルダー (Glen Elder) の研究が出るまでは、生き返ることはなかった。しかし、ヨーロッパ人——とくにドイツの社会学者——は、近年、トマスの方法に刺激を受けてきた。ミカエル・ハーシャイト (Harscheidt) は、1989年にこのヨーロッパの伝統の要約を出版し、コンピュータに支援された伝記分析の台頭についてコメントした (Niemeyer 1989; Pennef 1990; Chanfraut-Duchet 1995 も参照)。

　伝記の分析というトピックは、私が述べたい最後の文献と有用な関連をなしている。すなわち、シカゴ学派自体の伝記的著作である。シカゴ学派にかんする著作は、しばしば個人とパーソナリティに焦点をあててきた。そしてそれゆえ、学派のリーダーについての実質的に伝記的な文献が存在していることも驚くにあたらない。

　主要なシカゴの人物はすべて、短い伝記的な素描に出会ってきた。『社会

学の遺産』の各巻は、つねにその対象の短い伝記から始まっている。そして1950年までのすべての主要なシカゴ教授陣は、いまではこのシリーズに取り上げられている。しかし、パークのふたつの伝記を除いて、シカゴ学派の教授陣についての長編の伝記はない。ひとつには、これは資料が不足していることによる。ブルーマーとトマスは自分たちが書いたものを意図的に廃棄したが、少なくともブルーマーについては、人生を再構成するのに十分な手稿と手紙が(他の人の文書のなかに)残っている。スモール、フェアリス、そしてウォーナーの文書は、官僚制的な混乱のなかでなくなってしまった。

　これらは大きな損失である。スモールについては、ディブルの『遺産』の巻(Dibble 1975)とクリステイクの短い書物(Christake 1978)、ディーガン(Deegan 1988)の分析の一部、ドロシー・ロスの『アメリカ社会科学の起源』(Ross 1991)の微妙な解釈があるだけである。しかし、スモールは明らかに注目すべき男であった。第3章で報告する書簡によると、多くの人が覚えている無味乾燥な講義とは何かなり違った人物であったことが明らかになる。フェアリスも並外れた男であった。かれは退職後まで、大学で重要な、しかし必ずしも建設的ではない役割を果たしていた。かれについては、伝記的な著作はないも同然である。

　ウォーナーは、ことによると最も悲劇的な損失である。ウォーナーは、J・P・マーカンドの『後戻りできない点』(Marquand 1949)における架空の人物＊のように、短期間、姿を現していただけであるにもかかわらず、社会学だけでなく、かれの国を形づくった謎の人物のままである。シカゴの民族誌的な遺産——パークからヒューズへ、そして第二次シカゴ学派へと直接、伝わるほとんどの論者によって認識されている——は、ウォーナーによる人類学的な訓練と経験に負うところが、〔ヒューズ経由の系譜と〕同じくらいかそれ以上に大きい。ウォーナーの市場調査会社は、「ブランドイメージ」という概念を発明し、第二次シカゴの学生を何人も雇い、車、ビール、新聞、その他の消費財のイメージを研究した(Karesh 1995)。イリノイ州モリスとマサチューセ

---

18　私的な会話で、シカゴの同窓生であるレオ・シャピロが私に語ったところによると、ブルーマーはミードに起こったこと(他人によって回顧的にかれの考え方が再創造されること)が自分に起こることを望んでいなかった。

ッツ州ニューベリーポートの研究を指揮して、そこから階級分析を立ち上げ、戦後の大部分の時期に、アメリカ人の自己認識を支配したのもウォーナーである。かれの形成と影響を理解するための資料を欠いているのは、何とも悲しいことである。

* マーカンドは、ウォーナーの『ヤンキーシティ』の調査地となったニューベリーポートの出身で、この小説でウォーナーを批判した。

われわれがもっとよく知っているその他のシカゴ学派の人物にかんしても、まだ包括的な研究は存在しない。オグバーンのまさしく広範囲にわたる資料――とくにかれの日記――は、長編の検討をまだ生みだしていない。もっとも進行中のものはある (バーバラ・ラスレットによる。Bannister 1987のオグバーンについての研究も参照)。アーネスト・バージェスの文書は、全般的な学科の資料として、じつに豊富なものであるが、真に個人的な資料は少なく、かれの人生の初期についての資料も少ない。ボーグのもの (Bogue 1974) は、最もわくわくするような生活史である (シルズのもの[Shils 1991]は魅力的だが、しばしば的外れである)。ヒューズは1962年にシカゴを去るときに、初期の資料の多くを廃棄してしまったようだ。もっとも、立派な伝記を書くのに十分な資料が残っている。そして、ヒューズの研究は盛んになりつつあるように思われる (ジャン=ミッシェル・シャプリーは、ヒューズにかんする広範囲におよぶ研究を完成させたばかりである。たとえばChapoulie 1996を参照)。ワースが残されており、かれの膨大な資料は、十分な伝記的研究に出会っていない。サレルノの「著者略歴付きの文献目録」(Salerno 1987) は、興味深いものの短い。サレルノは、ワースの人生の謎を明らかにしている。すなわち、集中的で広範囲にわたる活動が、驚くほどわずかな学問的生産と結びついているのだが、それにもかかわらず、わずかな学問的生産のなかに「生活様式としてのアーバニズム」というこの分野の歴史のなかで最も影響力のある論文のひとつを含んでいる。

のちの人物のなかで、ジャノウィッツとフィリップ・ハウザーは、明らかに伝記の可能性がある。というのは、かれらの文書は広範囲におよび、かれらの経歴は長く、影響力があって、かれらの性格は控えめにいっても興味深い。トマスとともに、ジャノウィッツについての現在最良の伝記は、『社会

第1章　シカゴ学派に関する歴史研究

学の遺産』の関連する巻にある。ハウザーについては現在のところ伝記は存在しない。[19]

　第一次シカゴ学派の時代の主要な学生のなかでは、フレイジアだけが長編の伝記にめぐり会った。アンソニー・プラットの優れた本(Platt 1992)が明確に示しているように、フレイジアはパークの学生以上の存在であり、アフリカ系アメリカ人にかんして、大量販売を拒否される必要があるような〔差別的な〕研究をした男としてかれが得たと思われる〔悪い〕評判に値するような人物ではない。ロバート・レッドフィールド(1920年代の学生で、のちに社会学と人類学の教授となった)についての伝記は、学位論文として完成したばかりであり、まもなく本として出版される(Wilcox 1997)。レッドフィールドは、パーク、ヒューズ、ウォーナーとの関係をとおして、シカゴのエスノグラフィーの伝統を生みだした中心人物であり、その研究はエスノグラフィーとシカゴ学派の理解をおおいに前進させるはずである。最後に、数多くの第二次シカゴ学派の人物についての短い知的な伝記や自伝がある。ゴッフマン(Winkin 1988)、アンセルム・ストラウス(Strauss 1996)、そしてタモツ・シブタニ(Baldwin 1990)である(私が見落としているそのような伝記がほかにもあるかもしれない)。

　個人的カリスマがシカゴの伝統の中心的な側面であったことが回顧のなかで明らかであるように思われるだけに、伝記的な分析はとくに重要である。偉大なシカゴの社会学者たちのほとんどは、知的で道徳的な熱情が日常生活にあふれ出していたような男たちであった。ハウザー、ブルーマー、ワース、ジャノウィッツ。これらの人物は、多くの人びと――同僚を含む――をおおいに不愉快にさせた男たちである。かれらは、ときとして怒りっぽく、人を見下し、つねに熱心で才気にあふれ、熱情と才能をもたない人びとと時間を

---

19　故エドワード・シルズの広範囲にわたる文書は1930年代から1980年代までの学科の歴史に関連する重要な資料を含んでいると思われるが、不運なことに、かれは死後50年間これらの資料の個人的な部分を封印してしまった。シルズは、シカゴ学派(かれはワースの学生であった)と社会学科(かれは1940年から1948年までと、1957年から1995年に亡くなるまで、メンバーであった)の双方にほとんど無関係な役割を果たしているものの、かれは疑いもなく重要な記録を集めていた。いうまでもなく、シルズの伝記が現れれば、それは興味深いものとなろう。〔シルズが死んでから50年後に〕われわれがみな死んでしまっているのは残念なことである。

費やすことはほとんどなく、そうした意見をほとんど隠そうとはしなかった。[20]その他の人びととはもっと礼儀正しく、上品であった。これは、スモール、バージェス、ヒューズのような男たちの周知の性格であった。しかし、少なくとも最初の２人の場合、周知のペルソナ〔仮面〕の背後に、その行為が明るみに出た場合に他の人びとに衝撃を与える決然とした自己が隠されていた。それは、絹の手袋をつけた鉄拳であった。[21]

　これらふたつのパーソナリティ・スタイルのあいだに、ロバート・パークという中心的な人物がいた。かれは、学科の歴史の謎であり、護符であった。偉大な熱情と広範囲にわたる興味から、パークはじっとしていられない探求

---

20　同僚（たとえばヒューズ）にも向けられたブルーマーの軽蔑的な態度は、かれの手紙から明らかである。同じことは、ハウザーにも当てはまる。かれの皮肉たっぷりの意見は学科の記憶のなかに生きている。かれはかつて、学科会議で、ある同僚にこう言ったことがある。「君の給料を上げる？　私なら君の給与を下げていただろうよ」。ジャノウィッツの無愛想な反社交性は、同じくらい悪名が高い。多くの人が覚えているように、かれはけっして電話の最後に「さようなら」と言わずに、終わりにしようと決心したとたんに電話を切った。

　ある程度まで、角々しさは表面的な現象である。たとえば、ジャノウィッツは深い道徳的なコミットメントをもった男であった。――研究に対して、都市と国に対して、友人に対して、そしてじっさいかれがしばしば怒鳴りつけていた学生に対して。角々しさは、かれが、そうしたコミットメントを欠いている人びとを理解できないことから生じていたように思われる。ブルーマーとワース、そしてことによるとハウザーの場合、軽蔑と怒りは、ひとつには自分たち自身の研究に失望していることからきていたかもしれない。この３人は、自分や他の人びとが期待するよりも少ない量の、決定的で有力な著作を産出していたからである。かれらは、著作者としてよりも、スポークスマンとして、興行主として、個人的な師として影響力をもっていた。

21　スモールの無遠慮な資本主義攻撃は、穏健な紳士は無色透明であろうと期待する人びとに大きな衝撃を与えた。そして、バージェスが1930年代にASA〔アメリカ社会学会〕の会長として断固とした行動をとっていたことについては、のちに述べることにしよう。見せしめの裁判のまえの時期、バージェスのソ連にむけた大げさな賞賛も、ほとんど意気地なしのすることとは言えなかった。マッカーシー時代にかれを調査したブロイルスとその他の非アメリカ活動委員会の強烈な非難に対するかれの無愛想な却下も同じである。ヒューズは、たしかに、じっさいに穏健な知識人であり、学者であった。かれは対立を嫌い、年下の友人を学科内の多くの紛争の熱に耐えさせていた。しかし、かれはジャノウィッツとともに、学生を動機づけ鼓舞する並外れた能力を分かち合っていた（ブルーマーはシンボリック相互作用論の源泉であったかもしれないが、じっさいにはあえてかれとともに研究する学生は少なかった。Strauss 1966を参照）。のちのジャノウィッツと同様に、民族誌的社会学者のコミュニティを支え維持するフィールドワークについての集団的討議を組織したのは、ヒューズであった。まったく異なった趣のカリスマであったとはいえ、それもまたカリスマ的なパーソナリティの問題であった。

第1章　シカゴ学派に関する歴史研究

精神をもっていた。しかし、かれの学生であるブルーマーやワースと同様に、かれは驚くほど少ししか書かなかった。しかし、ジャノウィッツやヒューズと同様に、かれは数多くの学生と同僚に刺激を与えた。できる人には卓越した経歴にむかわせ、それほどでもない人には少なくともひとつ優れた研究を生みだすように拍車をかけた。人種についてのアメリカの定義における決定的な意見をもっていたパークは、他のどの白人男性よりも20世紀初頭の人種政治の秘密を知っていた。家庭では、かれの家族生活はしばしば混乱しており、かれの子どもたちは、かれが子どもたちを愛する以上に、だれか「他の人びと」を愛していると感じて、父親に見捨てられていると感じながら育った。[22] それは尋常でない人生——20世紀の社会科学の偉大な人生のひとつ——であり、3つの実質的な研究にもかかわらず、いまなお真に決定的な伝記をまっている。

## 結論

私の3つの目的のうちの第1——シカゴ学派の歴史にかんする著作の総説——は、いまや完了した。しかし、膨大な歴史的伝統にかんする集中的で、ことによると、ときにやや退屈なこの総説は、われわれが始めたときよりもさらに深い困惑のなかにわれわれをおいている。最初に、私はシカゴ学派についての簡潔な歴史的素描をして、歴史にかんする文献を読む導きとした。いまや、われわれの耳には、その歴史にかんする多数の対立する見解が鳴り響いており、シカゴ学派とは何であったのかという疑問に戻らなければならない。この歴史研究におけるいくらか形式的なパターンを描き出すことから始めるのが、助けとなる。

---

22　パークに抑圧があったことは明らかである。Deegan 1988, 154を参照。たとえば、ヒューズがリースマンへの手紙（12 August 1959）のなかで言及している「ペニスは、真に記憶の器官である」とパークがヒューズに述べた意見の意味について不思議に思う。この手紙は、シカゴ大学特別コレクション部門のHughes Collection, box 46, folder 1にある。パークにかんする短い伝記的素描はありふれている。かれの人生を素描し、特定の領域におけるかれの研究を論じた短い記事は、十数以上におよぶ。パークの研究を体系的にまとめようとしたものとしてLengermann 1988がある。

私が述べてきたように、シカゴ学派についての歴史研究には、自然な論理的シークエンス〔順序〕がある。そのような著作のほとんどに、そのシークエンスを期待したくなる。歴史研究は、研究対象に名前をつけることから始まる。つまり、その成員、その方法、その起源を確定することである。第1の時期は、シカゴ学派を他のものから——社会学全体から、他の学問的な分野における研究から、社会福祉の伝統から、プラグマティズムから——区別した。歴史哲学者は、この出発に素晴らしい言葉をもっている。かれらはそれを結合(colligation)と呼ぶ。一群の事実を結合することは、それらをたがいにより大きな全体の成員として位置づけること、つまりそれらを集めてナラティブの中心的な主題となりうるものにすることである。それゆえ、シカゴ学派について書くことの最初の段階は、結合のひとつである。

　私がさきに述べたように、第2段階は、主要な解釈を生産する。それゆえ、これは強化(consolidation)の段階である。初期の研究——ショート、フェアリス、キャリーの本——はすべてある程度シカゴ学派という言葉の日常的な意味を受けいれていた。しかし、バルマー、マシューズ、ロック、そしてルイスとスミスは、研究対象を、その起源と帰結についてのより深い分析への準備段階として、というよりもむしろ、そうした分析の産物として、もっと厳密に定義する課題をみずからに課していた。その結果として、この学派にかんするふたつの潜在的な見解が生まれた。それは、すべての点で合意するものではなく、重要な時期区分について、かかわりのある潜在的な諸系譜について、そして取り組まれるべき問題について、同意するものである。とくにマシューズとバルマーについては、ふたつの側面からのひとつの解釈とみることができた。——マシューズにおけるカリスマ的なリーダーとバルマーにおける制度化された構造である。

　こうした解釈に直面して、第3段階の主要な研究はすべて、シカゴ学派はほんとうはそれ以前にあったものと違うものではない、それはほんとうは改革主義や、新聞報道、人類学的フィールドワーク、批判的社会理論というアメリカの伝統から成長してきたものだという議論をしている。つまり、学問分野にかんする歴史研究の第3段階においては、結合は解かれる。もともと定義されていた対象は、もっと一般的な歴史過程の流れに戻される。これら

第 1 章　シカゴ学派に関する歴史研究

の研究が述べているのは、いかなる学派も社会的空間や社会的時間のなかで孤立してはいない、ということだ。

しかし、第 3 段階の歴史がそれらしいものであったとしても、分離してから再結合するというこのパターンは、一度だけではなく何回も起こり、いかなる学問分野や学派にかんする歴史研究と同様に、シカゴ学派にかんする歴史研究のなかでも、繰り返し起こることは明らかであるように思われる。戦間期のシカゴはじっさいになにか特異なものであったと主張することによって、リンドナー、ディーガン、スミスに反論する議論が出てくるだろう[23]。それゆえ、一連の結合、解釈、修正ではなく、むしろ「かれらは新しかった」という議論と「かれらには多くの先行者がいた」という議論が交替する周期的パターンがある。

しかし、どの学派も孤島ではないものの、シカゴ学派への関心の増大は、事実、この言葉の背後になにか実質的なものがあったことを示唆している。それが何であったのかを理論化するために、われわれは現在の歴史研究の伝統から始めることができる。それは、まず、われわれに、シカゴ学派が社会構造、文化構造であり、個人的な構造でさえあったことを教えている。われわれは、社会構造を、バルマーによって記述された洗練された研究計画と準備のうちに、この学派の大学院学生に共通するキャリア・パターンのうちに、そして学科の出版計画のうちに、見いだす[24]。われわれは、文化構造を、パークとバージェスの教科書の莫大な影響力のうちに、そして多数の研究を横断する一貫した探求のパターンのうちに、見いだす。われわれは、個人的構造

---

[23] この周期の長さが約 20 年～30 年であるということは、疑いもなく、学問的な経歴の要件を反映している。いかなる個人も、標準的に信じられていることに真剣に攻撃を仕掛け、新しい信条を打ち立てるのに、5 年～10 年は十分に必要となる。また、そのような新しい見解は、まれな場合を除いて、ひとりの人間によって打ち立てることはできない。それゆえ、新しい見解が確立するのに 10～15 年かかる。いうまでもなく、その過程で、新しい見解は、反論を誘発し、後続するほぼ 10 年のあいだに疑問視されるようになる。この解釈の周期は、その主題についての関心が衰退しないかぎり、継続するものであるように思われる。関心が衰退する場合には、新奇性にかんする職業上の必要は少なくなり、この周期は速度を落とすことになるだろう。

[24] シカゴ学派の始まりと終わりについての最も一般的な日付は、シカゴ大学社会学シリーズの誕生と死滅を正確に反映していることに注意するのは興味深い。シカゴ学派にかんするわれわれのイメージの現実の決定要因は、その出版でありうるだろうか。

*41*

を、学科の歴史をつうじてカリスマ的な人物が例外的に継続していたことのうちに、そしてじっさいにこんにち、そのカリスマを主張し分析する持続的な試みのうちに、見いだす。

　もちろん、これらの構造のそれぞれに、われわれは先行する系譜を見いだすことができる。大量調査の方法については改革主義、シンボリック相互作用論についてはプラグマティズム、フィールドワークについては新聞報道と人類学的エスノグラフィー、さまざまな社会批判については改革主義と政治経済学などである。そしてたしかに、多くの「シカゴ製造」産業と数多くの多様なシカゴ家系の主張は、こうした多様な系譜が現在にまで生き残っていることを明らかにしている。しかし、その系譜は、なにか偶然のめぐりあわせ以上のものを生みだすような様式で、シカゴにおいて交差していた。たしかに、シカゴ学派の多くの解釈は、多面的な事物がシカゴ学派に束ねられていることを証拠立てている。しかし、分析者はこうした歴史的系譜のいずれかを追求しようと望むかもしれないが、歴史研究全体から明らかなことは、特定の時間と特定の場所におけるこうした系譜の交差が、それらが通り抜けたときに、それらすべてを転換させる何かをなしたことである。

　この転換とは厳密には何であろうか。ここは、社会的実体にかんする完全な理論を論じる場所ではない。しかし、シカゴ学派の歴史からいくつかの結論——と反省のためのいくつかの疑問——をひきだすことは有用である。シカゴ学派は社会構造——社会的実体——であると述べることは、ある意味で、戦間期のシカゴにおける人びととその場所における制度の配置が、たんなる集計や総和を超えた帰結をひきおこしたと主張することを含んでいる。このことについて、多くの論者によって述べられている最も明白な証拠は、一般に、当時、偉大な博士論文を書いた人びとは、同程度に卓越したさらなる研究を生みださなかったということである。この経歴の衰退は、パークのカリスマ的な影響力から修了生が物理的に離れたためであると一般に見なされてきたが、〔パークだけでなく〕他の教授陣も含め、学生、いやじっさいにシカゴでの研究の配列全体が、この相互の豊饒化の原因であったことは明らかである。

　この学派の因果的な影響は、学派として束ねられた諸伝統への影響のなかに同じように明らかである。シカゴ学派は、改革主義と社会学を分離し、調

査方法を支援運動から冷静さに転回させる中心的な役割を果たした。それは、プラグマティズムにヨーロッパの分析哲学の猛攻からの避難所のひとつを提供した。それは、エスノグラフィーを他者を凝視するものからわれわれ自身を凝視するものに転回させる助けとなった。それは、「システムの内部の」批判的政治のための新しい学問的モデルを打ち立てた。もちろん、これらの努力のどれをとっても、シカゴ学派だけのものではなかったが、しかし、これらの発展のすべてが、シカゴ学派なしにはまったく別のものになっていたであろう。シカゴ学派は、そこに束ねられた過去の諸系譜を大幅に変化させた。

　こうして、われわれはシカゴ学派を社会的事物として考える。なぜなら、それは、シカゴ学派に流れ込む歴史的シークエンスのなかで暗示されているものを超えた帰結をもっているからであり、それは、のちの出来事に対して「作用因」——アリストテレスの用語——であったからである。われわれは、これらの社会構造的帰結が、文化的客体としてのシカゴ学派からは相対的に独立したものであることを、はっきり理解すべきである。シカゴ学派が完全に形成された文化的客体となったのは、それが社会構造として事実上、その生命を終えたあとになってからであった。もちろん、シカゴ学派は、その構造的な出現と同時に文化的構造をもっていた。これは、トマス、パーク、バージェス、その他の理論的著作のなかに、緩やかに、暗黙のかたちでみられるシンボリックなシステムであった。しかし、おおっぴらに文化的認知がなされ、学派のラベルが貼られたのは、1930年ごろになってからであり、それが完全なものになったのは1950年ごろであった。このことについては、第2章で論じることにする。もちろん、社会的客体がさきにこなければならない必然的な理由はない（ウィリアム・オグバーンの文化的遅滞理論には失礼ながら）。文化的ラベルは、しばしば、事実上まったく創発的な結果をもたない社会「構造」についても現れる。しかし、シカゴ学派の場合には、社会的事物がさきに現れた。

　そのおかげで、(のちの)文化的客体の歴史を描き出すことは、もっと容易になる。なぜなら、すでに本章でみてきたように、そして、次章でさらにみるように、その歴史の多くは、過去の出来事についての解釈をめぐる議論のかたちをとるからだ。しかし、社会構造的客体それ自体の歴史は、想像する

ことが難しい。なぜなら、それはラベルにかかわっているのではなく、結果にかかわっているからであり、そしてこれらは、事例の比較か、反事実的な推論をせずには、ほんとうには理解できないからである。こうした結果は、どのように生みだされたのであろうか。この問いの難しさは、なぜ標準的な頼みの綱が、ロバート・パークという個人的カリスマに求められてきたのかを教えている。マーチン・バルマーだけが、学科の日常経験の交差し織りあわされた性格を主張するなかで、なぜシカゴで勉強し研究していた人びとが、このような注目すべき経験をして、このような注目すべき研究を生みだしたのかについて、なにか別のミクロレベルの説明をしている。

　しかし、文化の水準と社会の水準の双方において、シカゴ学派は、われわれが相互強化の複雑な過程として見るべきもののゆえに、実体として「創発」したように思われる。いかなる社会状況においてもそうであるように、戦間期のシカゴの世界に入ってくる個々の系譜は、他の系譜に独自の効果をもたらした。それゆえ、トマスやパークの考えは、学生と同僚の方法論的思考に貢献し、改革派の伝統が研究のために選択した問題は、採用された種類の概念を形づくり、都市への実質的な焦点が助けとなって、異なる方法論は相互作用を強いられた。これらのさまざまな諸力が循環的に相互反射し始めたとき、すなわちそれらが体系的に共振し始めたときに、学派は社会的実体として創発した。そのとき、この相互強化は、個々の関係の効果を拡大した。構造全体は、しばらくのあいだ、それ自身を再生産し、その外的効果に新しい権威を付与することができるような力を獲得した。この「創発」の説明は、レーザー光線のような物理的システムの説明にしたがっている。個々にみれば、鏡と光源はたんにさまざまな方向にむかう効果をもっているだけである。しかし、それらがある配列をとると、それらは並外れて新しい諸力を生みだす。社会的実体の場合に異なっているのは、こうした新しい諸力が、創発した実体の再生産の試みを促進することである。[25]

---

[25] 私は、構造は人びとからつくられるという創発にかんする「多水準的説明」をしているのではないことに注意。社会構造に入る諸要素は、人間全体ではなく、その諸部分であり、あらかじめ存在する社会的・文化的構造である。パーソナリティと社会構造は、基本的に、同じタイプの実体である。Abbott 1995a参照。

第1章　シカゴ学派に関する歴史研究

　この促進こそ、創発的な社会パターンをたんなる偶然から区別するものである。社会生活における多くのパターンは、たんなる定在波として生じる。それらが生じるのは、周囲の諸力と制約が継続的にそのパターンを再生産するためである。しかし、ときとして、そのようなパターンは、支える諸力が取り除かれても、残存する。われわれが社会的事物の創発を語るのはそのようなときである。じっさい、この意味において、第二次シカゴ学派の時期にシカゴ学派が回顧的に創造されたことは、ことによると、現実に最初のシカゴ学派が存在したことの最も良い証拠であるのかもしれない。その創造にいまや向かうことにしよう。

26　エドガー・ライス・バローズの空想科学小説のひとつに、この状況をうまくとらえている話がある。『スピア、火星の少女〔邦訳：火星の幻兵団〕』(1920)で、ヒーローとヒロインが、あるとき、秘境の渓谷で戦いを目撃する。その戦いが終わったとき、かれらは死体がないことに気づく。兵士たちは、みなテレパシーによって生みだされたもので、兵士を送り出した都市には、現実には10人か20人の人が生きているだけであることがわかる。これらの人びとは、互いに敵に対して想像上の軍団を派遣して戦っている。この本の後半で、恋人たちはこの都市から逃げ出し、もっと多くの想像上の戦士たちに追いかけられる。これらの戦士たちのひとりは、かれを動かしている精神がかれに消えろと命じたときに、消えるのを「忘れて」しまい、その後、小説のなかでは、固定された登場人物でありつづける。社会的事物性とは、外的な諸力が現状の存在を衰退に導いたときに、その存在から抜け出してきたことを忘れることと等価である。
27　文化史における「偉大な瞬間」のもうひとつの解釈は、そのような瞬間が数多くの「前適応」＊された観念とシンボルの収斂によって生まれるという見解である。それらの観念やシンボルは、まさに相互の関係が一時的で再生産されない性質をもつがゆえに、とりわけ緊急に共振する。私の読んだなかでは、パトリック・クラットウェルの壮大な『シェークスピアの瞬間』は、この議論を最も説得的に説明している。
＊生物学の用語で、ある生物の祖先型にあった形質や性質が、環境の変化に際して、新しい機能をもつようになり、適応に寄与すること。

# 第2章　第二次シカゴ学派における移行と伝統
（エマニュエル・ガジアーノとの共著）

　第1章において、私は、歴史記述をくぐり抜け、じっさいに当時はそうであった緩やかに編まれた社会的「対象」に潜り込むことによって、第一次シカゴ学派を検討した。この章において、私は、のちの世代によるこの対象の文化的同定に向かうことにする。戦後のシカゴ人が第一次シカゴ学派の文化的発明者であると述べることと、この発明の発生を示すこととは、まったく別のことである。幸いにも、関連する文化的作業の多くをとらえた驚くべき記録をルイス・ワースが生みだし、アーネスト・バージェスが保存していた。それゆえ、私はここで、エマニュエル・ガジアーノの協力を得て、そのような社会構造的・文化的歴史を生みだすことのできる第一次資料に向かうことにする。

　われわれは、特別の理論的理由から、きわめて詳細な水準で研究をした。われわれは、この時期の教授陣の歴史を脱客体化し、一般に受け入れられている「量的な研究に向かう確固とした動きがあった」というナラティブの水準よりも下に読者を連れて行くために、その歴史を身近なものにしたいと望んでいる。もしわれわれが読者に、この教授陣は自分たちと同じような集団で、どこにでもある奇妙な同盟をともなった、よくある学問的争いをしているのだと見なすことをできるようにするならば、「学派」について語ることが何を意味しているかという問題を提起し直すことができる。教授陣のだれひとりとして、何らかの絶対的に一貫した統一的立場に立つことがなかったことがひとたび明らかになると、われわれは、いかにして、一貫した諸立場が、諸個人のつぎはぎ仕事を超えた集合的関係と創発的シンボルとして存在するのかについて、省察を始めることができる。この省察によって、こんどは、ある学派や伝統がいかにして生みだされるのかという問いが、つぎのような問いに変形される。すなわち、いかにしてつぎはぎ仕事をする人びとの集団が、相互作用をつうじて、全体としてはだれひとりとして署名していないの

にもかかわらず、一貫しているように見える一群の伝統を生みだし、維持することになるのかという問いである。われわれは、この最後の問題を、第一次あるいは第二次シカゴ学派の分析にかんする中心的な論点であると考える。

われわれは、教授陣それ自体と、大学の文脈についての分析から始める。つぎにわれわれは、議論の焦点を、フォード財団の研究助成をうけ、ワースが巧みに運営し、バージェスが議長を務めた1951年から52年にかけての自己評価研究に絞る。またとない幸運によって、400頁の写しがバージェス文書〔シカゴ大学図書館に保存されているバージェス関係の文書〕に残っていた。1年間、社会学科では、社会学の本質と将来について議論され、その本質と将来における自らの役割について議論がされた。ここに、われわれは、第二次シカゴ学派——と第一次シカゴ学派——が明確化した学科の精神を詳細に見ることができる。

## 学科とその環境

1945年から1960年までのシカゴ大学社会学科の学生にとって、学科の集合的な存在は、身近なものであると同時に遠い存在に思われたにちがいない。それが身近なものであったというのは、学生数は多くても学科の教員数は少なかったからであり、当時の教授陣は、現在と同じように、学生をじかに研究にかかわらせていたからである。同時に、それが遠い存在であったというのは、主要な教授陣が長期にわたってたがいによく知っていたからである。バージェスは、1916年以来、教授陣にいた。オグバーンは1927年以来、ワースとブルーマーは1931年以来、ウォーナーは1935年以来、ヒューズは1938年以来、教授陣にいた。これらのうちの4人——バージェス、ブルーマー、ワース、ヒューズ——は、教授陣に加わるまえに、シカゴ大学の学生であった。「新しい教授陣」のなかにも古株がいた。ハウザーは、1947年に戻ってくるまでに、10年間、ワシントンにいたものの、かれもまた1930年代に講師(instructor)であり大学院学生であった。[1]

---

1 これらの注を読むまえに、読者はエピローグにつづく資料と謝辞の部分を閲覧すべきである。教授陣の在職時期を特定することは、きわめて困難である。その理由のひとつは、長期

第2章　第二次シカゴ学派における移行と伝統

　1951年から52年にかけて、この結束のかたい集団の中核部分は消滅した。オグバーンとバージェスは退職した（もっとも、やむを得ない事情からバージェスは1年余分にとどまることを余儀なくされた）。ブルーマーはバークレイに去った。ワースは没した。ヒューズ、ウォーナー、ハウザーだけが残った。そこには何人かの新しい教授がいた。1950年に、レオ・グッドマンが、ワースとハウザーによってプリンストン大学から採用されていた。人口学者のドナルド・ボーグは、1950年代半ばに、非常勤講師から正規の教授に異動した（結局、この時期に採用された教授会メンバーのなかで、このふたりだけが、長期

にわたる内部雇用の慣行によって、多くの人びとが少しずつ教授の地位に近づいていったからである。また、地位はしばしばさかのぼって定義し直された（たとえば、博士の学位を取得することによって）。それゆえ、理由のある不一致が生じる余地がある。これらの日付は、この時期の教授会人事記録を読まなければ厳密に特定できないが、それは封印されたままである（かりにそれが残っていたとしても——われわれにはその所在もわからない）。ハーヴェイ(Harvey 1987a)がシカゴ大学にかんする本のなかで示した一覧表は、在職時期についてはほぼ正確であるものの、地位についてはしばしば誤っている。たとえば、デイヴィッド・リースマンは1950年代に社会学科で正式に勤務していた時期をつうじてテニュア〔終身在職保証〕を得ていた。ドナルド・ボーグは、ハーヴェイが考えていた時期よりもまえにテニュアを得ていた。D・G・ムーアは、正教授になることはなかったなど。

2　オグバーンを引き留めるために多くの圧力がかかった。かれはその圧力を考慮したものの、それに抵抗した。「私は大学から引退したほうがよいと思っております。私が今これを書いているのは、あなたが別の計画を立てて、私をひきとめる努力をやめることができるようにするためです。学科が私をひきとめたいと望む以上に、私は感謝していると申せましょう」(Ogburn to Wirth, 21 March 1950, LW 62: 7)。バージェスとオグバーンは、双方とも、表向きはある社会保障規定の恩恵を得るために、学科で1年余分に過ごした (Burgess to Blumer, 13 November 1950, EWB3: 1; Wirth to Blumer, 14 December 1950, LW 1: 8)。事実、だれが長期的に学科長を務めるべきかを経営陣が決断するまでのあいだ、バージェスは学科長にとどまった。
　結束のかたい中核集団のなかの関係はきわめて緊密であったことに注意。バージェスからワースとブルーマーに宛てた手紙の多くは、明らかに情の厚いものだったし、オグバーンへの手紙は、暖かい同僚関係を示すものだった（たとえば、Burgess to Ogburn, 17 April 1947, EWB16: 10)。ワースとブルーマーの書簡 (LW1: 8) は、ワースがブルーマーの学科内での最良の友人であったことを明らかにしている。両者は、ヒューズに対する冷淡さを分かち合っていた。それについては、ブルーマーのほうがずっと遠慮がなかった。中核をなすこの4人のうち、唯一否定的な関係にあったのは、ブルーマーとオグバーンのあいだの明らかに強い嫌悪であった。それについては、これまでかなりの量のインクが費やされてきた。ブルーマーとハウザーのあいだにさえ、過去があった。ブルーマーは、ハウザーの修士課程での指導教員であった。そして1934年に、かれらはその成果を本として出版した（『映画、非行、犯罪』)。そのあとにつづく出来事は、以下に述べるように、かれらが想像以上に知的に近かったことを証明することになる。ハウザーの修士課程での素材については、Hauser to Gideonse, 26 March 1932を参照。また、ハウザーからブルーマーへの心温まる手紙14 February 1934を参照。いずれもPMH14: 6所収。ハウザーは、戦後、かれが採用されるときに、ブルーマーに手紙を書いていない。ことによるとその理由は、ブルーマーはその時期ほとんどのあいだ、ピッツバーグにいたためかもしれない。かれらの関係もいくらか冷たくなっていったのであろう。

*49*

にわたってシカゴ大学に勤務することになる)。しかしながら、これらの少数を除けば、戦後の時期をつうじて働いていた教授陣は、主として助教授(assistant professor)であった。しばしば、これらの教授陣は、巣立っていくまえに短期間とどまっていたシカゴ大学出身者であった。エドワード・シルズ(1945〜47年、1957年に[教授として]復帰)、ウィリアム・フート・ホワイト(1945〜48年)、ハロルド・ウィレンスキー(1952〜53年)。もう少し長期にわたる人も少数ながらいた。ハーバート・ゴールドハマー(1947〜51年)、アルバート・ライス(1948〜52年)、オティス・ダッドレイ・ダンカン(1951〜57年)、D・G・ムーア(1951〜55年)、そしてアンセルム・ストラウス(1952〜58年)である。そして、短期間勤務する少数の教授がシカゴの勢力圏外から来ていた。ドナルド・ホートン助教授(のちに准教授)(1951〜57年)とネルソン・フート助教授(1952〜56年)である。デイヴィッド・リースマンは、1954年に、大学のカレッジ教授から社会学科に異動してきたが、1958年に離任した。ウィリアム・ブラッドバリー准教授(1952〜58年)は、もうひとりのカレッジ関係からの採用であった。1954年には、コロンビア大学で博士の学位を取得したばかりの人を採用する一連の人事も始まった。ピーター・ブラウ(1954〜63年)、エリフ・カッツ(1955〜70年)、ピーター・ロッシ(1956〜67年)、アラン・バートン(1957年)、そしてジェームズ・コールマン(1957〜59年、1973年に復帰)である。このうち、ロッシ、カッツ、ブラウは、かなりの期間とどまっていた。教授陣の存在ということとの関連では、1945

---

3 1940年代後半には、さらに多くのシカゴ大学出身者が2〜3年間、講師(instructor)の地位を占めていた。たとえば、タモツ・シブタニ、バフォード・ジュンカー、ドナルド・ロイなどである。1951年以降、講師の地位は消滅したようだ。多くのシカゴ大学出身者を雇用する慣行は、のちに述べるように経営陣との摩擦のもとであった。

4 このうち何人かは、シカゴの名簿のなかであまりなじみがない名前である。ゴールドハマーは1946年に採用された社会心理学者で、「学部レベルの社会科学の新しい概論の授業」に加わっていた。「それは社会科学への概論的な導入で、もちろんまだ存在していない『専攻』に進むために3年次に開講されていた」(Wirth to Harry Gideonse, 2 September 1946, LW 4: 2)。(専攻に『 』がついているのは、ハッチンズ・カレッジに選択科目がなかったことを反映している)。ゴールドハマーは、昇進を拒否され、別のところからよい話があったために、1950年に離任した (Ogburn to Goldhamer, 6 February 1950, 20 March 1950; Ogburn to Burgess, 10 March 1950, all in EWB 16: 10)。ホートンは、イェール大学の人類学博士(1943年)で、オグバーンの協力者だった。かれはのちにウォーナーに付くことになった。かれは、1951〜52年に、研究助手(research associate)の地位から正規の教授会メンバーの地位に異動した。

〜60年の時期は、旧来の教授体制をとっていた最後の5年間と、いくらか長期にわたる移行期をふくんでいた。

　しかしながら、この時期のシカゴ大学は、大学院ではなく〔もともとシカゴ大学は大学院大学として創立された〕、カリスマ的な総長であったロバート・メイナード・ハッチンズと、かれがつくった革命的なカレッジによって、最もよく知られていた。このときまでに、「ハッチンズ・カレッジ」は4年間の必修科目のカリキュラムをもっていた。選択科目はほとんどなく、最後の2年間にかぎられていた。それは、試験によって直接第10学年〔中学修了段階〕から学生を入学させた。その教育は、主として偉大な書物と偉大な思想にねらいを定めたものであった。

　このいちじるしく実験的なカレッジは、専任の教授陣をもっていた。ハッチンズは、大学全体にまたがる文理学部（Faculty of Arts and Sciences）を廃止し、諸学科を人文学部、社会科学部、物理学部、生物学部にまとめた。カレッジの教授会は、これとは別の学部を構成し、それゆえ、ほかでは社会学と呼ばれる研究をする多くの教授が、社会学科ではなく、カレッジに所属していた。デイヴィッド・リースマンは、そのなかで最もよく知られていた。しかし、1940年代後半に、かれの「社会学2」（3年連続の社会科学の必修科目第2年次）の協力講師（co-instructor）には、ダニエル・ベル、ルイス・コーザー、マレー・ワックス、ハワード・ベッカー、ジョエル・セイドマン、マーク・ベニー、フィリップ・リーフ、ベンジャミン・ネルソン、ジョセフ・ガスフィールド、リュエル・デニーが含まれていた（MacAloon 1992）。そのほかの社会学者は、教授会メンバー（ワース）も〔大学院〕学生（ジャノウィッツ）も、他の社会科学の基幹科目を教えていた。カレッジでの雇用は、学問的な信任状とはほとんど関係がなかった。これらの人びとのほとんどは、学位をもっていなかった。しかし、何人かは——ガスフィールド、ワックス、ベッカー、ジャノウィッツのように——、シカゴ大学の大学院学生だった（社会学科の教授陣のなかでは、シルズ、ブラッドバリー、リースマンの3人だけが、じっさいにカレッジを兼担していた）。

　カレッジの「社会学者」は、カレッジの同僚たちと強力だが一般的な知的コミットメントを分かち合っていた。ハッチンズに言わせれば、それはな

にか、定型的な学問的研究にあからさまに対立するものであった。ハッチンズは、高邁な思想と古典的テクストを好んでいたので、経験科学に対してはとくに敵意をもっていた。とくに経験的社会科学に対するかれの反感は、露骨なものであった。その結果、社会科学部(Division of Social Science)と、そのなかの社会学科は、ハッチンズの時代には不遇であった(Bulmer 1984, 202-5)。

　1951年1月、当時まだ51歳であったハッチンズは、突然辞任した。かれの後任は、大学幹部になった哲学者のローレンス・キンプトンであった(Ashmore 1989)。キンプトンは、すぐさまハッチンズ・カレッジを解体したわけではなかったが、1955年までには、かれは結局はそうするつもりであることは明らかだった(McNeil 1991)。純粋なカレッジ教授陣であった自由浮動的知識人は、別の場所に拠点を求める必要がでてきた。そうした考慮から、デイヴィッド・リースマンは、ヒューズ（当時学科長）と社会科学部長モートン・グロジンズの支援をえて社会学科に移ったが、その後もずっと、フィリップ・ハウザーからの反対に直面することになった(Riesman 1990)。

　ハッチンズ時代に発展した社会学科とカレッジのあいだの敵愾心は、社会学科に長期にわたる効果をもたらした。つまり、それは、ハッチンズ・カレッジにおけるリースマン、シルズ、ベルにまさしく代表されるような研究である一般社会学理論の傑出した業績が、社会学科においては生まれないであろうということを請け合うものであった。学科のメンバーは、多くのことで意見が合わなかったものの、さまざまな分派は、ハッチンズの見解に反感をもっているという点では、手を結んでいた。如才のないアーネスト・バージェスでさえ、ロイド・ウォーナーやフィリップ・ハウザーと同様に、ハッチンズの態度に憤慨していた(Farber 1988, 349-50)。

　シルズの経歴は、確執の結果を例証している。もともと学科とカレッジの兼担であったシルズは、1947年に両方ともやめて社会思想委員会(Committee on Social Thought)に異動した。社会思想委員会は、ハッチンズがつくったお気に入りのひとつで、大知識人を集めて、自由気ままに社会的知識を食いちぎってよいが、「狭い専門主義」には反対することをねらいとしていた。ハッチンズにとって、社会にかんする理論的研究と経験的研究は、知的にも、学

科組織としても、別の事柄だった。たしかに、シルズは結局は社会学科に戻ってきたし (1957年)、もうひとりの理論家であるロナルド・レヴィンは1962年に採用された (かれを受け入れ可能な経験主義者にしたフィールドワークの時期のあとに)。しかし両者は、周辺に追いやられていた (1955年に大学院学生のパーティで、ハウザーは、レヴィンの学位論文研究計画書に公然と反対を表明した)。しかし、まさにこの時期に、(とりわけ) リースマンとベルは、「理論的」経歴を積み、結局、ハーバード大学社会関係学科のパンテオン〔万神殿〕の中心メンバーになっていった。同じころ、シルズは、カーネギー財団による「行為の一般理論」の研究で、パーソンズに協力していた。こうして「理論」は、社会学の活動的な分野となったのである。しかしながら、社会学科のほとんどの人は、まったく理論を望まなかった。この反理論の偏見は、量的研究の問題だけでもなかった。〔質的研究をしていた〕ウォーナーとヒューズもまた、理論で博士論文を書くという考えに反対していた。[5]

この時期の社会学科を形成する学科外からの大学の圧力は、カレッジだけではなかった。大学の規模が小さいことと学際的な性格は、教授陣が学科外への重要なコミットメントをもつことを意味していた。全国世論調査会社 (National Opinion Research Corporation; NORC〔現在の全国世論調査センター National Opinion Research Centerの前身〕) は、1941年に創設された非営利の調査機関であるが、これもそうしたもののひとつであった。NORC(ノーク)は、1947年にコロラド大学からシカゴ大学に移転した。この移転は、社会学者クライド・ハートが、NORCの理事長に就任する条件として要求したものだった。ハートは、ウォーナーと同様に、修士の学位しかもっていなかったが、社会学の正教授になった。ハート体制のもとで (1960年まで)、NORCは基本的に自分たちで外部資金を獲得してきた研究者たちによって担われていた (のちにNORCの基金のなかで優勢になる契約調査部門は、1960年代前半になってようやく、ピーター・ロッシのもとで成熟したにすぎない)。ハート時代のNORCの調査部長はすべて、社会学科から採用したか、学科出身者か、学科教授陣の好意による人びとで

---

5 社会思想委員会については、ネフの創設メモを参照。「シカゴ大学社会思想委員会」(日付なし) PP52 150: 6。シルズの軌跡は、公式の大学出版物でたどることができる。レヴィンの話は、レヴィン自身から聞いたものである (個人的対話)。

あり、そこにはハート自身、ジョセフィン・ウィリアムズ、シアリー・スター、エリ・マークス、ジャック・エリンソン、エセル・シャナス、ルイス・クライスバーグなどが含まれていた。1950年代後半のある時点では、社会学の教授陣は、NORC代表団の組織票を恐れ、NORCの存在感を低めるために動いていた。[6]

しかし、別の単位も、教授陣の注意とコミットメントをひいていた。たとえば、人間発達委員会(HD)は、1940年代前半にハッチンズがつくったもうひとつの反省的・質的社会科学のための学際的センターであった。バージェス、ヒューズ、そしてとりわけウォーナーは、多くの時間と労力をHDに注いだ。その研究室は、当時、社会学科からは2ブロック離れたジャッド・ホールにあった。HDの中心人物は、教育学の教授のラルフ・テイラーで、1946年にこの部門の部長になり、1953年まで在任した。テイラーは大学政治の中心に位置する攻撃的な権力ブローカーで、この時期の社会学に決定的な役割を果たしていた。[7]

もうひとつの対外的な結びつきは、労使関係センター(Industrial Relation Center)であった。そこに所属していた人びとのなかに、ウィレンスキー、ムーア、ブルーマーが含まれていた。ブルーマーは、調停の経験を積んでいた。人種関係教育研究調査委員会(Committee on Education, Teaching, and Research in Race Relations)もあった。それはワースが委員長を務めていた学際的な研究センターであった(そして、委員長をめぐって、かれはヒューズと争った[Turner 1988, 317])。家族研究センター(Family Studies Center)もあり、バージェスが基金を集

---

[6] この時期のNORCの歴史にかんする有用な典拠、および資金と研究の流れにかんする典拠は、Rebecca Adams (1977)である。NORCを支えた提携は、興味深いものである。たとえば、ワースはその将来に期待をかけた(バージェスが教授陣に宛てたメモにつけられたワースのメモ、1949年8月24日、LW 62: 6)。このビジョンには利害が絡んでいた。ハートは、1930年代前半にワースの大学院学生であった。ワースが、NORCのシカゴ移転に中心的な役割を果たしたことは疑いがない。

[7] HDにおけるもうひとりの中心的な人物は、教育学の専門家であるロバート・ハビガーストであった。HDは、とくにロイド・ウォーナーの拠点だったが、ウォーナーは、ダウンタウンに契約調査会社(Survey Research Incorporated)も持っていた。そこでは、リー・レインウォーターのような学生が活躍していた。この会社は、ウォーナーの階級分析と結びついた一種の質的市場調査に特化していた。Karesh 1995を参照。

め、フートが最初のセンター長であった。
　さらにもうひとつの研究センターは、1マイル離れたサウスエリス4901番地にあるNORCの建物のなかにあったシカゴ・コミュニティ資料室(Chicago Community Inventory)であった。CCIは、ハウザーによって運営され、かれの学生と子分のセンターであった。CCIの資金は、もとはといえばワースとバージェスによって集められたものの、うれしいことにハウザーが1947年に戻ってきたときに、運営全体を任されたのであった。ハウザーは、シカゴのコミュニティ研究の指導者として、バージェスとワースの目にはシカゴ学派の明白な後継者であった。たとえあとから振り返ったときに、どんなに問題があろうとそうだったのである。
　研究センターは、学科の活動の中心であった。とくに若い教授陣にとってはそうであった。日常生活は、社会科学研究棟自体で過ごすよりも、その人の所属する研究センターのある地区で過ごすことのほうが多かった（それゆえ、どの特定の教授会メンバーも、そのメンバーのセンターに属していない学生にとっては、目につかなかった。ほとんどの教授陣は、学部学生を教えていなかったことを想起せよ）。さらに、多くの時間が調査資金を獲得するための努力に費やされた。そして多くの努力が、獲得した基金をやりくりすることに費やされた。この時期に出現した根本的な教授陣の分裂は、やり手――潤沢な資金を手に入れているか、手に入れようとしている――を、やり手でないものから分けることであった。このことと並行して、官僚制的な調査研究と職人的な調査

---

8　労使関係センターは、ドナルド・ロイのような学生をひきつけていた。人種関係委員会の内外では、ワースとヒューズの関係がたいへん複雑であった。ふたりは、シカゴの公立学校における人種差別にかんする大きな研究プロジェクトでは、協力していた。ワースは、地区のゲリマンダリングについて研究しており、ヒューズは教師の問題について研究していた。しかし、ヒューズはワースよりも人種関係を広く定義する傾向にあり、アメリカの問題にあまり焦点を絞らなかった。

9　NORCの所在地については、R.Likert to Hart, 25 March 1948, PMH 14: 10を参照。CCIは、1955年までこの場所にあった。この年に、60丁目東935番地に移転した。NORCは、1954年にサウスウッドローン5711番地に移転した。CCIの基金創設と、それについてのバージェスとワースの意見は、Burgess to Hauser, 27 September 1946とWirth to Hauser, 12 February 1947を参照。いずれもPMH 14: 9に所蔵。ハウザーは、広範な共同研究をやっており、あるとき、シカゴの黒人人口にかんするCCIプロジェクトにセント・クレア・ドレーク〔1911-1990　黒人の社会学者〕を関与させるために、ウォーナーの協力を求めていた（Hughes to Riesman, 18 March 1954, ECH 45: 16）。

研究が区別された。ワースとブルーマーはひとりで研究することが多かったが、ダンカンやその他の人は共同研究をすることが多く、ハウザーはますます大規模ビューロクラットになっていった。

## 社会学科と大学経営陣

　しかし、カレッジと外部センターよりも学科の形成に大きな役割を果たしたのは、大学経営陣であった。なぜなら、記録によれば、大学経営陣から見ると、社会学科は1950年から1957年まで、多かれ少なかれ管財人の管理下におかれたような状態であったことは、ほとんど疑いがないからである。かりに管財人の管理下におかれた状態の作業的定義を、学科の人事権が侵害されている状態であるとするなら、管財人の管理下におかれた期間はおそらく1950年から1953年までであったといえよう。1945年から1960年までのあいだの詳細な歴史を理解する唯一の方法は、学科と大学経営陣との関係を注意深く研究することである。大学経営陣とは、ハッチンズ総長（1951年まで）とキンプトン総長（1951年以降）、ラルフ・テイラー部長（1946年から1953年）、モートン・グロジンズ部長（1954年）、チャウンシー・ハリス部長（1954年から1960年）である。

　経営陣の不満の中心的なテーマは、島国根性であった。ハッチンズへの手紙のなかで、テイラーは、1950年のオグバーンの調査研究企画書を、どうしようもなく時代遅れであると侮蔑的に書いている。7年後にもまだ、ハウザーは、学科が現在採用しているシカゴ大出身者がいかに少ないかを堂々と述べることによって、新学部長に自分の人事方針を正当化していた。[10]

　この態度の出所ははっきりしない。ハッチンズ自身は、長期にわたって社会学科の中心人物のひとりであるワースを嫌っていた。テイラーがその影響を受けていたことはありうる。そしてたしかに、島国根性についての懸念は、かつてのシカゴ大学出身者のハウザーを国勢調査局から採用することによっ

---

10　Tyler to Hutchins, 6 December 1950, PP52 148: 1. Hauser to Harris (8 December 1958, SSV)。ある論評者は、テイラーがのちにパロ・アルト・センターに異動したときに、おなじ考えを示していたと述べている。

て和らげられることはなかったであろう。しかし、全体的にみて、もっとありそうなのは、シカゴ大学の島国根性への心配は、社会学の変化という現実を反映していたということである。ハーバード大学は、理論における最大の推進力として、姿を現しつつあった。コロンビア大学は、経験的研究における最大の推進力であった。経営陣は、こうした流行について耳にしていた——そして経営陣は、学科が好むと好まざるとにかかわらず、流行について耳にしている——ので、ワース、ハウザー、ヒューズ、ウォーナー、ブルーマー(この5人のうち〔ウォーナーを除く〕4人までは、シカゴで博士の学位をとった)という中間世代は、バージェスとオグバーンという上の世代ほど、同じ分野で傑出していないのではないかと、経営陣は心配し始めていたのかもしれない。したがって、シカゴが、社会学分野の全体よりも劣っていて、なにか特殊(で時代遅れの)パラダイムであると最初に見ていたのは、経営陣だったのである。

　奇妙なことに、社会学科の立場は避けがたいものであった。戦後、全国的に、大学進学者数は急増していた。1970年代後半まで、この急増は止まることがなかった。その結果として、学問的才能の売り手市場は、〔買い手側の〕学科を予想外に弱い立場におくことになった。まさに、来たる世代のために学科の再建が必要だった。ここで論じている変化は、たんにこうした構造的条件の変化に対する学科の絶望的な応答であると読むことができる。もちろん、社会学科の採用の立場の弱さの反面にあるのは、就職の立場の強さであった。第一次シカゴ学派の学生がシカゴを離れたあとの相対的な弱さに比較して、戦後世代の学生たちがシカゴを離れたあとの大きな卓越性は、まさにこの売り手市場からきていた。第二次学派の学生たちのより多くが、良い大学に就職先を見つけていた。

　社会学に対して経営陣がすでにもっていた敵対的な態度は、戦後、さらに悪くなった。ハッチンズのお気に入りのひとりであるシルズは、1947年に社会学科から社会思想委員会に移った。社会についてより広く考えたいというハッチンズ流の願望がその理由であった。同じころ、ハウザーは、経験的社会学のバージェス＝ワース派にとって明白な後継者として戻ってきた。ハウザーとワースが親友であったこと——ワースはハウザーにシカゴで家を見

つけてあげた――も、シカゴに来て実質的に給料が下がったハウザーが、ただちに、教授陣の相談を効果的に禁じる「4E規則」をひっくり返そうという教授陣の試みに積極的になったことも、助けにならなかったことは疑いがない。[11]

社会学科が重要な転換点に直面していたことは、だれの目にも明らかだった。オグバーンとバージェスの引退は、予期されていた。そして大学は、最も優秀な教授陣でさえ65歳を超えてまで留任させることはしなかった。さらに、社会学科の島国根性に対する経営陣の恐れは、根拠のないことではなかった。後任について考えるなかで、バージェスはまず最初に、シカゴ大学出身者について考えた。「学科の人事について考えるにつけて、われわれは、われわれ自身の博士号について考慮に入れるべきであると思われます」。社会学科は、まさにそれをやった。なぜなら、1951年春に、ダッドレイ・ダンカンが採用されて、シカゴに戻ってきたからだ。それは、ペンシルバニア州立大学とウィスコンシン大学に短期在籍したのちのことであった。[12]

しかしながら、この伝統に問題があることを最初に明白に示したのは、学科が奇妙にもハーバート・ゴールドハマーの後任を見つけることができなかったことである。ゴールドハマーがワシントンDCに1年間滞在してから、戻ってこないことに気づいたオグバーン（バージェスの代理の学科長）は、タモツ・シブタニ（ブルーマーが博士号を出し、当時、3年任期で教えていた）を留任させ、エルスワース・フェアリスを復帰させてシブタニと一緒に教えさせるか（フェアリスは、このとき76歳であった）、あるいは「父の可能性が考えられないなら、1学期間くらい、ロバート・フェアリスをシアトルから連れてくる」ことを考えていた。あとのふたつの方法を考えたことは、島国根性と一

---

11 ハウザーの家とワースの家は、私用電話でつながっていた (Hauser to Glass, 11 January 1957, PMH 4: 2)。ハウザーの採用については、PMH 14: 9所蔵のハウザー、ワース、バージェス間の広範な書簡を参照。ハウザーの最初の強い地位は、ワースがかれを、学部の研究資金を監督する学内の研究費配分機関である社会科学調査委員会の書記にすることができたことに示されている (Tyler to Wirth, 21 October 1947 PMH 14: 10)。ハウザーが給料について心配していたことは、かれの交渉のなかで明らかになっている（同じファイル）。そして、4Eエピソードは、抗議文書の草稿においても (18 May 1950, PMH 14: 10)、バークレイからの誘いがあった事件のころのヒューズからホートン（学科長代理）への1953年5月18日の手紙 (PMH 14: 11) においても、明白である。

12 115名の卒業生の一覧表のついた1949年11月のバージェスから学科への手紙 PMH 14: 10 参照。

第2章 第二次シカゴ学派における移行と伝統

種の絶望の双方を示唆するものである。そうこうするうちに、ジョセフィン・ウィリアムズから実質的な教育関与を確保しようとして失敗した。かれは、シカゴで博士の学位を取得したばかりで、学科を辞退して、NORCでフルタイムの職に就いた。[13]

しかし、1950年末における地位の候補者リストは、社会学科が事実、外部に目を向けていたか、あるいは経営陣からの圧力に屈してそうしていたかのどちらかであることを示唆している。10月30日の手紙のなかで（ブルーマー宛て、EWB 3: 1）、バージェスは、社会心理学におけるテニュア付き採用のために考慮中の人びとを、つぎのように一覧表に挙げていた。セオドア・ニューカム、ジョン・ドラード、ゴールドハマー（猶予を与えて昇進させる）。社会心理学以外では、採用可能性のある人として、フレデリック・ステファン、コンラッド・チューバー、ハンス・スパイア。バージェスが最悪の場合に考えていたテニュアなしの採用可能性のある人には、ジャック・シーリー、ハーバート・ハイマン、アーノルド・ローズ、フィリップ・セルズニック、オティス・ダッドレイ・ダンカンが含まれていた。そのなかにはシカゴ出身者もいれば、そうでない人もいた。

しかし、事態は社会学科を越えた水準に向かいつつあった。1950年に、

---

13　オグバーンの日記が示すところによれば、バージェスと違って、オグバーンは退職を予期してテントをたたんだ（WFO 46: 4）。それゆえ、これらの無益な急場しのぎの方法は、なによりもオグバーンの精神状態を反映していたであろう。いずれにしても、オグバーンはバージェス（かれは休暇でカリフォルニアにおり、オグバーンを学科長代理にしていた）に、1950年3月10日の手紙で、ゴールドハマーはおそらく離れるであろう（かれはすでに1年間休暇でワシントンDCにいた）と書いた。まだ教授であったブルーマーとともに、さまざまな急場しのぎの方法を挙げたことは、採用について表向きに述べられている理由が、シブタニの講師（instructor）としての任期が終わるというものであったとしても、実際に辞任する2年前のこの時点において、すでにブルーマーの退職が予定されていたことを強く示唆していると考えられる（Burgess to Blumer, 19 December 1950, EWB 16: 10）。しかし、事実、ブルーマーの意見は、ゴールドハマーの昇進に基本的に反対するものであり、〔ブルーマーが〕昇進を否定することが十分まじめに受けとめられていたことは、ブルーマーが留まると予想されていたことを含意している〔じっさいにはブルーマーは1952年にバークレイに移った〕。さらに、4日後のオグバーンからバージェスへの手紙（14 March 1950, EWB 16: 10）は、明らかにブルーマーが留まりつづけることを当然の前提と考えていた。そして、バージェス自身、その年の後半に（30 October 1950, EWB 3: 1）ハワイで休暇中のブルーマーに宛てて書いた手紙で、少なくともバージェスはブルーマーの（ありうる）意図に感づいていないことを示唆するような仕方で、社会心理学の採用について長々と書いていた。

59

ロバート・マートンとポール・ラザースフェルドをシカゴに招こうという、バージェスの手紙には述べられていない、一致した試みがあった。マートンは心を動かされた。かれはつねにシカゴ大学と社会学科を称賛していた。ラザースフェルドは、それほど興味をもたなかった。ことによるとその理由は、かれの市場調査の顧客がニューヨークを基盤としていたからかもしれないし、家族的な理由からかもしれない。ふたりは一緒に行動することで意見が一致しており、そのためラザースフェルドが結局、その気にならなかったために、ふたりともニューヨークに残ったのだった。経営陣は10年後にふたたび、マートンとラザースフェルドに（別々に）誘いをかけることになる。[14]

　学科が移行期を扱うもうひとつの戦略は、引退予定のバージェスとオグバーンに、長期的な現役の地位を探すということであった。両者ともこれを断った。オグバーンの場合には、拒絶は心底からのものであった。「4〜5年のあいだ、私はしだいに大学の問題や、大学の委員会、社会学科や大学のために考えたり計画したりすることに関心を失ってきていた。じっさい、私は、自分の引退が差し迫っているということから、自分の仕事のこの面は無視するようになっていたと言えるかもしれない」。これとは対照的に、バージェスは、1950年代半ばまで聴講生に助言していた。オグバーンがこの移行期にほとんど手助けをしていないことは、学科にとってたいへん重大であった

---

14　マートン教授は、ありがたいことにご自分の立場からこの話を私に語ってくださった。シカゴ大学の側については、Wirth to Blumer, 27 October, LW 1: 8を参照。中心的な問題は、給与が凍結されていたことだった。それはハッチンズが残した財政崩壊の一部であり、後継者のローレンス・キンプトンによって10年後に一掃された（McNeil 1991）。経営陣は、また、テニュア付きの採用を削減しようとした。Burgess to Blumer, 30 October 1950, EWB 3: 1を参照。ワースの意見は、この申し出を、一緒にではなく、ラザースフェルドが真のねらいであるかのようにみせかけるというものであった。ワースによれば、この申し出は、同時にふたりから断られたのではなく、順番に断られた（Wirth to Blumer, 14 December 1950, LW 1: 8）。ちなみに、ワースの苦々しい感情は、友人関係がはねつけられたことを反映していた。ワースは、1930代半ば以降、ラザースフェルドと友好的な関係を維持していた。このころ、かれはラザースフェルドをシカゴに招いて、人種と文化的接触にかんするセミナーで出会っていた。のちの申し出は、別々のものであった。マートンは1954年、ラザースフェルドは1958年であった（Hauser to Harris, 10 September 1958, SSV）。学科が承認していたとはいえ、経営陣がみずからマートンを相手に1954年に交渉をしたことは、特筆すべきである。「状況が許せば、[われわれは]ある段階でエヴェレット・ヒューズに議論に加わってもらうことにする」（Grodzins to Merton, 15 February 1954, PP52 148: 2）。

かもしれない。[15]

　まさにこの時期、1950年の末に、学科は、引退するバージェスの後任の学科長として、テイラー学部長にワースの名前を上申した。ワースはたしかに自分の番になるのを待っていた。かれは20年間教授陣にいた。かれは、疑いなく学科の中心人物であった。かれはバージェスと親しく、また学科のなかではハウザーともブルーマーとも最良の友人であった。クライド・ハートとも旧知の仲であった。たしかに、かれとヒューズとの関係は、それほど親密ではなく（もっともシカゴの学校の人種隔離廃止の研究では協力していたが）、ウォーナーとは仲が悪かった（しかしウォーナーは、ある程度HDでは周辺的な存在であった）。しかし、全体として、ワースは、この時点でじっさいに学科の中心的な人物であった。不幸なことに、かれは経営陣からひどく嫌われていた。その理由の大半は、コミュニティにおける大学の立場について、かれがおおっぴらに批判していたからである。テイラーは、ワースを拒否し、学科に再考を求めた。その間、バージェスが学科長として留まっていた。これは、バージェスが引退したあとも約2年間、断続的につづいた状況であった。[16]

---

15　引退にかんする手紙は、Wirth to Burgess, 28 February 1950; Burgess to Wirth, 5 March 1950; Ogburn to Wirth, 21 March 1950; all in LW 62: 7. オグバーンからの引用は、日記、WFO 46: 4, entry for 20 March 1951. ところで、この態度は、なぜオグバーンが1951～52年の教授陣のセミナーに参加していないのか、そしてなぜかれが学科の生き残り闘争のなかで大きな役割を果たしていないのかを説明するものである。

16　われわれにとって幸運なことに、このエピソードのあいだブルーマーは休暇でハワイにいた。他のメンバー——とくにバージェスとワース——は、かれにそれについての長い手紙を書いていたのだ。経営陣に対するワースの私的な見解については、ワースから、シカゴ教授陣を離れた親友であるハリー・ギデオンスに宛てた手紙（2 September 1946, LW 4: 2）を参照。「私は、大いに興味をもって新しい世界の構成についての切り抜きを読んだ。少年たちはたしかになりをひそめている。私は、もし世界がかれらの問題解決に左右されることになれば、100年か200年は待たなければならなくなるのではないかと恐れている」。経営陣の拒絶にかんするかれ自身の記述については、「私は、[学部長ラルフ・]テイラーから、私が受け入れられなかったのは、私が学問の自由にかんする問題について、経営陣の受諾（ママ）に25年間一貫して反対してきたからであると知らされました。私はそうしてきたことを後悔していませんし、ご存じのように学科長へのこだわりもありません。しかし、おかげで私たちは当分のあいだ、宙ぶらりんの状態になりました」(Wirth to Blumer, 14 December 1950, LW 1: 8)。

　ブルーマーからワースへの手紙（21 December 1950）では、次のように言われている。「あなたの学科長採用にかんする学科の推薦を、経営陣が受理しなかったことは残念に思います。経営陣は、相変わらずです。行き詰まった結果として出てくる妥協策は、エヴェレットを学科長にするという究極の選択でしょう。私の判断では、なにかたいへん不幸なことです。な

1951年までに、社会学科は経営陣の意図をいくらか効果的に聞き入れることを余儀なくされた。学科は「社会学の別の分野において有望な趨勢と、シカゴ大学の社会学科がこの発展にかんしてなし得ることは何かについて」集まって議論することに同意した。1951年のバージェスの年次報告が示すように、学科のひとつの年長者採用人事（これは失敗した）は外部から、そして若手の人事については、ひとりは内部から（ダンカン）、ひとりは中間（ホートンは4年間オグバーンと一緒に研究していた）、そしてひとりは外部から（フートであるが、かれはそれにもかかわらず指導教員であるレオナルド・コットレルをつうじてシカゴに結びついていた）であった。バージェスは、計画された「教授陣のセミナー」（後述するフォード財団の基金による自己評価研究）を、社会学科は知的な深みに欠けているという経営陣の主張を撃退する試みと見なしていた。

ぜなら、かれは、その地位を占めるには能力、業績、学生からの尊敬の点でその資格がないからです」(LW 1: 8)。この手紙やその他の手紙は、ブルーマーがワースときわめて親しかったことを示している。1950年の学科長〔人事〕の失敗にかんするバージェスの見解については、Burgess to Blumer, 19 December 1950, EWB 3: 1を参照。もちろん、他の多くの教授陣も、ハッチンズに対するワースの嫌悪を分かち合っていた。ハウザーは、連邦緊急救済局の関係でワシントンに滞在中に、ブルーマーにある会議について書いている。「［会議は、］モーティマー・アドラー〔ギリシャ哲学研究者でハッチンズの友人〕を聞くよりも面白いだろうと思う。聖トマス〔トマス・アクィナス〕ははるかかなたのことのように思われる」(14 February 1934, PMH14: 6)。ハッチンズはコミュニティの問題をおおかた無視していたものの、ことによるとそれゆえに、それは差し迫った重要な問題となった。ハイド・パーク〔シカゴ大学のあるコミュニティ〕は、何年ものあいだに次第に衰退しつつあった。土地利用の制限約款〔人種的少数派に不動産を売却しないという差別的な契約〕にかんする最高裁の1947年判決の結果として生じた突然の変化は、急速に状況を危機的な水準にもっていった。ワースはこの問題をしばしば話題にし、その言動に対するハッチンズの執念深い反対を招いていた。ある論評者の言うところによると、ハッチンズがワースを拒絶した真の理由は、土地利用の制限約款を支持していた「コミュニティ」組織とされていたものに、大学が資金を供与していたという情報を、ワースが暴露し、こうした約款を無効にすると論じていた弁護士にかれが広範な資料を提供していたからであるということだ。われわれは、この話を裏づける記録を見つけられなかった。しかし、これはワースとハッチンズとの関係の激しさを説明するものであろう。

　ワースとハッチンズの衝突の特徴を示しているのが、ワースからハッチンズへのメモ (25 January 1946, PP45 35: 4) である。「ここにいる私の友人の何人かから耳にしたのですが、最近ノースサイドで開かれたある夕食会で、あなたが社会学科の知能指数はとても低いとおっしゃったのをかれらは聞いたそうです。あなたが私どもをどのようにお考えになっているのかがわかり興味深かったのですが、あなたがそのように公言されることで、この学科を発展させたり、大学の利益を増進させたりすることになるかのどうか、私には疑問です」。ハッチンズの返事は「すみません。お申し越しの会話は記憶にございません」。

## 第2章 第二次シカゴ学派における移行と伝統

年次報告自体は、そのような記録の最初のものであり、経営陣と教授陣の双方にとって、情報を増加させる計画的な努力の一部であった[17]。

日付のない1951年の「学科の目標」文書のためのバージェスの草稿は、さまざまな教授会メンバーが当時、何を考えていたかを示している。かれは、各人との会話を記録していた。ダンカンは、指導教員であるウィリアム・シーウェルについて長々と話をした[18]。ハートは、驚くにはあたらないが、NORCとのより良い統合を望んでいた。ワースはバージェスに、学科の強みを発揮して、新しい誇大理論〔パーソンズの構造機能理論を指している〕を避けるようにと伝えた。「われわれが扱いたい問題は、世間に存在する現実の問題であり、想像された問題ではない。熟考をともなう理論を求める声があるが、われわれは社会生活を研究すべきであり、そこから抽象すべきではない」。ヒューズもシカゴの線にしたがった。かれはバージェスに、学生を都市に送り出し、かれらが引きだす問題を追い、都市を活用する伝統について語った。

外部出身者は、やや異なる助言を与えていた。グッドマンは、バージェスに、できるだけ多くの一流の人びとを獲得すべきであると述べた。かれは見解の多様化を強調した。ホートンは、ワースと同様に、強みを発揮するようにと強調したが、新しい体系化された理論〔パーソンズの構造機能理論のこと〕もまじめに考えるべきだと主張した。ウォーナーの長いコメントは、主として、かれ自身の社会組織領域にかんするものであった。

こうした会話から生まれてきた記録は、「社会学科の目標と計画」と題され

---

17 覚書の引用は、5 March 1951, LW 62: 8から。バージェスの年次報告は、27 August 1951, EWB 33: 2. 年次報告の提案は、「目標達成のための諸段階」のなかで議論されている。n.d., EWB 33: 2. 他の「段階」は年長者と若手の水準の教授陣を強化し、さらに多くの研究奨励金を獲得し、学生の調査研究に資金を提供することであった。また、諸段階に挙げられたこととして、2ページにわたる「学際的努力」がある。これは、教育と研究を伸長させるために部外者とともに教授陣を活用することと言いかえられる。

18 〔バージェスの〕ダンカン・ノートの裏には、もうひとつの候補者名簿がある。ロビン・ウィリアムズ、フランクリン・エドワーズ、モリス・ジャノウィッツ、ガイ・E・スワンソン、ナタリー・ロゴフ、ジョセフィン・ウィリアムズ、キングスレー・デイヴィス、ロバート・マートン、ポール・ハット、サミュエル・ストウファー、フレッド・ストロッドベック。バージェスは、この時点では、いくらかシカゴ以外の外部世界に目を向けていたものの、この名簿の50パーセントは、かつての大学院学生であった。

ていた。議論と同様に、それは、折衷主義への漂流と、シカゴの伝統についての非常に強固な感覚と信頼が組み合わされていた。学科の目標は、つぎのようなものであった。

1. 社会生活と経験的研究に関連づけられた健全な社会学的理論の発展
2. 他の社会科学との協力
3. 学生の総合的教育
4. われわれが最も有意義な貢献をなしうる研究分野の選択
5. 組織よりも考え方の強調
6. 学科の出版計画の再興
7. 調査研究計画として
　　都市問題——CCI、計画局、NORC
　　階層／大衆社会——ダンカン、フート、ハウザー、ホートン、ヒューズ、ウォーナー、ワース
　　都市の知的生活——[今日なら都市文化と呼ばれるもの]
　　社会的趨勢[19]

事実、これはかなり保守的な文書であった。少なくとも内在的に見れば、学科は階層領域を学科の研究のための唯一の新しい領域と見なしていた。そしてウォーナーはすでにこの領域に強いシカゴ的特徴を与えていた。それゆえ、教授陣は採用方針にかんしてはいくらか折衷的に考えようとしていたものの、ほとんどは依然として、シカゴは社会科学への特定のアプローチに立っており、立つべきであるという非常に明確な考えをもっていた。その考えは、目標の第1番目にある、社会生活と経験的研究とに関連づけられた健全

---

19 明らかに他の教授メンバーは、自分自身の文書を寄稿するように求められていた。そのため、これもEWB33:2所収の、ライスによる「社会学科のための計画について」をわれわれは手にしている。「目標」文書は署名がなく、未完成である。内部の証拠によれば、バージェスがそれを書いたか、書き直したこと——さきに言及した議論からの逐語的引用がある——、しかし文書の構成と議論は、最後の教授陣セミナーの会合で議論された学科の目標にかんするダンカンのものに酷似していることは、明らかである。おそらく、バージェスはダンカンに自分の草稿を書き直すように頼んだのだろう。なぜなら、ダンカンとフートは、最も積極的なセミナー参加者であったからだ。

## 第2章　第二次シカゴ学派における移行と伝統

な社会学理論を正当化するものとして安置されていたのである。

　この貢献は、社会学の現在の趨勢の観点から時宜を得たものであり、社会現象とほとんど、もしくはまったく関係のない抽象から社会学理論を発展させようとする、ある既存の傾向に対抗するものである。この貢献によって、社会学科は社会学の分野に均衡のとれた確実な影響力を行使することになろう。

　敵がだれであるかについては、ほとんど問題ではない。もっと重要なことは、ここでの暗黙の議論は、「多くの社会学者がおり、われわれはある種の社会学的研究に場所を提供したいとは望んでいない」ということではなく、「社会学は、われわれがやってきたことであるのに、他の『社会学者』のなかには何が社会学的研究であるかを真に理解していない者がいる」ということである。皮肉なことに、経営陣は、この学問分野を経験的に見ており、そこでは、たんにパーソンズが社会学者として著名な大学に在籍しているということ（かれの盛んな研究計画は言うまでもなく）が、かれの研究が正統な社会学であることを意味するものであった。根底的には、この見解の相違が、学科と経営陣とのあいだの中心的な問題であった。奇妙なことに、これはかれらのあいだの闘争を激化させた。なぜなら、この間ずっと、「社会学」という言葉が、立場によって異なる意味をもつ文脈依存指示語として作用したからである。

　1940年代後半から1950年代初期にかけて、内部的問題と学生および経営陣との関係を悪化させた重要な要因は、鍵となる学科メンバーの長期不在であった。ブルーマーは、1946年のほとんどをピッツバーグの鉄鋼ストライキを解決する調停委員会の専任委員長として過ごした。ヒューズは、1948年のほとんどをフランクフルトで過ごし、戦後のフランクフルト大学の出発を手助けしていた。ワースは、スタンフォード、パリ、ベイルートで休暇を過ごしていた。ハウザーは、年中離れており、1949年に国勢調査の局長代理としてワシントンに戻り、永続的な局長職を獲得しそこなった。なぜなら、かれは国勢調査を民主党の利権マシンから防衛しようとして、ねつ造された忠誠疑惑に直面していたからである。かれがシカゴに戻っていたのは、短い期間であった。というのは、かれは国勢調査の助言者としてビルマに15ヵ

月の短期滞在をするために、すぐに離れてしまったからである。ブルーマーも1950年に（ハワイ大学に）長期休暇で不在であった。ヒューズはコロンビア大学で時間を過ごした[20]。

1951年は、一片の良い知らせをもたらした。それは、学科にとって悩みの種であったハッチンズが、この年の半ばに予期せぬ辞任をしたことである。しかし、それでも、ほとんど問題は解決しなかった。

1952年の冬までに、学科はひとりではなくふたりの受け入れがたい学科長候補を提案した。それがだれであるのかは、記録に残る証拠はないのだが、それがブルーマーとハウザーであった可能性はきわめて高いように思われる[21]。どちらも、経営陣によって受け入れられなかった。この事実は、2月末に、学部長のラルフ・テイラーから伝えられた。学科は、再考するように素っ気なく命じられた。9ヵ月後、学報はヒューズが学科長であることを告示した。その間に複雑な歴史が挟まっていた[22]。

---

20　ブルーマーのさまざまな旅行については、LW 1: 8にあるワースとブルーマーの書簡を参照。ヒューズについては、Hughes to Burgess, 22 March 1948、EWB 9: 3を参照。ヒューズは、大学経営陣の強い要請によりドイツに出張し、その結果自分の研究が遅れて、昇進の妨げとなることをひどく心配していた。ハウザーの旅行は、大学内（PMH 14: 6-11）と大学外（PMH 3: 1-13, 4: 1-5）の書簡から明らかである。国勢調査問題については、Hauser to Stuart Rice, 8 October 1954, PMH 3: 12を参照。ワースについては、EWB 23: 3にあるバージェスとの書簡を参照。学科が世界中に大きく広がっていたことを、経営陣が卓越性の継続の証拠と見なさなかったのは奇妙である。

21　ヒューズは9ヵ月後に、学科長として受け入れ可能であった。よって除外される。ウォーナーは、このとき、社会学では活動しておらず、それゆえ内部的な理由から候補者となりにくい。すると、ワース、ハウザー、ブルーマーが残る。われわれは、ワースが内部的な候補でもあり、受け入れがたいものでもあることを知っている。しかし、かれは1年前にはっきりと却下されている。われわれは、テイラーがハウザーを受け入れがたいものと気づいていたことを知っている（シーウェルとの個人的対話）。そして、ハウザーは、アメリカ合衆国国勢調査局長になることを望んでおり、実際にそれを期待していた。これは、学科長よりはるかに大きな仕事である。ブルーマーについては、それほど多くのことが知られていない。もっともかれの野心は、1957年7月に辞任してバークレイの学科長を受諾したことから明らかである。かれもまた長期にわたるシカゴ出身者であった。そして、ハウザーは、ブルーマーを全国で最も有名な10人の社会学者のうちの1人であると考えていたことを、われわれは知っている（Hauser to C. Mady, 2 March 1954, PMH 14: 8）。

22　テイラーは、正教授たちへの手紙（バージェス、ブルーマー、ハート、ハウザー、ヒューズ、ウォーナー。なんらかの理由で、ワースの名前は脱落していた [EWB 33: 5, 13 February 1952]）のなかでかれの見解を明らかにした。ワースが経営陣に受け入れがたいものであることが判明してから（これはキンプトンを意味している。ハッチンズはやがて辞任した）、1年以上経

第2章 第二次シカゴ学派における移行と伝統

　発端となる出来事は、ふたりの重要な選手が舞台から消えたことであった。ワースが5月はじめに亡くなったことはまったく予想外であった。そして、ブルーマーがほぼ同じ時期に辞任を告げたことも、同じくらい予想外であった[23]。これら不満をもった学内者がかれらの手から離れたことで、新しい経営陣は、学科長を外部に求めはじめた。キンプトン総長は、国じゅうの社会学者の長老と話をして、助言をもらうとともに採用を試みた。1952年の夏に、かれはサミュエル・ストウファーを戻そうとした。明らかに、学科に知らせるという手間を省いていた。同時に、ウィリアム・シーウェル（ミネソタ大学で博士号を取得しウィスコンシン大学に勤務）を、学科長になりうるものとして採用した。シーウェルは、特別待遇を受けた。キンプトンは、大量の資金を約束した。シーウェルと旧知の仲であったラルフ・テイラーが、シーウェルに強い圧力をかけた。しかし、シーウェルは、シカゴに移らなかった。その理由は、島国根性を克服しようとする経営陣の全体計画を悩ませることになった。ハイド・パークは「かなり住みにくく」なっていた。さらに、マートンとラザースフェルドの採用におけるように、大学の財政的状況は、キンプトンの約束にもかかわらず、困難を生みだした。その間に、学科は自力で、学科長としてではなかったもののキングスレー・デイヴィスを獲得しよ

過していたこの時点で、学科長問題はまだ解決していなかった。ヒューズの学科長就任は、学報によるものであった (17 November 1952, PP52 151: 1)。テイラーは、キンプトンと同様に、学科内の分派と個人的不一致について深く憂慮していた。もっとも同時に、かれは過去20年間にわたるこの学科の大いなる連続性が、「新しい考えと新しい方向性を必要としている」ことを意味するものであることについても気にかけていた。かれは、学科がすでに社会学の将来についての教授陣セミナーを実施しているのを無視する選択をした。

23　概して、ブルーマーの離任は理解しがたい。かれの宿敵であるオグバーンは退職していた。友人であるワースとハウザーとともに、かれは学科内で支配権を獲得するところであった。かれの不満は長期にわたるものであったが、かれがそれまで留まることを妨げなかった。しかし、かれを外へと駆り立てる力があった。そのなかには専門的なものもあった。かれがその後バークレイで学科長になったことに示されているように、野心家として、かれは（おそらく）シカゴで学科長となることを否定され、見下していたヒューズがその職に就くことを予想していた。しかし、決定的な理由は、個人的なものであった。ブルーマーの妻は、健康のためにもっと温暖な気候を求めていた。これは、疑いもなく、この異動の基本的な動機であったし、その異動が極秘でなされた動機でもあった。ブルーマーがいつバークレイと交渉を始めたのかはわからない。かれは、1952年7月22日に辞任した (PP52 151: 1)。現代の基準からすると極めて遅い時期である。もっとも学科では、少なくとも1952年3月28日までには、かれが離れることがわかっていた。

うとした。[24]

　内部からの学科長が必要だということが明らかになった夏には、ドナルド・ホートンが学科長代理であった。ホートン自身は、その職を望んでいなかった。それは、かれのキャリアからは早すぎた。そしてかれは、研究のためにさらに時間を必要としていた。学科会議で、かれは学科長になることを断ったさまざまな人の一覧表をつくった。ヒューズも含まれていた。唯一の残された可能性は、ダンカンであるとかれは言った。その直後に、ダンカンをひどく嫌っていたヒューズは、心変わりして、自分でもよいと言い出した。[25]

　ヒューズは、多くの理由から経営陣に受け入れ可能であった。テイラーとヒューズが活動していたHDを通じてのつながりが存在した。実際、ヒューズ（とフート）がHD執行委員会に異動したのはこの年であった（ウォーナーは、すでに10年間委員会にいた）。ことによると、経営陣が学科の方針を指令するのに十分なくらいヒューズは弱いと、経営陣は考えていたかもしれない。あるいは、経営陣は、他の方法が試みられるあいだの時間稼ぎをしていただけなのかもしれない。

　ひとたび、ヒューズが学科長になると、学科は急速に両極分解した。予想

---

24　「住みにくい」という引用は、シーウェル教授による（個人的対話）。かれへの申し出の日付については、いくらか曖昧さがあり、記録上の情報はない。1952年の夏というのが、かれ自身の回想とわれわれが手にしている記録上の証拠に最も良く一致する。シーウェル教授の回想のなかで、バージェスではなくエヴェレット・ヒューズが最初に申し出の手紙を書いたとされている点が、特筆されるべきである。このことは、申し出がもっとあとであったことを意味するかもしれない（1953年の夏）が、シーウェルは、ブルーマーがまだ去っていなかったことも記憶している。最もありそうなことは、バージェスがある四半学期に不在で、ヒューズが代理を務めていたということである。シーウェルへの申し出について、学科の通信記録は全くない。それは、経営陣の誘導によるものと受け取ってよいかもしれない。奇妙なことに、シーウェルが唯一学科と結びついていたのは、ダンカンであった。シーウェルは、オクラホマ大学で教えていたときにダンカンを学生として知っており、以来、親しく助言してきた。シーウェルは、ペンシルバニア州立大学とウィスコンシン大学でのダンカンの採用をしつらえ、実に、1950年から51年にかけて、ダンカンにウィスコンシン大学に留まるよりもシカゴに行くべきであると勧めていた。

　デイヴィスについては、Foote to department, 20 February 1953, and Duncan to Hauser, 15 July 1952、どちらもPMH14: 11を参照。キンプトンからストウファーへの1952年7月10日付け手紙はPP52 151: 1にある。

25　この話については、記録上の証拠が欠けているが、何人かの個人的情報源が、これと一致する話をしている。

第2章 第二次シカゴ学派における移行と伝統

どおりにバージェスとオグバーンを失ったのちに、ワースとブルーマーを予想外に失い、厄介な移行は、おおっぴらに認識されるような大敗北に転じた。それゆえに、即座の解決法を求める圧力が、大きくなった。しかし、バージェスとワース——後者の辛辣さにもかかわらず、おそらく学科で最も中心的な人びと——の喪失は、空洞を意味した。さらに、ブルーマーとワースが去ることで、これらの友人がハウザーの往々にして傲慢な行動にたいして課していた重要な制約が取り除かれた。これらがあいまって、さまざまな諸力が、学科を見事に分裂させたのである。

　他の諸力も、この分裂を強めた。現在ではそれほど目に付かないが、当時、中心的であったのは、長期にわたる政治的違いであった。学科におけるバージェス＝ワース派は、政治的に積極的で改革主義者であった。結果として、バージェスとハウザーは、ともに全国レベルの忠誠査問の標的となった。バージェスは公衆衛生サービス局との関連で、ハウザーは国勢調査の局長職との関連で取り調べられた。バージェスは、オグバーンと同様に、さまざまな米ソ友好組織の長期にわたる成員であり、かれらはふたりとも、ワースや他の大学教授陣とともに、州の司法長官のリストに載っているさまざまな組織に加わっていて、1949年のイリノイ州「アカ傾向の」事情聴取で取り調べられた。ブルーマーの政治は、友人の活動主義と改革主義と連携していた。もっともかれは取り調べを受けなかったが。これとは対照的に、ヒューズと、とくにかれの親密な友人であるリースマンは、ある程度、自分たちをマッカーシズムに反対する左翼側の反発の犠牲者であると感じていた。同様に、ヒューズもウォーナーも、トマスやワースのような改革主義者ではなかった。ある論評者に言わせると、「社会学以上のものが、ヒューズとウォーナーを残りの者から分け隔てていた」。[26]

---

26　バージェスは、1949年に（イリノイ州のブロイルズによって）、1951年に（連邦捜査局によって米国公衆衛生サービスにかんして）、そして1953年にジェンナー小委員会によって、取り調べを受けた。オグバーンとワースは、ブロイルズ事件においてバージェス（および約50人の他の教授会メンバーとともに）、同じ標的となった。この件で、ハッチンズは、嘲笑の才能をこの政治屋たちに対して効果的に用いた（Ashmore 1989, 276）。PP52 2: 7およびPP45 4: 1の資料を参照。リースマンとヒューズについては、とくにRiesman to Hughes, 22 June 1953, ECH 45: 16を参照。この左翼集団は、初期シカゴ学派の強力な改革主義的遺産を引きずっていた。

69

そこには、スタイルの違いもあった。ヒューズは貴族的な紳士であった。距離をおき、機知に富み、上品で、敵にたいして寛容で、おおやけの会合では物静かで臆病でさえあった（しかし、かれは、学生たちには厳しくなれた）。かれの友人のリースマンは、おおやけの会合ではそれほどひいてはいなかったが、同じように紳士であった。かれはフィラデルフィアの古くからのユダヤ人家族の御曹司で、勉学とプロフェッショナリズムの遺産を誇りとしていた。リースマンとヒューズの書簡は、しばしば、私学、英国と大陸の伝統、そして社会階級の細部にわたる印に関心を寄せていた。これとは対照的に、ハウザーは、生意気で自力でのし上がってきた貧しい家の子どもで、シカゴのユダヤ系ファー・ウェストサイドの出身だった。ダンカンは、オクラホマ出身で、語り口の平易な、第２世代の社会学者だった。ワースとブルーマーが残っていたとき、このスタイルの違いはそれほど大きなものではなかった。というのは、ふたりとも、優秀で辛辣ではあったが、ヒューズと長期にわたる知己であった。しかし、かれらが去り、リースマンが着任すると、この違いは、底知れぬものとなった[27]。

　ヒューズが学科長であった３年以上のあいだ、これらのさまざまな力が働いて、おおっぴらな戦争になった。ある程度まで、この戦争は「量的　対　質的」という縄張り争いであったものの、われわれがのちに見るように、これらやその他の知的な争点は、他の事態によって駆り立てられた競争のなかで操作された、シンボリックな単位にすぎない。

　最初から、事態は困難であった。バークレイに移るというブルーマーの最初の行動は、ハウザーを並外れた給与で雇うこととなった。キンプトン自身、ハウザーをとどめるために介入しなければならなかった。じっさい、経営陣は、学科独自の人事の努力をほとんど信用していなかった。キンプトンは、

---

27　ヒューズのスタイルは、リースマンへの書簡のなかで明らかである。暖かいが、リースマンのような熱狂的な感情は見られない。非難の的となっているときのかれの用心深さは有名で、のちに検討するセミナーのなかで示されている。リースマンのスタイルも、同じように有名で、同じようにヒューズへの書簡に明らかである。溝の深さについては、ダンカンについてのRiesman to Hughes, 1 July 1955 (所在については、注34を参照)。疑いもなく、リースマンとハウザーのあいだの感情の激しさは、ユダヤ人であるかれらのいちじるしく異なったスタイルと関係がある。それについてはRiesman to Hughes, 15 May 1957、EWB46: 4を参照。

第2章 第二次シカゴ学派における移行と伝統

学科の出身者を、そうあるべきものであるというほどよいものとは認めていなかった。名誉学科長のエルスワース・フェアリスも、キンプトンの重要な助言者のひとりとして、ヒューズの判断は信用できず、近年の採用人事について学問分野をめぐる重大な疑いがあると、かれに語っていた[28]。

初期段階では、学科のどちらの分派を経営陣が支持しようとしていたかははっきりしなかった。キンプトンは、純粋にブルーマーを失ったことを残念に思っていたようだが、しかし、引退することになっていたオグバーンの反ブルーマーのメモ「社会学科の採用人事にかんする若干の基準」に「完全に同意」していた。部分的には、この経営陣の混乱は、たんに学科自体が混乱した合図を出していたことを反映していた。バージェスが総長に宛てた最後の公式メッセージは、名誉学科長のフェアリスが6ヵ月前に攻撃したまさにその人事を強く称賛していた。しかし、もっと重要なことは、学科における紛争の基軸全体が変化しつつあったことである。分裂は、もはや、ヒューズ=ウォーナー　対　ブルーマー=ワースではなかったものの、ヒューズ=リースマン　対　ハウザーという新しい配置に落ち着くにはいたらなかった[29]。

---

28　ブルーマーも、シカゴを離れた直後の年に、グッドマンとダンカンを採用しようとした。純粋に質的であるというかれのイメージも台無しである。フェアリスは、学科に強い関心をもちつづけていた。「あなたが想像されるように、私は学科におおいに関心をもっており、その強さと卓越性が消えないようにと願っております」(Faris to Burgess, 12 July 1951, EWB7: 10)。フェアリスからキンプトンへの手紙は、1952年12月5日、PP52 151: 1。学科の成員のなかでは、フェアリスはおそらくワースと最も親しかった。LW3: 7の手紙を参照(ワースはこの時点ではもちろん亡くなっている。フェアリスは、ハウザーを強く嫌っていたように思われる)。ブルーマーによるハウザーの採用努力は、ゆうに2年以上つづいた。最初の申し出については、Hauser to Hughes and Houser to Horton, both in 18 May 1953, PMH 14: 11.　最初の申し出が断られたことは、キンプトンの介入に感謝するバージェスのキンプトンへの手紙でわかる (30 June 1953, PP52 151: 1)。キンプトンは、この時点でテイラー自身を引き留めることに苦労していた。よって、テイラーがハウザーに反対したことはそれほど問題ではない。ブルーマーは地道に努力していた (Blumer to Hauser, 10 November 1953, PMH 3: 6; Hauser to Hughes, 4 June 1954, PMH 3: 11; Blumer to Hauser, 10 June 1954, PMH 3: 11; Hauser to Hughes, 17 July 1954, PMH 14: 11)。ハウザーは、結局、1954年の夏に断った。ブルーマーは、グッドマン(個人的対話)とダンカンも採用しようとした。ブルーマーは、ダンカンを数年追い続けた(学科報、4 October 1956参照)。学科におけるキンプトンの公的な立場については、T. K. Noss to Kimpton, 25 April, PP52 151: 1「先週の木曜日の晩に、あなたが私にありがたいことに率直にも、シカゴ大学社会学科はかつてとは違っていると言ってくれたのを覚えているかもしれません。いささか残念ですが、私はあなたに賛成しなければなりません。若干の留保はありますが」。

29　Kimpton to Blumer, 28 July 1952, PP52 151: 1; Kimpton to Ogburn, 18 August 1952, PP52 151: 1.

学科の問題に何の秘密もなかった。ハウザーは、「米国の社会学科のなかにおけるわれわれの現在の位置が月並みのものであること」を独特の活気をもって話していた。しだいに、この状況を扱う戦略が浮かび上がってきた。これらのすべては折衷的な学科をめざしていた。凝集の核は、依然として大学院カリキュラムの領域にあり、予備試験にあった。それは、のちに論じる自己評価研究からその最新の形態が始まるものであった。しかし、折衷主義の目標は、もともと、経営方針の核心にあり、1953年までに、学科によって受け入れられるようになったものである。[30]

ほとんどの教授陣は、折衷主義への多様なアプローチを求めた。たとえば、ハウザーは3つの戦略を求めた。部外者を採用すること（キングスレー・デイヴィスのような）、最近シカゴ大学を修了した若い最良の研究者を採用すること（ジャノウィッツ、ライス）、そして、学内者を活用すること（シルズ、NORCスタッフであるロイド・オーリン）である。ハウザーはまた、ゴールドハマーの〔昇進人事の〕拒絶を非難し、学科が3年前に拒絶した地位でかれを再雇用することを求めた。ハウザーの最も強力な子分であるダンカンは、同じことの多くを支持した。しかし、ネルソン・フートは、デイヴィスの教師としての評判について非難をする回答で応じ（当時としては、若手のスタッフは大きなリスクを取った）、ハウザーのメモに暗にふくまれているとかれが感じていた「偉大な人物」戦略に断固として反対した。偉大な学科は、内部から建設され、さらに偉大な教育を基礎としていたと、かれは論じた。そして、フートは、理論のある変種を攻撃するときには、学科内の大きな集団を代表して論じていた。

オグバーン・メモは事実、ブルーマーへの明白な攻撃であり、学問的生産量の賛美（ブルーマーの生産量は相対的に少なかった）、公的サービスへの攻撃（ブルーマーの労使調停の仕事）、「才気、討論の質、対話の技能、言語表現、そして自己顕示」よりも「知能指数、想像力、そして洞察」に対する明確な価値づけ、そして「かつての理論の役割は、いくらか割り引くことが適当である」という議論をともなっていた。明確にブルーマーを標的にしていたのは、第3の特徴——言語的な才気——である。なぜなら、教授陣のセミナーの記録が明確にしているように、ブルーマーは、自分の立場が理にかなったものであろうがなかろうが、すべての参加者に反対することに自分の独自性をもたせていることを楽しみ、それに成功していたからである。

30　ハウザーの引用は、1953年2月17日のメモ、PMH 14: 11にある。

第2章 第二次シカゴ学派における移行と伝統

　そのような理論に対する反対のいくつかには、十分な根拠があります。理論屋がみずからを分類屋、目録屋、年代記屋、あるいは称賛された書評屋とみなすのであれば、なんの価値もありません。私はかれらをこの学科から排除します。一方、新鮮な洞察によって産出力にもとづく新しい総合の革新、鼓舞、創造ができる理論家は、貴重な真珠のような存在です。[31]

　これらの非難に応えて、新しい学科長のエヴェレット・ヒューズは、偉大な人物戦略を軽視した。「われわれの過去２年間の経験が明らかに示しているのは、『ビッグネーム』方針は実行可能なものではないということだ」。かれは、ラザースフェルド、マートン、デイヴィス、そしてシーウェルについて話していた。かれはおそらくストウファーについては知らなかった。ヒューズは、「学内者を活用する」戦略を強調した。かれはすでにシルズを共通科目の授業のために獲得しており、NORCとオーリンにねらいを定めていた。かれが語らなかったがやろうとしていたことは、友人のデイヴィッド・リースマンを学科にうまく押し込むことだった。ヒューズは、1954年以降、コロンビア大学から続々と若手を採用し始めることによって、折衷主義を推進した。これは、外部からの採用という経営陣の主張を反映した動きであった。もっともピーター・ブラウの名前(そのような雇用の最初の)は、もともとネルソン・フートによって提案されたものだった。フートは、コーネル大学でブラウを知っていたのだ。[32]しかしながら、経営陣は、そのままビッグネームに向かった。マートンは、1954年にふたたび試みられた。

---

31　1953年３月２日のダンカンのメモおよび1953年２月20日のフートのメモは、双方ともPMH 14: 11。
32　ヒューズの応答は、14 March 1953, PMH 14: 11。シルズの異動は、社会思想派が解散するのではないかという恐れによって促進されたかもしれない。キンプトンは、この委員会に夢中になってはいなかった。あるメモのなかで(1 February 1954, PP52 148: 2)、モートン・グロジンズはこう言っている。「社会思想委員会は、数多くの重要で興味深い機能を果たしている」。その脇に、キンプトンは、鉛筆で書き込んでいる。「どんな〔機能〕？」。ヒューズによるシルズとの交渉は長引き、1956年の夏になってもまだ続いていた(Hughes to Riesman, 12 August 1956, ECH 46: 2)。フートによってブラウが提案されたことは、学科の「コロンビア化」が、通常想定されているようなハウザーの計画ではなかったというもうひとつの証拠である。カッツとロッシは、ともにリースマンが提案した。リプセットもそうであったが、かれについては繰り返し試みられたが決まらなかった。

しかしながら、1953年の暮れに、学科と経営陣が一致するかもしれない希望の兆しがあった。キンプトンは、ハウザーの親友で、優秀な社会学者、ランド・コーポレーションの社会科学部長であるハンス・スパイアを、学部長として採用しようとした。結局、スパイアは来なかった。そして、学科はモートン・グロジンズ学部長のもとで、暫定的な地位におかれつづけた。グロジンズは、ヒューズとともに、いまやリースマンを学科に異動させるために準備をしていた。もっとも量的研究側では、ドナルド・ボーグが教授陣の地位に就いた。テニュアなしの水準では、学科はさまざまな人を試してみた。うまくいった場合もあれば（アンセルム・ストラウスとエリフ・カッツ）、うまくいかなかった場合もあった（セイモア・マーチン・リプセットとニール・スメルサー）。グロジンズが、まるで学科自体は関係がないかのようにしばしば年長者の採用について論じていたことは、印象的である。[33]

リースマンが学科に入ってくると、学科内分派の新しい線が固まった。リースマンはヒューズ家と古くから個人的に親しかった。ハウザーがワースと親しかったのと同じように、リースマンはヒューズと親しかった。ヒューズによれば「私が圧力を感じていて、同僚の何人かから攻撃されていた」と

---

33　マートンへの２度目の申し出については、PP52 142: 2のさまざまな手紙を参照。外部からの助言については、Kimpton to John Gardner, 28 July 1953, PP52 148: 2を参照。スパイアについては、Hauser to Speier, 10 November 1952, PMH 14: 11を参照。リプセットとカッツについては、Hauser to Grodzins, 12 July 1954, PMH 14: 11を参照。バークレイのブルーマーは、パーソンズのスター学生であるスメルサーを獲得する競争でかつての同僚を打ち負かした〔スメルサーはバークレイに職を得た〕。バークレイは、数年後にスメルサーをシカゴから防衛することに成功した。リースマンは、自分の採用をめぐる話をBerger 1990で語っている。ヒューズの役割は、秘密のものではなかった。たとえば、Hughes to Lipset, 11 February 1958, ECH 46: 1を参照。リースマンの場合は、「学生の記憶」がどのくらい信用できるかを教えてくれている。キンボール・ヤングによるシカゴの記憶にかんするテープ録音には、リースマンがハッチンズによって学科に移されたというコメントがふくまれている。その結果、ルイス・ワースは「そのことでやきもきした」。リースマンが入ってきたのは、ワースが死んで２年後のことだった。そして、ハッチンズが去ってからほぼ３年がたっていた (cf. Lindstrom and Hardert 1988, 305)。ボーグについては、Bogue to Hughes, 4 February 1953, PMH 14: 11 (われわれは、ボーグの個人的な説明も手にしている)。しかし、ボーグの正規教授会メンバーへの異動は、漸進的なものであった。1955年８月３日になっても、リースマンはヒューズに、もしハウザー派がダンカンを昇進させないことで同意したなら、リースマン派はボーグの正規の地位を受け入れるということで、リースマンとロイド・ウォーナーはハウザー派と取引することを考えていたと書いている (Riesman to Hughes, ECH 46: 2)。

第2章　第二次シカゴ学派における移行と伝統

きに、リースマンは私的にヒューズの主張を支持していた（その同僚に含まれていたのは、パークの玉座をねらうブルーマーとワースであった）。リースマンは、ブルーマーとワースに強い敵意をもっていた。いやじっさい、バージェスにさえ敵意をもっていたのである[34]。

ひとたび、ヒューズが学科長になると、リースマンの役割はもっとおおっぴらになった。もっとも、かれは1954年秋までは正式に学科に籍をおいていなかった。すでに1952年の暮れ、ちょうどヒューズの学科長昇進が告げられたころ、リースマンは新しい教授会メンバーを「スカウト」しつつあった。今回はリプセットであった。初期の手紙で、リースマンは、ヒューズは唯一パークの真の後継者であり、ハウザーとその派閥を打ち破るべきであり、強力な学科内の同盟者（そのなかのひとりがリースマンであることは明らかである）を必要としていると書いた[35]。

しかしながら、リースマンは、かれとヒューズ流の社会科学が人文学の側から攻撃されていることを同じように自覚していた。かれは、ハッチンズの古くからのお気に入りであるリチャード・マックケオンを低く評価しており、ハーバード大学の社会関係学科の良き（すなわち広い視野をもった）社会科学が、

---

34　ヒューズの引用は、Hughes to Lipset, 11 February 1958, ECH 46: 1にある。ヒューズとリースマンの書簡は、ヒューズがシカゴにいた時代から保存していた唯一一連の手紙であるということは、ヒューズの側の親密さを何ほどか示すものである。リースマンの側については、多くの残された手紙がじっさいに親密なものである。両者は、ウォーナーに対するよりもたがいにずっと親密であった。この書簡はほとんどが、リースマンからヒューズへの手紙である。なぜならヒューズは自分の書いた手紙の写しをほとんど残していなかったからである。手紙は完全にうち解けたもので、会話に特徴的な無造作な考えに満ちていた——親しい家族の詳細、偏見、そしてもっと公開の場面では注意深く除かれるような判断など。この手紙の情緒的な力は、リースマンに特徴的な大げさな言い回しのスタイルとあいまって、リースマンの意見の熱情を過大評価させるものである。しかし、それにもかかわらず、全体のパターンと傾向は、紛れもない。興味深い若手の人びとに対する積極的な採用にもかかわらず、リースマンは、学科に所属していた4年間、学科政治においておおむね破壊的な役割を果たしていた。とくに注意書きがある場合を除いて、書簡はすべて年代順にECH 45: 15-16 and 46: 1-4. われわれは、簡単に日付によって引用する。ヒューズの学科長活動と、バージェス、ワース、ブルーマーに対するリースマンの反応については、Riesman to Hughes, 22 August 1952 and 27 August 1952. とくにリースマンは、ハーバードでの職の可能性について、陰でワースに中傷されてきた。Riesman to Hughes, 9 March 1953を参照。

35　リプセットについては、Hughes to Riesman (n.d.,ca. October 1952)を参照。引用したヒューズの手紙は、21 March 1953。

75

アーサー・シュレジンジャー・ジュニアのような反科学的人文主義者によって追い詰められていたことを心配していた。学科に属するとただちに、リースマンは採用人事で中心的な役割を果たした。それはおもに、かれが他の大学で多くの時間を過ごし、講義をしてまわり、東部で休暇を過ごしていたからである。かれは他のだれよりも、コロンビアとの結びつきの源泉であった。なぜなら、かれはリプセットと応用社会学研究所をおおいに称賛していたし、ヘレンとロバート・リンドの友人であったからである。ロッシとカッツはふたりとも、リースマンをつうじてシカゴの注意をひくことになった。[36]

　これらの採用人事におけるリースマンの実践的目的は、ふたつあった。第1に、かれは、カンザス・シティのプロジェクトのように、自分とヒューズが始めた巨大なプロジェクトを監督する若手をほしがっていた。このふたりは、シカゴでこのような若いプロジェクト監督者を得られなかったために、主要な研究助成金を失っていた。そして、リースマンは、研究監督者としての潜在的能力を、セント・クレアー・ドレークやモリス・ジャノウィッツのような人の採用可能性についての判断の中心部分としていた。視野の広い社会科学は、規模の小さい社会科学である必要はない。官僚制的なエスノグラフィーは、ミドルタウン〔リンド夫妻によるインディアナ州マンシーの調査。1924～25、および1935年に調査。その成果は『ミドルタウン』『変貌するミドルタウン』として出版され、ベストセラーとなった〕からピッツバーグ調査〔ケロッグによるピッツバーグの貧困調査、1909～14年実施〕とチャールズ・ブース〔ブースは、1886～97年に私財を投じてロンドンの貧困調査を実施した〕にまでさかのぼる長

---

36 マックケオンについては、23 June 1953を参照〔リースマンはまた、同じ文句でエンリコ・フェルミ〔イタリア生まれの物理学者　1901-54、1938年ノーベル物理学賞受賞後、アメリカに移住し、コロンビア大学、のちにシカゴ大学。マンハッタン計画に関与し、核分裂実験に成功した〕とスウォール・ライト〔遺伝学者 1889-1988：1925-55年までシカゴ大学に在籍、集団遺伝学にもとづく進化理論を確立した〕をけなしている〕。ハーバードについては、31 August 1954、とくに応用社会学研究所については29 June 1954、リンド夫妻については、22 August 1952を参照。この注の手紙はすべて、Riesman to Hughes。ここでのわれわれの目的は、学科政治における分裂は知的立場によって規定されているか、あるいは弱い関連があるという観念を解体することにある。ハウザーとリースマンは、両者とも量的な研究を好んでおり、あるいは少なくとも（リースマンの場合には）、それは必要であると認めていた。しかし、かれらは、異なる種類の量的研究を欲していた。かれらはたがいに嫌いであったことのほうがずっと重要であった。

い家系がある。[37]

　しかし、リースマンは票もほしがっていた。見込みのある年輩の採用候補者にかんするかれの評価は、研究よりも予想される学科政治との関連によるものであった。手紙に見られる親密さを考慮に入れた場合でも、そうなのである。テニュア付きの候補者についてのかれの態度は、この感情を明確にしている。リースマンが候補者の研究を称賛する場合、かれは手紙のなかでその研究を論じていた。そうでない場合、かれは候補者の個人的スタイルと投票の可能性について論じていた。[38]

　ヒューズは、明らかにリースマンを手の届くところに置いておこうとしていた。かれの手紙は、博学で愛情のこもったものであった。しかし、リースマンが抑制を必要とする場合――かれは、ときおり、自分が仕事を提供してやっていると人びとに思わせるようにしむけた――ヒューズは、愛想は良かったが、しっかりしていた。もっと重要なことは、ヒューズは、リースマンが望んでいたような大指導者になることを拒んでいたことである。かれは、学科長として苦労をしつづけるよりも、休暇をとって、フルタイムの研究者に戻ることを選んだ。[39]

　1955年までに、学科の両極分解は完全なものとなった。新しい余暇研究センターに、リースマンと、かれと親しいヒューズとともに、ウォーナー、ホートン、フートが加わることは、ヒューズとリースマンの親友関係を中心とした「質」派にとって、しっかりした中核をつくることを意味していた。リースマン派のほとんど全員が、HDの執行委員会にも入っていた。さらに、リースマンは、大学の外部委員会の重要人物であるマーシャル・フィールド〔シカゴ財界の大立て者で、老舗の百貨店のオーナー〕に大きな印象づけを与えた。こうして経営陣のお気に入りとなったのである。かれはまた、『タイム』の表紙も飾った。その間に、ハウザーはますますNORCと一体化した。かれは

---

37　研究助成金を失った件については、5 May 1954を、ドレークとジャノウィッツについては、22 July 1954をそれぞれ参照のこと。いずれも、Riesman to Hughes。

38　投票は、リースマンがずっともちつづけていた関心事であった。e.g. Riesman to Hughes, 1 June 1955。

39　仕事の点については、Hughes to Riesman, 30 April 1954 and 8 May 1954。ヒューズが任期を終えてほっとしていた点については、Hughes to Riesman, 3 August 1956。

新しい学部長であるチャウンシー・ハリスとNORCのクライド・ハートとともに、学科とNORCとの新しい関係を整えた。かれの個人的な権力基盤——人口研究センターとシカゴ・コミュニティ資料室——は成功し、NORCとうまく統合されていた。そしてボーグはいまや、華々しいグッドマンと同様に、テニュア付きの正規の教授会メンバーとなった。[40]

　両極分解が明らかとなった最初の大きな争点は、フートのテニュアであった。フートは、このときまでにしっかりヒューズ＝リースマン派のなかにいた。かれはその立場を強調し、社会研究学会 (Society for Social Research) が提供した社会学における「蓄積」にかんする公開討論でハウザーを打ち負かしたことによって、当初ハウザーから得ていた好意を失った。しかしながら、参与観察の提唱者であり活動的な調査研究者であるフートは、ウォーナーの研究に対する批判にかんしては、ダンカンの側に立つことによって、ウォーナーとも対立した。結果として、かれはほとんど成功の可能性がなかった。かれは民間セクターに異動し、応用社会学の主要人物となった。

　1956年に、事態はおおっぴらな紛争になった。このときまでに、学科内の意見は、エヴェレット・ヒューズが2期目を務めることはないだろうということで一致していた。いずれにしても、かれは2期目を望んでいなかった。ハウザーとリースマンが候補であった（明らかに、学外に学科長を求めることはやめていた）。教授陣は、依然として、量派と質派にまっぷたつに割れていた。それでも、均衡は質派に傾いていた。ウォーナー、ヒューズ、リースマン、フート、ホートン、ブラウ、そしてストラウスは、すべてなんらかの点で質的であった。もっとも、ヒューズとストラウスだけが真に古くからのシカゴを代表していた。ハウザー、グッドマン、ダンカン、ボーグ、そしてカッツは、量派であった。もっとも、かれら自身、調査研究と人口学に分か

---

40　PP52シリーズ (151: 1, 2, 2.1) のさまざまな手紙が示すところによると、ハウザーはじっさいには、再版を送ったり、かれの活動を知らせたりして、キンプトンとかなり交際を深めていた。余暇センターについては、Riesman to Hauser, 26 September 1955, PMH 14: 11を参照。フィールドの件については、W.B.Cannon to Riesman, 19 January 1955, PP52 148: 4を参照。新しいNORCについては、Norton Ginsburg to Hauser, 23 July 1955, PMH14: 11を参照。興味深いことに、この時点で、理事に対して学科を代表していたのは、学科長のエヴェレット・ヒューズではなく、ハウザーであった。上述のリースマンのメモを参照。リースマンが『タイム』の表紙になったのは、1954年9月27日。

第 2 章　第二次シカゴ学派における移行と伝統

れていた。候補者であるハウザーとリースマンはたがいにひどく嫌っていた。ハウザーは公然とリースマンの研究を軽蔑していた。そして、リースマンは、ハウザーが学科長になるなら大学を移ることを明らかにしていた。[41]

問題は学科内では決着がつかず、リースマン派はいくらか冷笑的になって、妥協案の候補としてレオ・グッドマンに近づいた。グッドマンは、方法論研究者の方法論研究者で、それゆえ必然的に、量派に受け入れ可能であった。グッドマンはその気になっていたが、ハリス学部長がかれを受け入れなかった。テニュア付きの学科メンバーと個別に面接したのちに、ハリスはハウザーに 1 年間学科長を務めるように依頼することにした。1 年後に状況を見直すことにしたのである。しかし、総長はかれを却下した。キンプトンは、学科がしっかりした決定を下すべきであると感じていた。そしてかれはハウザーに 3 年間学科長を務めさせた。キンプトンがハウザーに対してもっていた感情は、つねに強いものであったようだ。そして、かれはハウザーを学科再建に必要な手腕をもっていると見ていたようであった。結局、キンプトンにとって、この特別にアカデミックな頭痛の種は、いまや 6 年目に入っていた。[42]

しかし、この選択におけるキンプトンの動機は、けっして、はっきりしたものではなかった。メディアのスターであり、ハーバード大学からの申し出にただちに動いたリースマンに対して、キンプトンは、情け深く、おおいに残念がっていたようだ。「あなたがハーバード大学からの申し出を受け入れると、この大学は寂しくなります。‥‥あなたには留まってもらいたい

---

41　ふたりは、前述したように、まったく異なっていた。学科の将来の生き残りについてリースマンの立場を書いたものは、8 March 1956, ECH 46: 2 に残っている。そこには、相手方に対してさまざまなオリーブの枝が提供されていたものの、真に中立的な記録ではなかった。そのなかで、リースマンは、冷戦の比喩を使って、博士論文の口頭試問におけるヒューズ＝リースマン派の学生に対するハウザーの攻撃について論じ、さらにかなり詳細に両陣営について論じていた。かれの言明は、ウォーナーが両派を真に仲裁しようとした唯一の人間であることを明らかにしている。リースマンの立場がおおやけになっていたことについては、Riesman to Hughes, 19 May 1957 を参照。ここでは、リースマンの異動可能性について、グロジンズがキンプトンに警告していると述べられている。

42　ハウザーは、ワシントンとシカゴの双方で、すでに広範な行政経験を積んでいた。かれは、4E 事件で関係を絶つまで、1940 年代後半にラルフ・テイラーのもとで、社会科学部の副部長であった。「学科長問題」のグッドマンへの展開にかんする情報源は、レオ・グッドマンと当時の学部長であるチャウンシー・ハリスである。ハリスはキンプトンの役割についての唯一の情報源である。キンプトンは、それについて個人的記録を残していなかった。

し、ここでの生活がもっと良いものになるように手助けできると思っていたのですが」。他方で、ハウザーに対するかれの熱情はたいへんなものであった。かれらは、十分に親しい間柄で、ハウザーは明らかにキンプトンとともに、ダンカンのテニュアにかんする学科の投票というデリケートな問題を提起した。キンプトンは、テイラーやハリスと同様に、「近代的な社会調査のテクニック」をもったこの「若造たち」を、学科の将来を担うものと見なしていたことは明らかであるように思われる。[43]

　両極分解の直接的な効果は、概して若手の教授陣によってずっと感じられていた。1955年は、フートの番であった。いまやダンカンの番になった。フートと同様に、ダンカンには、もうひとつの仕事が待っていた。かれの場合には、バークレイのブルーマーがテニュアになれる職を提供していた。フートと同様に、ダンカンは、容易に票が分かれることを予測できた。しかしながら、フートとは違って、ダンカンはとどまり、1957年以降、フルタイムの研究職に入った（かれは、1960年から62年のあいだ、短期間、学科に戻ったのち、結局、ミシガン大学に移った）。この結果は、かれにとって幸福であった——かれの研究は発展した——と考える者もいれば、そうとは言い切れないと考える者もいた。[44]

　1957年の最後の犠牲者は、アンセルム・ストラウスであった。かれはダンカンと同様に、学問分野の全体的な一下位分野を形成する経歴を歩んでいた。何人かの新顔がいたとはいえ（ロッシが昇進し、フレッド・ストロッドベッ

---

43　Kimpton to Riesman, 1 May 1957, PP52 151: 2.1。Hauser to Kimpton, 16 January 1959, 同じ文書。「若造たち」の引用は、Harris to Board of Trustees, 13 November 1959, SSV。

44　ダンカンの〔昇進不承認の〕決定は、学科長〔選考〕の総崩れと同様に、たんにそれまでの政治の結果であった。もっとも、ダンカンは着任前に、致命的なまでに、浮動票層のひとりであるウォーナーの怒りを買っていた。1950年に、*ASR*〔*American Sociological Review*：アメリカ社会学会の機関誌〕は、社会階層にかんするウォーナーの全研究に対するダンカン独特の鋭く効果的な攻撃を発表した（Pfautz and Duncan 1950）。十分興味深いことに、それはシカゴ学派による攻撃であった。理論的正当化には、パーク、バージェス、ワース、そしてジンメルの名前が引き合いに出された。ウォーナーは、人類学者たちによって誤って導かれていたとダンカンは述べた（ダンカン自身は、この論文の理論的部分を、共著者のハロルド・ファルツによるものとしている）。あとから考えると、ダンカンの論文は、『アメリカの職業構造』（Blau and Duncan 1967）の下書きであった。シカゴ大学は、この特別の決定の誤りを認めた。1979年に、ダンカンは、名誉学位を与えられた。

第2章 第二次シカゴ学派における移行と伝統

クが法学部から来ていた)、結果は同じであった。[45]

　こうして、短いヒューズ時代は、社会学科の質派の減少と孤立で幕を閉じた。約束どおり、リースマンは、1年以内に離れていった。フートも去った。ストラウスも出て行くことになった。ウォーナーとヒューズは残っていたが、ウォーナーは1959年に、経営陣がかれに功労教授賞を与えるのを拒否したために、定年の4年前に去った。リースマンと違って、ヒューズは辛辣ではなかった。じっさい、リースマンに、公の場で毒舌を振るわないようにと注意していた。[46]

　ハウザーが支配権を引き継いだあとになっても、キンプトン経営陣は、社会学科が危機にあるという感覚を失うことはなかったようである。1957年半ばに、R・W・ハリソン副総長は、キンプトンに「ハウザーは社会学のテニュア付き教授の面を構築しきれず、さらに3人から4人について考えている」と書き送り、ピーター・ロッシのテニュアの可能性については、このテニュアはことによるともっと望ましい他の可能性をあらかじめ塞いでしまうものと、経営陣が見なすかもしれないことを、明らかにしていた。このことは、明らかに学科がまだ保護観察下におかれていることを示している。[47]

　1958年の学科長報告において、ハウザーは「『シカゴ学派社会学』との同一化への執着からの鋭い断絶」について記している。かれは現在の教授陣の出身を誇らしげに列挙して、13人中4人だけがシカゴ大学修了生であると記し、「シカゴ出身者を教授陣に据えることを回避してかなりたったことで、シカゴ大学修了生の側にはいくらか不満がある」と語っている。かれは、「学科利害にかんするかつての両極分解は完全に消滅した」と述べている(この時点では、リースマンは去った)。しかし、同時に、ウォーナーとヒューズの離任によって差し迫っている移行期をこなしていくことに不安を感じている。こ

---

45　ストラウスのテニュア決定については、Riesman to Hughes, 24 October 1957を参照。リースマンは、反対派を、大きな分業型の社会学を好んでいると非難した。かれとヒューズのカンザス・シティ研究を考えると、むしろ奇妙なことである。

46　ウォーナー問題については、Hauser to Kimpton, 16 January 1959を参照。ハウザーは、「敵に情けをかけない」態度を保持して、ウォーナーの昇進に反対した。ウォーナーはもちろん、ダンカンに反対した中心勢力であったから、ハウザーの最も重要な宿敵であった。リースマンに対するヒューズの注意については、Hughes to Riesman, 15 May 1957を参照。

47　Harrison to Kimpton, 24 June 1957, PP52 151: 1.

*81*

の報告には、NORCについての膨大な資料があり、NORCと学科との関係が重大な問題となったことを示している。最後に、ハウザーは、ジェームズ・コールマンの「重大な喪失」を残念がっている。[48]

　1年後に、ハウザーはさらに確信を失った。「われわれは依然として移行期にあると言わねばならない」。かれは、ウォーナーを失ったことについて述べており、それについてかれは事実、ほとんど心配していないが、グッドマンを失うのではないかと心配しはじめていた。グッドマンは、生まれ故郷であるニューヨーク市にあるコロンビア大学で休暇をとることを計画していたのである。ハウザーは、学科がよくまとまっていると評価していた。かれはいまではそれを利点と見なしていた。かれは、社会心理学がストロッドベックによって救われたと見ていた。ストロッドベックは、カッツ、ロッシ、そしてジム・デイヴィスを引き込むことができたのである。ロッシとダンカン・マックラエ(政治学との兼担)は、政治社会学の授業計画をつくろうとしていた。弱点として、かれは社会解体分野について述べているが、ジェームズ・ショートの任命によってそれは少なくとも補強されるであろうと望んでいた。そして、かれは理論の強さに満足していた(シルズは社会学科の兼担であり、ヴァーノン・ディブルが任命されていた)。このことは、広く知られたかれの見解からすると驚くべきことである。[49]

　ハウザーが理論の強化をおおやけに喜んでいたことは、いかに「理論」に対するシカゴの不信感——見てきたように、それは量的陣営でも質的陣営でも強かった——が、最終的に、折衷主義への経営陣の圧力に屈したかを示している。また、兼担が新しい学科にとって重要であったことも特筆に値する。ヒューズの採った戦略の多くをハウザーは活気をもって進めた。

　ハウザーが学科の安定期を作り出すことができたことには、多くのことが寄与していた。最も明白なのは、かれの敵であるリースマンがいなくなったことである。第2は、経営陣の協力であり、じつに6年ぶりのことであった。しかし、第3は、学問的な力を見抜くハウザー自身の能力であった。かれのスタッフに対する評価(資料にはあるがここでは引用しない)は、当時とし

---

48　Hauser to Harris, 8 December 1958, SSV.
49　Hauser to Harris, 3 November 1959, SSV.

ても、その後の経歴から見ても、ほとんど誤りはなかった。しかし、その判断が及んでいたのは、かれ自身が知っていて好んでいる領域のなかだけであった。ハウザーがハリソン・ホワイト〔のちにハーバード大学教授。数理社会学・ネットワーク分析の分野を切り開いた〕の並々ならぬ能力をただちに認識したことも本当であったかもしれない。ホワイトは、当時、社会学でポストドクターの再教育をうけており、物理学の博士号を取得して2年しかたっていなかった。しかし、他方、ハウザーは、フートとストラウスを排除することに一生懸命であり、シカゴ出身者を無視することにこだわって、社会学で卓越した業績を挙げつつあった学科の修了生——ゴフマン、ベッカーその他——を無視していた。[50]

1957年以降、古くからのシカゴの伝統に対するハウザーの明白な敵意にもかかわらず、かれは結局はそれを再建するのを手助けした。1950年代前半に、かれはモリス・ジャノウィッツを学科に押し込んだ。そして、1962年に、ジャノウィッツは最終的に確保された。ジャノウィッツは、ひとたびシカゴに入ると、精力的に伝統を再建した。——かれはシカゴ大学出版会が古い学科の古典を復刻するように主張し、これらの古典を予備試験の文献リストに挿入し、学生をフィールドに送り出し、ジェラルド・サトルズやデイヴィッド・ストリートのような研究者の採用を支持した。これは、本質的に、10年前の「学科の目標」文書の計画であった。ある世代の学生がフィールドに続々と戻ってきた。ウィリアム・コーンブラムから、ルス・ホロウィッツ、チャールズ・ボスク、そしてマイケル・ブラウォイなどである。[51]

かくして、戦後の社会学科は、ふつうに考えられているのとは違って、否応なく量的な立場に向かっていったわけではなかった。そのような姿勢が現れるかぎり、最終決定を下したのは、学科ではなく総長であった。学科内で

---

50 ホワイトについては、Hauser to Harris, 3 November 1959, SSV参照。
51 ジャノウィッツは、じっさいにハウザーとリースマンが同意した人物であった。もっともリースマンは他の多くの人と同様に、ジャノウィッツの個人的スタイルを極端に嫌っていたが。Riesman to Hughes, 22 July 1954を参照。この歴史の研究において、ハウザーの敵に情けをかけない態度が、リースマンと同様に、たがいの感情的な嫌悪からきているという結論は避けがたい。十分な勢力をもった第三者が両者を支配できたかどうかは、洞察の問題である。たしかにヒューズはその勇気をもっていなかった。

は、ほとんどの証拠が、この時期の厳密な量的 対 質的という解釈を否定している。ハウザーとワースは親しい友人であった。しかし、ワースはウォーナーを嫌っていた。ブルーマーは、ヒューズを高く評価していなかった。しかしかれは、ハウザーをバークレイに誘おうとするほど、高く評価していた。そして、お返しに、ハウザーによって高く評価されていた。リースマンは、アリスとピーター・ロッシの採用を先導した。グッドマンは、質的研究派の学科長候補になるつもりでいた。[52]

むしろ、この時期の学科は、数多くの強力な関係を中心に回っていた。1945年から51年の時期に、集団全体が、かれらの共通の記憶の計り知れない重みと、ふたりの中心的な人物——旧世代のバージェスと、より若い世代のワース——によって結束していた。これらすべてが、バージェスの退職、ワースの死、そしてブルーマーの異動によって一変した。かれらが姿を消し、ヒューズがリースマンを取り込んで影響力を強めようとしたことによって、亀裂が大きくなった。ワースとブルーマーが姿を消したことは、ハウザーをシカゴ流の思考に結びつけていた強い個人的力を取り除くことにもなった。かれの履歴書が示すとおり、かれは厳密な意味での人口学者になっていった（かれはまた、多くの点で、調査研究者というよりも指揮官になった）。

この亀裂が生じると、深い記憶を共有していない若手が、中間世代の力のある人物と結びつき、口論がますますおおっぴらになった。テイラーが、かんに障る支配的なハウザーに反対したことで、学科は、ヒューズの手にまかされた。ヒューズは、長期間、学科の外様のような存在であった。このため——と、強い主張をもったリースマンの存在のため——に、比較的短期間、公然とした派閥闘争がうみだされ、そのために学科は、この先30年以上、学問分野の中心になる3人の人物、フート、ダンカン、そしてストラウスを犠牲にすることになった。

この難題を解くにあたって、一方を支持するキンプトンの決定は、少なくとも一時的に、他方を骨抜きにする結果を招いたものの、学科に長期的な平和をもたらすものではなかった。しかし、キンプトンの決定は、平和が達成

---

52 ワースとウォーナーについては、Farber 1988, 342を参照。ロッシ夫妻についてのリースマンの主張は、Riesman 1990にある。

第2章 第二次シカゴ学派における移行と伝統

される場を作り上げた。なぜなら、もしリースマンが学科長になっていれば、ハウザーは容易にバークレイからの甘言を受け入れ、リースマンは学科を、コロンビア大学以外のアイビーリーグの特徴となった誇大理論と質的な経験的研究の組み合わせへと導くことができたであろう。それゆえ、学科自体にとって重要な移行期間は、1950年に経営陣がワースを拒否した事件から、1956年のハウザーの指名までであった。[53]

1945年から1960年までの教授陣の歴史は、それゆえ3つの時期に分かれる。ワース＝ブルーマー派とヒューズ＝ウォーナー派の分裂がしだいに姿をあらわす時期、ハウザーとリースマンに両極分解する時期、そしてハウザーが覇権を握る時期である。これらの時期は、ふたつの転換点によって分けられる。1951年から52年にかけてのセミナーでの論争と1956年の学科長をめぐる争いである。

提携と戦闘の網の目が繰り広げられるのを見ると、どの個人もそのあいだじゅうずっと一定の立場を維持していないことが明らかとなる。ハウザーは、ひといきに理論を攻撃し、つぎの瞬間にニール・スメルサーを追求することができた。ヒューズは、ある時点では学科を評価せず、別の時点ではかれを拒否した学科を擁護することができた。リースマン派は、ハウザーの研究を「産業的である」としてののしり、それでもほとんどの量的研究を小さく見せるほどの大きなプロジェクトを始めることができた。さきに述べたように、われわれは、個人のレベルで「シカゴ学派」を見いだすことができない。採用への対応や研究費の申請、学生の挑戦などの相互作用の一定の盛衰に巻き込まれて、個々の教授会メンバーは、手元にある考えを利用し、それらに独特の個人的スタイル——それは、ことによるとある伝統から生まれたものかもしれないが——を押しつけた。

---

53 リースマンは、パーソンズの社会関係学科〔ハーバード大学〕を社会科学の理想であるが脅威であると考えていた。かれがそのように感じていたとき、パーソンズの仰々しい書物が刊行されつつあった——『社会体系論』『経済と社会』『行為の一般理論をめざして』はこの時点ですべて印刷されていた——ことは、リースマンがシカゴの伝統がどのようなものかを完全につかみそこなっていたことを示している。ヒューズは、リースマンをよく理解しており、かれの見るところでは、リースマンは他の何よりも学部学生の教育に多くの関心をもっていた。リースマンの辞任については、Hughes to Riesman, 15 May 1957を参照。

## 社会学科が見た社会学科

それゆえ、シカゴ学派とは、なにか諸個人のあいだにあるものである。それは、諸個人を越えたものではない。なぜならそれは諸個人が集団の内部で入れ子になっていることを意味しており、ミードが論じたように、自己と社会がともにひとつの過程から出現するからである。それゆえ、のちにシカゴ学派と呼ばれるようになる伝統が出現し、凝固するのは、教授陣の相互作用の過程のうちにおいてであった。幸いにも、われわれはこの出現を1951年から52年にかけての教授陣のセミナーに詳しく見ることができる。[54] だれが真にロバート・パークのマントを羽織っていたかをめぐる、この1年におよぶ戦いが示しているのは、栄光ある時代の社会学科を維持してきた格率と実践の緩やかな交錯を、それについて論じている人びとの精神のなかで、独立した客体にかたちづくり、かれらののちの研究をとおして再生産できるようなものにすることができるかということであった。これらの格率と実践は、国中のさまざまな大学院カリキュラムで教えられていなかったということでもなく、このセミナーがなければ存続しなかったであろうということでもない。むしろ、この種の議論によって、参加者は、さまざまな糸のすべてを束ね、それらをパークという人物とその遺産に客体化し、そうすることによっ

---

54　1950年に、フォード財団は1件につき30万ドルの助成金を、社会科学の拡大のために7つの機関に与えた (Foote to Seminar, 12 May 1952, EWB 33: 4)。シカゴでは、この基金は、ワースが議長を務めていた学部の委員会である社会科学研究会議 (Social Science Research Council) によって競売にかけられた。社会学科は、この基金をセミナーを支え、速記録をとるために利用した。このセミナーはワースの発案であったように思われる。かれは助成金を申し込み (seminar minutes, 11 October 1951)、長い秋のメモ書きがついた議事日程をつくり (日付なしだが、結局12月10日に配布された)、しばしば議論を支配した。さらに、ワースの開会発表は、かれの対話者たちが計画されていたことにかんしてぼんやりした考えしかもっていなかったことを明らかにしている。テイラー学部長への年次報告 (27 August 1951, EWB 33: 2) のなかで、バージェスは、このセミナーを研究と訓練を扱うものとして陳腐に述べていた。しかし、1951年10月11日にセミナーが始まると、かれはたんにワースに引き継ぐだけであった。このセミナーにかんするすべての記録は、だいたい時間順に、EWB33: 2-4にある。これらの節において言及されているすべての一次資料は、このフォルダーにあるので、われわれは日付だけにして、直接の引用はしなかった。われわれは、日付のない記録のいくつかについて、それらを再現するSSVにある証拠書類を調べることによって、日付を特定した。

て、かれら自身の精神のなかに、それ自体魅力があり、社会学の多様な領域をつらぬく多くの種類の活動の起源を主張する文化的客体をつくることを余儀なくさせたのである。セミナーの緩やかさは、まさにこの集団の課題を反映していた。もうひとつのことが「社会学」の概念(それは、ここでは「シカゴ社会学」を意味していた)に押し込まれるときはいつでも、何か別のことが反対側に飛び出すだろう。山積みにされた枝は、拘束的な枠組みを提供するのに十分なほど編まれるまでは、その場所に留まることはないであろう。

それゆえ、セミナーでの議論は、第二次シカゴ学派ではなく、第一次シカゴ学派の創造にかんするものである。その時代が幕をおろすと、生き残った者は、それを自分たち自身のために定義しようとした。そうするなかで、かれら(と類似の会話をしていたその他の者)は、死滅しつつある主体を生きた客体に変容させた。その客体は、1950年代の党派的な口論を生き抜き、それはちょうどヒューズが〔異動先の〕ブランダイス大学に移植するのに利用できたのと同じように、ジャノウィッツが大切に使うのに利用できた。

セミナーは絶望の瞬間に終了した。それは、1952年の5月であった。ルイス・ワースが死んだ。社会学科は、総長が「目標」文書をすぐさま必要としていると突然言われた。しかし、かれらがその目標を最終的な形にするまえに、ネルソン・フートが「次年度にここにいない人びとに、2～3の『最後の言葉』を聞き、2～3の質問をすべきである」と提案した。ライス、ブルーマー、ウィリアムズ、バージェス、そしてオグバーン(かれはいなかった)が離れていくことになっていた。

ブルーマーは、鳴り響く告別の辞の口火を切った。

> ブルーマー氏　私は、半世紀以上にわたるこの学科の卓越性の多くが、社会学科の指導者たちが、バラバラの事実を集めるのではなく、人間の集団生活それ自体にかんする一貫した知識になにか本来的なものを発展させる試みに、大きな関心を寄せてきたという事実に由来するものであると信じています。われわれはたしかに、スモール博士の場合について〔それを〕指摘することができます。われわれは、パーク博士の場合について、最も強力にその事実を見ることができます。かれは、非常に生き生きとした研究関心を、人間の集団生活それ自体の像をまとめあげようというたいへん深く着実な関心と組み合わせました。私

は、自分自身の観点から、トマス博士の研究に私が精通していることにもとづいて、かれも同じように、人間の集団生活の研究にとってなにか一貫した枠組みの形態をとったものを発展させる努力に関心をもっていたと思います。私は、その種の関心を喪失したことが、本学科にとって最も不運なことであったろうと思います。

ブルーマーが終わったあと、バージェスはライスに振った。

バージェス氏　ライス氏、あなたもわれわれから離れていきます。つまり、賢人の地位を得る資格があるのです。
ライス氏　こんにち、社会学になにが起こっているかを見るにつけ、私は、ブルーマー氏の意見にまったく賛成です。私は、その潮流に同調するような立場に、非常にしばしば、おかれていたと思っています。それは、シカゴ学派社会学として知られるようになったものの特徴である、私が学科の学生として学んできた社会についての見方を清算するものではありません。
バージェス氏　なぜあなたは逸れたのですか。
ブルーマー氏（バージェスに向かって）なぜあなたは？

1952年5月28日午後のここ、社会科学棟106室は、道の最終地点であった。若い世代は、静かに信仰の喪失を告白し、中間世代は、年長者をも忘却のかどで告発した。ブルーマーは、自分だけがシカゴの真の遺品をもっているという点で正しかったのか。あるいは、むしろこの討論が意味していたのは、バラバラになった遺品が、価値のない木片であることであったのか。あるいは、かれらの相続をめぐる口論において、1920年代の子どもたちは自分たちのなかで遺品を製造していたということなのか。[55]

---

55　〔1951年〕10月のこの議論のために着席していた集団には、バージェスは含まれていたがオグバーンは含まれていなかった。かれはこの時点で学科の問題から離脱していた。次世代のなかでは、ハウザーはこの年ずっと不在であったが、ワース、ブルーマー、ヒューズ、そしてウォーナーは出席していた。すべて50代前半であった。この集団の残りのほとんどは、30代かそれ以下であった。ダンカン、グッドマン、ライス、ジョセフィン・ウィリアムズ、そしてシャーリー・スターはみな博士号を取得したばかりであった。フート、ハロルド・ウィレンスキー、そしてD・G・ムーアは大学院学生であった。ウォーナーに協力していた人類学者であるドナルド・ホートンと、ウォーナーのチーフ・フィールドワーカーである大学院学生のバフォード・ジュンカーだけが、年齢的にこれらふたつの集団のあいだにいた。どちらもたいへん積極的というわけではなかった。それゆえ、会合は、年長の教授がたがいに自分たちで議論しあうか、もっと若い人びとと議論する相互作用のかたちをとった。

第 2 章　第二次シカゴ学派における移行と伝統

　12 のセミナーセッションは、さまざまなトピックを取り上げていた。それらは議事日程を決める 2 回の完全なセッションから始まった。これらは、新しい基礎試験のもとになる「シラバス」つまり注釈付きの文献目録を考えるという決定を下した。[56] その後、社会心理学と社会組織のそれぞれのシラバスについて 3 回ずつのセッションがあり、加えて 1 回、6 つのシラバスのすべてについての短い「学科報」の原稿にかんして簡単な会合が挟まっていた。最後の 3 回のセッションには、非常に特殊な問題についての 2 回が含まれていた。——ネルソン・フートの参与観察のプロジェクトにかんする報告と、シカゴに「行動科学研究所」をつくろうという心理学科の提案である。最後のセッションは、ダッドレイ・ダンカンが学科の「目標」文書を書き直す助けとなるように計画されていたものの、じっさいにはシカゴ学派を呼び覚ますものになった。[57]

　セミナーは、なにをどうすべきかという曖昧な議論から始まった。バー

---

　議論は、——経営陣が予測したように——、非シカゴ社会学の知識によって汚されないものであった。定期的に出席していた 10 人の博士号取得者のうち、8 人はシカゴ出身者であった。4 人の大学院学生のうち、3 人はシカゴにいた。コーネル大学の大学院学生であったネルソン・フートは、議論のなかで「他の種類」の社会学を一貫して代表する唯一の声であった。セミナーへの出席は、きわめて定期的で、16 人の出席者のうち 11 人は、12 回のセッションのうち少なくとも 9 回は出席していた。不定期に出席していた者のなかには、5 回しか出席しなかったウォーナーと、NORC グループのクライド・ハート、スター、そしてウィリアムズが含まれていた。

56　6 つの主要領域のそれぞれについてシラバスがあった (社会組織、社会解体と変動、社会心理学と集合行動、人口と人間生態学、理論、そして方法)。これらは、引用と注からなる大きな文書であり (典型的には 30 頁)、この分野〔社会学〕を専攻しようとする大学院学生が習熟しなければならないものであった。文書の当時の形態は新しいものであったが、(理論と方法以外の) 領域はシカゴでは 20 年前のものであった。このシラバスの短縮版は、「学科報」に発表され、第 8 回のセッションでの議論の基礎となった。このセミナーの時点で、シラバスのうちのふたつだけが、完成していたことが、フートの第 2 回の会合での発言で明らかになっている。これが、ふたつだけが議論された理由であった。

57　議事録がバージェスのファイルに入っていない会合があったかもしれない。しかし、内部の証拠によれば、これらの 12 回だけがじっさいに実施されたことが強く示唆されている。それゆえ、長い会話がなされたのは、ブルーマーが責任者であった社会心理学にかんするものと、ウォーナーとヒューズが責任者であった社会組織にかんするものだけであった。それゆえ、われわれは、シカゴ学派のふたつの主要な流れであるブルーマーのシンボリック相互作用論とヒューズの人類学的社会組織研究について綿密に検討する。欠けているのは、踏み台の 3 番目の足である人間生態学である。そのシラバスは完成せず、他のシラバスへの人間生態学についてのコメントだけが存在している。

ジェスはワースに「どんな考えがあるか」述べてほしいと頼んだ。ワースの洗練された枠組みには、3つの主要なトピックがあった。——社会学の主題、他の社会科学との関係、そして社会学の下位分野である。そこから4つの補助的なトピックが出てくる（補助的なトピックは、じっさいの教育内容、社会学の前提、実習テーマ、そしてじっさいの調査研究問題）。議論のなかで、ブルーマーは、「われわれの社会学の根本的な論理的問題」について考察することを強く勧めた。かれに対して、フートは、他の学科、とくにハーバードとコロンビアの経験的研究をするほうがもっとうまくいくと要求した。なぜなら、シカゴの「社会問題」研究に対して「もっと時宜にかなった」大組織の問題を研究しているからである。ウォーナーも経験的アプローチを要求し、それらはただちに社会学のシラバスそれ自体の研究によって推進されると示唆した。バージェスがウォーナーに同意すると、一方におけるウォーナーおよびバージェスと、他方におけるワースおよびブルーマーとのあいだで明確な対立が現れた。その後、ヒューズとハートが仲裁に入り、社会学科としては、つぎの会合で一般的な問題を継続させ、そのあとでシラバスの考察に向かおうと示唆した。双方は、方法の問題も提起した。ワースはそれを曖昧にしているとかれらは感じていたのである。

　この最初の会合において、ひきつづき現れる多くのテーマが提起されている。ブルーマーの抽象的な主張と、他の人びとによる社会学の経験的理解への願望との対比、方法の正当化についての多角的な心配、そしてハーバードおよびコロンビアとの比較である。しかし、この最初の会合はまた、議論を要請されて立場を定式化するまでは、おもな参加者の立場が無定形であったことも示している。ここでは、ヒューズは、ブルーマーとバージェスの仲介者であった。ふたたびそうなることはなかった。

　この会合の最後に、学科の各メンバーは、ハートの表現によれば「やりたいことについての陳述」を書く約束をした。ほとんどの人は、短い段落や1ページを書いた。ヒューズとウォーナーは、それぞれ2〜3ページ書いた。しかし、ワースは、自分自身の3つの中心的な問題——分野、その相互関係、そして下位分野——について4,000語書いた。かれにとって、セミナーは『アポロギア』つまり、かれが理解しているシカゴ学派の信条を言葉と活字で説

明する機会であった。

　ヒューズやウォーナーの文章には、そのような目的や切迫感はみられない。かれらにとって結束の時代は過去のものである。ひとつのシカゴ学派は存在しない。むしろ存在する学科は、ヒューズ流の丁寧な言葉によると「いくつかのより小さな関心と企画の核があり、それぞれの企画が、ひとりかふたり以上の個人からなっている」。ウォーナーはもっとぶっきらぼうである。「われわれのあいだの表向きの平和を維持する目的のために、われわれはみな、内部的にも対外的にも一致しており、われわれのあいだに一般的な合意があるような関係であるふりをしている。私は、これがじっさいに真実であるとは信じていない」。ウォーナーとヒューズは双方とも、社会学の群島的な定義を好んでいる。それは「生活のあらゆる領域に生じる社会行動と組織の問題を見る方法」(ヒューズ)あるいは「人間行動の組織をその持続において研究すること」(ウォーナー)である。

　これとは対照的に、ワースは、社会学はじっさいに大したものであると考えている。かれは、それが何でないかということから始めている。社会の、集団生活の、社会制度の、社会的相互作用の研究ですらない。それはたんに社会学者がやることでもない。この判断によって、ワースは、フート、ヒューズ、そしてウォーナーを否定している。かれは、「社会学は、人間が集団生活をいとなむという事実にもとづいて、人間についてなにが真実であるかに関心を寄せるもの」と規定した。かれは、「集団」をうまく定義できないことを認識していたが、「集団的要素は、人びとが他者との関連において生活し、他者と相互作用し、あるいは他者から影響され他者に影響するという普遍的事実に言及している」と述べている。

　人間の集団はほかのものの集団とは異なることを注意したのち、かれは、話を進めて、社会学が科学であるべきであると述べる。公共的で、検証主義的で、予測的で、累積的であるべきだというのである。つぎにかれはこう強調する。

　　われわれのデータは現実の生活の状況であり、そこでは人間は自分自身を見いだすのであって、われわれの想像のなかででっち上げられるような、なにか人為

的な問題を見いだすのではない。われわれは、人びとが関与する現実の生活状況に取り組むかぎりにおいて、社会学という科学をもっている。

最後に、かれは、普遍的な命題へのたいへん注意深いアプローチを要求する。

　われわれは普遍性のための普遍性に到達しようとすべきではない、と信じている。もし、結果的に、われわれが認識できず意味をもたない程度にまで社会的現実の像を歪めるのであれば、そして、われわれが到達する抽象が、あまりに抽象的で、もはや具体例や経験的状況に言及することができないような場合には。

ワースは、けっしてこの言明を発展させなかった。それは、事実、かれのすべての授業の定番であった。かれは、霊感を受けた論争家であり、同僚の指導者ではあったが、体系的な思想家ではなかった。かれの先行者であり、シカゴ学派の指導者であったパークと同じように、かれは一連の格率以外のものとしてこの学派の核心を明確に述べることはできなかった。しかし、それらはここにある。集団の集団性を見つけよ。それはいかに人びとと集団が、他の人びとと集団に影響したかという点にある。科学を目指せ。しかし現実を見失わないかぎりにおいて。現実の人びとと現実の問題について語れ。それ以外は、ワースの立場は、たんに曖昧な格言の一覧にすぎなかった。[58]

　第2回のセッション（1951年10月25日）は、ワースが第1回の会合で説明した諸問題との関連で、ふたつの既存のシラバス（社会心理学と社会組織）について考える手順になっていた。この集団は、全員一致でフォードの基金をじっさいの研修プログラムに使うという考えを却下した。それは、いくつかの

---

58　ワースは、じっさいに、社会学とある特定の研究領域——家族、犯罪、コミュニティ——との特殊な結びつきについて銘記している。かれはこれらが群島的な印象を生みだすことを承知している。しかし、かれにとって、「一般的な社会科学としての社会学」というもうひとつの質がもっと重要であった。ヒューズやウォーナーにとって、社会学の一般的な性格を認識することは、その部分的な下位部門について議論するという仕事といっしょに進めることのできるものであった。しかしかれらとは違って、ワースが感じているのは、われわれは一般的な観点から社会学それ自体の核心を定義しなければならない、ということである。かれとパーソンズはその点では一致していた。もっとも、他の点ではまったく一致していなかった。ジョセフ・ガスフィールドは、パーソンズが、重要な講義をするためにシカゴに来たときの話を語っている。ワースは、最前列に座って、手紙を開封して読んでいた。

## 第2章 第二次シカゴ学派における移行と伝統

他の学科ではなされてきたことであったのだが。何のために研修するのかを特定できないとすれば、人びとを研修するのは時期尚早である（そこには、ハーバードとコロンビアへのあからさまな非難があった）。しかし、ふたたび、ウォーナーは、自分にとって、ハーバードがやっていることをやらないというのは、まさに「どのように反対するかを学ぶ」ことである、このことを明らかにするようにと介入した。「ハーバードがじっさいに、基本的で全体的な理論をつくり出そうとしているのと同じように、われわれもわれわれの『線』を発展させるべきだ、と考えることもできる。われわれはみな、そのようなことをするつもりはないと分かっている」。この立場は、この大学の並外れた研究の自由を知的生活の一般モデルにするというものである。それは、ワースと、かれ流のやり方でブルーマーにも中心的であったシカゴの核心の探求を、明白に禁じるものであった。

それゆえ、議題設定の会合は、学科の主要な人物をふたつの集団に押しやった。あるレベルでは、これは驚くべきことであった。なぜなら、ブルーマー、ワース、そしてヒューズは、それぞれ自分自身が個人的にロバート・パークの後継者であると信じていたからである。しかし、この組み合わせのあいだには、深い違いがあった。ヒューズとウォーナーは、数多くの大きなプロジェクトが進行中であるか計画中である生産的な研究者であった。ブルーマーは、完全主義者で、他の人であったら完成後、長い時間がたっているとみなす原稿を出版するのを拒んでいた。ワースは、じっさいには過去10年間、ほとんど発表していなかった。もっともかれもまた本になるような研究を公表しないでいた。この対比が意味しているように、ウォーナーとヒューズは、ブルーマーとワースよりも経験的な社会的研究にずっと入り込んでいた。学生にも対比があった。このときまでに、ヒューズは学科の最も優秀な学生をひきつけ始めていた。かつてはそうでなかったのである。ブルーマーとワースは、並外れて弁が立ったが、学生がびっくりして逃げ出していた。

こうして最初のふたつの会合は、〔減数分裂のさいの染色体の〕交叉の皮肉を確立した。ワースは、抽象の党派を代表しており、パークの実践を成文化した。しかし、かれの成文化は自己否定的であった。それは、抽象化するな、現実の人びとと問題を見失うな、というものであった。そして、ヒューズは、具

体性と曖昧さという見かけにもかかわらず、かれが社会学を「社会行動と社会組織の問題を見る方法」と呼ぶとき、かれが何を意味していたかを正確に知っていた。かれの群島モデルは、〔自分が〕生きることと〔他人を〕生かすことを意味しているように思われるけれども、かれののちのセミナーでの発言は、かれがパークの研究にかんして非常に明確なとらえ方をしていることを示していた。その核心にあるのは、まさしく経験に対する戦闘的な開放性であり、ワースがここでは抽象的な言葉で述べていたことである。

社会心理学のシラバスを担当して、ブルーマーは、この分野にかんして次の3回の会合のなかですべての参加者に反対する主張をした。全体をつうじて、〔ワースの場合と〕同じような皮肉なつながりが、かれと他の人びとの立場とのあいだに確立しはじめた。

ブルーマーは、つぎのように口火を切った。知られていないことだが、社会心理学は、20年前に自分自身の論文を書いたときにくらべてずっと混乱している。なぜなら、混乱がないという思いこみがあり、それは、基本的な問題に答えるための誤った技法と方法的基準(当時流行していた量的調査にもとづく態度研究)によってひきおこされているからだ。かれはつぎに発言権を譲った。ヒューズは、いくつかのあたりさわりのない質問をした(「社会心理学をひとつの分野と考えるのはなぜか」「『社会心理学』という用語は好きか」)。それに対して、ブルーマーは基本的な立場から応答した。

> もしある人が〔相互作用において子どもに生じることを〕研究をしようとするのなら、重要なことは、それを研究するのに方針、アプローチの枠組み、観察できるものと一致する内容をもった一群の観念を用いることである。これは、とりたてて言う価値のない非常に単純な言明であるように思われる。私がそれを述べるのは、こんにちのアプローチの圧倒的多数がこの点を無視している——と主張できる——からである。

ハートは、後者の主張にそっけなく反対し、ふたりは、ブルーマーが軽率に非難した刺激-反応理論について数分間、言い争いをしている。ブルーマーは「フィールド研究者」(量的研究者)は、人はつねに「ものごとが彼にとってどのように現れるかを基礎として行為する」という知識を用いていないと

主張した。しかし、ハートは、量的研究者は、被面接者の立場から面接状況を再考しつづけていると反論した。

　ヒューズは、多くの要求をしすぎるとブルーマーを穏やかにたしなめ始める。「たぶん、その数は少ないはずで、社会心理学は非常に精選された領域だ」。ブルーマーは、怒ってかれの意見を拒絶する。「私は、なによりもまず、観察が可能となるまえに、〔いっさいの〕理論的混乱が除去されなければならないとするいかなる主張とも無縁である。それはばかげたことだ」。かれはつぎに、とくにヒューズの研究を攻撃する。「フィールド研究に送り出された学生たちは、多くの点で方向を見失うかもしれない。それは、かれらが自分たちの集団の文化か、特定の教条のどちらかからひきだされた対象にかんする枠組みをもっているという事実のためである」。フートは、経験主義者に賛成して応答した。「あなたは、なかなか消えない知的心気症を推奨しているようだ。われわれがじっさいに研究を試みる場合に、やらかすかもしれないあらゆるひどい事柄を、あれこれ思案している」。[59]

　しかしながら、事実はつぎのようなものである。かれらはみな同じことを信じていた。ハートは、回答者が面接をどう思うかについて考えることによって十分に自分が解釈的であると考えていた。ヒューズはおそらくNORCタイプの面接につきあっていくことはできなかったものの、学生たちを直接フィールドに送り込むことによって十分に解釈的であると考えていた。しかし、ブルーマーにとっては、それも「他者」の領域に適切に到達しそこなっていた。これら三者は、パーク流の基準それ自体の性質について同意していた。反省的であれ、そして現実に密着せよ、ということである。かれらはたんに、その経験的な内容について一致していないだけである。それゆえ、伝統は、人びとによって根本的に異なってはいるものの「似たような形をとる」

---

[59] この討論から、痛々しくも明らかなのは、ブルーマーの手紙が示唆するように、かれはヒューズのことをまさに平凡な精神と考えていたことだ。他方、かれらは、どちらも、過去10年間にわたって自分たちの研究と自分たちの学生を閉じこめてきた経験をもっていた点で一致していた。ブルーマーは、とくにこの点を、この会合の最後のほうで挙げており、それにはバージェスが異議を唱えていた（オグバーンは、明らかに被疑者であった。すべての教授陣は修士と博士のプロポーザルについて投票していた。そして、かれは明らかに自分の偏見を実行に移していた）。しかし、ヒューズは、ブルーマーを弁護するために飛び込んだ。

ものを、ある一群の言葉で意味しうる格率のかたちで出現し始めている。

つぎに、バージェスはブルーマーに、社会心理学の基礎をもういちど述べるようにと課題を出した。社会心理学は、一方で普遍的な命題を含めなければならず、他方で歴史的な解釈（説明）を含めなければならないことを述べたあとで、ブルーマーは、普遍的な命題を必要とする5つの問題領域を列挙している。「もともとの自然の性質、集団生活の性質、相互作用の性質、個人の形成過程、そして個人が発達させる種類の結合の性質」である。それゆえ、ブルーマーにとって、社会心理学は、最上の社会科学なのであった。最後の項目は、すべての社会組織を含んでいた。また、最初の項目は、純粋な心理学のすべてを含んでいた。そのあいだに、集団生活、相互作用、そして個人の形成がおかれている。ちょっと考えてみれば明らかなように、これは、多かれ少なかれ順序は同じだが、いくらか強調点を変えた、パークとバージェスの1921年の教科書の概要であった。ブルーマーは、これまでつねに主張していたように、社会心理学は、シンボリック相互作用論という新しいラベルのもとで、シカゴの伝統全体のための適切な名称であると主張している。[60]

じっさい、これらの矛盾した主張と反論において、シカゴの伝統の中心的なテーマは、首尾一貫した材木の山に積み上げられ始めていた。ブルーマーとワースは、社会生活にかんするシカゴの見方を説明したいと思っている。その一方で、ウォーナーとヒューズは、そんなことはできないし、すべきではないと思っている。ブルーマーは、社会学の核心が個人と集団がどのように相互に影響しあうかという知的な問題であると信じている。ワースは、社会学の核心が、理論は調査から成長するなどといった一組の格率であると信じている。ウォーナーとヒューズは、他の人間が社会学の核心をどう考えているかを気にもとめていない。かれらはただ社会学をつづけたいと思っているだけである。それは、かれらにとって、ワースの格率にしたがい、ブルーマーの問題によって活気づけられたかたちをとるものである。一方の側〔ウ

---

60　この会合は、特殊なものと普遍的なものにかんする議論で幕を閉じた。これは、ブルーマーと他のすべての人びとを完全な混乱に陥れた。それは、マートンの当時最新の言葉であった「中範囲理論」は、「中級の一般化」であり、普遍的なものと特殊なものの不義の子どもであるから、もちろん認めがたいという、ブルーマーの笑える茶番によってのみ救われた。

第2章　第二次シカゴ学派における移行と伝統

ォーナーとヒューズ〕は、他方の側〔ワースとブルーマー〕が説教することを実践しているが、それでいて、その説教にたいしては、実践をしていないという理由で攻撃し、それ自体は、その実践が説教に沿っていないという理由で攻撃されている。このような密接に関連する矛盾からシンボルが創られる。なぜなら、どちらの側も、それがパーソンズであろうとラザースフェルドであろうと、説教や実践の外部にある考えにたいしては、相手側を防衛するからである。この議論は、シカゴの社会学的実践がじっさいに意味していることのすべてにかんするものである。

　社会心理学にかんするのちの会合では、こうした同じような話題の多くが語られている。ブルーマーは、どのような調査研究も良いものと認めたがらないし、かといって良い調査研究の可能性をあからさまに否定しようともしていない。じっさい、2回目の社会心理学にかんする会合——そこでは、他の人びとが数十の調査戦略を提案し、ブルーマーがそれらすべてを却下している——が説得的に示しているのは、ブルーマーの真の恐れが、ミードの洞察がたんに検証されるべき「モデル」として、刺激-反応理論や精神分析や（かれにとって新しい悩みの種である）サイバネティクスと同じレベルで扱われるようになるのを見ることであった、ということである。かれは、シカゴの遺産がオグバーン流の検証の歯車によって押しつぶされないようにと恐れているのだ。

　ブルーマーは、狭い精神の微妙な考えのたどる運命がしばしば残忍なものであるとする点では正しかった。しかし、かれは、自分の考えに不安を感じて、自分の考えを隠していた。かれのジレンマは、まさに伝統の意図的な伝達にかんする問題をとらえていた。かれが自分の考えを書くのを恐れていたのは、それらがたんなる客体となるという心配があったからだ。じっさい、かれの最も影響力のあるたったひとつの著作——1969年の論文集——は、かれの意志に反して引きずり出された。しかし、それらの考えを内に留めておくことによって、かれは自分の考えを別のやり方で客体化した。(セミナー外で) ベッカーが、学生たちは予備試験の社会心理学科目に合格するために、学生がつくった8つの「ブルーマーの定理」を暗記していたとかれに語ったときに、かれは呆れてものが言えなかった (ベッカー、個人的会話)。し

97

かし、かれの考えを利用できるように表に出すことによってのみ——それらを他の人びとに主題として手渡すことによってのみ——、かれはこの恐るべき杓子定規を避けることができたのだ。

　同じ問題が第3回の会合で持ち上がった。そこでは、動機づけにかんする長時間にわたる討論があった。ブルーマーは、動機づけは「文献に見いだされるもののなかで最も混乱しており、誤って理解されている概念のひとつを表している」という。すべての文献は「あなたは動機をもっており、そのときに行動する」と要約することができる（ブルーマーにとってはもちろん、行動の解釈と行動の構成がそのあいだに入る）。しかし、フートはかれの尻尾をつかんだ。「それは図式のひとつにすぎない」。ブルーマーは「それが最もありふれたものであるとする私の意見に賛成ですか。〔反対なら〕別のものをあげてください」と反論した。フートは静かに3つ挙げ、自分はちょうど動機づけ理論の総説を書いていて、40の理論を6つの見出しにまとめているところだとブルーマーに告げる。ここでもまた、多くのなかのひとつであるという問題がある。ブルーマーにとって、社会心理学は、ある問題を解明する方法としてのもうひとつのモデルではない。それは、社会生活について考える包括的なアプローチ、枠組み、立場である。かれは、今回ばかりは当惑して引き下がり、バージェスが、社会心理学ともっと広い心理学との関係に話題を変えてブルーマーに助け船を出した。

　これが、伝達の厳密な瞬間である。学習者はだれでも、年輩者の理論を客体にしてしまい、師匠のアプローチの最も主観的で意図的な側面でさえ、客体化してしまう。しかし、そのとき、その研究自体のなかで、弟子がそれを手がけているなら、主観的な伝達が生じる。ブルーマーの場合には、その最も明白で最も奇妙な例がダンカンであった。ダンカンは、ブルーマーのすべての授業で優をとった。このセミナーで、ブルーマーが取っていた高尚で絶対主義的な科学主義の立場は、ダンカンだけがずっと共有していた。ダンカンもまた「混乱した若い社会学者の告白と適切な相対主義的社会学のための格言」と題する高度に構築主義的な文書を、ちょうど第2回目の会合のまえに、全員に配布することによって、かれのブルーマー主義を宣伝していた。ダンカンは、多くの人びとが経験主義的、客観主義的実証主義の典型として受け

とめる傑出した経歴を歩んだ。しかし、かれの経歴の後半に、ダンカンは自分の真の持ち味を示し始めた。それはかれののちの賞賛者の多くがじっさいに愕然としたものであった。『社会的測定に関する覚書』(1984)は、1951年におけるブルーマーのそれと同じくらい経験的社会学への失望を表すものであった。たしかにダンカンは、ブルーマーの卵をいくつか割ったが、しかしそれでもかれはブルーマー流のオムレツをつくろうとしていたのである。[61]

　この3回目の会合はシカゴの伝統のもうひとつの側面に触れていた。生態学である。ここでも、ブルーマーが事実かれ自身の考えの中心にある何かを、抽象化したものによって否定するという、奇妙な現象があった。ライスは、社会心理学は生態学とどのように関係するのかという問題を提起した。生態学は「時間と空間における人間の凝集体にかんする研究」と定義された。ブルーマーはただちに攻撃し、時間と空間は相互作用のための環境の一部にすぎず、相互作用が真に問題なのだと言う。そして他の人びとは、ある社会関係を条件づける多くの事実のうちのふたつにすぎないとして、時間と空間を軽視する。ダンカンは、自分の同僚を弁護しようとして、うまくいかない。こうして、わずか数分間で、シカゴの伝統の中心的な側面は、脇におかれたようである。しかし事実、ワースにとっても、バージェスにとっても、結局はブルーマーにとっても、オグバーンに対してかれらが20年間擁護しなければならなかった核心は、時間と空間、たしかに社会的時間と社会的空間における位置づけであった。間違いなく、変数にかんする新しい社会学がやったことは、社会的事実をその文脈のそとでとらえることであった。文脈は、ワースが社会的事実との接触を失わないようにと述べたときに念頭にあったことである。それゆえ、われわれは、ブルーマーがライスの立場を軽視するのは、ここでもまた客体化へのかれの病理的な恐怖のためであると結論づけることができるだけである。

---

61　このエピソードは、伝統の二段階喪失モデルを示唆している。ブルーマーは中心的なコミットメントをもっていたが、ほとんど調査研究をしなかった。かれとその他の人びとは、ダンカンの世代にはこのようなコミットメントを伝えた。しかし、かれらが教える段になって、この次世代が訓練した人びとは、その方法と、方法を活気づけるコミットメントとを取り違えた。かれら〔第3世代〕の手のなかで、方法は死せる機械となり、ダンカンは『覚書』でそれを非難したのである。

要約すると、これらの議論をとおして、ブルーマーとワースは、効果的に「社会学」を主観性の純粋な形式に仕立てあげている。それに内容を割り当てようとするあらゆる試みは否定される。それを所与の実践に釘付けにしようとする試みは、抑圧される。この問題は、第3回の社会心理学についての会合の最後に、われわれなら、こんにちパラダイムと呼ぶであろうものについてのネルソン・フートの素晴らしい分析のなかで山場を迎えた。かれは反論する。

> 社会科学の分野を輪切りにして、一連の秩序立った牧草地にして、こことこことが関連しているとする〔ことに反論する〕。私は、社会心理学と他の知識分野との関係について議論することは、なにかひどく現実的でないと感じている。まるでカルテルの交渉をしているようだ。

否、とフートは言う。分野間の関係は、じっさいには違ったものである。それらはすべて帝国主義者だ。それらはみな、社会生活のすべてを主張している。かれは、たまたま、これらの見方のひとつである社会心理学の追従者である。かれが言うには、社会心理学は、

> 非常に洗練された世界観で、きわめて一貫したものである。…世界観として、それは歴史、因果関係、制度と人間の性質についての独自の概念をもっており、提供している。ある総合的な哲学が、それみずからが提示する問題のタイプを規制しており、それらの問題が定式化される方法、そして証明とみなされる証拠の性質さえも規制している。

ブルーマーは、過去3回の会合をつうじて帝国主義者以外の何者でもなかったが、この相対主義(それをかれは「すさまじい生気論」と呼んでいる)に呆然として、かかわろうとしていない。ブルーマーにとっては、社会心理学はたんに正しい見方である。それは現実のデータに訴えかけるものである。フートが、「現実」とはまさにブルーマーが現実だと思うもののことだとたしなめると、ブルーマーは居丈高になって、

> 私は、あなたの考えていることがまったく理解できない。この分野の検証が、

第2章 第二次シカゴ学派における移行と伝統

私の個人的な思いつきへの回答以外の地位をもたないと言うなんて。それとは反対に、それは共通の人間的経験の分野であり、見識をもってそれを見ようとするなら、だれにとっても開かれているものなのだ。それは、多くの奇妙な、したがって、捨てることのできる用具を必要としない。

ブルーマーが最後にフートの言わんとするところを理解するとき——つまり、「共通の人間的経験の分野」でさえ、たんにブルーマー自身の主張であるということ——、かれは呆然として、ただちにナチ社会心理学という極端な例を挙げる。力がそれを真実にするのか。「私は、権力に真理を決定させたくはない」とかれは言う。[62]

両者とも正しい。一方で、シカゴ社会学は、ブルーマーが言うように、存在への深いコミットメントであり、たんにもうひとつの「視点」や検証されるべきモデルではなかった。他方において、そのようなコミットメントを率直に認めることは、ブルーマーがこれほどまでに称賛する科学のレトリックを超えたところに、そして究極的には、事実、そのコミットメントがむかっている経験的現実の世界を超えたところに立つことであった。これら2つの立場のあいだにある、曰く言い難い隔たりのなかに、シカゴの伝統は生きており、それはちょうど、この2つの立場について議論することのなかに、曰く言い難い隔たりが表明され、次の世代に伝達されていくことが可能となるようなものであった。

社会組織にかんする会合では、このように火を噴くことはほとんどない。最初から、事態が違っている。ひとつには、ドナルド・ホートンとバッフォード・ジュンカーという助手とともに、社会組織のシラバスをどのように提示しようかと議論していたグループ——ヒューズとウォーナー——が存在

---

[62] この議論のかたちは、厳密に現在のものであることに注意。フートの発言は、10年後にトマス・クーン〔パラダイムの概念を提唱した科学哲学者〕によって言葉どおりにコピーされたかのようである。たとえ、フート自身が自分の立場を、J・B・コナント〔ハーバード大学総長、原爆の開発者〕によって鼓舞されたと言っているとしても。ブルーマーの立場は、奇妙なことに、ポストモダニズムの極端な立場に対してみずからを防衛する現代の経験社会学の立場である。「現実的な真理」の存在に賛成する最後の議論は、つねにそうであるように、ほとんどの相対主義者が、権力以外の何かによって真理を決定させたいというブルーマーの願望に、同意しているという議論である。

する。(ヒューズによる) 発表は、つぎの2つの会合での基本的テーマを示した。それは、社会組織のグループが本質的に人類学科と一体となってきたということである。人類学科のロバート・レッドフィールドもシラバスの執筆に関与していた。そこには合同授業がある。合同調査もある。

外部に同盟者がいるグループの存在だけが違いではなかった。ブルーマーと違って、社会組織のグループは、たくさんの日常的な調査実践——フィールド方法をもっていた。それは、先行する議論から抽出された一群の難しい質問(いつも厳格なダンカンによる)に対する自分たち自身の回答を出していた。反省性について、普遍的言明について、モデルについて、現実への忠実性についての質問などである。そしてこのグループは基本概念をもっていた。「相互作用する人間、他者の行為と身振りにさまざまな程度に敏感な人間」である。それは、シカゴの用語集から直接出てきているものである。

社会組織の1回目の会合では、ブルーマーは独特の状態であった。ウォーナーはプラグマティックな立場をとり、社会組織における着想は、それらがどれだけ多くの洞察を生みだすかによって検証されるという。ブルーマーは、どのようにしてその判断をするのかと訊ねる。ここでも、かれは科学的絶対主義者の役割を果たす (この攻撃は、ダンカンが公表したウォーナー攻撃をじっさいに思い起こさせるものである)。ここでもまた、理論と調査のシカゴ流の統一を深く信じている一方で、ブルーマーは、理論的な規則から、調査がじっさいには不可能になるような高い基準をひきだす。この結果は、正確に、ダンカンのそれを逆転させたものだった。ダンカンは、同じ統一を信じていたが、方法論的な厳密さ、のちには測定の実質的な妥当性にかんする、かれの同じくらい不可能な基準を創設した。またもや、違った側から同じ枝の山を理解するようなものであった。

2回目の会合では、社会組織分野と人類学との現実の関係が問われた。長くて厳しい議論があった。ワースは2つの分野を根本的に異なるものとみなしていた。人類学は小さな、自給自足的な、無文字社会に焦点をあてていた。それはサンプリングや方法についてなにも知らなかった。それは異なる制度を強調していた。その主要な概念は、文化であった。社会学は、規模の大きい、分化した、近代社会を研究していた。それはさまざまな種類の洗練された方

## 第2章 第二次シカゴ学派における移行と伝統

法をもっていた。その主要な概念は、社会であった。ヒューズは辛抱強く〔社会学と人類学の〕分化を反証する無数の証拠を指摘した。概念の借用、相互の社会タイプへの侵犯、双方の分野における「社会」と「文化」の使用など。しかし、ワースは納得せず、かれは社会組織のシラバスに重大な欠陥があると感じていると指摘するところまで踏み込んだ。政治と権力、対立する集団、変化と動態についての素材の欠如である。ヒューズは、穏やかにそれらのすべてについて譲歩した。さらに、社会組織と社会変動のシラバスを分けることは、社会組織のシラバスが静態的な外見をとることになるという提案にもしたがった。かれのグループのシラバスについての扱い方は、ブルーマーに欠けている静かな信頼感がある。このことがかれ自身の見解のじっさいの一貫性を反映するものなのか、ブルーマーであれば認めなかったであろう非一貫性を進んで認めようとしていたためであるのかは、じっさいのところはっきりしない。[63]

しかし、ヒューズの自分の立場への感情的なコミットメントは、翌日、セミナーのメンバーに送られたかれの『昨晩の現実についての翌朝の空想、2つのテーゼ「社会学は内地で始まる」と「われわれの見方を静態的にならないようにしよう」への反論』に明らかになる。これは、学科の歴史の風刺的な改作で、そのなかでヒューズは、かれの見解が他のだれとも同じシカゴの

---

[63] シラバスは、古い専攻科目の授業と同一視されがちであった。社会変動のシラバスは、同じ名前のオグバーンの授業から引きだされていた。ダンカンは、議論と、1952年2月4日の特別メモの双方において、複雑な社会における社会変動全体へのオグバーン流の視点が失われるべきでないことに特別の関心をもっていた。「学科は、十分な説得力と訴求力をもった見解とアプローチの独特の総合を成し遂げ、たんにシカゴ大学においてだけでなく、アメリカ社会学において、その名前を『社会変動』にかんする考えと事実上同義とした男を、退職によって失いつつある」。

振り返ってみたとき、パークの系譜に乗っている感情を想像することは難しい。この点においても、人類学の問題は、感情を帯びている。なぜなら、人類学者ロバート・レッドフィールド——かれはヒューズとウォーナーに多くの影響をおよぼし、社会組織のシラバスについてかれらと協力してきた——は、たんにパークのもうひとりの弟子であるだけでなく、娘婿でもあったからである。レッドフィールドとヒューズの家族は、親しかった。しかし、パークの遺産の別の側面は、別の場所に行ってしまった。たとえば、ブルーマーは、パークの研究室に入った。ワースとブルーマーとヒューズは、みな学科から学位を授与されており、そのとき学科は大学の人類学者をまだ含んでいた(かれらの時代には、フェイ・クーパー・コールとエドワード・サピア)ことも思い起こすべきであろう。

良き家系をもっていたこと、「社会学者」としての信任状はほとんど問題とならず、学科の大立て者は、バプティストの経済学者(スモール)、英語の教授(トマス)、哲学者に転じた新聞記者(パーク)、そして心理学者(フェアリス)であったことを示している。ヒューズが繰り返し示しているように、すべての者が、ワースとブルーマーが社会学にかんする議論において設けた境界をはるかに超えていた。この文書は、笑えるパロディーとして書かれており(「会議に出席するか、劣等な人種にアドバイスをする場合を除いて、この国を離れた社会学者はみな明らかに、アンダーシャツに人類学というピンをつけた裏切り者である」)、内部の者のジョークに満ちている(「そして、トマスが新しい経験を求めて別の場所に行かなければならなかったとき、心理学者として訓練を受けたフェアリスをあとに残していった」)。それは、ワースとブルーマーにとっては、まさに顔面に平手打ちを食らったようなものに違いなかった。風刺に隠されているのは、ヒューズ自身がロバート・パークの真の後継者であるという大胆な主張である。

　このときのセミナーの話は、社会心理学と社会組織の話、ブルーマー 対 ヒューズ、もっと広くは、ワースとブルーマー 対 ウォーナーとヒューズの話である。それは、プラグマティストがロマンティストになったという話である。ブルーマーを満足させるものは何もなく、かれは自分の完全な基準を満たせなかったものなら何でも打ち負かすのである。しかし、かれ自身は心情をもっていなかったし、機知もなかったし、じっさいに自分自身の基準を満たす総合的な社会心理学を生みだす気持ちもなかった。そしてそれは、ロマンティストがプラグマティストとなり、そうすることによって、かれらがみなとても大切にしている洞察を生き残らせるための実践的な基礎を打ち立てたという話である。ヒューズはじっさいにパークの言う「ロマンティックな気質」——新しい興味深い社会的事実への愛——をもっていたが、しかし、かれはそのような事実を発見するために定型的な調査実践を組織していた。

　これらの大討論の文脈において、セミナーのその後の会合——行動科学研究所とフートの「参与実験」文書についての議論——は、ほとんど何も付け加えていない。それゆえ、われわれは、1952年5月28日の最終回にふたたびもどろう。

　さきに引用した逸脱についての素晴らしい脇芝居ののちに、ライスはシカ

第 2 章　第二次シカゴ学派における移行と伝統

ゴの標準から降りることを告白し、告別の辞をもって離れていく。「学科は『シカゴの視点』として知られるようになったもの——集団は、変化と過程との関連でみられる相互作用のシステムであるという強調——を実行しようとすべきであると思われます」。かれは、誤りのない正確さで、構造機能主義は約15年つづくであろうと予測する。かれは、現実的な理論と現実的な調査の多様な結びつきである社会学の中道が失われることを恐れる。

　私は、この科学の進路についてこうした危惧をもっているが、社会学のもうひとつの趨勢について、より大きいとは言わないまでも同じくらいの危惧を抱いている。それは一種の文学的社会学の方向性についてである。私は、この分野においてかなり多く見いだされる一種の文学的な論文について考えている。

ライスは、出身に忠実であって、パーソンズ、多くの量的調査、そしてことによるとデイヴィッド・リースマンについてさえ、否と言ったのだった。

より上の世代はパークの遺産をめぐって戦ったけれども、より下の世代は要点をつかんでいた。ライスは、ワースの格言、ブルーマーの抽象、そしてヒューズの調査実践の隙間にあるものをよく知っていた。その隙間にあるものとは、ライスやダンカン、ストラウス、そしてこの時期の数多くの仲間の学生たちを鼓舞することになった強烈な主観性であり、この3つのすべての要請に、ある神経質な強さをもってしたがおうとする願望であった。これがライスが「シカゴの視点」で意味していたことであった。あの強烈な主観性を覆い隠していたのが、山積みとなった格言と抽象と実践であった。それは、いまでは第一次シカゴ学派として定義されている客体であった。しかし、ライスは、他の人びとと同じように、ことの核心にあるのは、考え方や技法ではなく、態度と感情であることを知っていた。

議論を結ぶ方向に転じたのはブルーマーである。「バージェス氏、われわれは、是非、あなたが言わなければならないことを聞きたい」。バージェスは答えた。「私は、ブルーマー氏が私を逸脱者であるとみなしているという意見を聞きました。私はそうだとは思いませんが」。そこには笑いとジョークがあった。この集団は、バージェスに、パークとバージェスの教科書を再版するように勧めた（じっさいには、再版しなかった。第1章で述べたように、モ

リス・ジャノウィッツが1970年にそれを再版した）。つぎに、何人かが、社会学者でない偉大な「社会学者」の問題に話を戻した。フートは、かれがひどく称賛しているE・H・カー、ピーター・ドラッガー、デイヴィッド・リースマン、ダニエル・ベル、そしてウィリアム・H・ホワイトを挙げた。どの学者がそのような橋渡しの役割を果たすことができたかについて多くの議論と討論がなされた。ヴェブレンとシュンペーターは、その例であるか。この議論は、デュルケムに飛び（かれは大きな構図を研究したのか、ほとんどの社会学者と同様にたんに小さなことを研究したのか）、しだいに総長宛のメモの問題になっていった。「この文書はどうした。大学本部にもっていく用意はあるのか」とバージェスは訊ねる。いくつかのコメントと警告がある。セミナーを終えるにあたって、ダンカンは全員を代弁して、シカゴの主観性を客体に陥れる最後の要求を否定し、こう述べた。「そもそも社会学とは何であり、それがいかに他の学問分野に匹敵するものかについて述べるには、やや準備不足であると感じている」。元祖シカゴ学派が、こうして終わり、こうして生まれたのである。

## 結びの言葉：学問分野

　シカゴ学派の死と生は、社会学が学問分野として独特の変化を遂げることによって画される時期に訪れた。これらは、スティーブン・ターナーとジョナサン・ターナーの『不可能な科学』(1990)のなかでよく研究されてきた。市場調査の成熟と、戦争で示された社会調査の有効性が結びついて、応用社会調査研究の実質的な市場を生みだした。経験的社会調査にかなりの政府資金が提供されたので、継続的な意見調査はこの時期から始まった。それゆえ、市場の力は、シカゴの量的研究者の影響力を強める力であった。いまのところ、人口学者の（ハウザーをつうじての）長期にわたる国勢調査への支配力に加えて、調査研究に強力な資金が出現した。NORCはもちろん、その中心であった。
　知的には、この時期は、量的調査研究だけでなく、タルコット・パーソンズとかれのハーバード大学の同僚による誇大理論の興隆ももたらされた。ア

## 第2章 第二次シカゴ学派における移行と伝統

メリカ社会学会におけるパーソンズの長期にわたる支配は、著名な大学におけるかれの地位とあいまって、かれに知的帝国のための理想的な資源を与えた。一連の優れた学生たちは、ケンブリッジ〔ハーバード大学の所在地〕から教義を広めた。カーネギー財団は、「行為の一般理論」にかんするかれのプロジェクトに研究資金を提供した。しかしながら、パーソンズと、出現しつつある経験的伝統との関係は、概してはっきりしないものであった。かれと、1944年から1955年までハーバード大学で量的研究を指導したシカゴの産物(そしてかつての教授会メンバー)であるサミュエル・ストウファーは、ともにおおいに語り合ったが、じっさいの影響はほとんどなかった。かれらはコロンビア大学におけるマートンとラザースフェルドよりもずっと離れていた。

しかし、C・ライト・ミルズがただちに「誇大理論」「抽象化された経験主義」と呼んだものの興隆に対して、不可避的な反応があった。それはまず、社会問題研究学会(the Society for the Study of Social Problems)を創立する運動にみられ、そこでは第二次シカゴ学派を構成する人びとが強力な役割を果たすことになった。SSSPは、まさしく教授セミナーの時期に出現した。それは、この学問分野における数多くの分裂の出現を反映していた。中西部 対 東部、ラジカル 対 エスタブリッシュメント、活動家 対 科学者。SSSPの成功は、シカゴの庇護に対するASAの革命――1936年の『アメリカ社会学評論』(*American Sociological Review*)を創刊する運動――が、じっさいに上からの革命であったことを証明した。それが平民の不満を利用したものであったにもかかわらずである(第4章およびLengermann 1979を参照)。その結果は、「もっと開かれた」雑誌と学会ではなく、シカゴよりもハーバードとコロンビアに支配されたものであった。シカゴが反対派の指導者となったのは驚くべきことではない。[64]

SSSPの最初の起動力は、ブルックリン大学とアルフレッド・マックラング・リーからきているけれども、リーとその他の人びとがその最初の4人の会長のうち3人までをシカゴ大学の人物(バージェス、ブルーマー、アーノルド・ローズ)に頼ったのは、シンボリズムや政治的同盟のためだけではない。と

---

[64] SSSPの歴史については、『社会問題』(*Social Problems*)の25周年号のさまざまな論文、とくに、Skura 1976 and Lauer 1976を参照。

いうのは、旧来のシカゴの伝統から出てきている人びとは、SSSPを創設する運動において卓越していたからである。SSSPの組織会議の21人のうち、9人はシカゴで博士号をとっており、2人(バージェスとワース)は当時のシカゴ大学の教授であった。そして、第二次シカゴ学派の大学院学生は、組織の屋台骨の大きな一部となった。会長、副会長、あるいは『社会問題』の編集者のいずれかであった(そして博士学位を取得した学科を確認できる)53人のうち、15人がシカゴの博士学位であった。ここで研究している第二次シカゴ学派の時期から、ローズ、ヘレナ・ロパタ、レイ・ゴールド、ルイス・クリースバーグ、ジョセフ・ガスフィールド、ハワード・ベッカー、アルバート・ライス、リー・レインウォーター、ジョーン・ムーア、マリー・ワックスが出ている。

　1950年代に、SSSPはじっさいに、社会問題にかんする旧来のシカゴスタイルの経験的研究にとって、組織上の本拠であった。シカゴ大学に残った人びとのうち、部外者であるドナルド・ボーグだけが、主要な社会問題にかんする応用研究の伝統を真に遂行していたのは、奇妙なことであった。残りの人びとについて言えば、かれらはしだいに学問分野をとおして分散していった。ブルーマーとヒューズは、シカゴを離れて花開いた。フート、ダンカン、そしてストラウスは、——二極化の結果として——別の場所に行って学問分野を転換させた。リースマンは、〔シカゴに〕やって来て、けっして真にシカゴの伝統を理解することもなく、離れていった。コロンビア・グループもまたやって来ては離れていった。もっとも、コールマンは、最終的に、シカゴをコロンビアの価値ある継承者とみて、戻ってきた。

　シカゴ学派の考え方について言えば、それは何人かの人びとの精神の生命力となり、他の人びとの目には不愉快な虚構となった。学派の客観的な顔を構成する格言と洞察と実践は、他の多くの場所で同様に利用可能となった。コミットメントとしての社会学の熱烈な主観的経験は、ケンブリッジ〔ハーバード大学〕とモーニングサイド・ハイツ〔コロンビア大学〕とブルーミントン〔インディアナ大学〕において、ハイド・パークと同様に感じられていた。シカゴを特異なものにしているのは、伝統それ自体への強迫観念のために、これらの事態の儀礼的なリハーサルがなされたことであった。

第2章　第二次シカゴ学派における移行と伝統

　われわれが本章の全体をつうじて論じてきたように、それはまさに伝統をめぐる論争であり、その伝統を、討論者の精神のなかで、かたい文化的客体に結びつけるものであった。私は、第1章の結びで、社会構造が持続性に到達するのは、レーザーのように、ある内部共振を獲得するときであると述べた。ここで、われわれは、実体形成の第2の過程を理解する。その実体を定義する文化的試みをともなった一群の社会構造の相互作用である。敵対があったために、どのひとりの人間も完全なシカゴの遺産を主張できなかったけれども、押し合いと相互批判は、鏡と光源を合わせて、じっさいになにか強力なものにすることに成功したのである。

# 第3章 アルビオン・スモールのAJS

　1951〜52年のセミナーは、シカゴの社会学的伝統の主観性を称賛し保存したものの、客体化しようとしてあまり成功しなかった。学科の他の活動はことによるともっと成功したかもしれない。シカゴ社会学を要約するひとつの客体を探そうとするのなら、『アメリカ社会学雑誌』(American Journal of Sociology) を構成している一世紀にわたる背の低い小さな分冊を見つけることほど、印象的なものはないであろう。これ以上明白な連続性、堅実さ、伝統の証拠があろうか。しかし、AJSが一世紀の学科の生活をある意味で物理的に凝縮したものであるとすれば、その歴史は、制度的変化が連続性という偽りの外観をまとう多くの点を他の何よりもよく示している。百周年は、概して、われわれを型にはまった考察にみちびく。いかにしてわれわれは、こんにちの黄金時代に到達したのか。いかにしてわれわれは天国から落ちてきたのか。われわれの有名人と、われわれの生みの親は、どういう人たちであったのか。しかし、こうした目的論的な言葉の使い方は、生きられた社会過程にとっては偽りである。事実、友人の論文でチョッキのポケットを一杯にしているアルビオン・スモールと、現在の助教授の運命を裁定する編集者とのあいだには、雑誌のタイトル、冊子のかたち、知的関心の一般的な領域を除いて、ほとんど共通点はない。内部的な変化と外部的な圧力は、AJSをその長い生涯のなかで数回作りかえてきた。AJSの一部は、他の場所に文字どおりの意味で (「ニュースとノート」の部分は『アメリカ社会学評論』(American Sociological Review) と、やがては『フットノート』(Footnotes) に) 移され、比喩的な意味でも (改革主義の関心は、『社会問題』(Social Problems)、『社会事業評論』(Social Service Review) とその他の場所に) 移された。そしてそのなかに新しい伝統が、ここでも文字どおりの意味でも (匿名の査読)、比喩的な意味でも (大学の人事手続きの中心的役割) 編み込まれてきた。

　さらに、AJSの歴史は、ひとつの歴史ではなく多くの歴史である。なぜならAJSは――シカゴ学派それ自体と同様に――、他の多くの社会制度と交差

するところにあるからだ。AJSの歴史を書くことは、たんにある学術雑誌について論じることではない。それはまた、ある学科の構成と、そればかりか、ある学問分野と言説の場全体の構成についても論じることである。それは、科学におけるコミュニケーション形態の出現、審査と論評の成長について論じることでもある。こうしたいっさいのことが、特定の一群の人間活動——論文を見つけ、編集し、印刷する——、つまり、ひとつのタイトルとひとつの奥付で加工されている30フィートの定期刊行物を生産する日常活動をつうじて生じた。

それゆえ、ここでも、社会的事物、この場合には、数多くの社会的・文化的諸力の交差点に位置づけられ、それらの諸力によって生みだされた学術雑誌について、疑問を感じる。われわれは、社会学科と同様に、AJSも、たとえ徐々に変化する社会構造的現実をとおしてであっても、それを構成するさまざまな系譜——学科と学問分野と言説——を作り直し、方向付けをしなおす力を生みだすまでにいたったことを理解するであろう。社会学科それ自体と同じではないにしても、それに似て、AJSは結局はひとつの制度であった。

1951〜52年のセミナーのようなエピファニー〔本質が露呈する瞬間〕を研究することから、AJSのような持続的な制度を研究することに移行するのは、唐突に思われるかもしれない。しかし、それらのあいだの対立は、たんに見かけ上のことである。AJSを研究するにあたって、われわれは事物ではなく契機の長い組み紐を分析する。そこでは、この『雑誌』に流れ込むさまざまな要素が、結びつけられ編み直されて、繰り返し繰り返し分割される。AJSの社会的現実は、たとえ分冊の物理的形状が同じであったとしても、つねにこの組み紐をとおして変化している。セミナーを研究するにあたって、われわれは組み紐の特定のひとつの行為、特定のひとつの結び目を研究した。ここでは、多くの結び目がある。したがって、ふたつの分析は、ひとつの社会過程の異なる側面を研究することである。

私は、自分のAJSにかんする研究を、この『雑誌』の歴史が自然に生みだす3つの時期をめぐって構成することにしよう。第1の時期は、アルビオン・スモールが編集者であった時期である。かれは、1926年に引退するときにAJSを手放した。第2期は、1926年からだいたい1955年までであり、この

第3章　アルビオン・スモールのAJS

『雑誌』が小さな初期の専門職の主要な表現手段であった時期である。第3期は、だいたい1960年から現在までである。この時期には、AJSは、近代的な学問分野を構成する精巧な官僚制的構造の中心的な一部であった。

　これらの時期は、この『雑誌』の歴史的転換点を反映しているだけでなく、社会学の歴史的転換点も反映している。1925年まで、「社会学」は、社会問題に形式知を適用することは有用であると——それぞれ自分流に——信じている人びとの緩やかな集まりを意味していた。社会学者自体は、社会生活と社会問題への多様な関心から、専門的な学術的言説を促進しようとしている100人から200人の集団であった。これらの学者は、社会調査運動の大部隊における小隊にすぎなかった。社会調査運動自体は、慈善組織運動、社会的福音、そして出現しつつある社会事業の専門職というもっと大きな旅団のなかで進軍していた。この社会学者の小隊は、ひとつの大きな快挙を成し遂げた。総合大学における基礎的な文系科目のひとつとして社会学が登録されることによって、かれらは恒久的な基礎を確立したのである。

　1925年以降、社会学とそれを社会問題に応用することとのあいだにますますはっきりとした線が引かれるようになると、この学問分野は学問界で自由に橋頭堡を開発するようになった。計量的で変数を基礎とする調査研究は、新しいアイデンティティを築く助けとなった。しかし、この学問分野は小さなままであった。1950年に、大学院課程のある社会学の学科における年輩の教授陣はみな、たがいに個人的に直接知り合っていた。

　1950年代と1960年代に、それが変化した。社会学は、公衆の想像力をとらえただけでなく、退役兵、ベビーブーム世代、女性など新たな人びとが総合大学を膨らませるにつれて、ますます膨れあがった。この学問分野は、1950年代に2倍以上となり、1960年代にさらに2倍になった。1970年までに、AJSのような学問分野の制度は、対面的な性格を永遠に失った。しかし、AJSの移行期は10年以上におよぶので、私はこの移行期に別の章（第5章）をあて、現代の学術雑誌と、社会学のジャーナリズムにかんするより広い問題には、第6章で立ち向かうことにした。

　AJSの歴史にとって人口学的な時期区分の選択は、たんに実質的な関心を反映しているだけでなく、この学問分野の人口学的特徴が、部分的に雑誌の

構造を決定しているというもっと直接的な事実をも反映している。AJSの編集手続きの転換は、それじたい学問分野の人口学的特徴から生じた原稿の流れと紹介のネットワークにおける変化から派生した。

　この3つの時期への区分はまた、利用可能な資料の性質をも反映している。AJSの事務所には、何年間も鍵のかけられた金庫があった。そこにはAJSの歴史の遺物が入っているという大きな希望があった。アルビオン・スモールの書簡やエルスワース・フェアリスの手書きのノートなど。しかし、金庫はカラであることがわかった。そしてAJSの分冊だけが、スモールの1年分の書簡とともに、1925年以前の時期を証言している。

　1925年から1960年までの時期については、編集者や教授陣の文書のなかに、AJSに関連するさまざまな種類の書簡が残っている。運悪く、1944年から1961年までこの雑誌の編集を管理していたヘレン・ヒューズは、年1回AJS独自の記録を廃棄する断固とした大掃除人であった。1940年代の編集者であるハーバート・ブルーマーも、同じように破壊的であった。そして、ルイス・ワースが保存していたブルーマーからワースへの書簡以外に、AJSの仕事にかんしてはほとんど残っていない。同様に、エヴェレット・ヒューズは、1961年にシカゴを離れるさいに、AJSの資料のほとんどを廃棄していた。[1]

　さらに、この双方の初期の時期において、資料の性質は雑誌の実質的な現実を表している。公式記録が残っていないことは、事実、残るような公式記録がなかったからである。非公式の記録がおおざっぱであるのは、まさにAJSが非公式に運営されていたからである。これに対して1965年以降、AJS

---

1　これらの注を読むまえに、読者はエピローグのあとにつづく資料と謝辞の部分を読むべきである。AJS 1.12は、ヘレンとエヴェレット・ヒューズから当時の編集者であるC・アーノルド・アンダーソンへ宛てた、AJSの文書にかんする手紙である。それらの文書は1940年代までに消えてしまったとかれらは論じている。エヴェレット・ヒューズは、こう書いている。「私がバージェスの研究室［社会科学棟313］に引っ越したとき、分類されていない書類と書簡のとてつもない山を発見した。そこには、1920年代からの予約購読料支払いのために送られた数枚の小切手さえあった。哀れな人がこの雑誌を購入していたのかどうか私にはわからない。この『雑誌』の創刊にかんする初期の書簡がどこにあるのかもわからない」(12 January 1966)。同日のヘレン・ヒューズからの手紙では、彼女が年に一度定期的になんでも捨てていたことが明らかになっている。

の保存記録は完璧である。それらには、すべての草稿、査読、そして原稿と編集者の書簡が、年次報告と類似の特別な記録文書とともに含まれている。このこともまた、たんに大量に投稿が集まったという点においてだけでなく、その取り扱いの厳密な官僚制という点において、私の時期区分の妥当性を強調するものである。[2]

## 草創期の学問分野と学術雑誌

シカゴ大学の多くの事柄と同じように、AJSは、この大学の初代総長であるウィリアム・レイニー・ハーパーが創りだしたものである。古いシャトーカ主義者〔シャトーカ運動とは、19世紀後半、アメリカ合衆国シャトーカ湖畔ではじまった教育文化運動〕であるハーパー総長は、大学の壁を越えて知識を広げることに深く献身していた。大学が当初から設置していた３つの「単位」——出版会、大学の公開講座、研究大学——のうちのふたつは、知識の創造主体ではなく提供主体であった。しかし、大学の公開講座課程が大成功する一方で、その雑誌は、成功そのものが失敗であると報告することを意図していた (Storr 1966, 204)。それゆえ、ハーパーは——かれはけっして金を使わないままにしておくことはなく、じっさいしばしば持っていない金を使った

---

[2] 『雑誌』の最後の時期の資料には、秘密保持の問題がある。出版会は現在、完全な禁止事項のもとにAJSアーカイブを保有しており、この特別の歴史のためにだけアクセスを許可している。私は、可能なかぎり現代の時期の資料を匿名で引用してきた。ある人びと——おもに編集者と編集スタッフ——はもちろん完全に確認可能であり、そのように扱った。興味深い理論的な争点が生じたのは、本書の編集者が、一貫性を保つために、この『雑誌』(the Journal)をAJSという略称の代わりに使わないようにして、それをAJSか「この雑誌」に変えたらどうかと提案したときである。なぜ私がこの変更にあれほどまでに反対したのかを振り返って考えてみるに、それがまさに私の議論の基礎を掘り崩すと私が悟ったからである。なぜなら、ここでの私の一般的な目的は、AJSの持続的な「事物性」を疑問視し、それによって、もっと一般的に社会的実体の事物性を疑問視することであるからだ。しかし、この場合に、AJSは「学術的な定期刊行物」という部類の例ではなく、「社会的事物」というもっと大きな部類の例であった。しかし「雑誌」(journal)という言葉を使うことは、AJSを学術的な定期刊行物の例にしてしまう。特定の社会的事物を指しているのは、大文字を冠したイタリック体の様式——固有名詞——である。その結果、われわれは、AJSが事実、学術的な定期刊行物を表す場合、私はそれを指すのに「雑誌」(journal)を使う。もっと数多く使う『雑誌』(*Journal*)は、私がAJSをたんにある実体として考えている場合である。

——その金を社会学に送った。アルビオン・スモールは、その話をつぎのように語っている。

　私は、定常業務について相談したあと、かれの執務室から出ようとすると［スモールは、社会学の主任教授だった］、ハーパー博士がふいにつぎのように言ったので、びっくりした。「われわれは『大学公開講座の世界』をやめることにした。その補助金を出版以外の何かに転用するのは残念なので、社会学の雑誌を発行する責任を引き受けるつもりはないか」。私がさきに告白した無知の大胆さで、…そのような冒険的事業のために必要な資源を学科がうまく扱うことを想像するほど極端なところまではいったことがなかった。他方、挑戦に尻込みする時間も余地もなく、ハーパー博士が自分の提案を「挑戦」のつもりであることを疑う余地はなかった。同僚のヘンダーソン、トマス、ヴィンセントとの短い相談のあと、私はハーパー博士に、われわれには社会学の雑誌を出す使命(vocation)があり、そのような出版物の編集責任を負う準備があると報告した。まもなく『大学公開講座の世界』は『アメリカ社会学雑誌』になるという通知が出されたとき、編集者たちは創刊号を埋めるのに十分な原稿の見込みさえ持ち合わせていなかった(Small 1916, 786n.1)。

　この一節の言い回しは、現代の読者には容易に誤解を招く可能性がある。この会話の主役たちは、われわれが想像するような年輩のひからびたビューロクラットではない。ハーパーは39歳であった。かれは18歳でイェール大学から博士号を取得し、34歳でシカゴ大学の初代総長になった。スモールは42歳であった。ふたりとも深く宗教的であった。スモールは牧師としての訓練を受けていた。ハーパーは旧約聖書研究の教授であった。じっさい、スモールの同僚であるヘンダーソンは、社会学の教授であるだけでなく、大学のチャプレンであった。それゆえ、スモールの報告のなかの「使命(vocation)」という特有の言い回しは、古風な言い方ではなかった。スモールは使命に文字どおり宗教的な意味での天命(calling)という意味をもたせていた。[3]

　AJSが強い宗教的コミットメントという環境のなかで形成されたことは、驚くべきことではない。アメリカの学問世界の多くがそうであった。ジョン

---

[3] 10年後にスモールは、ハーパーの臨終に立ち会い、かれが聖書学者としてとどまっているべきであったのに、大学を創設するために生涯を無駄にしたことについて、神は赦しを与えないだろうと恐れていた男を慰めることになる(Storr 1966, 365-67)。

ズ・ホプキンズ大学とそれに類似した研究機関の創立以前は、ほとんどのアメリカの単科大学は牧師を教育するための機関であった。その結果、牧師はアメリカで間違いなく最大の高学歴集団であった。医学も法学も、学士を必要としなかった。大学教員は非常に少なく、教授陣のほとんどが牧師か牧師の家族の出身であったことは驚くべきことではなかった。[4]

しかし、19世紀後半の学者が一般的に宗教的であったこととは別に、社会学は宗教と特別の親和性があった。その親和性は、スモールに明瞭に見られる。かれはかつて社会科学を「秘蹟」であると述べた (Dibble 1975, 4)。社会学という考えは、社会福祉と社会問題に関心を寄せる人びとのあいだで生じた。こうした企ての領域全体は、19世紀後半をつうじて、牧師によって支配されていた。牧師は、(社会的福音をつうじて) 理論を、(「制度的教会」とセツルメントハウス運動の公共的支援をつうじて) その構造の多くを、そしてボランティアの労働力の多くを供給した。

スモールが、自分の雑誌に『アメリカ社会学雑誌』(*American Journal of Sociology*) という名前をつけたとき、かれは「社会学」という言葉に、学問的な専門分野という意味をもたせていたのでもなければ、ある主題を意味させていたのでもなかった。かれにとって社会学とは、社会にかんする公式的理論は、実践的な社会改革に有意義であるというおおざっぱな主張を意味するものであった。その主張は、認識的な主張をこえて、特殊な道徳的・宗教的価値を想起させるものであった。社会学は、たんに社会福祉という倒壊寸前の帝国の学問的権化にすぎなかった。

スモールが編集者であった30年間は、社会学が、社会福祉における理論と実践についてのこのおおざっぱな一群の主張から、学問的分業の認知された単位、すなわち主導的な大学をつうじてみられる標準的な学科へ移行する時期であった。この「学問分野の構造化」を再検討する価値があるのは、ス

---

4 大学教員の数は、1900年に牧師の数の約6パーセントであった。*Historical Statistics* 1976, 1: 140を参照。社会学と宗教とのつながりは、いくつかの分野よりも強かったものの、この事実がいつも繰り返されることによって、社会学の歴史を書く人びとの多くが、教育が教育を育むこと、つまりアメリカで最も教育のある世帯主は牧師であり、それゆえ、この世紀の初頭におけるすべての学者は、不釣り合いに牧師の世帯出身であることが多かったことを、忘れることになった。

モールの雑誌が、これから見るように、それに重要な役割、ある点では予想外の役割を果たしたからである。

あらゆる学問分野と同様に、社会学も小さく始まった。1894年に、ダニエル・フォークマーは、「29の大学が社会学の通常授業をもっており、慈善や矯正を含むより緩やかな意味で社会学という言葉を使っているが、24の大学は社会学それ自体の講義をもっており、その言葉を社会の研究として使っていた」ことを見いだした (Tolman 1902-3, pt.2, 85から引用)。10年後に、フランク・トールマンは、185大学が社会学のなんらかの種類の教育をしており、45大学が3つ以上の社会学の授業をもっていることを見いだした。しかし、読者は社会学を、その目的に向かって必然的に展開している、成長しつつある植物として想像してはならない。これらの授業は、こんにちの社会学の学部生にとって、完全に認めがたいものであろう。それらは、人文地理学、英国の都市と町の歴史、近代社会主義、組織化された社会貢献、私有財産権のようなものが含まれていた。トールマンのリストには、96の一般社会学の授業、60の「社会経済学」、56の社会改革、40の慈善事業、39の社会哲学、30の犯罪学、26の社会倫理学、22の国家論、20以下の村落集団論、国民性論、社会立法論、宗教論、教育論、芸術論、民主主義論、比較社会学、社会史、未開社会論、社会心理学、社会理論史があった。また、これらの授業は、社会学の博士号をもっている人びとによって教えられていたわけでもなかった。おそらく1905年の米国で、そうした人びとは100人以上に達しなかったであろう。

これらのさまざまな社会学の片割れは、AJSが約10年間発行されたのちに、連合して学会となった (アメリカ社会学会、以下ASA)。この新しい組織のより大きな構成員は、実践的な改革者であったものの、その創立に導いたのは大学教授たちであった。ASAはあまりに小さなものとして始まった。1905年

---

5 私は、以下で、アメリカ社会学会 (American Sociological Society) を指すのに、ASAという現在の略称を用いる (この組織のもとの名称は、頭文字が流行となったとき、明白な理由で変わった)。私はまた、一時的に適切な場合には「学会」あるいは「この組織」とも呼ぶ。その創立については「アメリカ社会学会の組織」AJS 11: 555-69を参照。私は、ASAの各年の『年報』(Publication) において発表されている統計から会員数を計算した。ここでいくらか詳しくASAを論じるのは2つの理由からである。第1に、90年前の専門学会をなにかたんになじみ

の12月の会合では、50人の会員になりうる人びとが出席した。1906年末までに、115人の会員がいた。この組織は、1909年から1912年までに約300人の会員がいた。その後、約800人となり、1916年から1920年までその状態にとどまった。それから1,100人となり、1924年から1928年までそのままであった。しかし、これは着実な成長の歴史ではない。非常に多くの交替があった。1910年から1930年まで、各年の新会員の百分率の中央値は、約25％であった。1910年から1916年は、われわれが詳細な数字をもっている唯一の期間であるが、新会員の1年目の残存率は、0.94（1910年の新会員）から0.62（1915年の新会員）に下落した。2年間の残存率は、1913年まで0.5未満であった。これが意味しているのは、創設者たちの中核はすでに1910年にこの組織にいて、組織に参加してはすぐに離れていく変化の早い周辺部に取り囲まれていたということである。それゆえ初期のAJSは、安定した集団——現代の専門職の規模を小さくしたようなもの——の雑誌ではなく、数多くの当てにならない友人がいるほんのひとにぎりの人びとの雑誌であった。

このようなASAの会員はどういう人たちであったのか。L・L・バーナードは、1910年に米国での社会学教育を調査して、40の機関に55人の専任教員を見いだした。さらに308の機関で372人が非常勤で社会学を教えていた。ASA会員が1910年に335人であったから、この組織は55人の専任教員と50人から100人の非常勤教員と、100人以上の「実践的」な活動家からなっていたという根拠ある推測ができる[6]。

全国学会の存在に暗に示されている連合にもかかわらず、社会学の学術側は、1910年にけっして完全に組織されていたわけではなかった。バーナードは、かれに回答した173大学のうち20大学だけに純粋な社会学科を見い

---

のあるものの初期形態であると想像する誤った歴史主義を打ち壊すことが重要であること。そうではなかったのである。第2に、もっと的を射ているのは、ASAはAJSの財政基盤として中心的な役割を果たしており、これは以下でわれわれがおおいに関心を寄せるトピックであることだ。

6　1910年に、会員名簿には、少なくとも104名分の大学の住所（肩書きが「教授」であるか、郵送先が大学である）が含まれていた。このことは、本文の言明と一致している。牧師として確認できるのは13名、女性は49名でこの組織の15パーセントを占めていた（Publication 5 [1910]: 261-67）。

だしていた。社会学の授業は、「経済・社会学」科（32大学）、経済学科（12大学）、「歴史・政治学」科（11大学）、「社会・政治学」科（12大学）、そして「神学・経済学」科や「説教学・応用キリスト教学」科のようなところでさえ、教えられていた。1928年においてさえ、社会学だけの学科が99であったのにくらべて、経済学と社会学の学科が48学科存在した。それゆえ、大学の教授陣は、学問分野の制度化を始めたが、しかし1920年代になっても、かれらはけっして所属している制度に安定的な地位を占めていたわけではなかった。[7]

要するに、AJSを学術雑誌にする学問分野は存在しなかった。まったく逆に、AJSが、数少ない他の機関とネットワークとともに、その学問分野を創りだしたのである。

## 初期のAJSの編集手続き

AJSは、この無定形の専門的活動分野の内部で発展したために、前世紀の最も学術的な雑誌と同様に、本質的にひとりの人間の仕事であった。医学の定期刊行物——19世紀をつうじて10誌以上創刊された——は、そのような雑誌の最も明白な例である（Ebert 1952; Cassedy 1983）。精力的な医師が友人や同僚から論文をかき集め、さまざまな外国滞在中に書かれた知人からの書簡を公表し、翻訳を依頼し、他の定期刊行物の論文を再版し、自分自身の研究やその他の研究で残りを埋め、専門的な関心事について編集コラムの批評を執筆し、なにが起こっているかを告知した。スモールは、まさにこの種の個

---

7　エリート大学においては、ことは違っていた。3名の専任と6名の非常勤の教授陣がいたコロンビア大学と、6名の専任教授陣がいたシカゴ大学には、近代的な意味での大学の学科があった。しかし、1910年現在、社会学で1人以上の専任教授陣を抱えていたのは、ほかでは5校だけであった（Bernard 1909）。私は、学科の数値について、シカゴ大学社会科学部のロナルド・ダーンフォードに感謝する。この数字は、1928年と1932年に出版された *American Universities and Colleges* というアメリカ教育協議会（American Council on Education）のガイドブックの第1版と第2版から編集されたものである。読者には、数字で退屈させてしまったことをお詫びするが、私が強調したかったことは、「社会学」という継続している名称に欺かれて、われわれが1910年における「社会学」がこんにちの学問分野を小さくしたような制度を指しているとか、その子孫が現代の学問分野であるような「直系の祖先」を指すと考えないようにすべきであるということだ。この言明は双方とも、社会過程についての根本的に非歴史的な前提を体現している。

人的な雑誌を見事に成し遂げる立場におかれた。かれは長期間ヨーロッパに滞在していたので(1879～81)、何十人もの知人が海外にいた。そのなかには、かれが AJS で発表させた者もいた。シカゴにおけるかれの制度的な地位のおかげで、同じ大学や他大学の同僚に接近できただけでなく、シカゴの大きくて多様な社会福祉コミュニティにも接近できた。かれは、疲れ知らずの勤勉さのおかげで(ひどい花粉症のために、夏は悲惨な状態になり、速度が落ちたものの)、ASA で中心的な役割を果たした。かれは1905年の ASA の創設に助力し、ASA は、何年間も AJS にとって着実で常連の支持者をもたらしたのである。こうした物質的な有利さからくるこの雑誌の「個人的」な性格は、スモール自身が、編集者を務めているあいだに AJS の出版論文の約10％を書いているという単純な事実に明らかである。スモールは1年に約65ページ、しばしば150ページ書いていた。[8]

　しかし、スモールは、AJS のページを埋めるのを助けてもらうために、一貫して他の少数の人びとに頼っていた。こうした人びとがだれであったのかは、この雑誌の最初の30年間の各10年間に、3つ以上論文を発表した人びとを一覧することによって、知ることができる。これらの著者には、スモールのシカゴでの同僚であるチャールズ・ヘンダーソンと W・I・トマス、かれの友人でウィスコンシン大学の教授である E・A・ロス、かれ(とトマス)の学生であるチャールズ・エルウッド、そしてかれが称賛していた年上の同僚であるレスター・ウォードである。スモールはまた、社会改革派の書き手の集団にもおおいに頼っていた。E・C・ヘイズ(イリノイ大学)、ヴィクター・ヤロス(ハル・ハウス)、そして C・R・ウッドラフ(市政改革に積極的なフィラデルフィアの法律家)である。ヨーロッパの論文については、だいたいにおいて、ゲオルク・ジンメルやグスタフ・ラッツェンホ

---

8　スモールの個人的な出版にかんする時間的パターンも AJS が高度に個人的な性格をもっていたことを示している。スモールは、自分自身の最大の論文を、編集者を務めていた30年間の初期と末期に出版している。初期には、かれ自身が述べているように、論文を渇望していた (Small 1916)。末期になると、かれは、この分野から離れるまえに発表しておきたい個人的な論文をもっていたようだ。スモールの任期の後半には、社会学者の数がかなり増加したので、晩年に自分自身のために過剰な紙幅をとったことは、たんに個人的なわがままであるとみることができる。スモールの経歴については、Dibble 1975 と Christakes 1978 を参照。

ーファーの論文の翻訳を利用した。[9]

　スモールとかれをとりまくサークルは、1年平均、約250ページ寄稿していた。場合によっては、この集団の寄稿は、連載のかたちをとって本の出版を成し遂げた。ロスの『社会統制』とヘンダーソンの『労働者生命保険』は、*AJS*の論文として最初に現れた。このような単行本の連載発表には、ふたつのありうる理由がある。2倍の読者を確保することと、雑誌の原稿を埋めることである。核となる集団の寄稿の合計に相対的にばらつきが少ないことは、後者の理由がよりもっともな説明であることを示している。ジンメルの翻訳が手元にある場合には、スモールは、ヘンダーソンやロスに原稿の圧力をかける必要をあまり感じなかった。かれはおそらく、大きな連載ものを中心にこの雑誌を構築し、最初にそのための紙幅を除外して、どのくらい付随的な論文が必要であるかを見いだした。

　しかし、スモールをとりまくサークルからのこの基幹的な原稿は、この雑誌のページの約3分の1を準備したにすぎなかった。残りの部分を埋めたのは、さまざまな人びとからなる集団であった。私は、*AJS*の最初の70年間に寄稿したすべての執筆者を含む伝記的データベースを構築した。私は、1,200人のうち約1,000人の情報をある程度もっている(最大限の情報は、生没年、学士号と博士号、学士号の場所と博士号の場所、そして完全な職歴)。表1は、年齢についての情報である。報告を容易にするために、私は、10年ごとに執筆者をまとめ、それらをすべてその10年間の中間年の日付とした(多くの執筆者は数編の論文を寄稿していたので、執筆者の「正確な年齢」について考えるのはあまり意味がない)。たとえば、最初の10年間に(1895～1905、中間年は1900)、131人の執筆者がいた。そのうち114人について年齢の情報があり、その114人の年齢の中央値は40歳であった。[10]

---

9　スモールの嫌っていた人びとが相対的に*AJS*に欠けていた理由としてありそうなのは、社会学において出現しつつあった専門分野の政治である。とくに、ウィリアム・グラハム・サムナーとフランクリン・ギディングズは、社会学者としてのかなりの評判にもかかわらず、そして、社会学において博士号を生みだす場所としてイェール大学とコロンビア大学が重要であったにもかかわらず、欠けていた。

10　*AJS*の執筆者についてのこの伝記的名簿は、エミリー・バーマンとジュリアン・ゴーによる何百時間もの費用をかけてさまざまな情報源から構築したものである。ここでもう一度、彼女たちに感謝する。主要な情報源は、つぎのものである。ほとんどは標準的なものである。

第3章　アルビオン・スモールのAJS

表1　AJSの寄稿者の平均年齢、1895-1925

|  | 10年間 | | |
| --- | --- | --- | --- |
|  | 1 | 2 | 3 |
| 中間年 | 1900 | 1910 | 1920 |
| 執筆者（合計） | 131 | 164 | 136 |
| 年齢 | 40 | 43 | 42 |
| (N) | (114) | (144) | (122) |
| 学士取得年齢 | 26 | 26 | 25 |
| (N) | (70) | (99) | (97) |
| 博士取得年齢 | 36 | 35 | 33 |
| (N) | (55) | (101) | (107) |

注）$N$は、リストに掲載された情報が利用できる個人の数。

　ここには、専門的な経歴の後半に発表するというわずかな傾向がある。典型的な論文は、最初の10年間では博士学位取得後4年（40-36歳）で出版されており、第2の10年間では8年（43-35歳）、第3の10年間では9年（42-33歳）であった。しかし、同時に、これらのデータが示しているのは、スモールが同じ中核的寄稿者の集団を維持しているあいだにも、概してかれは時代とともに動いていることである。執筆者の平均年齢の安定性は、かれの中核

---

わたしは、あまり知られていないものについてのみ書誌的な情報を付け加えた。
The Academic Who's Who, 1973-76.
American Men and Women of Science.
Biographical Dictionary of Social Welfare in America, 1986. Ed. W. I. Trattner, New York: Greenwood.
Directory, American Sociological Association, 1950 and later years.
Directory of American Scholars, 1942 and later years.
"Doctorial Dissertations in Social Work." Social Service Review, various years.
International Directory of Anthropologists, 1940 and later years.
Leaders in Education, 1931 and later years. Lancaster, Pa.: Science Press.
List of Doctorial Dissertation in History, various years. American Historical Association.
National Directory of Sociology of Education and Educational Sociology, 1974, 1978.
Sociology Dissertation in American Universities, 1969. Ed. G. Lunday. Commerce: East Texas State University.
Who's Who in Amecian Education.
　加えて、われわれは、Dictionary of American Biography, National Cyclopedia of American Biography, Dissertation Abstracts, New York Times Obituary Index, Who's Who in Americaのような一般的な情報源も利用した。

表2　AJSの寄稿者の学位の高さ、1895-1925

|  | 10年間 | | |
| --- | --- | --- | --- |
|  | 1 | 2 | 3 |
| 中間年 | 1900 | 1910 | 1920 |
| 執筆者（N） | 131 | 164 | 136 |
| 博士号取得場所の判明率（全執筆者中） | 42 | 62 | 77 |
| 海外 | 22 | 4 | 5 |
| シカゴ | 29 | 24 | 30 |
| コロンビア | 7 | 18 | 30 |
| ハーバード |  | 10 | 8 |
| ジョンズ・ホプキンズ | 13 | 5 | 3 |
| ウィスコンシン | 4 | 4 | 4 |
| イェール | 4 | 5 | 3 |
| プリンストン | 4 | 2 |  |
| ペンシルバニア |  | 4 | 5 |

注)個々の場所ごとの数字は、博士号の取得場所が判明している者のなかの百分率。たとえば、海外の博士号は、131名の42%の22%。

的執筆陣が次第に年をとっていくことを踏まえると、驚くべきことである。

　もっと興味深いのは、より高い学位との関連での変化である。表2は、重要な情報を含んでいる。ここでもまた、私は執筆者の数を博士学位を取得した場所がわかっている人びとの百分率で示している。

　多くの事実が明らかである。第1に、海外の博士学位取得者をスモールは採用したものの、すぐに自国の取得者に転じた。第2に、ジョンズ・ホプキンズは短期間、米国で中心的な大学院であったものの、他校によって急速に浸食された。スモールが初期にジョンズ・ホプキンズの博士号取得者に頼っていたことは、疑いもなくかれ自身がジョンズ・ホプキンズの大学院出身であったという事実を反映している。第3に、シカゴとコロンビアの支配が出現しつつあったこと——博士学位がわかっている執筆者の60パーセントが、第3の10年間まで完全にこのふたつの場所の出身者であった——は、どの機関がホプキンズにとって代わったかを示している。

　しかし、表3が示すように、これらの執筆者たちは、必ずしも社会学の博士学位取得者ではなかった。社会学の博士号は、スモールが編集者を務めていた時代のあとまで、その分野がわかっている博士学位執筆者の多数派には

第3章　アルビオン・スモールの AJS

表3　AJS の寄稿者の博士号の分野

|  | 10 年間 | | |
| --- | --- | --- | --- |
|  | 1 | 2 | 3 |
| 中間年 | 1900 | 1910 | 1920 |
| 執筆者 (N) | 131 | 164 | 136 |
| 博士の% | 42 | 62 | 79 |
| 博士号の分野の判明率（全執筆者中） | 27 | 42 | 54 |
| 社会学 | 40 | 34 | 45 |
| 哲学 | 26 | 12 | 5 |
| 経済学 | 11 | 10 | 11 |
| 歴史学 | 6 | 7 | 9 |
| 心理学／社会心理学 |  | 7 | 8 |
| 教育学 |  | 3 | 4 |
| 人類学 |  | 3 | 4 |
| 政治学 |  |  | 3 |

注）個々の分野の数字は、博士号の分野が判明している者のなかの百分率。博士の百分率は最小限の数。判明していない博士が多数あることは疑いない。

ならなかった。AJS は、事実、非常に学際的な雑誌であった。たとえ、それが、スモールの任期の最後に向かっていっそう学術的なものになっていったとしてもである。

　学問分野間のバランスは、わずかに変化した。哲学の一般論者は、消えていった。経済学と歴史学は、多かれ少なかれ執筆者の安定した源泉であった。ことによると、両者は社会学よりもまえに、組織化された学問分野となったからかも知れない。しかし、組織化の日付が基準となるのであれば、政治学の相対的欠如は驚くべきことである。なぜなら、アメリカ政治学会も、ASA に先んじていたからである。もっとありそうなことは、これらの選好は、スモール自身のドイツ歴史経済学の背景を反映していたことである。心理学の重要性は、かれの学生であり同僚である W・I・トマスの影響を反映していたと考えてよい。ただし、（この雑誌におけるトマス自身の発表以外に）トマスが AJS の編集過程にかかわっていたという証拠はない。

　要するに、スモールの任期中、かれは一般論者を落として、もっと専門的な社会科学者を、かれらが出現するにつれて、拾い上げていった。表1の年齢データと同様に、これらの数字が示しているのは、かれを平坦でない期間

にわたって担ぎ上げてきた中心的な取り巻きの集団が保持されていたにもかかわらず、時間とともに人が移り変わっていったということである。[11]

まとめると、これらの表は、もうひとつの重要な証拠の一片を示している。それらの表は、スモールと*AJS*が始まったときに、社会学は制度化され構造化された学問分野ではなかったものの、つぎの30年間にますます制度化され構造化されてきたという最初の議論を補強するものである。*AJS*の視界は、スモールの時代に急速に学術的なものになった。博士号をもった執筆者は、最初の10年間には全体の半分以下であったが、第3の10年間には4分の3を超えるようになった。学術化のもうひとつの証拠は、女性の執筆者の割合が減少したことである。スモールが編集者であった最初のふたつの10年間は、執筆者のそれぞれ16パーセントと13パーセントが各10年でひとつ以上の論文がある女性であった。最後の10年間には、その数字は5パーセントに下がった。その数は、つぎの50年間にも多かれ少なかれ再現された（*AJS*史上、3つめから7つめまでの10年間に、その数字は、5パーセント、8パーセント、8パーセント、4パーセント、7パーセントであった）。大学教授陣は圧倒的に男性からなっていたので、学術的な社会学を創造した必然的な結果として、女性がしだいに排除された。それはちょうど、社会事業の同時並行的な制度化が、男性を排除していったのに類似していた。

この数字はまた、*AJS*がスモール時代におもに部内報であったわけではないことも示している。たしかに、教授陣のうちのふたり（ヘンダーソンとトマス）は、スモールの中核的寄稿者集団に含まれていた。しかし、中核のほとんどは、シカゴの教授陣ではなかったし、スモールの3つの10年間で、シカゴ社会学の博士学位取得者であることがわかっている者は、全執筆者のうちの、それぞれ5パーセント、5パーセント、9パーセントであり、どこで博士号を取得したかがわかっているすべての執筆者のうち、それぞれ43パーセント、36パーセント、36パーセントであった。これらの数字は、少な

---

11　シカゴ出身者とコロンビア出身者については、典型的には、*AJS*に寄稿した博士号取得者の半数が社会学であり、40パーセントという全体の比率〔社会学博士の比率〕をわずかに上回っていた。社会学の博士のパーセンテージは、この表で過小評価されているようだ。なぜなら、「社会学者」についての巨大な伝記データソースは、社会学よりも社会学でない場合に、その人の分野に言及することが多いからである。

くとも最初の20年間については、すべての社会学の博士のうちシカゴが占める割合に近い[12]。

もちろん、こうしたさまざまな*AJS*寄稿者の特性は、編集者であることをかたちづくる骨の折れる小さな活動の最終的な結果である。それらをもっと明瞭にみるためには、スモールの手紙に注目しなければならない。

1904年――スモールの手紙が残っている唯一の年――は、かれの編集者としての日常活動（あるいは無活動）の明確な像を与えている。その年は、いくらか普通とは異なる年であった。ハーバード大学のフーゴー・マンスターバーグとともに、スモールは、セントルイス大博覧会の社会科学会議を組織する責任を負っていた。これらの会議のおかげで、*AJS*の原稿になりうるものが過剰にスモールにもたらされた。そのため、かれはふだんよりも原稿不足に悩むことがなかった。「通常の供給源とともに、会議は、われわれのための紙幅を割くことができないほど、当面の過剰を生みだした」とかれはK・L・バターフィールドに書き送った (30 September 1904)。スモールの過剰という考えは何のことであろうか。かれはつづけて「3月号まであなたの論文を使うことはできないかもしれない」と書いている。事実、これはほとんどまったく遅れがないことを意味している。スモールの11月号の最終原稿締切日は、すでに過ぎていた（それは9月26日 [UCP3, Standing Orders] だった）。そして、*AJS*は隔月で出ていたから、1号分まるまる（1月号）が、バターフィールドの論文が出るまえに出版されることになる。スモールが過剰――隔月刊の1号分が手元にある――と考えたことは、こんにちの編集者（とたしかに編集者の出版社）なら、パニックのもとと考えることであった。じっさい、直後にスモールは別の執筆者につぎのように書き送っていた。「論文を

---

12 *AJS* 21: 679-83 には、進行中の博士論文のリストが掲載されている。教員養成大学をのぞけば――それは、社会学的な内容のものをのぞけば教育学における博士として掲載されることが適切である――、進行中のシカゴの博士論文は、全体の20パーセントである。もちろん、その数字はこの分野にすでに出ている博士号の数を過小評価している。なぜなら、シカゴ（とコロンビア）は、それ以前に大きな割合を占めていたからである。スモールの最後の10年間は、地元の産物にいくらか集中したことを示しているかもしれない。1916年に、シカゴは社会学における新しい博士号の約20パーセントを生みだしているだけであった。地元出身者に頼っていたということは、かりにそうしたことがあったとしても、おそらく贔屓というよりは絶望にかかわることであろう。多くの場合、スモールは出版すべき原稿を欠いていた。

お送りいただけるのであれば、できるだけ早い機会に喜んで紙幅をさきます」(Small to R.C.Brooks, 21 October 1904)。

スモールの経験の別の側面は、現代の編集者とは異なっていた。第1に、スモールはAJSの原稿の多くを依頼していた。おそらく、雑誌の3分の2以上はなんらかの直接的な方法で依頼したものだった。しかし、スモールは依頼していない原稿もたくさん受け取っていた。それは驚くほど多様な方法で送られてきて、同じくらい驚くほど多様な運命をたどった。ある執筆者は原稿を覚書つきで送った。「それが掲載された場合には、掲載誌を20部お送りください。掲載されない場合には、返信用に切手をお送りします」(D.M.Blount to Small, 5 July 1904)。もうひとり(ロード・アイランドの公有地の払い下げを受けている大学の学長)は、「アトランティックは、会議のまえに読まれた私の原稿を使うことができない。社会学の雑誌にその原稿がほしいですか」(K. L. Butterfield to Small, 28 September 1904)と書き送った。執筆者たちは、ときとして提出にかんしてひどく横柄であった。フィラデルフィアのヒックス街339番地のJ・S・スティーブンズは、こう書いていた。

> もしあなたが、人種問題について、同封の論文「なぜ黒人のあいだで犯罪が増加しているのか」で示された線に沿った議論に開かれていないのであれば、すぐにこの論文を返してください。しかし、もし人種問題の最も生き生きとしていて混乱した局面のひとつについて公衆を啓発したいと望むのであれば、この特定の線に沿ってあなたが望むすべてのものを同封の論文に見いだすものと私は確信します。いずれにしても、できるだけ早く決定していただきたく…(J.S.Stevens to Small, 15 June 1904)。

この場合には、スモールは願いを叶えてやらなかった。スティーブンズは、1904年10月13日にふたたび書き送った。

> 私は、6月15日に提出した「なぜ黒人のあいだで犯罪が増加しているか」に関して、あなたから一言も頂いていないので、それを出版していただけるものと考えております[!]。それゆえ、論文「黒人と社会的平等」を提出します。ことによると、あなたがつづきの論文をほしがっているかもしれないと考えたからです。このふたつは、リンチを除けば、黒人問題のふたつの生き生きとした局面をなすものです。できるだけ早くふたつの論文についてご連絡いただきますよう…

## 第3章 アルビオン・スモールの *AJS*

どちらの論文も掲載されなかった。他の執筆者のなかには、怒りだし、すでに出版を計画していた論文を撤回した者もいた。というのは、会議関係の論文が過剰であったために、それらが先送りされていたからである。フロリダ州アリペカのL・B・エリスは、1904年7月25日にスモールに手紙を書いた。「［11月号］に私の論文を掲載する予定があるのであれば、お知らせ下さい。というのは、もし予定がないのであれば、他の論文についての私の予定を変えることになるでしょう」。スモールは、その論文の掲載を遅らせる予定であると返信した。そして、エリスは返信で「1月号に最善の努力をしていただけると信じて、その論文をあなたに託したままにしておきます」と記したものの、じっさいには、エリスのこの論文自体は、掲載されなかった。

もっと親しい執筆者たちに対しては、かれは明らかにもっと好意的であった。フローレンス・ケリーは、1904年9月11日に *AJS* に手紙を書いた。「同封の論文を『アメリカ社会学雑誌』の最新号に使うことができますか。…私は、この冬に法律に具体化される12の要点のうちの少なくともいくつかについて理解してもらいたいと願っています。そして、議論はその第一歩です」。意義深いことに、この手紙はスモール宛てではなく、かれの同僚であるヘンダーソン宛てであった。かれは、ケリー女史が指導者であった改革の世界と密接なつながりがあった（彼女は、ニューヨークの全国消費者連盟の書記であり、すでに4つの論文を *AJS* に発表していた）。この論文は11月号に掲載された。その最終的な原稿締切日は、ちょうど2週間後であり、先に提出していたエリス女史が拒否された号である。

スモールは、ときに原稿料を支払った。かれはニューヨーク州イサカのR・C・ブルックスに手紙を書いた (21 October 1904)。「投稿のためのわれわれの上限は、空白や図の挿入を含めて1ページにつき1ドルの積算合計です。われわれは、これで、平均的に見て、印刷のための機械的な費用を支払うのに十分なものと考えています」。事実、この雑誌は、原稿に支払う実質的な予算をもって（使って）いた（後述）。連載論文については、スモールは即金で支払う方針であった。かれの学生であるハワード・ウッドヘッドが、ドイツの自治体改革にかんする複数の章からなる研究の一部を送ってきたので、ス

モールは各部分について支払書を転送し、それはただちに研究に付随する費用に使われた (Woodhead to Small, 6 December 1903)。

　スモールの原稿探しは、ときとして二重の発表を受け付けることも意味していた。フランクリン・ギディングズは1904年の会議の原稿を、*AJS*だけでなく『サイエンス』にも掲載することを望んだ。そしてじっさいに掲載された (Small to H.J.Rogers, 29 September 1904)。

　もうひとつの手紙は、スモールと改革コミュニティとの結びつきの親密さを例証している。スモールは、1904年の9月10日にイリノイ州クィンシーから、全国農民会議 (Farmers' National Congress) の書記であるJ・M・スタールに書き送った。これはスタールが運営している改革組織である。かれは、スタールに (明らかにかれが知らなかった) セントルイスのプログラムを送り、「村落コミュニティの部会で何かの論題について」簡単に話してもらうように招待した。そこにはいくつかの混乱があった。スタールは、結局、義理の兄弟の病気と列車の故障のために、セントルイスに行かれなかった (Stahl to Small, 18 October 1904)。かれはスモールに自分の (村落の学校にかんする) 論文を送り、会議の予稿集にそれを入れるように調整を頼んだ。スモールは、会議の小論文は、予稿集として出版しないが、その原稿を*AJS*に使うためにスタールの許諾がほしいという返事を出した (19 October 1904)。

　編集者は、ツァーリでもなければ、匿名査読の玉座に乗っているオリンポスの審判でもなかった。かれは精力的なやり手であった。かれは、原稿を依頼し、ときには原稿料を支払った。かれは望まない執筆者をかわし、望んでいる執筆者をおだてた。ジンメルの翻訳のひとつが発表された歴史は、初期の*AJS*の編集精神と現在の学術雑誌との違いを典型的に示していた。チャールズ・エルウッド——シカゴ大学社会学科で博士号を取り、ミズーリ大学の教授であった——は、1904年8月20日にスモールにこう書き送った。

　　私の学生のひとりであるW・W・エルワング牧師によるジンメルの翻訳「宗教社会学」を別便でお送りします。…私は、昨年の冬にジンメルから特別に翻訳と*AJS*への掲載許可を得ています。翻訳者であるW・W・エルワング牧師は、ここのプレスビテリアン教会の牧師で (それゆえ私の牧師で)、4年間私の学生で、

*130*

将来優れた社会学的研究をすることが見込まれます。私は、この雑誌をとおしてかれを社会学者たちに紹介したいと切望しています。それゆえ、私はこの翻訳をかれにさせたのです。…雑誌は、かれに原稿料を支払う必要はありません。エルワング氏は、対価なしでも、それが掲載されるのを見ることで十分喜ぶでしょう。

　このやりとりほど見慣れないものは、ほとんど知らない。直接の恩顧、原稿料の支払い、出版可能性にかんする自信、編集者に依頼することなく部外者が*AJS*のページに関与すること、あるいは牧師－学生と平信徒－教授の複雑な関係。それが、初期*AJS*のインフォーマルで不安定な性質であった。
　内容や実質の点では、スモールはじっさいに何を出版したのか。事実、あとから振り返った分析によると、この題材の意味はほとんど理解できない。なぜならその編集原則は、1920年代以降の専門的社会学のそれと根本的に異なっているからである。この違いはすぐに明らかとなった。1930年代初頭に、ハワード・P・ベッカーは、*AJS*の最初の30年間の論文を分析した。かれは、25年間の*AJS*のカテゴリー別索引を利用した。パーソナリティ、家族、民族と文化集団、葛藤と応化、コミュニティとテリトリー集団、社会制度、社会科学と社会過程、社会病理学、研究方法、一般社会学。しかし、かれの分析は無意味であった。なぜならこれらは、スモールが理解していたカテゴリーではなかったからである。そして、もしわれわれが、かれの雑誌がじっさいにどのように作用していたのかを分析したいのであれば、論文を、スモールが理解していたようにカテゴリー化しなければならない。じっさい、ベッカーの用語のほとんどは、1921年のパークとバージェスの教科書の小見出しであった。それらは、1920年代の専門化しつつあった社会学の用語であって、スモールとその仲間たちの言語ではなかった。スモールの*AJS*は、自称専門的社会学、熱烈な進歩主義的レトリック、学習されたヨーロッパ的議論、地域の社会問題の報告、立法計画、その他ありとあらゆる考えられることのごたまぜであった。より若い世代は、スモールの世界とはかけ離れており、1932年においてさえ、その特有の時代にじっさいにあった世界を理解することはできなかった。
　それゆえ、初期*AJS*の論文の題目と傾向にかんする問題を追求しても、ほ

とんど理解できない。それは違う世界、すなわちその読者に共通する社会学の概念を共有していないわれわれにとっては、不可解で、混乱しており、非科学的に思える世界に属することである。それはガラス越しにぼんやりと見えるだけである[13]。

## 雑誌と出版会

しかし、AJSはたんにアルビオン・ウッドバリー・スモールの個人的な創造物というだけではなかった。それは大学出版会による所有権を基礎に出版された10以上の雑誌のひとつでもあった。その点でも、この雑誌の立場は、進歩主義的なナラティブが想像するのとはまったく異なったものであった。

ハーパーの最初の構想にしたがって、シカゴ大学出版会はAJSを宗教雑誌のひとつとして考えていた。1908年には、出版会は、出版会の発送リストにある1万人の牧師に、AJS、『アメリカ神学雑誌』(American Journal of Teology)、『聖書の世界』(Biblical World) の予約購読者は「ふたつ購入すればひとつがタダになる」販売促進キャンペーンを提供した。じっさい、この提供は、ある神学の図書の価格割引と抱き合わせになっていた。

出版会が、AJSを宗教雑誌とみなす点でハーパーとスモールにしたがっていたということは、より大きな社会における「社会学」の概念を踏まえると、驚くべきことではない。しかし、80年前に、社会学がなにか異なるものを意味していたのと同じように、「宗教」もなにか異なるものを意味していた。アメリカの教会出席率は、1900年に史上最も低下していた。そして、牧師

---

13 Becker 1930, 1932を参照。エセル・シャナスによる初期AJSの内容分析もある。それは1944年50周年記念号に掲載された。シャナスはベッカーよりも過去のリアリティに調子を合わせていた。彼女は、1905年ごろに、キリスト教社会学と改革から離れ、形式ばった学術的なトピックにむかう独特の変化があったことを実証している。このことは、その年におけるASAの創立——学術化への動き——を踏まえると、理解できる。同時に、これらの論文をコーディングして分析するに当たっての根本的な問題を残している。最も難しい問題は、広範囲にわたる連載によってひきおこされる論文間の題目の大きな相関関係である。しかし、AJSの内容の分布は、当面の問題以外にも、歴史的な問題、とくに改革とかかわるもっと広い問題の観点からみると、大変興味深いものであろう。学術的な社会学は、初期AJSの子どもたちのひとりにすぎない。それは、たまたま先祖伝来の土地をひきついだ子どもであった。

第3章　アルビオン・スモールのAJS

が社会福祉に手を伸ばしていったのは、ひとつには専門職がなすべき仕事をさがしていることを表していた。「宗教」と社会学との結びつきが起こったのは、複雑な社会運動の文脈においてであり、その最初の知的リーダーは、たまたま、――アメリカ教育界における数的な優勢と下降移動する旧中産階級におけるかれらの指導的役割からすると予期できないことではないが――以前の教会参加者の構成員によって拒否された牧師であった。この時期に社会学は宗教的であったと述べること、あるいはAJSは宗教雑誌であったと述べることは、こんにちよりも曖昧で、あまり驚くようなことではなかった。ことによると、それを「改革雑誌」と呼ぶことは、初期のAJSの宗教的な性格を、現代の耳にわかるように効果的に翻訳しているかも知れない。AJSを、一種の『応用宗教学雑誌』として定義したのは、進歩主義運動の文脈においてであった。

初期の時代のAJSの制度的配置は、AJSを新しい学会機関誌にした1905年のASAとの契約によって明瞭にふたつの時期に区分される。この契約は、ASAの会員に雑誌を半額に割引することと、一方的な契約破棄を認める条項が含まれていた。この条項は、AJSののちの歴史において中心的な役割を果たすようになる[14]。

ASAとの契約以前の時期は、大いに不安定な時期であった。最も初期の残存している発行部数は、1898～1905年のもので、表4に示されている。

雑誌は毎年、予約購読ベースで約3分の1が入れ替わっていた。これは、出版会の雑誌のうち最も高い数字であった。さらに、発行部数は、1898年から1905年まで徐々に減少していた。その後、ASAとの取り決めのゆえに上向きになった。それゆえ、AJSは、最初の10年間は、一貫した購買層を見つけられなかった。1908～9年まで、図書館の予約購読が個人の予約講

14　最初の契約は出版会の記録から消えているが、UCPAR 1907, 8: 76に銘記されている。のちの版はすべてUCP 33: 7に見いだすことができる。事実上、AJSの販売部数と費用のすべての数字は、UCPアーカイブシリーズかPPABに見いだされる。1899～1918年の年次報告には初期の情報があり、UCP 3, 4, 5, 6に見いだされる。1918年以降は、情報にむらがある。もっとも、多くの年の記録は一連の「学科報告」、UCP9: 5,6, 10: 1, 2で利用可能である。1928～29年の記録は、Bean to E.T.Filbey, 7 February 1930, PPAB 12: 10に添付されている。その後、予算は同じフォルダーに見いだされる。私はまた、バージェス文書とワース文書、とくにEWB1: 4とLW17: 1にも、いくつかの予算と費用の記録をみつけた。

表4　*AJS* の発行部数、1898-1905

| 年次 | 期首 | 新規 | 中止 | 期末 |
|---|---|---|---|---|
| 1898-1899 | 943 | 175 | 291 | 827 |
| 1899-1900 | 827 | 203 | 285 | 745 |
| 1900-1901 | 745 | 171 | 189 | 727 |
| 1901-2 | | | | 688 |
| 1902-3 | | | | 675 |
| 1903-4 | | | | 560 |
| 1904-5 | 560 | 219 | 198 | 581 |

注）すべての数字は、予約購読者数

読を上回っていた。その年に、ASAと出版会による共同の大がかりな販売促進努力によってようやく、ほとんどのASA会員が囲い込まれた（ASA会員は自動的に雑誌を取っていたわけではなく、たんに半額割引を受けていただけであったから、*AJS*が「機関誌」でありながら、すべてのASA会員が予約購読者となったわけではない可能性がある）。

しかし、出版会は、*AJS*の購読者層をASAよりもずっと広いものと見ていた。販売促進の発送リストは、全国慈善矯正協会（National Conference on Charities and Correction）と全国刑務所協会（National Prison Association）の会員名簿を含み、総計1,504名であった（UPAR 1906-7: 81）。同様に、アメリカ経済学会（American Economic Association）、出版会の「歴史の教師」名簿、そして出版会の『聖書解釈』シリーズの予約購読者も含んでいた。しかし、1909～10年までに、この幅の広い購読者戦略は、失敗であると判断され、出版会は雑誌のねらいを専門的な組織に定めた。それは、雑誌『古典の世界』（*Classical World*）と『古典哲学』（*Classical Philosophy*）で、広く成功することがわかった戦略であった（UPAR 1909-10: 102）。（それゆえ、「学問分野から構成すること」は、ひとつには出版会のマーケティング決定によって「なされた」）。しかし、出版会は、この「機関誌」戦略が失敗するという結果になることを心配していた。それは、当時、アメリカ経済学会とのあいだで直面していた問題であった。アメリカ経済学会は、出版会の『政治経済学雑誌』（*Journal of Political Economy*）と競合する『アメリカ経済学評論』（*American Economic Review*）を創刊したところだった。1908年に、また1912年にも、出版会とASAは、積極的に協力して、会員キャンペーンを行い、1912年には、個人の予約購読者が30パーセントまで

第 3 章　アルビオン・スモールの AJS

上昇した (UPAR 1912-13: 61)。

　出版会は AJS でかなり損失を出していた。たとえば、1898-99 年に、予約購読価格は 2 ドルであった。そして出版会はじっさいに 827 人の予約購読者から 1,536 ドルを集めた (1,536 ドルと、2 ドル×827＝1,654 ドルとの差は、118 ドル分の予約購読収入が足りないことを意味している。その一部は、集めそこなったためであり、一部は、他の雑誌を大学の図書館に送ってもらった大学に対して無償で雑誌を送る 20 から 30 の交換によるものであった)。予約購読以外の唯一の収入は、242 ドルの広告収入である。それゆえ、総収入は 1,778 ドルであった。出版と流通の費用は、総額 4,125 ドルであった。結果としての 2,347 ドルの赤字は、大きな損失で、1996 年のドル価値では約 44,000 ドルになる。これは AJS だけの数字である。すべての大学定期刊行物に対して大学基金から供給される「補助金」総額は、1908 年の公式協定によると、結局は当時のドルで 20,000 ドル、1996 年のドルで約 375,000 ドルとなった。それが、ハーパーの学外支援活動へのコミットメントであった。

　表 5 と表 6 は、第一次世界大戦中の AJS の発行部数と財務結果を示している。これらの数字が示しているように、1908-09 年に ASA と出版会が会員予約購入を促進させたことによって、予約購入ベースが倍になったものの、『雑誌』の採算を取る助けとはならなかった。むしろ、それは現実の赤字をかつての半分に切り詰めた。その後、制作費の上昇が「利益」に食い込んだ。

　出版会と編集者との関係は、こんにちと同様、当時にあっても複雑をきわめていた。大学が出版会にかかわっていたにもかかわらず、さまざまな雑誌の継続的な赤字が意味していたのは、雑誌課長、雑誌課がおかれていた出版

---

15　図書館による購入は、図書と関係しているがゆえに、組織上、出版会に位置づけられていた。交換ベースで AJS を受け入れる図書館のリストは、ときに 100 くらいにまで達した。出版会の〔シカゴ大学〕図書館への関与もまた、出版会の雑誌編集者が余った本(雑誌〔編集部〕に送られてきたが書評をしなかったもの)を、寄託のために図書館に送ることを求められていた。事実、さまざまな雑誌〔編集部〕は副業として、定常的にこれらの本を売却した。この慣行については、世紀の変わり目から証拠となる記録があり、今世紀まで続いていた。出版会が寄託の公式方針を放棄したのは、1920 年代に出版会が図書館を「失った」ときである。

16　この計算には、消費者物価指数を用いている。当時の一人当たり国民総生産は約 233 ドル (1898 年のドル〔Historical Statictics 1976, 1: 224〕) であったから、AJS の毎年の赤字は、一人当たり GNP の 10 倍に等しかった。こんにちの一人当たり GNP の 10 倍は、300,000 ドルのオーダーである。

*135*

表5　AJSの発行部数、1905-1918

| 年次 | 図書館 | その他 | 交換 | 有償 | 無料 | 宣伝 | 合計 |
|---|---|---|---|---|---|---|---|
| 1905-6 | 381 | 365 | 79 | 825 | 76 | 110 | 1,246 |
| 1908-9 | 527 | 582 | 83 | 1,192 | 24 | 65 | 1,550 |
| 1911-12 | 551 | 658 | 100 | 1,309 | 18 | 24 | 1,575 |
| 1914-15 | 352 | 991 | 140 | 1,783 | 32 | 10 | 2,075 |
| 1917-18 | 737 | 1,099 | 157 | 1,993 | 22 | 24 | 2,225 |

訳注：合計が何の合計であるのか不明。

表6　AJSの収入と費用、1905-1918

| 年次 | 総費用 | 総収入 | 予約購読収入 | 広告収入 | 補助金 | 「利益」 | 純益 |
|---|---|---|---|---|---|---|---|
| 1898-99 | 4,125 | 1,778 | 1,536 | 242 | | | -2,347 |
| 1902-3 | 3,866 | 1,602 | 1,321 | | 4,300 | 2,036 | -2,264 |
| 1905-6 | 3,642 | 1,401 | 1,234 | 167 | 3,940 | 1,649 | -2,291 |
| 1908-9 | 3,235 | 2,068 | 1,877 | 191 | 1,800 | 633 | -1,167 |
| 1911-12 | 3,169 | 2,075 | 1,974 | 101 | 1,350 | 256 | -1,094 |
| 1914-15 | 3,733 | 2,383 | 2,273 | 81 | 1,350 | 0 | -1,350 |
| 1917-18 | 3,973 | 2,690 | 2,607 | 83 | 1,350 | 67 | -1,283 |

注）すべての数字は、当時のドル。1908-9年の補助金の減少は、意識的な政策。この時点から、出版会の雑誌の損失は20,000ドルに制限された。1905-6年の予約購読収入の減少は、出版会が経費として予約購読収入の25％を取ることを反映している。

部の長、そして出版会自体の長が、さまざまな雑誌に当惑しつづけるということであった。編集者は、経費を使いすぎる危険な人びとであった。出版会当局は、つねにかれらを抑えようとしていた。

　編集者たちはどのように経費を使いすぎたのであろうか。第1に、原稿料の支払いである。当時、すべての雑誌の予算には、有料原稿のための準備がされていた。「寄稿」の費用は、毎年の雑誌予算の約20パーセントであった。これは、販売促進費の割合と同等であり、それを上回っていたのは制作費（40パーセント）だけであった。AJSもこの点で例外ではなかった。スモールは通常、われわれがデータをもっている期間（1905～18年）に、原稿料の予算をあまり使っていなかったものの、この期間中、その予算は増加していたからである。

　編集者はまた、予約購読リストが支えることのできる以上の雑誌ページを必要としていた。このことが制作費用の核心にあった。たとえ制作費がめっ

たに予算を実質的に超えることがなかったとしても、制作費は出版会の配分額に一致していた。配分額は、大学が雑誌の広告収入と予約購読料〔の不足分〕を大学の基金から補填することをすでに想定していた。AJSの予約購読の拡張が、財務状態の向上からかけ離れていたのは制作費の増加——雑誌の規模の増大——にあった（第3の主要な支出——図表費用——は、他の出版会の雑誌に比べてAJSでは重要ではなかった。図表は、AJSの初期の号においてのみ現れていた）。

編集者と出版会の関係にかんする問題は、精巧な覚書に成文化された。出版会と編集者のあいだの取り決めにかんする最も初期の公式覚書は、1904年ごろから出ており、編集者は「雑誌、図表、原稿料、編集事務にかかる費用」を管理すると述べていた。制作、出版、財務は、出版会の管理下にあった。編集者は「理にかなった適切な方法で雑誌の発行部数を拡大するための手助けをする」ことが義務づけられていた。出版会は、「各年の印刷物のページ数の上限」を決める権利を保有していた。もっとも、じっさいには、出版会の役員は、その限界を超えた編集者にほとんど影響力をもたなかった[17]。

それゆえ、アルビオン・スモールは、後継者に問題をはらんだ関係を引き継がせた。出版会は、時が経過しても、AJSを収益点に持ち込むことを諦めなかった（出版会は、時として、ASAの『年報』(Publication)で少し金をもうけていた。それも、出版会が1905年の契約で発行していたものである。出版会はその収益を、AJSの赤字を埋めるのに振り向けた）。そして、1920年代後半までに、AJSは予約購読者数の総計で出版会の最大規模の雑誌となった。しかし、赤字はじっさいには1918年から1930年まで徐々に増加した。その状況は、シカゴ大学の社会学教授陣が『雑誌』の編集スタッフを構成したばかりでなく、典型的には学会の書記、会計、編集事務長も含んでいたことによって、はなはだ複雑になった（アーネスト・バージェス、スコット・ベッドフォード、ハーバート・ブルーマー、そしてルイス・ワースは1920年代のさまざまな時点でこうした地位に就いた）。ASAの編集事務長は、年刊の『年報』に公式に責任を負っていたが、しばしばAJSにも責任を負っていた (D.P.Bean to W. Harrell, 9 July 1932, UCP35: 1)。それゆえ、出版会の重役は、三つの異なる関係をもった人びとと議論してい

---

17　この文書は、Chamberlin to President H. P. Judson, 9 May 1908, PP89 42:7の手紙に添付されている。

た。——大学の同僚、AJS編集委員会、そしてASAの役員である。

## 結論

　要約すると、数多くの対立する諸力が、最初の30年間のAJSを形づくっていた。『雑誌』の淵源は、大学の援助プログラムと、明示的に宗教的な意味での使命にあった。実質的に、それは無定形の社会的関心を理解する多くの試みのひとつであった。それは、19世紀後半の資本主義の転換の結果として、学術研究の一貫した領域へとそれらの関心を形づくることによって生まれたものである。AJSは、この領域の内部にいる多様でつねに変化しつつある購読者層にむけて語りかけた。その中核にあるのは、小さな献身的な集団であり、かれらは大学の内部で新しい社会的知識を見つけることを目的としており、それにもかかわらず積極的な実践を支えるつもりであった。『雑誌』の最初の10年間をとおして、この小さな集団は、社会学を学術的に創建する事業に精励し、まずASAの創立に成功、のちに社会学を基礎的な教養課程の科目として組み込むことに成功した。

　スモールの雑誌は、この中核的集団の結集に中心的な役割を果たした。かれは、個人的にその成員のほとんどと結びつきをもっており、組織的にそのすべての活動の中心にいた。精力的で企業家精神にあふれたスモールは、雑誌を出版するというしばしば混乱に満ちた仕事をとおして、この集団の公的意識の創造を引き受けた。同僚に「ニュースとノート」を報告してもらい、信頼できる友人に論文や連載を寄稿してもらい、依頼原稿とかれ自身が書いた原稿でスペースを埋め、スモールはなんとか一号一号、一巻一巻、つくっていった。時がたつにつれて、かれは学問分野とともに動いていき、年を取りつつある友人を補う若い執筆者の流れを維持し、学術化に向かう趨勢を追い、ことによると促進した。そうすることによって、かれは学問分野になりつつあった社会学のより専門化された次世代を吸収し始めた。かれの手紙が示しているように、これは簡単なことではなかった。それは、展望を必要とし、如才のなさを必要とし、エネルギーと力を必要とした。

　そして、スモールは、出版社であるシカゴ大学出版会との手際のよい交渉

## 第3章　アルビオン・スモールの AJS

をつうじて、自分の企てのための財政的な基礎を、粘り強い努力によってなんとか維持した。じっさい、かれは、おぼつかない財政基盤を、出版会からの巨額で継続的な補助金によってやりくりした。これもまた、容易にできることではなかった。スモールの AJS は、費用のかかる計画であった。そして出版会が福音主義的な学外支援活動からもっと冷めた財政主義に移行するにつれて、かれはしばしば難しい立場に立たなければならなかった。

スモールの同僚は、雑誌の生き残りによって表された偉業を尊敬した。われわれが次章で見るように、1925年以降、AJSの主要な執筆者は完全に入れ替わった。まるでかれのより若い世代の同僚が、編集委員会を一掃したかのようであった。しかし、この入れ替わりのまえには対立の気配はなかった。そしてじっさいに、この年寄り（スモールは1924年に70歳であった）は、自分の生涯の最後の年に、「総務担当」として発行人欄のトップを保持していた。かれは、最後の号を、社会学についての自分自身の回想で満たした。かれの友人の最後の論文と、かれの任期中に AJS が出版してきたいっさいのごたまぜも一緒に掲載された。

スモールは同僚に活動する機関を残したが、しかしそれは最も緩やかな意味においてであった。そこには、編集手続きもなければ、定常業務もなく、収益の兆しもなかった。それとは逆に、AJSをつくることは、あいかわらず個人的で必死の仕事であった。こまごまとしたこと以上に、そこにはたんなる伝統があった。――それは、1920年代の新しい専門的で科学的な社会学に直接むかった軌跡として、新しい学問史家が、急速に再定義するであろう30年分の分厚い巻号である。

この意味において、AJSはまだ一貫した社会的実体ではなかった。『雑誌』の内容は、シカゴ学派の基礎になろうとしている「科学的」社会学とはほとんど関係がなかった。スモールの AJS は、まったく異なる社会学の知的手段であった。――社会学は、スモールによる、もっとはるかに曖昧な、社会改革、歴史、そして現在にかんする研究の混合物であった。しかし、AJSは、より曖昧な分野の知的支柱としての性格をもちながら、異常に大規模な入れ替えの時期をつうじて、確かな拠点を与えることによって、出現しつつある科学的分野に深い影響力を行使した。じっさいには、学術的社会学者の小さな内

*139*

部的中核をもつ雑誌である*AJS*は、より広い購読者層を利用して、ある一定の伝統と安定性を達成した。われわれは、次章で、「学問分野」の雑誌とはかけ離れた*AJS*が、じっさいには「学問分野をつくる」雑誌であったことがいかに真実であったのかを厳密に見ることになるだろう。

# 第4章　シカゴ学派のAJS

　初期の『アメリカ社会学雑誌』(*American Journal of Sociology*) は、ある男の化身であった。中期の*AJS*は、学科の化身であった。ちょうど初期の*AJS*が、スモールという学者であり改革者であった人物を理解せずには、理解不可能であるのと同じように、中期の*AJS*は、1920年から1955年までの時期に『雑誌』の発展を支えた学科の連続性とバランスを理解せずには、理解不可能である。ある程度、計量社会学と質的社会学と呼ばれるようになったものの分裂があったとはいえ、学科は個人的・知的忠誠の強力で複雑なネットワークによって、編みあわされていた。これらは*AJS*を支える枠組みをつくっていた。

## 社会学科と社会学

　アルビオン・スモールが去った1926年の社会学科は、かれが創設した1892年の社会学科とまったく違っていた。ジョージ・ヴィンセントは1908年に離れ、C・R・ヘンダーソンは1914年に離れた。W・I・トマスは1918年に有名な道徳事件で解雇された。学科はいまや、ロバート・パークとアーネスト・バージェスによって指導されていた。エルスワース・フェアリスは、1920年にトマスに代わって社会心理学に着任し、スモールが引退したとき学科長になり、1940年に引退するまでその地位にとどまった。コロンビア大学で博士号をとった計量社会学者であるウィリアム・オグバーンは、1927年に着任した。パークの学生であるハーバート・ブルーマーとルイス・ワースは、1930年ごろ、正式の教授陣に加わった。それからまもなく、オグバーンの学生であるサミュエル・ストウファーも教授陣に加わった。パークがリーダーシップをとっていた時期 (だいたい1920～35年) がシカゴ学派の絶頂期であったことは、すでにみてきた。[1]

---

[1]　社会学にかんしてもっと一般的には、Turner and Turner 1990を参照。

1930年代半ばに、カリスマ的なパークはフィスク大学に去り、人類学者のロイド・ウォーナーが教授陣に加わった。そして、ワースとブルーマーの古くからの友人で級友であったエヴェレット・ヒューズが、マクギルから呼び戻された。学科のスタッフは、いまや、1950年代初頭の危機まで保持されたかたちをなしていた。変化があったのは、1940年のフェアリスの引退と、戦争直後のストウファーのハーバード大学への出発だけであった。こうしたのちの時期の学科は、計量的研究と質的研究がまさしく対等にバランスを保っていた。オグバーンの自己主張と学科長としての地位は、質的研究教授陣の量的優位によって相殺されがちであった。戦後の時期に、このバランスのとれた学科が崩壊したことは、われわれが第2章でみたとおりである。

　学科史のこの中期において、社会学科は、社会学におけるその位置を根本的に変化させた。博士号生産におけるシカゴの支配は誇張されてきたものの、1920年代の社会学におけるシカゴの政治的中心性は、疑うべくもない。*AJS*がASA〔アメリカ社会学会〕の雑誌であったこと、シカゴの教授陣は長期間ASAの事務局(1912～36)と編集事務長であったこと(1915～36)、そして、シカゴ大学出版会がASAの唯一の出版社であったことから、シカゴの支配は絶大であった。そして、シカゴは、多くの人が述べてきたように、社会学の二つまたは三つの基本的な知的中枢のひとつであった。

　このいっさいは、1930年代に、社会学が制度的に成熟するにつれて、挑戦を受けた。全国的な博士号生産は、いまや年間約40であった (Marsh 1936)。1928年にアメリカ教育協議会が調査した236の単科大学と総合大学のうち、ほぼ半数(99)が社会学科をもっていた。ほとんどの地域別社会学会は、1930年代にさかのぼる。アメリカ人口学会 (Population Association of America、1932年)、村落社会学会 (Rural Sociology Society、1937年)、アメリカ・カトリック社会学会 (American Catholic Sociological Association)（のちに宗教社会学会 [the Association for the Sociology of Religion], 1938年) も同様である。少なくとも*AJS*にとってもっと重要なことは、『社会学と社会調査』(*Sociology and Social Research*)と『社会諸力』(*Social Forces*) ——*AJS*と同様にひとりの人間の雑誌——のような一般的な雑誌がそれぞれ1916年と1922年にさかのぼり、1930年代には、分化した顧客にむけた専門特化された雑誌が多数創刊された。1927年

第4章　シカゴ学派のAJS

には『教育社会学雑誌』(Journal of Educational Sociology)、1930年には『社会心理学雑誌』(Journal of Social Psychology)、1933年には『人口』(Population)、1936年には『村落社会学』(Rural Sociology)、1937年には『季刊世論』(Public Opinion Quarterly)と『ソシオメトリー』(Sociometry)、そして1939年には『結婚・家族雑誌』(Journal of Marriage and the Family)である。こうして1930年代までに、社会学は、社会現象として安定化して、完全に構造化され内的に分化した学問分野に転換した。

　安定性は、たんに制度的な構造を必要とするだけではなく、制度的境界線を必要とする。そして、それゆえに、最後の慈善家がASAから流出したのも1930年代であった。学問界とソーシャルワークを架橋していた調査運動は死滅した。ソーシャルワーク自体は、それ自身の学部のなかで専門職化に成功し、分離された。分離と、それにともなう完全な学問分野としての制度化は、完了した。[2]

　また知的には、社会学は1930年代と1940年代をとおして強力に前進した。ステッフェン・ターナーが論じたように、中心的な諸力は、計量的な社会調査が、商業組織と政府の双方から金をひきつけるのに、急速に成功したことにあった。戦後の時期までに、社会学は大企業となり、1950年代には市場調査はなにか社会学的な視点を残していた。同時に、誇大理論家は、いくらか意外なことに、知的にも政治的にも社会学の中央舞台をつかんでいた。

　それゆえ、1925年から60年までの中期に、AJSをめぐる社会学の文脈は、根本的に変化した。社会学が、学問界で安定的で独立した、知的に分化した領地となったので、AJSは、〔シカゴ大学〕社会学科と同様に、その特権的な地位を失った。それゆえ、AJSは数多くの新しい専門雑誌と、新しい中心的な競争相手である『アメリカ社会学評論』(American Sociological Review、以下ASR)

---

2　1930年代のASAの会員の減少を説明するものは、恐慌とともに、おそらくこの分離である。社会活動家のなかには、1932年にまだ登録されている者もいた（この年のASA『年報』の補充リストを参照。Publication 27: 4-11）。そして、かれらの献金はおおいに感謝されていた（Odum to Burgess, 15 May 1930, EWB2: 3）。当時の観察者は、会員数の減少を一般的な貧困のためであるとしたが（Lengermann 1979に引用されたインタビューを参照）、個人的な費用削減のために社会活動家の残党が辞めていくには、差異があった。同じ分離は、いくらか早く、学科に生じた。「活動家」——すべて女性——は、1920年に大学の社会事業学部（School of Social Service）を創設すると、所属を離れた。

*143*

のあいだで、自分自身の場所を見いださなければならなかった。

## 『アメリカ社会学評論』の創刊

　スモールの時代と同様に、中期も創刊から始まった。この場合に〔創刊したの〕は、AJSではなく、その敵手であるASRであった。ASRの創刊は興味深いが、それはAJSに多くの悪影響をもたらしたからではなく、むしろそうした影響が少なかったからである。私がこれから示すように、ASRの創刊は、じっさいにはAJSの定期購読者数を増大させ、AJSの収益性を向上させ、AJSの長期にわたるより明確な編集方針の定式化の原因となった。しかし、ASR問題はまた、初めて外部の顧問編集者を指名することになり、それゆえ、AJSはもはやASAの機関誌ではないものの、たんに学科の意志に支配されているだけではなく、学問分野の生活に出現しつつある全国的規範にも支配されているという、こんにちまで続いている感覚を証言している。このエピソードは、学術出版の核心にある収益、知的生活、そして組織構造の奇妙な関連を描写している。

　ASRの創刊は、ASAの内部にある広範な反シカゴ政治の一部であった。それは、1930年ごろ始まった転換で、1935年にASAの機関誌としてASRを確立させる投票が行われるまで続いた。レンガーマン(Lengermann 1979)は、シカゴに対する反乱をひきおこした5つの力について述べている。第1は、純粋に個人的な嫌悪であった。最も重要なのは、ルーサー・L・バーナードとAJSの編集者であったエルスワース・フェアリスとの確執である。第2の

---

3　この話は、Lengermann(1979)によってよく語られている。私は、彼女がバーナード文書のなかから引用している資料を読んでいないが、この論文では強い印象を与えるような研究がなされており、私がシカゴの資料でみてきたものとよく一致している（しかしレンガーマンは、このエピソードに対するシカゴの反応にかんする一次資料を読んでいなかった）。彼女が示しているように、「反乱」は、個人的な同盟以外になんの明白なつながりをもたない不満をもった社会学者からなる小さな中核によって指導されていた。ルーサー・バーナード、ジェローム・デイヴィス、W・P・メロニー、ニューウェル・シムズ、そしてH・フェルプスである。これらは反乱者にはみえない。この集団には何人かのシカゴ博士取得者も含まれていた（バーナードとメロニー）。かれらは、「青年トルコ党員〔進歩的な考えをもつ若者〕」ではなかった（バーナードとシムズは50歳を超えていた）。かれらはとくに、当時出現しつつあった構造機能主義や実証主義のパラダイムと結びついていたわけではなかった。

力は、社会学の成長と分化であった。それは、私がすでに述べたように、かなり以前からシカゴの中心的な役割を浸食していた。1925年から34年の10年間に、シカゴは社会学の博士学位の17パーセントしか生産していなかった (March 1936, table 13)。

　レンガーマンの言う第3の要因――シカゴにおける内的凝集性の低下――については、証拠はもっと弱い。シカゴの教授陣は、AJSをめぐる論争で一致してシカゴの側に立っていた。さらに、この時期の内部的な不一致は、バルマー(1984)が論じているように、かなり大げさに言われていた。[4] 凝集性を失うというよりも、シカゴ・グループは、元気をなくしていた。その重要な知的パラダイム――人間生態学、社会組織の制度研究、トマス=ミード・スタイルの社会心理学――は、1930年代に撤退するか休止していた。その一方で、その他の社会学のパラダイムは増加中であった。[5]

　レンガーマンが指摘したように、新しい計量化は、じっさいにはシカゴの側にあった。しかし、その結果は否定的なものであり、それが反乱の4つめの理由となった。反乱者たちは、新しい科学的エリート主義がシカゴの旧来の組織権力と手を組んで、社会学を完全なエリート支配に導くことを恐れていた。第5の要因は、大恐慌であった。それは、専門職の下っぱのあいだで、

---

4　1930年代のシカゴにかんするほとんどの記述は、学生の記憶に著しく頼っている。それは、量派と質派の分裂を誇張していた。結局のところ、ブルーマーは、ハウザーの修士課程の指導教授であり、親友だった。そしてどちらもワースおよびバージェスととても親しかった。かれらの方法は、少なくとも折衷的であった。学科内部の敵対関係についてはいくらかの証拠がある。――ほとんどは、オグバーンの尊大な態度とかれがブルーマーとヒューズの学生を研究計画時点で攻撃したことにある。しかし、この分裂はかなりマユツバであったという証拠がある。たとえば、ハウザー(個人的会話)は、量派と質派のソフトボール・チームが1930年代にあったことを報告している。戦後に、深刻な分裂が出現したとき、その分裂は、ウォーナーとヒューズの側と、ブルーマー、ハウザー、ワースの側のあいだで生じた。バーナードがなぜフェアリスを嫌っていたのかについてしっかりした証拠はない。感じとしては、ひとつには知的なもの(フェアリスはミード主義者で、バーナードは厳格な行動主義者)であるが、しかしもっとありそうなことは、バーナードはフェアリスが1920年に得たシカゴの職をたんに欲しかったということであろう。

5　人間生態学は、「生態学的誤謬」論争で頂点に達する攻撃にさらされていた。社会組織の研究は、人類学科とビジネススクールにとられていた。社会心理学は、シンボリック相互作用論にかんするブルーマーの本格的な解説を待っていた(つねに、そうであったように)。新しい計量化は、これとは対照的に、その生命の初期にあり、その限界はまだ明らかになっていなかった。

専門職の昇進経路をエリートが支配するのではないかという恐れをかきたてた。レンガーマンの信じるところでは、この要因こそ、シカゴ連合を打ち破るのに必要な票を反乱者たちに与えたものである。反乱の視点からは、深い争点は、平等性 対 エリート主義であった。

　この反乱は、シカゴにおいてどのように現れたのであろうか。シカゴの教授陣は、やりにくい立場にあった。かれらは一方で、『雑誌』と学会を支配するためにASAの反乱者と戦っていたが、他方では、『雑誌』とASAを、自分たち自身の出版会からの支払い能力を求める要求の増大に対して防衛していた。しかし、出版会でさえ、ASAに対してアンビバレントであった。もともと、出版会はASAをたんにマーケティングの装置としてみていただけだった。しかし、ひとたび、ASAが成熟した規模（会員数1,000）に達し、出入りが安定化すると（1920年代初頭）、その成長があまりにゆっくりとしたものになったので、AJSの事業による毎年の赤字を埋めることができなくなった。さらに悪いことに、ASAは長年にわたって、毎年の『年報』(Publication)——年次大会の予稿集——の出版費用の支払いが遅れていた。たとえば、出版会の常務取締役(Managing Director)であるドナルド・ビーンは、大学の経営役員(Business Officer)であるハレルに、1933年1月9日に手紙を書いている。「私は、なおアメリカ社会学会のために一生懸命仕事をしており、タイソンを追って、今週、ニューヨーク市に行きます。この勘定の1,294ドルだけが支払われるべきものですが、それを早く支払うように要求します」。1935年に、ASAは新しい雑誌を確立するという争点をめぐって討論がなされていたが、ビーンは、出版会への負債に実質的な利子を課すことによって、組織に屈辱を与えた。ASAは、訴訟を回避するために会員に債権を売ることを余儀なくされた (ASA *Publication* 29, 1: 14 and 29, 2 [1935])。[6]

---

[6] たまたま、われわれはこの戦いのあいだの、教授会メンバーの感情についてほとんど分かっていない。全員がシカゴにいて、すべてのコミュニケーションは口頭でなされていた。しかし、学科と出版会のあいだでは、コミュニケーションは書かれていた。それゆえ、われわれは、出版会の観点から、またそれをとおして学科の観点から、状況を再構成することができる。出版会は、論争のあいだじゅう、しっかり学科の側に立っていたが、つねに、大学の金銭的な利害を第一に、最も重要なものとして考えていた。出版会のキャンペーンは、ドナルド・ビーンによって指揮されていた。その手強く狡猾な常務取締役は、1931年の初頭にASAとAJSの状況を深く研究していて、あらかじめ「いつかれらをつかみ、いつかれらを囲

第4章　シカゴ学派のAJS

　こうした困難にもかかわらず、出版会はASAに強力で積極的な関心をもっていた。それは定期購読者層に対する関心であるとともに、将来性のある学問分野の最重要な雑誌を出版していることからくる象徴的資本に対する関心でもあった。AJSは、1930年までに、出版会の唯一最大の雑誌で、2,851人の定期購読者がいた。つぎに大きな出版会の雑誌は、その半分に過ぎなかった。そして1932年までに、内部費用の削減と、ASA非会員価格の値上げの組み合わせによって、雑誌は黒字に近づいた。定期購読者一人当たりの大学の補助金は約50セントにまで下がった。この状況のために、ビーンは対立の初期段階である1930年秋から1931年冬にかけて、極端に融和的になった。かれはたんに、ASAが自前でやっていくことの財政的な無謀さを示そうとしただけであった。こうして、かれの部下である出版会の経営役員、R・D・ヘメンズは、出版会のニューヨーク広報係に手紙を書いて、来るASA大会で「育成するのに相応しい人びと」を見つける注意深い試みをせき立てていた (14 December 1931, UCP 33: 1)。「学会と大学との関係、あるいは少なくとも学会の小さな集団と大学との関係は、いくらか緊張している。この緊張を緩和するためにできることがあればなんでも、出版のための契約を更新する助けとなるであろう」。

　他方、ビーンがこの状況にかんする長い秘密の論評——それはシカゴ社会学科の票についてASAに公表されたものである——で明らかにしたように (2 November 1932, K.E. Niles to Bean, UCP 33: 7)、ASA会員は半額割引でおおいに得をしていた。かれがそっけなく書いているように、「この契約は、大学にとって財政的利益の源泉とはならなかった」。ASAの反乱者に対するビーンの勧告は、出版会に所有権があるので、シカゴ大学の教授陣がAJSの編集者にならなければならないという事実を無視すべきであり（これは反乱者の反発の中心であった）、その代わりに、顧問編集者を毎年選出するという契約によって保証されたASAの権利に集中するべきであるというものだった。これ

---

い込むか」を決めていた。しかし、出版会と学科との関係は、近親相姦的に複雑になりえた。ASR論争がなされていた何年間か、ASAの編集事務長で、のちの書記・財務担当者であったハーバート・ブルーマーは、ASAは未払いの請求額を支払うべきであるというビーンのしつこい要求と戦うために際限なく時間を費やした。

*147*

らの編集者は、「雑誌の編集方針にもっと積極的に参加」できるとビーンは述べていた。この融和的な姿勢は失敗した。なぜなら、反乱の真の標的は、学科であって、とくに AJS にあったわけではなかったからである。1933年までに、ビーンはもっとシニカルになっていた。かれは秘書に1933年2月7日に、つぎのように書き送っている (UCP 35: 1)。

　　オバーリン大学のシムズ氏は、自分たち自身の機関誌を始めたアメリカ社会学会の反動的 [!] 委員会の新しい議長である。…バージェス氏の提案により、次回、私が東部に行ってオバーリン大学に立ち寄り、ウィルキンズ氏にブラザー・シムズを紹介してもらうことにします。あなたは、私のニューヨークのフォルダーにその結果を書いておいてくれますか。

レンガーマンが述べているように、1933年12月から1934年12月までは、バージェスのもとでのシカゴの「反撃」の時期であった。バージェスは、そのときまでに、ASAの会長になっており、いつもの対人的な政治的魔術を働かせていた。[7] しかし、バージェスは、自分から仕事を打ち切った。なぜなら、大学の弁護士からの助言を受けて、ビーンが一方的にASAをAJSにおけるいっさいの役割から外すと、1934年1月24日にバージェス (後者はASAの会長としての立場にある) に書き送ってきたからである。

　　学会の一部会員が、『アメリカ社会学雑誌』の出版元としてのシカゴ大学出版会と学会との現在の契約関係を誤解する傾向があるのを見るにつけ、大学はここに、1935年1月1日をもって、これら契約関係を解除したいとの通知を提示します。…『アメリカ社会学雑誌』は、その編集方針を継続し、社会学に関する重要な出版事業を最大限の財政的援助をもって提供します。われわれは、学会の会員のほとんどが、過去におけるこの伝統を評価し、これが継続的な理想であるべきであることに同意されるだろうと信じます。

出版会は、現在の状況に不満であるわけではなかったが、「かれら [ASAの

---

7　パークのかげに隠れて、穏やかで恥ずかしがりの男であるという、バージェスを見下したようなシルズの描写 (Shils 1991) は、真実からほど遠いものでありうる。バージェスは、人の扱いがうまかった。もの静かだが、非常に効果的であった。レンガーマン (1979) は、かれを熟達した対人戦術家として正しく見ている。

理事会—ほとんどがシカゴ大学の教授陣からなっている〕をいっさいの厄介ごとの源泉から解放」してやるためにこうすることにしたと、ビーンは述べている (UCP 33: 1)。

　この突然の一撃が、バージェスの考えなのかビーンの考えなのかは明らかではない。しかし、ビーンが何に応答していたかは明らかである。ニューウェル・シムズを頂く「反動的な」委員会は、1933年12月に——AJSの編集者としての立場にあったフェアリスの示唆により——、会員はAJS、『社会諸力』(Social Forces)、『社会学と社会調査』(Sociology and Social Research) のどれかを「学会」(半額) 誌として選択すべきであると報告した。公式には、これはAJSの〔学会誌としての〕廃止であるが、じっさいには、そうではなかった。なぜなら、ASA会員の85パーセントは翌年もAJSを選んでいたからである。これは、「通常」の年のAJS購読者のパーセンテージを少し下回っていただけであった (Bean to Harrell, 24 November 1934, UCP 33: 1)。しかし、出版会の眼から見ると、ASAが専属市場でなかったとすると、どんな公式の関係も意味はなかった。というのは、この契約の主要な効果は、出版会がこの雑誌のASA価格を抑えることにあったからである。さらに、(恐慌が延びるにつれて) ASA会員が減少したため、ASA非会員の定期購読数がいまやASA会員の定期購読数とほとんど等しくなったという事実ともあいまって、出版会のAJSからの収入は、もはやかつてほどASA会員に左右されなくなっていた。事実、1934年までに、AJS収入の3分の1以下が、ASAからであった (EWB1: 4のAJS予算)。それゆえ、ASAが投票で自由選択を決めたとき、ビーンは3週間以内に契約を解除したのである。

　こうして、じっさいにはASAではなく、大学が雑誌と学問分野の特別な関係を終了させた。レンガーマンの記述には、出版会が契約を打ち切るオプションを行使したことや、そうすることによって出版会はすでにASAの『年報』を1935年1月1日以降出版するのを拒否したことを、ASAではバージェス以外にだれかが1934年のうちに知っていたことを示すものは何もない。バージェス会長は、明らかにビーンの書簡についていっさいだれにも言わなかった。約1年後に、ブルーマーは (ASAの書記として) 出版会の経営役員であるヘメンズに手紙を書いて、学会は『年報』を出版する契約を取り消した

いと伝えたとき、ヘメンズは礼儀正しく、『年報』は一括契約のもとで出版しており、その契約は出版会によってとっくの昔に解除されたと指摘した (22 January 1935, UCP 35: 1)。ブルーマーがそれについて何も知らなかったばかりではなく、ASAの出版委員会(ニューウェル・シムズ、リード・ベイン、ルーサー・L・バーナード、そしてW・P・メロニーからなる「反乱」委員会)のだれもが知らず、この委員会が1934年12月の年次大会で、『年報』にかんする契約を終了することを出版会に通知すべきであると勧告し、ブルーマーに最初にヘメンズに手紙を書かせるという恥をかかせたのである。バージェスは、この時点で1年間にわたり破棄について知っていたものの、明らかに何も言っておらず、おもしろがっていたに違いない。

シカゴからの分離を宣言した最後のASA報告は、*AJS*の「役に立つサービス」と出版会の「協力」についての礼儀正しい声に満ちていた。出版会がASAの予算の面倒を見ていたことや、出版会が何十年も無利子で学会の債権を抱えていたことは、述べられていなかった。記録としては、1905年から1932年までの出版会からASAへの直接の補助金合計額は、1996年のドルで715,000ドルに値するものであり、年平均25,500ドルであった (完全な一覧としては、UCP 33: 1にあるビーンのメモを参照)。この額は、免除された利子を含んでおらず、教授陣が運営と編集のサービスに投入した時間も含まれていない。ただし、書記財務担当は例外であり、ASA予算から支出されていた (この件についてのASA報告は、*Publication* 29, 1: 19, 1935にある)。

全体としてみた場合、1920年代に、シカゴの補助金は、平均して、学会のじっさいの予算 (名目的な予算にシカゴの寄付金を加えたもの) の35〜40パーセントであった。それゆえ、財政的には、最初の30年間をとおして、ASAは基本的に出版会と社会学科の顧客組織であった。それゆえ、アメリカにおける専門職としての社会学の真の基礎が、新しい雑誌創刊の波が起こり、ASAがシカゴの君主権力から解放された1930年代に生じたと見なすことは、〔ASAが創立された〕1905年にさかのぼるよりも良いと思われる。私がさきに述べたように、「学問分野を形成する」一部は、事実として、専属市場を生みだしたいという第三者〔出版会〕の願望によって達成されたと認識することも重要である。

*150*

第4章　シカゴ学派の *AJS*

　出版会は、ASAとの契約を破棄するとともに、ASAから負債を回収するために強力に運動した（上記の法的脅し）。しかしまた、2,517.87ドルの負債を相殺するための明確な計画が立てられている場合には、ASAに新しい会員を探すための金も約束した (Hemens to Burgess, 28 November 1934, UCP 35: 1)。ビーンはまだ、財政的な結果が良い場合には取り引きをしたいと思っていた。

　出版会は、自分自身のために、*AJS*の財政上および編集上の将来計画を作成するのに1934年を費やした。ビーンは、出版会の編集責任者 (editorial director)であるゴードン・ラインクに (16 August 1934, UCP 35: 1)、フェアリスが降りたがっており、後任にオグバーンを推薦していると知らせた。ビーンはフェアリスがやめることに気が進まなかったが、フェアリスはそれでもその秋のあいだじゅうオグバーンを候補に推しつづけていた。しかし、ラインクはこの問題を『雑誌』の編集委員会にゆだね (Laing to file, 15 October 1934, UCP 33: 1)、このときと1936年2月6日 (Burgess to department, WFO 29: 2) のあいだのある時点で、バージェスが中心人物として現れた。かれはそのとき、つぎの編集者となり、出版会と学科から土壇場で勝利することを期待された。

　その間に、ASAの爆発が続いていた。勝利して最初に高揚しているあいだに、反乱者たちは、毎年の『年報』を継続させ、新しい雑誌を開始する計画を立てていた。しかし、かれらを出版会から引き離す誘因となっていた低価格は、分裂後、突然、2倍になった。このとき、学会は最終的に出版社に安定した現実的な価格を求めた (ASA *Publication* 29, 1: 8, 1935、ビーンに転送され、かれによってコメントが付された。UCP 33: 1参照)。現実が始まると、すでに季刊であったASAの『年報』は、たんに隔月刊の*ASR*として再定義され、改善された (ASA *Publication* 29, 4: 3-10)。この由来は、*ASR*は年次大会の報告にたいして第一順位の優先掲載権をもつという規則によって強調された。この規則は、反乱側の編集者であったF・E・ハンキンズが、*ASR*の第1年目に、シカゴ人であるフィリップ・ハウザーに大喜びで課した規則であった[8]。こうし

---

8　Hankins to Hauser, 13 January 1937, PMH 14: 8. ハンキンズの手紙は、冷淡にも傲慢であった。「ASSのシカゴ大会であなたが発表した論文は、まだ編集部に届いておりません。同じものを早めにお送りいただけませんでしょうか。この論文を他に利用されることを希望される場合には、お知らせください。プログラム上の場所を受け入れることは、提出された論文への最初の請求権を『評論』に付与するものであることを、あなたはおそらくご存じでしょう」。*ASR*の第1号にお

て、*ASR*は新しい雑誌ではなく、たんにかつての『年報』を新しい名前のもとで、シカゴの編集事務長なしに数回に分けて発行しただけのものであった。[9]

　事実、シカゴの教授陣は、*ASR*を名目以外のすべての点で創刊した。反乱が始まるまえの1930年に、『年報』を季刊で発行するように出版会と交渉し、それを予稿集から雑誌へと転換させたのはバージェスであった。この移行によって、特定の分野を「特集」に集中させ、それゆえ別個の金銭的価値を獲得することが可能になった（Burgess to R. D. Hemens, 28 February 1930, UCP 35: 1）。『年報』は、1930年代初頭の編集事務長であるブルーマーとワースのもとで、季刊ベースに移行した。この雑誌は、たんに名称を変更し、隔月刊となって、*ASR*として1936年に始まった。年次大会で発表されなかった論文をときおり採用することだけが、新しい方針であった。

　反乱が*AJS*の財政と販売におよぼした影響は、雑誌を収益性のあるものにして、発行部数を増加させたことであった。なぜなら、そのために、出版会は、定価による定期購読者を増加させる努力にねらいを定め、半額しか払わないASA会員を拡大する努力を放棄することを余儀なくさせたからである。ASA会員への*AJS*の価格設定が自由になったため、出版会はその価格を一年に40パーセント値上げして、ASAの定期購読者をおそらく10から15パー

---

　　けるハンキンズの編集後記は、他の社会学の雑誌に言及して「それらに対してわれわれは競争者として現れるだろう」と述べていたが、あからさまに*AJS*に名指しで言及していたわけではない。
9　*ASR*の反乱は、シカゴとその同盟者をASAのジャーナリズムからほとんど除外しなかった。*ASR*の2年目まで、ストウファーは編集委員会にいた。3年目は、チャールズ・S・ジョンソン、5年目はポーリン・ヤング、6年目はレオナルド・コットレルがいた。*ASR*の第4代の編集者は、シカゴの忠実な同盟者であるF・スチュアート・チェイピンであった。財政面では、*ASR*の創刊は、ASAにとって大きな重荷であった。1935年の出版委員会による2年間で2,000の購読者という考えは、その年に学会会員数が1,141名に減少したことを踏まえると、あまりに楽観的であった。同じ報告はまた、ASAは正会員の会費6ドルのうち4ドルを*ASR*に割り当てるとも述べていた。出版会との旧来の契約の最終年（1932年）に、ASA会員が出版会に支払う定期購読料は、2.50ドルにすぎなかった。それゆえ、新しい*ASR*は、会員に、じっさいには*AJS*よりも60パーセント増の費用負担を課した。さらに、*AJS*のような多くの非会員の支えがないために、会員の視点からは、より多くの金でより少なく雑誌を買っていた。1932年に、*AJS*はASA会員に3,750ドルの費用をかけていたとき、じっさいの経費は12,582ドルであった。反乱派の出版委員会は、この雑誌に3,800ドルから4,600ドルの支出を計画していた。その結果、ふたつの雑誌の規格と仕上がりの質は、当時にあっても、その後数十年間も、明らかであった。たとえば、*ASR*は1987年に光沢紙の表紙になった。*AJS*に遅れること20年であった。しかし、長年にわたる規格の違いは、少なくともいまではなくなった。*AJS*のページ数の優位は、*ASR*のより大きくてより活字を詰めたページによって相殺されている。

第4章　シカゴ学派のAJS

表7　AJSの発行部数、1928-1951

| 年次 | 定価販売 | 特価販売 | 交換 | 無料 | ページ数 | 購読者総数 | ASAの% |
|---|---|---|---|---|---|---|---|
| 1928-29 | | | | | 1,212 | 2,572 | |
| 1930 | | | | | | 2,851 | |
| 1934-35 | 998 | 1,124 | 98 | 33 | 888 | 2,122 | 88 |
| 1936-37 | 1,092 | 785 | 92 | 53 | 1,014 | 1,877 | 67 |
| 1937-38 | 1,191 | 812 | 92 | 55 | 1,116 | 2,003 | 78 |
| 1938-39 | 1,233 | 900 | 90 | 65 | 1,092 | 2,133 | 87 |
| 1939-40 | 1,168 | 1,040 | 86 | 90 | 1,020 | 2,208 | 99 |
| 1940-41 | 1,264 | 916 | 84 | 93 | 990 | 2,180 | |
| 1941-42 | 1,435 | 844 | 81 | 92 | 1,076 | 2,279 | |
| 1942-43 | 1,421 | 910 | 81 | 82 | 726 | 2,366 | 84 |
| 1943-44 | 1,602 | 757 | 81 | 80 | 592 | 2,369 | |
| 1944-45 | 1,430 | 896 | 81 | 83 | 600 | 2,366 | 75 |
| 1945-46 | 1,537 | 925 | 80 | 84 | 632 | 2,502 | |
| 1946-47 | 1,725 | 1,445 | 74 | 95 | 606 | 3,197 | 80 |
| 1947-48 | -----3,261----- | | 76 | 95 | 568 | 3,261 | |
| 1948-49 | -----3,877----- | | 68 | 101 | 936 | 3,877 | |
| 1949-50 | ------------4,101--------- | | | 108 | 764 | 4,101 | |
| 1950-51 | ------------4,407--------- | | | 112 | 688 | 4,407 | |

注）1942年に、AJSは判型を変え、その結果、ページ数が急速に減少した。1948-49年のページ数の過剰は、索引を含んでいる。ASAの％は、雑誌を定期購読しているASA会員の百分率を推定した数字であり、特価による購読者をASA会員数で割り算することによって推定した。AJSは、7月締めの財政年度、ASAは、各年1月1日現在の会員数であるため、補間しなければならなかったものの、おそらく約5パーセント幅で正確である。

セント失った。値上げによる変化は、収入に影響を与えなかった。

　表7は、発行部数の情報を示している。AJSは、ASRが総崩れとなった数年間のうちにASAの定期購読者をほとんどすべて回復させたものの、戦争の初期に地盤を失った。その地盤は、戦後になって回復した。恐慌それ自体は、すでに1930年から40年にかけて、AJSに定期購読者の基盤の約25パーセントを失わせていた。

　この総崩れの財政的結果は、さらにもっと満足のいくものであった。表8がその詳細を示している。さきに述べたように、AJSは最初の30年間に年平均約1,500ドルの損失を出版会にあたえていた。1925年から1932年に、負債は年平均3,600ドルになっていた。しかし、1930年以降、負債は減少した。じっさい、AJSはASAに所属していた最終年（1934～35年の自由選択

表8　AJSの収支、1928-1951

| 年次 | 費用 | 収入 | 定期購読料 | 広告収入 | バック | 購読者一人当たり価格 | 収支 |
|---|---|---|---|---|---|---|---|
| 1928-29 | 13,588 | 9,446 | 9,152 | | | 4, 2 | -4,112 |
| 1934-35 | 8,493 | 9,537 | 8,057 | 574 | 590 | 5, 2.50 | 1,044 |
| 1936-37 | 10,317 | 10,759 | 8,325 | 543 | 1,425 | 5, 3,50 | 442 |
| 1937-38 | 10,158 | 10,309 | 8,944 | 670 | 513 | | 151 |
| 1938-39 | 11,268 | 10,911 | 9,504 | 686 | 403 | | -357 |
| 1939-40 | 11,219 | 11,687 | 10,100 | 689 | 738 | | 468 |
| 1940-41 | 10,957 | 12,045 | 10,116 | 775 | 648 | | 1,088 |
| 1941-42 | 12,728 | 13,273 | 10,383 | 724 | 1,862 | | 545 |
| 1942-43 | 13,108 | 14,020 | 10,681 | 319 | 1,673 | | 912 |
| 1943-44 | 10,854 | 12,605 | 10,804 | 308 | 1,281 | | 1,751 |
| 1944-45 | 12,536 | 14,170 | 12,354 | 528 | 1,064 | | 1,634 |
| 1945-46 | 14,638 | 17,274 | 14,645 | 1,075 | 1,009 | | 2,636 |
| 1946-47 | 15,521 | 19,499 | 16,006 | 1,530 | 1,752 | | 3,978 |
| 1947-48 | 18,062 | 20,572 | 16,284 | 1,608 | 2,371 | 6, ? | 2,510 |
| 1948-49 | 26,744 | 26,460 | 20,279 | 2,162 | 3,786 | | -334 |
| 1949-50 | 24,862 | 25,516 | 20,544 | 2,057 | 2,504 | | 654 |
| 1950-51 | 22,947 | 23,974 | 20,346 | 2,003 | 1,270 | | 1,027 |

　　注）すべての数字は、現在のドル価値。価格は、変化があった場合にのみ記載。1番目の価
　　　格は一般価格、2番目はASA価格。

年）に、1,044ドルの利益があった。ASRの創刊後、つぎの15年間で、AJSは2年だけ赤字の年があった（1938～39年と1948～49年）。年平均の利益は、1,100ドルであった。この収入の変化の一部は、広告収入と特集の売り上げに帰することができる。しかし、この支払い能力の一番の基礎にあるのは、定期購読者の基盤が着実に増加したことであり、とくに定価販売の定期購読者の基盤が成長したことであった。これはASA非会員である教授陣と図書館への積極的な宣伝活動によるものであった。

　ASRのエピソードは、特定の大学から、独立した学問分野の制度化に向かって、強い諸力が作用したことをよく示している。ひとつの大学の教授陣による学会の支配は持続しえなかった。シカゴの教授陣は、出版会に対して学会を支持し、学会に対して出版会を支持する議論を同時にすることはできなかった。ひとたび、ASAの利害が学科の利害と同一のものでないことが明らかになると、シカゴ教授陣の立場は、受け入れられないものとなった。この認識の最初の兆しは、AJSの顧問編集者としてシカゴ以外の教授陣を指名することであった。それは1933年に初めてなされた（そのリストにはひとりか

ふたりの反乱者が含まれていた。これは、反乱を未然に防ぐトリックにはならなかった)。

出版会と同様に、1934年までに、学科も将来に向けてのまじめな計画を始めていた。さきに述べたように、いかにしてなぜ、バージェスが AJS のリーダー候補であったオグバーンにとって代わったかについての証拠はない。しかし、バージェスは、フェアリスが学科のすべての卒業生に送ろうと提案した手紙を書き直し、そのときからかれは主導権を握っていた。その手紙は (WFO 29: 2)、出版会の立場を明確にし、ASA へのシカゴの巨額の寄付を挙げ、出版会の金だけでなく、学科の (教授陣の) 時間と金 (『雑誌』の仕事をする学生のための奨学金) についても挙げていた。その手紙はまた、さまざまな投票の歴史、「自由選択の年」、そして ASA の 85 パーセントがその年に AJS を選んでいたという事実についても論じていた。バージェスはつぎに、道徳規範との関連で、新しい状況をはっきりと定義するにいたった。

> しかし、この状況の変化は、われわれの集団的な努力によって、もっと活力のある優秀な出版物を発展させる機会を招来するものに転じるかもしれない、とわれわれは信じています。これまで、つねに学会員の多様な関心と要求を代表する義務を負ってきました。いまや、論文と書評の性格を大きく改善し、過去において与えられていた以上の熱烈な支持に値する雑誌を刊行できる可能性があります。

争点を平等性 対 エリート主義においてきた反乱者とは違って、バージェスは、争点を品質 対 代表性においた。

学科はまた、AJS の使命を述べた文書も起草した (LW 17: 1)。雑誌は「文化的あるいは集団的行動」に焦点をあてることになるだろう。なぜならそれは、学科の領域であり、「社会学と文化人類学の共通領域であるというさらなる優位性がある」からだ。関心領域は、人種関係、コミュニケーション、コミュニティ、犯罪、人口、社会運動、社会的趨勢、パーソナリティ、そして家族となるだろう。AJS はいくらかの論文を募り、少なくとも年に 1 冊は特別のトピックにあてることを予定していた。主要論文は、調査の知見を提示するものとし、有意義で、読み応えがあり、10〜20ページの仕上がりのものが望ましいとされた。また、AJS は、小論文を出版することが望まれた。要

約または梗概、新しい方法についての短い言明、有望な研究の概要、そして会合の報告などである。「ニュースとノート」の欄は、継続することになろう。書評は数を減らして、長く、批判的なものとすることになるだろう。編集委員は、これまで以上に顧問編集者から出すこととして、それを達成するために、公式のローテーション・システムを確立させた。[10]

　新しい体制の兆候として、顧問編集者の最初の昼食会が1936年12月に開催され(EWB1: 4)、多くの同じテーマに触れた。しかし、顧問編集者もまた以前のASAとの結びつきによって禁じられてきた新しい別のリスクをとることを提案した。かれらは、もっと論争的な投書の欄、もっと的を射た書評、社会学を正当化する論文の除外、「利点の曖昧な数本の短い論文を発表するよりも」より長い論文を試してみること(最後のものは、ピティリム・ソーキンの発言)を推奨した。翌年の会合は、多くの同じ提案をもたらしたことに加え、「問題の言明から手続きをとおして、結論と解釈にいたるまで、そこに含まれる方法論的・技術的問題にかんする言明なしに、なめらかに進む」ようなものよりも、むしろ「頭痛の日記」のようなものを発表したらどうかという新しい提案もあった(ロバート・リンドによる提案)。

　全体として、この特別な方針のリストは、多かれ少なかれ、こんにちまで*AJS*と*ASR*を区別するものとなってきたことは印象的である。より長い論文、数は少ないけれども長い書評、開けっぴろげの論争、そして強力な特集は、*AJS*の特徴となった。この意味で、*ASR*との戦いは、半世紀間持続する分化を生みだした。

　しかし、学科はとても苦々しい思いであった。*ASR*を創刊するASAの最終投票から間もない1936年1月8日に、学科はこの問題を議論し、すべての購読者に対して*AJS*の価格を年間4ドルに値下げし、ASA割引は廃止することを決定した(8 January 1936, MDS)。しかし、常務取締役であるビーンは、仇討ちを禁止した。*AJS*は一般購読者には5ドルに据え置かれ、ASA価格は

---

10　何年間か、*ASR*の編集者は、*AJS*に「ニュースとノート」欄を放棄させようとし、何年間か、*AJS*の編集者と編集事務長は、拒絶した(たとえば、1951年3月14日の編集委員会記録を参照。LW 17: 1)。ヘレン・ヒューズとR・E・L・フェアリスは、1950年代半ばにふたつの雑誌を仕切っており、変更について議論していたものの、結局、「ニュースとノート」を*AJS*から取り除いたのは、ピーター・ブラウであった。

第 4 章　シカゴ学派の AJS

1 ドル (40 パーセント) だけ値上げして、3 ドル 50 セントとなった。

## 編集権の継承

　この長い論争のあいだも、編集の仕事は続いていた。AJS は、この中期に公式の編集権の継承が何回かあった。アルビオン・スモールが 1926 年に引退したとき、かれは雑誌を学科による「全体の編集」として残していった。1933 年、ASR 論争が中盤を迎えていたころ、集団的な編集権は、筆頭編集者 (editor-in-chief) のフェアリスにとって代わられた (事実、フェアリスは、少なくとも 1929 年までには、事実上の編集者であった。オグバーンとフェアリスの書簡を参照。WFO 29: 4)。ASR との直接的な競争が始まった 1936 年には、すでに述べたように、アーネスト・バージェスが 4 年間 AJS をひきつぎ、1940 年にはハーバート・ブルーマーがあとをついだ。かれは、1952 年に離任するまで編集者であった。その後、エヴェレット・ヒューズに代わり、かれは 1961 年に離任するまで編集者であった。しかしながら、発行人欄の名前はほとんど何も意味していなかった。ルイス・ワースは、1926 年からかれが没する 1952 年までの長い期間にわたって、事実上の編集者であった。そしてヘレン・マクギル・ヒューズは、『雑誌』を担当していた期間中 (1944-61)、さまざまな時期に事実上の編集者であった。

　肩書きがどうであろうと、これらの人びとはみな、シカゴの博士学位をとっていた。そしてフェアリスを除く全員が、シカゴ社会学の博士学位であった。かれらは全員、個人的な友人であり、互いに親密であり、4 人——ブルーマー、ワース、ヘレン・ヒューズ、そしてエヴェレット・ヒューズ——は、大学院の同級生であり、親しい友人であった。AJS は、もはや個人的な雑誌ではなかった。それは、これら中期において、第一次集団雑誌であった。

　われわれは、何が原因で編集権の継承が起こったのかについてほとんど知らない。私が述べたように、フェアリスはオグバーンに引き継がせたかったが、じっさいにはバージェスが、おおいに躊躇したあげくに引き継いだ (Burgess to Ogburn, 28 October 1939, EWB 1: 5)。このときに、出版会の編集責任者は、だれを編集者にするかについて最終的な権限をもっており、この件にか

んしては、学科全体から公式に申し入れを受けるというよりは、個人的に働きかけを受けていた。バージェスを提案する学科での投票もなければ、私の知るかぎり、かれの後継者のブルーマーやヒューズについても投票はなかった（公式の学科議事録が、1950年代後半の若い教授陣を巻き込んだもうひとつの論争のあいだに出現した。第5章を参照）。

　4年後に、バージェスは、*AJS*は安定した状態にあると確信して辞任し、新しい編集者にワースを推薦した。ワースは「〔これまでも〕最も重い編集責任を担い、効率的にその責任を果たしてきた」。オグバーン学科長は、バージェスに続けるように説得した。なぜなら、ワースは別の行政雑務をかかえていたからである。しかし、バージェスの辞意は固かった。オグバーンは学科長、フェアリスは引退、バージェスが辞任、ワースは使えない、そしてヒューズは着任したばかり（1938年）となれば、基本的にブルーマー以外に候補者はいなかった。ブルーマーとワースは、バージェスとオグバーンのどちらかが考えつくはるかまえから、ブルーマーが編集者になるだろうとわかっていた (Blumer to Wirth, 30 May 1939, LW1: 8)[11]。

　10年後に、ブルーマー自身は、シカゴを去る1年前に辞任しようとした。かれは1950年から51年にかけて休暇でハワイに行く予定であった。そして出版会との数多くの深刻な対立もあった (Editorial Board Minutes, 11 April 1950, LW 17: 1)。しかし、ワースとヘレン・ヒューズは1年間*AJS*を扱い、ブルーマーはじっさいには大学を去る（1952年）まで辞任しなかった。ここでもまた、選択の余地はほとんどなかった。今度は、編集委員会自体が、1952年5月22日のウィンダーメアー・ホテルでの会合において決定を行った (Editorial Board Minutes, 22 May 1952, EWB1: 7)。ワースは没し、ブルーマーは離任し、バージェスとオグバーンは引退した。テニュアのある教授陣のうち、ハウザー、ウォーナー、そしてヒューズだけが残った。第一の者は、ビルマの国勢調査の顧問のために不在であり、第二の者は人類学者であった。ヒュ

---

11　また、ブルーマーはそのとき独身であった。そしてことによるとそれゆえに、そのような義務を負うことがよりたやすいと考えられたのかもしれない。エセル・シャナスは、（個人的会話で）かれはときに朝6時から仕事をしていると報告しており、かれの編集スタイルには、莫大な個人的な努力があったのではないかと述べている。

第4章　シカゴ学派の AJS

ーズは幸い、この時点で何年間か編集委員会の活動的なメンバーであったから、唯一、現実的な可能性があった。

　こうした編集権の継承が示しているのは、AJSの編集権がほとんど偶発的な性格をもっていることである。アルビオン・スモールは、他の教授陣が望んでも、編集権を保持したAJS史上唯一の編集者であったようにみえる。その地位は重荷であり、教授陣は1925年以降、つねにそれを避けてきた。しかし、中期に、それは重要な義務とみなされた。そして、中心的な学科の教授陣がその仕事を行った。——バージェスやブルーマーのように公式にか、ワースのように非公式に。ヒューズが引き継いだとき、かれは多くの点で学科の周辺にいたが、かれの就任とともにAJSも周辺に漂流し始めた。その動きは、『雑誌』ののちの時期に加速されることになるであろう。[12]

　もうひとつの重要な「編集権の推移」がこのときに起こった。ヘレン・マクギル・ヒューズによるアシスタントとしての、そしてのちに編集事務長としての事務および編集作業の転換である。1925年から1944年までのあいだに、大学院学生のアシスタントは、原稿と帳簿の日々の管理に責任を負っていた。典型的には、責任のある学生は学科の奨学金を得ていた。ネイザン・ボーディン、ロバート・ウィンチ、エセル・シャナスなどがそうであった。もっとも、ときには、学科はそのような地位に資金を出す奨学金を学部長に申請していた。学生アシスタントは、原稿のカードファイルを保管し、締切を過ぎた書評の督促をして、概して原稿の流れを管理していた。この時点では、定期的な編集会議はなかった。業務と方針にかんする問題は、（いくらかいい加減に）学科会議で議論されていた。そして、編集者は、個人的にすべての原稿について決定を下していた。[13]

---

　12　私とのインタビューで、フィリップ・ハウザーは、学科のメンバーはAJSの編集を「愛国的な雑用」とみなし、とくに重大な研究資金をもっている者はだれも研究から離れる時間を取ることができなかったと、きっぱりと述べた。「たしかに、編集権を競って得ようとする人びとによる古典的な闘争は記憶にない」とかれは皮肉たっぷりに言った。

　13　われわれは、だれがスモールために事務仕事をしていたのか知らない。スモールは、その経歴のほとんどの期間、学部長であった。そしておそらく、学部長室の個人秘書にAJSの事務仕事をやらせていたのであろう。のちの時期の奨学金については、シャナス（個人的会話）と学科議事録 11 April 1929 and 9 October 1936 in MDSを参照。教授陣の議事録は、AJSの業務と方針にかんする問題について多くの議論を示してくれている。「社会変動」特集、索引の準備、現在の文献一覧の制度などである（リンドストロムとの個人的会話も参照）。エセル・シャナ

159

シャナスが西海岸に出発した2年後の1944年に、ヘレン・ヒューズが編集アシスタント (editorial assistant) となり、しだいに事務構造を変えていった。彼女がのちに指摘しているように (そして私が第2章で述べたように)、編集者たちはほとんどの時間、たんに不在であった。ブルーマーは、戦後のピッツバーグにおける鉄鋼ストライキの調停者となり、数年間、かなりの時間をピッツバーグで費やした。ストウファー、バージェス、オグバーン、エヴェレット・ヒューズ、そしてウォーナーは、みな戦争に関連する研究に関与していた。戦後、エヴェレット・ヒューズは、フランクフルト大学で長期間すごし、ワースは社会科学研究協議会 (Social Science Research Council) とかれが創立の手助けをした国際社会学会 (International Sociological Association) のために、世界中を飛び回っていた。ハウザーは、しばしば米国国勢調査局 (U.S. Census Bureau) か、別の助言の仕事で出かけていた。

　しかし、ヘレン・ヒューズ (1972) が述べているように、彼女は新しい仕事を見つけたということもあったであろう。原稿の数は圧倒的というほどでもなかった。AJSは1930年代半ばに、年間150くらいの原稿が寄せられ、3分の1くらいが採択された (Advisory Board Meeting Minutes, 29 December 1936, EWB1: 4)。10年後に、ヘレン・ヒューズは、実質的にもっと多くの原稿を扱っていたわけではなかったものの、もっと多くの仕事をしていた。彼女自身の回想とその他の人の回想はどちらも、彼女が編集で活躍していたと述べている。彼女は、多くの論文にかなり手を入れ、ときにそれは原著者にとっていらだたしいほどであった。彼女はまた、公式の編集委員会と (業務上の必要に応じて毎月あるいは隔月)、もっと効率的な原稿追跡手続きをつくった。

　ヒューズは、専門的な事務スタッフを創造するという、AJSの制度化における次の段階に進むのに、多くの点で理想的な状況におかれていた。彼女は、ワース、ブルーマー、そしてエヴェレット・ヒューズの博士課程での同級生であった。彼女とエヴェレット・ヒューズが結婚したあと、ふたりはカナダ

---

ス (1940-42年について) とフィリップ・ハウザー (1947-51年について) は双方とも、ブルーマーはすべて自分で決定を下していたことをはっきりさせていた。わずかな例外は、計量的な分野で、そこでは助言を求める傾向があった (計量的研究の訓練を受けていたシャナスから)。また、利用できる証拠が論じるところでは、ヘレン・ヒューズ (1972, 767) が、AJSの編集アシスタントは男性よりも女性であることのほうが多かった、と回想しているのは誤りである。

に行き（彼女はカナダ人であった）、かれはカナダでマクギル大学の教授であった。カナダで彼女は（夫以上に）、シカゴとの緊密な絆を維持していた。ほとんどの場合、ブルーマーととくにワースに宛てた長い親密な手紙によってである。彼女は、ワースをおだてて書評の仕事をもらい、研究者として忙しい状態を維持していた。かれらがシカゴに戻ってくると、ヒューズはパートタイムの仕事を欲した。彼女の一番下の子どもは、保育園に通っていた。彼女はAJSの仕事を得て、その仕事を原稿整理編集者（copyeditor）、編集事務長（managing editor）、そしてときに学術編集者（scholarly editor）の組み合わさったものに変えた。文書資料はほとんどないものの、エヴェレット・ヒューズが正式の編集者になってから（1952年）、ヘレン・ヒューズはどうみても『雑誌』の事実上の編集者であったという回想が広くみられる。

　こうして、雑誌の編集構造は、中期にかなり変化した。かつてひとりの個人によって運営されていたAJSは、いまや、いつもそのうちのひとりに運営を委託する第一次集団によって運営されるようになった。アルビオン・スモールの宗教的な天命は、学問分野の義務の意識にとって代わった。それは、バージェスが1936年に契約破棄に踏み込んだことに最も良く例証されているが、それだけでなく、ブルーマーがすべてのAJSの投稿論文を時間をかけ

---

14　ヘレン・ヒューズのブルーマーとワースに宛てた手紙に明らかに見られた、ことのほか若々しい親密さが、ヒューズ夫妻がカナダにいるあいだに、しだいになにか1940年代後半の堅苦しさに近いところまで冷えていったのはなぜなのかは、はっきりしない。たとえば、ブルーマーへの手紙（25 May 1933, LW 5: 3）は、「私の代わりにフェアリス博士にキスをしてあげて。首の後ろのところに。愛しています。ヘレン」で終わっている。あるいは、ワース宛て（19 October 1934, LW 5: 3）では、「ここに欲しい本がたくさんあります。それらをタダで手に入れたいので、私の想いは自然にあなたのほうに向けられていきます［ワースは書評の編集者であった］。以下の本のどれかが入っているなら、私に書評をさせていただけませんか」。彼女は、1938年1月11日にワース宛てに（LW 5: 3）、エヴェレットがアトランティック・シティのストリップ劇場で眼鏡を壊したことについて書いている。しかし、1940年代後半になると、彼女のワース宛てのメモは、1930年代の「親愛なる旧友のルイス」ではなく、ときおり「ワース先生」という宛名書きになっていた。ひとつには、これは学科の政治を反映している。ヒューズは、ウォーナーやその他の人間発達委員会のメンバーと手を組み、人類学者に強く心を動かされていた。一方、ブルーマーとワースは、社会学それ自体の中心にいて、いくらか人類学に疑念をもっていた。ブルーマーがヒューズの研究を重視せず、少なくとも1950年代初頭には、それを公然と口にするようになったことも真実である。そこには政治的な違いもあった。しかし、それ以前から疎遠になっていたように思われる。

て根気よく自分で読んだということにも例証されている。しかし、戦争の混乱は、教授陣がシカゴの外での義務を増加させたこととあいまって、もうひとつの転換を必要とした。恒久的な事務スタッフを創造して、だれかが編集過程を維持し持続させることである。こうしたことから、近代の学術雑誌を構成する定型的業務のいくつかが現れた。

## 査読

　新しい事務的な定型業務は、新しい査読手続きによって補完された。中期の査読が、完全に成熟した「真のピアレビュー〔同分野の専門家による査読〕」ではなかったことは容易に想像できる。この観点からは、初期の査読は、AJSの編集過程一般がそうであったように、まったくの身内びいきであったように思われる。しかし、中期の査読は、むしろその背後にあったもの、つまり、査読によって答えを出そうとねらっていた特殊な編集上の問題との関連で理解されるべきである。学術出版にかんする適正手続きという観念は、もっとあとの話であった。
　査読は、ことによると1920年代後半に生じていたかもしれない。スモールはときおり外部意見を求めたものの、かれの長期にわたる友人である執筆者への持続的な忠誠が示唆しているのは、勧誘が原稿をもらう主要な方法でありつづけ、原稿を依頼したのちは、それらを多かれ少なかれ修正なしで出版したということである。査読は、フェアリスのもとで生じ、特殊な専門分野——その最も重要なのは新しい統計である——を扱っていたことは明らかであるようだ。1920年代と1930年代前半から残存しているすべての査読結果文書は、オグバーンからのものであり、フェアリス宛で、かつ統計にかんするものである。

　　ミス・ジェニソンの現代社会学者の宗教観にかんする論文について。本論文の統計作業について、とくにまずい点はない。それはきちんとしたものであり、明快である。唯一、疑わしい点は、抽出である。それは、ほとんどの質問と結びついている点であり、もちろん、このことについて執筆者は認識している。しかし、

私はそこにとりわけ重大な欠陥があるとは考えない。その他の点では、統計的部分は明快であり、きちんとしており、非常によくなされていると思われる。
　しかし、私は、主題の重要性にかんして本論文に疑問を提起したい。ことによると、この点にかんしてはいろいろな意見があるかもしれない。しかし、私にはとくに興味深いものではない。そして、それが雑誌の読者の興味をおおいに引くものであるのかどうかわからない。(Ogburn to Faris, 27 April 1929, WFO 29: 4)

　この手紙の特徴のいくつかは、初期の査読結果文書に共通している。第1に、それは査読者の特殊な専門分野に関連している。オグバーンは学科で最良の統計分析家であった。第2に、それは直接、読者の関心という問題を提起している。オグバーンは、優秀ではあるが面白くないものの発表には反対するよう促している。第3に、それは査読者と編集者の親密な個人的関係を前提としている。この前提は、技術的な細部が欠如していること、ほとんど内容を欠いた批判、官僚的でない書式などから明らかである（これは、様式というよりも手紙として書かれている）。受け手（フェアリス）は、送り手（オグバーン）の判断に絶対的な信頼をおいている。フェアリスがのちの査読依頼のなかで述べているように、「私は、議論の健全さに重大な疑問があるように思うが、私にご教示願いたい」(Faris to Ogburn, 28 May 1930, WFO 29: 4)。しかし、他の専門家が必要であったことも等しく明白である。別の査読にかんする手紙で、オグバーンは「ことによると〔この原稿は〕、採択するのであれば、だれか法学部のメンバーに読んでもらうべきかもしれない」と書いている (Ogburn to Faris, 30 November 29, WFO 29: 4)。
　ひとつには、このトーンは、おおいにオグバーンの個人的スタイルによるものである。短くて、簡潔で、冷笑的である。しかし、われわれは、同じ種類の前提を、1936年にワースがブルーマー（「公式」の編集者であるバージェスではなく）のために本のような長さの原稿（*AJS*モノグラフ用）を査読したなかにも見ることができる。オグバーンと同様に、ワースはその論文の読者数について述べている。かれは、他の適切な専門家についても示唆している。かれは、原稿へのコメントにおいて、自分の意見が1ページ以上に渡っていることを詫びてさえいる（「私はこの原稿についていくつかのコメントを付け加えたい」）。かれはまた、自分の範囲を意図的に限定している。「事実の批判、一

般化の観点、資料出所、そしてスタイルにかんして多くの疑問があるが、そ
れについて私がここで触れることをあなたは望んでいないと思います。しか
し、原稿が最終的に発表されるまえに、思慮深い読者が執筆者たちに注意を
喚起すべきだと思います。それには、私がこの原稿に費やしたよりも多くの
時間がかかるでしょう」(Wirth to Blumer, 17 July 1936, LW1: 8)。詳細な批評は編
集者の権限であり、査読者の責任は、問題点をすべて指摘することではなく、
たんに判定することであるという前提に注意せよ。この判定を下すにあたり、
ワースは、オグバーンと同じ基準を引き合いに出した。すなわち、論文の質、
時機、そして議論の明快さと成功度である。オグバーンの場合と同様に、査
読結果を読むのは編集者だけであり、原稿が最終的に発表される場合にのみ、
執筆者の原稿修正を助けることを編集者に期待できるのである。じっさい、
他の書簡 (Winch to Wirth, 29 January 1940, LW 17: 1) は、査読者がときおり必要と
なった修正箇所を厳密に特定するように依頼されていたことを示しているが、
それは、採択されたあとにおいてのみであった。

　それゆえ、査読の社会構造は、つぎのようであった。編集者が、専門分野
と特異性をよく知っている個人的な友人に、時機、読者層、研究の質にかん
する意見を求めた。この判定は、多くの明白な正当化なしに、個人的な信頼
によって保証されたものとして伝えられ、つぎに、判定が肯定的で、編集者
が同意すれば、要求された厳密な問題と詳細な修正は、何とかなった。教授
陣メンバーが自ら適任でないと考えた場合には、編集者に部外者を紹介した。
その部外者は概して、紹介者が個人的に知っている人であるが、必ずしも外
部の顧問編集者であるわけではなかった。こうして、専門知識の二段の流れ
があった。

　このシステムの鍵となるのは、編集者が査読者を絶対的に信頼している
ということであった。なぜなら、判定は最小限の証拠でもって受け入れら
れたからである。じっさい、1940年代後半に入るまで、査読者の判定は、
教授陣の内部ではしばしば口頭で伝えられた (ハウザーとの個人的会話)。ま
た、この時点では、利益相反について特別の規則があったわけではなかった。
1930年代半ばに、フェアリスは、オグバーンに (オグバーンの学生である) サ
ミュエル・ストウファーによる投稿について意見を求めた (22 June 1935, WFO

29: 4)。それゆえ、状況全体は、同僚であることと信頼によって支配された土俵のなかに限定されており、公式の規範と手続きによるものではなかった。

　教授陣自身が、査読のほとんどをやっていた。1940年1月29日に、学生アシスタントであるボブ・ウィンチが、こわごわとワースに、査読を割り当てられていた10本の論文について判定結果を催促する手紙を書いた。そのうちのひとつは約1年前のものであった(LW 17: 1)。この状況は継続していた。10年後の1949年6月15日に、ヘレン・ヒューズは、バージェスに、かれが抱え込んでいる7本の論文についてせっついていた(EWB 1: 7)。そして1年後、彼女は、5本の論文についてワースを追いかけていた。この当時、その後もそうであったように、専門分野によって査読者が選ばれていた。オグバーンは統計的な論文のほとんどを扱っていた。バージェスの1949年の7本のうち5本は家族にかんするものであった。ワースの5本のなかには、人種・民族関係にかんするものが4本、知識社会学にかんするものが1本であった。

　しかし、査読は小さな仕事であった。証拠が示唆するように、個々の教授が1年に約15本の論文を査読していたとすると、拡大された教授陣は、1年に優に100〜200本査読したことになる。なぜなら、そこには6〜7名のテニュア付き教授だけでなく、同数かそれ以上の助教授、講師(instructor)、研究助手(research associate)がいたからである(また、1950年代までは、編集者以外にふたりで論文を査読していたことを示すものはない)。さらに、ブルーマーは、査読者なしで、原稿のかなりの部分をみずから却下していた。1930年代後半に、*AJS*は、150本の原稿を受け取っていただけであった。それゆえ、1930年代と1940年代には、1年に、最大限30〜50本の原稿が外部の顧問編集者にまわっていたことになる(1940年にそのような外部の人は14名いた。多くの場合、外部にまわった原稿は、奥付けに載らない、教授陣が指示した専門家のもとに行った)。これらの数字が、1946年までに大きく変化したことはありそうにない。

　査読にかんするこうしたシステム全体は、個人的なつながりのネットワークを前提としていた。短い判定結果は、編集者が査読者を知っており、絶対的な信頼をおいている場合にのみ機能する。そして、短い、簡潔な査読の慣

行は、戦後もずっと続いていた。ワースは、ヘレン・ヒューズの1950年7月の手紙に、8月28日に (LW 17: 1)、4つの原稿それぞれについて3行の判定結果を書いて返信した (Burgess to Blumer, 26 August 1948, EWB1.6 も参照)。

しかし、査読の全般的な構造の他の部分は、1950年代に変化しはじめた。1951年までヘレン・ヒューズは、執筆者に査読の遅れを詫びる手紙を書いていた。これまでになかった便宜である。さらに、彼女は、こうした手紙の写しに印を付けて、締切を守らない教授陣に送った (EWB 1: 7)。この時点までに、かなりの数の原稿について、第二の査読者が現れたようである (たとえばEWB 1: 7の例)。たしかに、相互作用的な構造——査読者が編集者に伝え、編集者が執筆者に伝える——は残っていた。そのことは、事実上AJSのすべての査読が〔シカゴ大学の〕約25人と、その他に、その集団にいるシカゴ教授陣が個人的に知っている数人によってなされていたという事実が示していた。しかし、編集事務長の存在は、新しい公式性と新しい感情的・規範的構造を、その関係に導き入れることになった。その構造は、編集者と査読者にたいして礼儀正しい新しい学問的規則を生みだしたのである。

この変化の背後にあった力は、必ずしもヘレン・ヒューズのパーソナリティや想像力だけではなかった。もっとも、それらは疑いもなく部分的な役割を果たしていた。だが、長期間、ブルーマーが不在であったために、初期のシステムが依存していた多数の個人的判断をする教授陣の編集者が存在しなかった（ワースは、たいていの場合、ブルーマーの穴を埋めていたが、かなり仕事を引き受けすぎており、しばしばかれ自身がシカゴの外に出ていた）。たしかにヘレン・ヒューズはAJSの永続的な関係者であり、社会学の博士号をもっていた。しかし彼女がそのような判断をするには、権威——教授の地位——が欠けていた。それゆえ、彼女は、編集者が判断するのに必要とされる公式の基礎を生みだすために、定型的な編集慣行を導入しなければならなかった。ブルーマーがシカゴに戻ってきたとき、かれは旧式の、場当たり的なシステムに戻したようであった（ハウザーとの個人的会話）。しかし、ブルーマーがバークレイに去った1952年までに、新しいもっと公式的な構造が試みられ、利用可能となった。じっさい、われわれには確かなことはわからないものの、この時点までに原稿の数が深刻なまでに増大していたにちがいない。なぜなら、

第4章　シカゴ学派の *AJS*

ASAの規模が1945年から1950年のあいだに倍になり、1950年から1956年のあいだにさらに倍になったからである。[15]

　ある程度まで、これらの変化は書評セクションについても当てはまる。1930年から、書評はルイス・ワースの手中にあった。ワースはこのセクションを非常に非公式に運営し、とくにモントリオール時代のヘレン・ヒューズとエヴェレット・ヒューズのように、かれが知っている場合には、書評をさせて欲しいと頼んできた人びとに本を送っていた。同時に、このセクションは、ときおりトラブルの原因になっていた。ブルーマーは、ハワード・オーダムの本についての敵意のある書評を書いたために、厄介な目に遭っていた。オーダムは、私的に、オグバーンとバージェスにひどく不平を言ったのである (Odum to Burgess, 21 May 1930, WFO 29: 10)。そしてじっさい、*AJS*はまず最初に、*ASR*論争で大きな役割を果たしたニューウェル・シムズが、1920年代半ばにシカゴの熱烈な支持者について極端に敵意のある書評をしたあと、かれを評者のブラックリストに載せることによって、遠ざけたようである。

　ヘレン・ヒューズは、書評についても規則化しようとした。彼女は本を書評者に割り当てるために、教授陣を定期的な会合に組織した (Helen Hughes to various faculty, 18 November 1949, LW 17: 1)。彼女はまた、ある種のデータベースと追跡システムを創り出したようである。それにもかかわらず、書評は、原稿と同じくらいに規則化されることはなかった。ヘレン・ヒューズの突っ込みだけでは書評の締切を守らせたり、無視された本の著者を相手にしたり(かれらは教授陣に手紙を書き、教授陣は彼女に接触した)、準備中に紛失した本を見つけることはできなかった。書評は、現代まで*AJS*において混乱したままで

---

15　もちろん、ヘレン・ヒューズと教授陣の男性たちとの関係は、彼女がのちに書いているように(1972)、複雑で難しかった。当時の彼女の書簡で、彼女はしばしば、憤怒と尊敬のあいだで引き裂かれていた。ときに彼女は陽気であり、「偉大な男たち」への自分自身の突っ込みを茶化していた(「私は昔のようにガミガミ言うために、熱意と元気いっぱいでバンクーバーから戻ってきたのです」[HMH to Wirth, 12 May 1947, LW 17: 1])。またときに、彼女は冷たくみえ、ことによるとそれは、すでに述べたヒューズ家とワース家とブルーマー家の複雑な関係を反映していたかもしれない。しかし、ここで私の話にとって中心的なのは、継続的な関係者である編集事務長としてのヘレン・ヒューズの存在と行動によって、彼女の前任の大学院学生では不可能であった規範的な定型業務と(締切を守らない教授陣への)罪の公然たる主張が確立されたことである。

*167*

あった。

## 執筆依頼と寄稿者

　すでに述べたように、第1期をとおして、*AJS* は多くの依頼原稿を含んでいた。しかし、「依頼」には無数の影の部分があった。スモールは、匿名もしくは個人的結合にもとづいて同僚に送られた原稿について、同僚から聞いていたかもしれない。スモールの時期が終わるまでに、この種の紹介は、定期的に若手の教授陣をとおしてなされ (Gaziano 1996によって論じられているPark-McKenzie書簡を参照)、スモールが去った直後に、筆頭編集者なしでもできると教授陣に納得させるような原稿募集のネットワークを生みだした (このことは、編集者の主要な仕事が原稿の募集であり、それがスモール・モデルであったという観念に合致する)。

　中期の比較的早い時期に、そしてじっさい中期をつうじて、多くの論文が「教授陣の紹介」経由で *AJS* に届いた。通常、これらはその内容に関心をもってもらえそうな——ときに明示的に、ときに暗黙のうちに——教授陣メンバーに、その価値があるのであれば『雑誌』に回付してもらいたいという希望をもって送られてきた論文であった。この経路は、われわれには原稿提出の不正な接近法のように思われるが、執筆者はだれが編集者であるかを知らないという理由から、あるいは「有力なコネ」をもっているほうが助かるという理由から、利用されていた。しかし最も多くの場合、執筆者たちはこの提出手段を一種の事前選考とみなしていた。なぜなら、かれらは(正しくも)、関心のある教授陣メンバーは意見を求められるであろうと想定していたからであった (かかわりのある教授陣メンバーは、しばしば紹介とともに意見を送った。Ogburn to Faris, 30 November 29, WFO 29: 4)。しかしながら、論文のコピーを複数とることは、1960年代まではけっして容易なことではなく、多くの執筆者は、同僚と学科と雑誌に送るのに一部だけコピーがあればよいと感じていたかもしれないことを思い起こすべきである。しかし、つぎのこともまた明らかである。スモール以後の最初の10年間に、奥付は、筆頭編集者を掲載しておらず、この種の提出を余儀なくさせていた。もっとも、そのような紹介

第4章　シカゴ学派の *AJS*

は、ひとりの編集者の名前がふたたび奥付に現れるようになった1934年以降もやむことはなかった[16]。

　ときとして、そのような教授陣の紹介は明らかに恩顧の問題であった。それゆえ、かつて学科のメンバーであったエドワード・サピアは、ワースにつぎのように書いている（かれが編集を担当していた時期のひとつである1935年6月12日に, LW 17: 1）。

> アメリカ社会学雑誌用にもうひとつの原稿を持ち込んでもよろしいでしょうか。今回はあなたがもっと関心をもたれることを望んでいます。「黒人の宗教における聖別」にかんする同封の原稿は、イェール大学の黒人の大学院学生によるもので、かれは教育学を専攻しているはずで、現在はアラバマ州のタスキーギ大学にいます。…私は、あなたと学科のほかの方々がそれに魅力を感じることを望んでいます。

　われわれは、1949年のワースから似たような紹介を手にしている。ただし、今度は、役職が変わっており、もはや経路は、直接、編集者を経由するものではない。このことは、接触の性質を大きく変化させるものである。

> 私は、ミス・コーエンの博士論文を要約したこの論文が雑誌にきわめて相応しいものであると思います。私は編集者たちに考慮していただくために推薦します。外部の査読者が必要なら、60丁目東1313番地の都市再開発プロジェクト、コールマン・ウッドベリー氏を提案します（Wirth to Helen Hughes, 16 June 1949, LW 17: 1）。

　しかし、この手紙は、きわめて距離をおいた公式のもののように読める*が*、じっさいには「編集者たち」とは、ワースの旧友であるブルーマー、ハウザー、そしてヒューズであり、外部の査読者とは、ミッドウェイ〔シカゴ大学社会科学棟が面している100メートル道路のような大通り〕の向かい側に見える。このことは、ワースが身内びいきである——時代錯誤の判断を下している——

---

[16] この「教授陣の紹介」の例は無数にあり、ほとんどの教授陣が関与していた。興味深い事例については、ウィーンのヘルツ博士の論文を伝達したOgburn to Faris, 23 April 1929, WFO 29: 4 (Herz's letter to Ogburn, 7 January 1929, WFO 29: 4も参照）。もうひとつの事例については、Burgess to Blumer, 26 August 1948, EWB 1: 6を参照。

ということではなく、1940年代に「外部」が何を意味していたのかを、われわれに示している。AJSを運営している直接的なサークルでないだれかである。同時に、教授陣のなかには、1940年代後半までに、現代の言葉でいうなにか利益相反のようなものを概念化していた者もいた。バージェスは、ヘレン・ヒューズをとおした似たような紹介のなかで、「しかし、この私の好意にはいくらか偏りがあるので、だれか別の読者が読むべきである」(11 May 1948, EWB 9: 3) と書いている。

　教授陣によって紹介された論文が、必ずしも好意的な扱いを受けたわけではない。たとえば、ブルーマーは、編集者として、ワースに1943年2月10日に手紙を書き、ワースが紹介した論文を返した。「これはどうにもならない論文だ。これは素朴さ、教条的な主張、そして自文化中心主義的な認識に満ちている。かれはモラールもモチベーションも知らない。これをマッサーマンに返してもらえないか〔おそらく、精神分析家のジュールズ・マッサーマン〕。かれには適当に言い訳をしておいてくれ」。この短いメモはまた、教授陣が紹介した論文が必ずしもAJSの編集者からの公式的な返答を得るに値するものであるとは限らないことも示している。中期における『雑誌』の原稿の流れを推定する困難のひとつは、編集者が決定を下した多くの、あるいはことによるとほとんどの原稿が、じつは、AJSの郵便箱をとおしてというよりも、このやり方で『雑誌』に届いていたということである。おそらく、学生のアシスタント、そしてのちにはヘレン・ヒューズは、多くのこのような原稿について知ることさえなかった。これらの原稿は、AJSの事務所やファイルに公式に出現しないままに、受け取られ、紹介され、読まれ、却下されることがありえた。皮肉なことに、AJSの各号の表紙に印刷されていた原稿にかんする公式の注意は、とくに執筆者に対して原稿を「個人にではなく」編集者に送るように告げていた。この禁止事項の効力は、明らかにゼロであった。20年後、ピーター・ブラウが編集者であったとき、「なく」はイタリックになっていた！　たぶん、これはいくらかよかったであろう。しかし、1960年まで、多くのあるいはほとんどの論文は、教授陣をとおして届いていた。[17]

---

17　特集を別にすれば、非常にまれに、編集者が意図的に特定の執筆者に論文を依頼し、白紙委任を与えることがあった。そのような一例は、ワースとかれの友人であるルイス・ゴッチ

第4章 シカゴ学派のAJS

　ASRが創刊され、年次大会でのすべての論文に対する所有請求権をもつようになると、紹介はAJSにとってとくに重要となった。1930年代後半に、AJSは十分に質の高い原稿を欠くようになり、特集の長いシリーズを企画するように駆り立てられた[18]。

　原稿の出所にかかわるパターンが変化したことは、執筆者の要員全体にはっきりとした効果をもたらした。私は、「主要な執筆者」を、10年間に4回以上AJSに発表している執筆者と定義している。この定義によると、スモールの30年間に、それぞれ14名、16名、そして9名の主要な執筆者がいた。スモールが在職しているあいだの主要な執筆者（N＝32。というのは、重なっている人びとがいるため）のうち、1925～35年まで残った者は少なかった。アーネスト・グローブズ、F・スチュアート・チェイピン、そして皮肉なことに、反乱の指導者であるルーサー・L・バーナードである[19]。主要な執筆者であったシカゴの教授陣でさえ、その役割としては新しかった。パーク、オグバーン、ワース、バージェス、そしてフェアリスは、1925～35年に合計29本の論文を発表していた。その時点よりまえに、主要な執筆者であった者はいなかった。

　したがって、雑誌の第4の10年間は執筆者がおおいに民主化された時期であった。36名がこの10年間に4つ以上の論文を書いていた。いま挙げた8名以外に、かれらのなかには、ピティリム・ソローキンのような全国的な人物、ルス・キャバンのような地元の大学院学生、メルヴィル・ハースコヴィッツのような人類学者、チャールズ・ハバード・ジャッドのような社会学以外のシカゴの教授陣、リード・ベインとハワード・P・ベッカーのような

---

　　　ヨークが1938年に扱った、レオン・トロツキーから原稿を得ようとする試みであった。トロツキーは、自分についてのゴッチョークの論文（AJS1938年11月号）に返答を書くことを原則同意したが、それを果たさないまま2年後に暗殺された（Gottschalk to Wirth, 25 July, 1938, LW 1:8)。

18　しかし同時に、特集は、AJSを社会学において知的に優勢な雑誌にするためにバージェスが計画した戦略の一部であった。バージェスが強調した論争、関心の広がり、そして知的な深さは、特集の特徴となった。これについてはのちに論じる。

19　かれの不平にもかかわらず、バーナードは事実、アルビオン・スモールとかれの友人であるE・A・ロス、そしてスモールの同僚であるC・R・ヘンダーソンを除けば、他のだれよりも前世紀にAJSの多くのページに発表していた。

ASA反乱のリーダーが含まれていた。36名のうちの8名だけが、シカゴの大学院学生か教授陣であった。これら主要な執筆者は、合計177の論文を書いていた。これは、この10年間に雑誌に掲載された論文総数の約40パーセントである。それゆえ、中心的集団の民主化は、いくらか専門職の周辺を犠牲にすることになった。[20]

この頂点における民主化は、1936年以降、急速に衰退した。つぎの10年に主要な執筆者は12名にすぎなかった。かれらは、論文総数の約20パーセントを執筆した。1935〜45年の10年間は、地元の人が優勢であった。12名の主要な執筆者のうち、5名はシカゴ社会学の教授陣であり、ひとりはシカゴ心理学の教授(エドワード・L・ソーンダイク)、そして4名は社会学科の大学院学生か研究スタッフであった(H・ウォレン・ダナム、エセル・シャナス、エイブ・ジャッフェ、エドワード・ロイター)。つづく10年間(1945〜55年)に、そうした主要な執筆者による執筆はさらに少なくなった。9名の人びとが論文総数の約10パーセントを執筆した。9名のうち、3名は教授陣(オグバーン、ボーグ、そしてバージェス)そして4名は新進の大学院学生(ラルフ・ターナー、アーノルド・ローズ、ロナルド・フリードマン、そしてラインハルト・ベンディックス)であった。*AJS*の第7期の10年間に、この測度はふたたび徐々に上がりはじめた。16名の人びとが論文の約15パーセントを提供した。この集団のなかの教授陣には、ジェームズ・デイヴィス、オティス・ダッドレイ・ダンカン、ピーター・ロッシ、アンセルム・ストラウス、そしてレオ・グッドマンが含まれ、大学院学生とその他の地元の人には、ハワード・S・ベッカー、スタンレー・リーバーソン、マレー・ワックス、そしてサンフォード・ドーンブッシュが含まれていた。

このように、*ASR*の反乱が増大した10年間は、事実、非シカゴ人が*AJS*の中核的な執筆者のなかで最大の役割を果たしていた。その後は、集中度が一般に落ちたものの、シカゴのグループは中心的な集団の入稿のうちはるかに大きな部分を支配していた。

執筆者の全体的な集中度がしだいに低下してきたことは、社会学の専門分

---

20  しかし、この「中心における民主化」の実質的な量は、毎年の「社会変動」の巻における執筆者の重複を反映している。

第4章　シカゴ学派のAJS

表9　AJS執筆者の平均年齢、1925-1965

|  | 10年間 | | | |
| --- | --- | --- | --- | --- |
|  | 4 | 5 | 6 | 7 |
| 中間年 | 1930 | 1940 | 1950 | 1960 |
| 執筆者総数 | 282 | 328 | 383 | 451 |
| 年齢 | 41 | 45 | 41 | 39 |
| (N) | (248) | (290) | (328) | (388) |
| 学士取得年齢 | 25 | 24 | 24 | 23 |
| (N) | (206) | (220) | (272) | (348) |
| 博士取得年齢 | 34 | 33 | 33 | 31 |
| (N) | (229) | (276) | (337) | (408) |

注）Nは、掲載された情報が利用可能な個人の数。

野全体の規模の増大と一致した民主化の趨勢を物語っている。表9における執筆者の年齢データもまた、正規化と専門職化という単純で一貫した話の筋を語っている。年齢の数値は低いところから始まり、旧来のスモールという中核が脱落すると、AJSは若返った。つぎに、新しいエリートが支配的な立場にとどまると年齢は上がっていったが、社会学が急速に拡大した戦後は低下した。1965年までの3つの10年間における年齢の低下は印象的である。学士と博士の取得年齢は、社会学的なキャリアの安定性が出現したことを示している。執筆者のうち学士の取得年齢は、中断のない学校教育が規範となるにつれてしだいに低下した。博士の取得年齢は、『雑誌』の歴史をつうじて5年低下した。ここでもまた、中断のない学校教育と専門職化のパターンが強化されていることが反映されている。

　類似した規則化と制度化の過程は、表10に示されているように、AJSの学問分野としての焦点にも明らかである。1925年までに学術化が始まったAJSは、中期のあいだに、特殊社会学的な雑誌になった。第4の10年間から第7の10年間まで、『雑誌』はしだいに社会学に集中するようになり、その割合は、第4と第5の10年間にほぼ変わらず56パーセントであったが、第6と第7の10年間には75パーセントに飛躍した。その他の分野は、第4と第5の10年間には特集によって目に見えていたが、1950年以降、これらの特集は内向き——家族や産業社会学のようなトピック——に転じ、非社会学的な寄稿は減少しはじめた。1965年までに、AJSは最終的に純粋な社会

表10 　AJSの執筆者の博士号の分野、1925-1965

| | 10年間 | | | |
|---|---|---|---|---|
| | 4 | 5 | 6 | 7 |
| 中間年 | 1930 | 1940 | 1950 | 1960 |
| 執筆者総数 | 282 | 328 | 383 | 451 |
| 博士比率 | 82 | 84 | 88 | 91 |
| 学問分野が判明している博士比率（対執筆者総数） | 67 | 67 | 82 | 86 |
| 社会学 | 56 | 57 | 73 | 76 |
| 哲学 | 2 | 3 | | 1 |
| 経済学 | 8 | 5 | 6 | 3 |
| 歴史学 | 3 | 2 | 1 | 1 |
| 心理学／社会心理学 | 6 | 6 | 8 | 9 |
| 教育学 | 3 | 3 | 2 | 1 |
| 人類学 | 4 | 7 | 4 | 3 |
| 政治学 | 6 | 3 | 1 | 4 |

注）個別分野の数値は、博士号の分野が判明している執筆者に対する百分率。博士号をもっている百分率は、最小限の数値。疑いもなく、われわれが知らない多くの博士が存在する。博士号は発表後に取得することもありえる。それゆえ、成功した大学院学生が含まれている。

学の雑誌になった。

　この変化は、一時的に、シカゴそれ自体への新たな焦点化をともなっていた。すべての社会学博士のうち、シカゴ社会学の博士をとっている比率は、1925〜35年に、アルビオン・スモールの時代の水準である36パーセントにとどまっていた。しかしその後、年次大会の論文を書き直したものを発表する可能性（それは、いまや規則によってASRに行ってしまった）が失われ、専門職が縮小すると、編集者は内向きになり、1935〜45年には、シカゴ比率は42パーセントに上がった。1955年以降、以下に見るように、明らかに新しい体制が存在した。1955〜65年にその比率は、22パーセントに下がった。[21]

---

21 　私の数字は、エヴァンズ（1986-87）のものよりも高いが、それは私が執筆者を所属と分野によって分けたからである。かれが見いだしたシカゴ比率の低さは、特集において多くの非シカゴ・非社会学者が含まれていたからである。すでに述べたように、特集は、一定程度、AJSについてのすべての一般的な統計を歪める。ひとつにはそのために、私はここで内容をじっさいに考慮しなかった。集計レベルでのまさに注意深い分析にもとづくASRとAJSの内容にかんする一般的な研究については、Kinloch 1988を参照。

第4章 シカゴ学派の AJS

表11 AJS の寄稿者の学位の高さ、1925-1965

| | 10年間 | | | |
|---|---|---|---|---|
| | 4 | 5 | 6 | 7 |
| 中間年 | 1930 | 1940 | 1950 | 1960 |
| 執筆者総数 | 282 | 328 | 383 | 451 |
| 博士号取得場所の判明率（全執筆者中） | 81 | 84 | 88 | 91 |
| 海外 | 5 | 12 | 8 | 7 |
| シカゴ | 30 | 30 | 32 | 20 |
| コロンビア | 20 | 13 | 12 | 10 |
| ハーバード | 5 | 6 | 7 | 9 |
| ジョンズ・ホプキンズ | 2 | 1 | 1 | 1 |
| ウィスコンシン | 3 | 4 | 5 | 4 |
| イェール | 4 | 3 | 3 | 3 |
| プリンストン | 1 | | 1 | 2 |
| ペンシルバニア | 3 | 4 | 4 | 2 |
| ミネソタ | 5 | 4 | 3 | 3 |
| ミシガン | 1 | 2 | 3 | 5 |
| ノースカロライナ | 1 | | 1 | 3 |
| ワシントン | 1 | 1 | 2 | 3 |
| バークレイ | 2 | 4 | 2 | 3 |
| コーネル | 2 | 2 | 1 | 3 |
| スタンフォード | 2 | 1 | 1 | |
| ニューヨーク大学 | 1 | | | 2 |

注）個々の場所についての数字は、博士号取得場所が判明している者のなかの百分率。

しかしながら、博士学位の授与機関の全般的なパターンは、表11に示されているように、いくらかもっと複雑である。[22] 初期と比較して、AJS におけるシカゴの（あらゆる分野の）博士学位の相対的な集中度は、中期をつうじて1955年まで高まった。新しい博士学位におけるシカゴの占有率が減少に直面しても、シカゴの博士学位は、執筆者の30パーセントを維持していた（も

22 比較してみると、1929〜38年の10年間に、シカゴは社会学の博士号の12パーセントを生みだし、コロンビアは10パーセント生みだした。1948〜55年では、シカゴは15パーセント、ハーバードは12パーセント、そしてコロンビアは6パーセントだった。1953〜62年では、シカゴとハーバードは、それぞれ9パーセント、コロンビアは7パーセントだった。これらの数字は、アメリカ教育協議会の『米国の大学』(American Universities and Colleges) のさまざまな版からとった (Brumbaugh 1948; Irwin 1956; Cartter 1964)。

ちろん、シカゴはそれ以前から博士学位を出していたので、潜在的な執筆者要員全体は、シカゴについて、もっとゆっくりと変化した）。コロンビアの位置は、ますます、第二世代の州立大学にとって代わられつつあった。――ウィスコンシンに、ミネソタ、ミシガン、ワシントン、そしてバークレイが加わった。エリート私立校は、少ないがまちがいなく着実な寄稿があった。ほとんどはイェール大学とペンシルバニア大学からのものであった。海外の学者は、戦前の移住を踏まえれば予想できるように、1935年以降重要になり、1965年までに二、三の所属機関を別とすれば、他のすべてを上回る数であった。

概して、このパターンは、『雑誌』の編集慣行と原稿の供給をよく反映している。シカゴの取り分は、この学問分野が戦時の水準の4倍の規模になったあとでも、1955～65年までじっさいに低下しなかった。そのときまでに、シカゴは新しい博士学位の10パーセント未満を生みだしていた。そしてAJS自体は、アルビオン・スモール以来はじめて、シカゴの博士学位ではない編集者を獲得した。

私が述べたように、AJSは、1950年代半ばまで、基本的に、個人的に運営される対面的な出来事だった。論文紹介ネットワークの構造にほとんど変化はなく、依然としてかなりの量の直接依頼があった。それゆえ、『雑誌』は1925～55年のあいだにかなり開放的になったものの、それは、主として、編集者と直接、個人的につながりのあるエリートに対して開かれていた。数字が示しているように、AJSの執筆者は、いくらか州立大学のほうに偏っており、ここでもまた対照的に、ASRは、なにかハーバード＝コロンビアの保護区のようなものになったというレンガーマン (Lengermann 1979) の考えに合致している。データが示すところによれば、ASRが創刊されると、まさしくハーバードとコロンビアは、減少して、州立大学の学科に押されていった。

## 特集、モノグラフ、そして販売促進

バージェスとブルーマーのもとでのAJSの知的な多様化だけが、新しい競争的文脈への『雑誌』の唯一のアプローチではなかった。初期の時代と同様に、そこには強力な販売促進努力があった。その第1は、特集である。特集

は、スペースを埋め、新しい読者層にたどりつき、社会学の範囲を広げるという組み合わさった必要性の役に立った。

1929年から1952年まで、合計で21の特集またはシンポジウムがあり、典型的には一年に一回あった。1942年にふたつあったが、このとき、ASA会員の半数が戦争にかりだされており、編集者は疑いもなく、原稿をほしがっていた。

1929年5月に始まり1935年5月に終わった最初の7つの特集は、「近年の社会変動」にかんするものであった。オグバーンが序文を書き、現代的な意味では総説論文の集成であったが、オグバーン自身はそれらを研究論文であると明言していた。それらは、幅広い分野の社会的趨勢の影響にかんする突っ込んだ報告であった。家族、労働、生産、外交政策、所得、雇用、コミュニティ組織、人種関係、教育、政府、子どもの状態、女性の地位、その他無数のトピックがあった。

「社会変動」特集は、明らかに時宜を得ており、有用であった。それらはまた、割に合うものであった。というのは、出版会はそれらを独立した書籍として、マーケティング担当者、計画家、その他社会的趨勢に関心のある人びとに販売したからである。しかし、1936年に、*ASR*との明確な差別化を生みだすという突然の問題に直面して、バージェスはラジカルなアプローチを選んだ。つぎの特集——「社会精神医学」1937年5月——は、専門職化された社会学のほかに、精神医学と精神分析という活力のある領域にうまくとどいた。当時、これらの分野は、現在のポスト・モダニズムの潮流に似ていなくもないアメリカの文化批評にかんする40年間の優勢の中間点に近づきつつあった。バージェスは、米国の精神医学の最良の人びとを選んだ。アルフレッド・アドラー、フランツ・アレクサンダー、トリガント・バロー、ポール・シルダー、そしてハリー・スタック・サリバンである。このグループに、エルトン・メイヨーとエドワード・サピアを加えた。ハーバート・ブルーマーは、特集論文への広範な応答を書いて、この特集を完結させた。

「社会精神医学」の号は、時宜を得ており、刺激的で、挑戦的であった。それは明らかに、バージェスと学科に、かれらがうまくやったと悟らせる年となった。しかし、44巻から、一連の注目すべき特集が始まった。1年に

ひとつ、最近の、ときに論争的なトピックについて、アメリカと海外の最良の社会科学を特集した。1939年の「個人と集団」の執筆者には、フローリアン・ズナニエツキ、ブロニスロウ・マリノフスキー、モーリス・アルヴァクス、クルト・レヴィン、フロイド・オールポート、ハリー・スタック・サリバン、そしてルイス・ワースが含まれていた。その後の特集を3つだけ挙げてみると、フロイトの死去にかんする特集では、有名な精神医学者と精神分析家(カレン・ハニー、フリッツ・ウィッテルズ、S・E・ジェリッフェ、A・A・ブリル、グレゴリー・ジルボーグ)、性科学者のハブロック・エリス、非行の専門家ウィリアム・ヒーリー、政治学者ハロルド・ラスウェル、人類学者A・I・クローバー、そして、文芸批評のケネス・バークの論文を編んだ。1941年の戦争にかんする特集では、ラスウェル、アレクサンダー、マリノフスキー、人間生物学者レイモンド・パール、法学者ハンス・ケルゼン、歴史家F・J・テガート、そして社会学者のハンス・スパイアを集めた。このとき、シカゴからの応答を提供したのは、名誉教授のロバート・パークだった。1945年の「戦後期への展望」の執筆者は、チェコの前大統領エドヴァルド・ベネシュで始まり、ピティリム・ソローキン、W・E・B・デュボイス、フランツ・アレクサンダー、そしてローレンス・フランクを含んでいた[23]。

特集のなかには「偉大な人物」戦略を避けるものもあった。「アメリカ生活における戦争」の特集は、シカゴとその修了生を集めた。ハウザーは戦争と人口動態統計について、バージェスは戦争と家族、ヒューズは戦争とアメリカの諸制度について書いた。こうした教授陣の周りには、かつての学生たち

---

23 これらの特集のページをつらぬく偉大な社会学者のパレードの背後には、系統的な個人的つながりがあった。精神医学と精神分析学への*AJS*のブローカーであるサリバンは、1920年代後半の共同研究をつうじて、W・I・トマスを知っていた。そしてトマスはシカゴとの個人的つながりをけっしてなくさなかった。もっと一般的には、ふたりは、社会科学研究協議会(Social Science Research Council ニューヨークにあるもので、シカゴ大学の社会科学部にあるものとは別)で結びついていた。ワースもそこで中心人物であった。別の事例では、結びつきはさらにいっそう直接的であった。フランツ・アレクサンダーは、シカゴ精神分析研究所(Chicago Psychoanalytic Institute)に所属していた。ラスウェルは、サピアとともに、かつてシカゴの教授会メンバーであった。パークでさえ、しばらくシカゴ大学にいたことがあった。執筆者たちは、重要な言明をするように奨励されていたことに注意せよ。ラスウェルの44巻6号の論文「軍事国家」は、全体主義にかんする文献のなかでも基礎的なもののひとつになった。

第4章　シカゴ学派のAJS

がいた。E・フランクリン・フレイジアは戦争とマイノリティ集団について、ウォルター・レックレスは戦争と犯罪について、H・ウォレン・ダナムは、戦争とパーソナリティの解体について書いた。1941年の「モラール」の特集には、驚くほど多様な執筆者が含まれていた。——ソーシャル・ワーカー、ロースクールの学部長、哲学の教授、牧師、新聞記者、大将、精神医学者、連邦通信委員会の委員などである。1946年に兵士が戻ってくると、「軍人社会における人間行動」の特集が生まれ、短い論文が集められ、発展した調査報告ではなく、「前線からの」多くの声を集めることをねらいとしていた。5つの論文は、個人的記憶であり、そのうちふたつは匿名であった。ノックス駐屯地のリハビリテーション・カウンセラーは、集団精神療法と兵士について書いた。リーベンワース駐屯地の除隊センターの職業的カウンセラーは、除隊した兵士について書いた。これらの論文のいくつかは、社会学者によるものであるが、それらでさえ、概して、従軍体験についての感想にもとづくものであった。

戦後も特集は続いたが、学問的に狭くなった。しかし、家族、出生率と結婚、産業社会学、労働社会学、世論とプロパガンタについての特集があった。

これらの特集がAJSの財務におよぼした有益な効果は、明らかである。1930年代の初頭から、AJSの予算に、バックナンバーや単独号の販売用の新しい欄が付け加えられた。そのような販売は雑誌の収益の7パーセントから10パーセントを生みだした。1948年5月の「家族」特集号の財務報告は886部が単独で売られ、合計293の新しい定期購読者がもたらされ、合計2,265ドルの収益があったことを示している ("G.W." to EWB, 12 July 1948, EWB 1: 6)。

さらに、このシリーズがASRからの製品差別化のためにデザインされていたかぎり、それは大きな成功であった。ASRは、この期間全体をつうじて、わずかふたつの特集しか組まなかった。どちらも1950年代である。ASRは、ひとつの号に共通するテーマにかんする研究論文を集めることによって「実質的な特集」にしていた。AJSも同じようなことはやっていた。しかし、ASRには、AJSのような特集はなかった。しかし、利潤と製品差別化は、疑いもなく、特集を組んだ唯一の理由ではなかった。どの編集者も知っているよう

に、特集の最もありふれた理由は、通常の原稿の不足であった。1930年代に、大小合わせて10の社会学雑誌が創刊された。1932年から1946年まで、*ASR*でさえ、先細りになっていた。おそらく、*AJS*の特集シリーズは、知的な野心とともに原稿不足によるものなのであろう。

　新しい競争を扱うもうひとつの試みは、*AJS*を社会学の出版にかんする包括的な事業計画のなかに位置づける刷新された努力であった。この事業計画には、前史があった。パークの時代に、出版会はシカゴ大学社会学シリーズを出版した。シカゴ学派の古典的研究の多くが、そこに現れた。このシリーズは、パークが去ったあと、1930年代半ばに停滞した。1930年代の終わりごろ、バージェスは出版会を説得して、「今月の社会学本」宣伝である社会学図書計画を始めさせた。この計画では、既存の出版会シリーズから1～4冊を選んで、定価の半額で*AJS*の定期購読者に販売することになっていた。書籍は自動的に売られ、受取人はいらない本であれば送り返した。選ばれた研究は、概して、シカゴ学派の経験的な成果であった。たとえば、1938-39年の選択は、クリフォード・ショウの『犯罪における兄弟』、フェアリスとダナムの『都市地域における精神障害』、そしてフレイジアの『米国における黒人家族』であった。この図書計画はうまくいかず、約7年間続いたのち、1940年代半ばのある時期に失敗に終わった。販売は、採算をとるのに必要な500部の目標に到達することがついぞなかった ("B.E.R." to Burgess, 26 March 1940, EWB 1: 5)。

　しかし、図書クラブ計画の失敗は、たんにもうひとつの急場しのぎの方法をひきおこしただけであった。雑誌を補足するものとして「*AJS*モノグラフ」を出版することである。これらの多くは、1940年代後半に印刷されたが、その結果はまちまちであった。1950年までに、つねに希望を抱いていたバージェスは、図書クラブの復活を要求していた (Burgess to Couch, 10 January 1950, LW 17: 1)。出版会は、関心を示すどころか、すべてのモノグラフ、図書クラブ、そして類似した戦略をとりやめようとした (Helen Hughes to Wirth, 3 April 1950, LW 17: 1)。*AJS*は、非常に堅い財政的基盤のうえにあり、そのような方法が必要とは感じられなかった。

　出版会のほとんどの事業計画と同じように、包括的な社会学出版計画には、

さまざまな特別な支持層がいた。ひとつは、社会研究学会 (Society for Social Research) で、これはパークが1921年に創設した学科の大学院学生、卒業生、教授陣、そして友人からなる組織であった。1930年代と1940年代に、SSRは学科の卒業生に割引販売サービスをした。卒業生たちは、いつもきまって、本と雑誌の注文を出版会にではなく、そのときのSSRの事務担当者に送った (SSR Minutes, 6 May 1926, SSR 1: 2; 販売についてはこれらのファイル全般を参照)。

　もうひとつの支持層は、シカゴやその他の場所の大学院学生であった。ASR危機のあいだ、AJSの編集者は、出版会に定価の半額で学生購読者を維持させた。シカゴにおける社会学の新しい学生全員に流通させただけでなく (memo, n.d. EWB 1: 5)、教授陣は他の場所での学生購読者も得ようとして、友人や知人にかれらの学生が定期購読するよう要請した。[24]

　教授陣と編集者は、定期購読において個人的な役割を果たした。定期購読が切れたままになっている人たちへのルイス・ワースの手紙は、説得とお世辞の寄せ集めであった。「われわれの共通の企てにあなたが継続的にかかわるのを楽しみにしております」(28 May 1940, EWB 1: 5)。ブルーマーは、新しい定期購読者たちに、割引価格になり、最新の特集が無料になると、同じような手紙を書いた (21 May 1940, EWB1: 5)。AJSはまた、ASAの割引価格と同等の継続購入価格を提供した。

　教授陣がこれほど多様な集団にAJSを売ることができたのは、ひとつにはAJSが多種多様なままであったからである。この中期において、それは、論文と特集だけでなく、「ニュースとノート」、要約 (AJSは、1930年代前半におけるF・スチュアート・チェイピンの『社会科学アブストラクト』(Social Science Abstracts) の失敗のあと、要約を取り上げていた)、手紙 (論争のセクション)、書評を含んでいた。これらすべての特別なサービスは、それ独自の支持層をひきつけていた。

　こうして、現代の状況とは非常に対照的に、編集スタッフともっと広い範

---

24 ミシガン州立大学社会学科の長であるアーネスト・B・ハーパーは、ワースに手紙を書いた (1 August 1941, LW17:1)。「あなたとバージェスがふたりとも私に学生の定期購読について手紙を書いてきました。これは重複というよりも「高圧力の広告」でしょうか。…いずれにしても、私はいつものとおり大学院学生に頼んで回りましたので、少なくともひとりの定期購読者を得ることは確実でしょう」。

囲の学科教授陣が、積極的に AJS の販売と宣伝の努力に関与していた。このこともまた、われわれが「第一次集団の企業」と呼んでよいようなモデルに合致している。

## 結論

　中期に、AJS は、緊密に結びついた学科によって運営されていた。学科と編集スタッフは、最小限の変化しかしていなかった。オグバーンの着任はわずかな量派と質派の分裂を生みだしたものの、学科は『雑誌』を、誇りと真に集団的な所有物という感情をもってみていた。教授陣は、かなりの時間と努力をさいて、原稿を査読し、ときおりの特集を組織し、AJS の販売さえした。より小さな編集集団——昔からの友人集団——は、定期購読から書評、広告キャンペーンまで、あらゆることをやった。雑誌がインフォーマルに運営されていたのは、長期にわたる個人的関係が、たがいの判断に絶対の信頼をおくのではないにしても、少なくともその判断が信頼できないのはどの分野であるかにかんする非常に明確な知識を生みだしていたからである。

　学問分野の拡大と分化に直面して、この緊密な集団は、AJS の紹介ネットワークを作り直し、まじめにマーケティングに入り、一般の関心をひく特集を工夫することによって、地元の大義のために結集した。すべての指標からみて、その結果は、財政的にも知的にも成功であった。同時に、学問分野の生活の複雑さのために、しだいに編集者は日常的な関与から離れ、事務スタッフが不可避になった。しかし、永続的なスタッフ——ヘレン・ヒューズ——は、事実、古くからの友人集団のもうひとりの成員であり、彼女の合理化にむかう身振りにもかかわらず、雑誌はおおいに、第一次集団の企業でありつづけた。

　1950年代前半に、学科が崩壊したとき、これらすべてが変化するだろう。学科が全国的な学問分野と同じように折衷的なものになったときに、合理化を打ち立てることのできる基礎を、ヘレン・ヒューズはつくっていた。しかし、さしあたり——それは長い期間であったが——中期 AJS は、驚くほど統一された、ときに無謀な知的努力であった。それは、学問分野というよりは、

第 4 章　シカゴ学派の *AJS*

おおいに学科の冒険であった。1936 年の苦痛のあとはいっそうそうであった。それは、個人的で、クラブ的であり、完全に成功であった。シカゴ学派は、アルビオン・スモールの福袋を、その世界観を示す集合的な声にした。

　より大きなレンズをとおすと、われわれは *AJS* のこれらの出来事を、より広い学問分野の構造化の一部としてみることができる。本章は、*AJS* は多くの点で学問分野の製造者であったという前章から現れてきた感覚に、固い証拠を付け加えるものである。シカゴ大学出版会は、最初の 30 年間に、ASA の単一の主要な財政的支持者となった。そして、私はじっさいに、学問分野の最初のリアリティは、出版会のマーケティング構造として存在していたということを、証拠を挙げて説明した。*AJS* と *ASR* の分裂は、バージェスによって、広範な代表性をもつ学術雑誌と知的エリートの学術雑誌の明確な分化に転化された。バージェス (とブルーマー) は、長くつづく特集によってこの立場を強調した。この分化になんら必然的なものはないことに注意せよ。それを生みだしたのは、シカゴ関係者の方針であった。伝統はたんにずるずると存在するようになるとは限らない。伝統は積極的に創造されることもある。*AJS* の場合がそうであった。

# 第5章　プロフェッショナリズムへ移行する*AJS*

　ヒューズ時代後期の『アメリカ社会学雑誌』は、前近代的な雑誌にとどまっていた。われわれが〔近代の雑誌に〕決定的であると考える資質の多くが欠けていた。双方匿名の査読、形式化された投稿手続き、編集者の説明責任などである。しかし、それにもかかわらず、この雑誌は、非常に重大な結果をひきおこす確立された社会的行為者であった。たとえそれが、第二次シカゴ学派の代弁者ではなかったとしても——『社会問題』(*Social Problems*)がその役割を果たした——、それは明らかに『アメリカ社会学評論』(*American Sociological Review*)とは異なっていた。しかし、第2章で論じた移行は、*AJS*に強烈な影響をおよぼさないではいられなかった。それらの移行をとおして、そして学科のその後の変化をとおして、*AJS*は、その第一次集団の遺産を置き去りにして、完全に官僚制的で、全国化された機関として、現れた。

## 1955年以降の社会学科と社会学

　第一次集団的な雑誌の解体は、何よりもまず、第一次集団それ自体の解体のゆえに生じた。1950年代は、シカゴ学派に長期にわたる黄昏をもたらした。1953年までに、ブルーマーはバークレイに去り、ワースは没し、バージェスとオグバーンは引退した。そして、学科は、破産管財人の管理下におかれていた。われわれが見てきたように、学部長と総長は、サミュエル・ストウファー、ウィリアム・シーウェル、ロバート・マートン、そしてポール・ラザースフェルドのようなスターの採用を追い求めた——うまくいかなかったが。若手のレベルでは、着実だが折衷的な採用がなされた。その一方で、デイヴィッド・リースマンが、カレッジの教授陣から横滑りで異動してきた。
　しかし、新しい混合は、うまくいかなかった。1950年代後半の戦いにまみれた学科には、多くの新顔がいた。その多くは、コロンビアからであった。ピーター・ブラウ、ピーター・ロッシ、エリフ・カッツ、そして(短期間だが)

ジェームズ・コールマン〔コールマンは、のちに戻ってきた〕。それは、おおいに計量的な学科であった。なぜなら、コロンビアからの計量的な採用者たち(たとえば、コールマン、ロッシ、カッツ)に加えて、1950年代に、ジェームズ・デイヴィス、レオ・グッドマン、そしてロナルド・ボーグも着任したからである。エドワード・シルズは、1957年に学科にふたたび入ったのは確かだが、非常勤であった。

　新たな強調点は、問題をはらんでいることが明らかとなった。1950年代半ばから、つねに教授陣が入れ替わった。1960年代には、危機が訪れた。NORCをめぐるややこしい対立のためにロッシが去り、ブラウは出身校のコロンビアに移り、学科長をめぐる激しい競争によって学科はケア提供者の管理下におかれ、挙げ句の果てに、1969年にマリーン・ディクソンのテニュア事件(とそれにつづく学生ストライキ)が起こった。モリス・ジャノウィッツが教授陣のチームを集め、学科をもういちど長期安定期に導くことになるのは、1970年代の初頭になってからだった。コールマン、ウィリアム・ウィルソン、エドワード・ラウマン、そしてジェラルド・サトルズが、ボーグ、グッドマン、そしてハウザーに加わり、ジャノウィッツやシルズとともに、1990年までほとんど変化のない集団を形成した。

　より広い学問分野〔社会学〕もまた、この時期に大きな変化を経験した。1950年代の巨大な成長率は1960年代には速度を落としたが、高等教育の急速な拡大のために、新しい教授陣への要求は高止まりになった。1972年までに、ASAの会員数は約15,000人の頂点に達した。*AJS*の中期を支えたASAの会員数1,500人の10倍である。新しい教授陣の巨大な世代は、雑誌に論文を氾濫させはじめた。

　同時に、社会科学の左の先端にあるという社会学の長期的な立場は、強力な活動家学生の世代を社会学にひきつけた。これらの学生たちは、この学問分野を政治・歴史社会学へ、つまり、マルクス主義やその他の非主流の理論的伝統に向かって、動かしていった。機能主義は消滅した。社会学はまた、ジェンダーの研究者に、早くから居場所を提供していた。その理由のひとつは、新しい経験主義パラダイムは、ジェンダーを自分たちのモデルのもうひとつの変数として付け加えることに痛みを感じなかったからである。しかし、

第 5 章　プロフェッショナリズムへ移行する *AJS*

　1970年代末に就職市場が暴落すると、社会学は非常に急速に女性化したものの、女性化が他の分野でひきおこしたような知的な転換はともなわなかった (Roos and Jones 1993; Stacey and Thorne 1985)。

　1970年代後半には、政府の研究基金が急速に減少したために、財政的な苦境ももたらされた。博士学位の市場はだめになり、ふたたび回復することがなかった。同時に、ASAは孤立した特定関心集団に断片化した。多くの下位分野が、別のところに自分たちの主要な知的な場を建設した (たとえば、犯罪、宗教、科学、そして組織の社会学だけでなく、ネットワーク分析のような分野や歴史社会学の一部など)。ポピュリスト政治によって、学問分野の知的エリートは、ASAのいかなる重要な役割からも遠ざけられた。

　じっさい、1990年代までに、大学の分業におけるこの学問分野の位置は、不確かなものになり始めたようだ。少数の高度に目につきやすい事例においては、社会学科を大学から排除する試みがあった。社会学を人類学科と組ませるか再結合させる試みが、とくに〔大学院のない〕4年制大学ではよく見られた。同時に、1960年代と1970年代に社会学に集まっていた創造的で風変わりな大学院学生の後継者は、人類学、歴史学、そしてカルチュラル・スタディーズ〔文化研究〕に転じていた。さらに悪いことに、計量社会学は、多くの分野で、計量経済学者の潮流の増大によって、お株を奪われていた。

　これらの全国的な趨勢のうち、ふたつの特別な側面が、*AJS*に直接の影響をおよぼした。第1に、この学問分野の内部に派閥をつくることに関心のある人びとは、ほとんどつねに自分たち自身の雑誌を創刊しようとした。これらの新しい雑誌のいくつかは、重大な競争相手ではなく、むしろ、*AJS*と*ASR*がいまなお最高品質の原稿を受け取っていた分野における中間的な質をもった新しいはけ口を供給することによって、*AJS*を助けた。しかし、いくらかの新しい競争相手もいた。『合理性と社会』(*Rationality and Society*)、『理論と社会』(*Theory and Society*)、そして『科学社会研究』(*Social Studies of Science*)がその例である。それらの雑誌は、それぞれの領域の最良の論文を、*AJS*とその他の総合的な目的をもった雑誌から持ち去った。第2に、専門職の新しい巨大な人口学的特徴は、直接的に、新しい原稿の洪水の原因となり、間接的に雑誌をテニュア〔大学における終身地位保証〕決定の中心的な裁定者にした。

全国的な趨勢にもかかわらず、1965年から1995年までの長い期間において、*AJS*の歴史は、この学問分野の一時的活況の歴史をたどるよりも、学科の「危機のあとの安定」の経験をたどった。学問分野の活況期は、*AJS*にとっての危機をもたらした。それは、1950年代後半からの長い移行期間を経験し、1970年代にチャールズ・ビッドウェルが現在の安定したパターンに落ち着かせるまで続いた。私は、それゆえ、近代の*AJS*をふたつの時期に分けて考える。第1は、長い移行期であり、第2は、現在の体制のもとでの多かれ少なかれ安定的な雑誌の時期である。

## 移行の開始──ロッシとヒューズ

移行は、ロッシが*AJS*の暫定的な編集者であった時期に、エヴェレット・ヒューズとピーター・ロッシの激しい対立から始まった。私は、この対立を詳細に検討した。なぜなら、それは現在の時期をつうじて*AJS*の編集者の心を奪ってきた多くの争点を提起したからである。

エヴェレット・ヒューズは、雑誌を5年間編集し、3年間学科長を務めたあと、1957-58年に1年間、ドイツで過ごした。ストラウス、ブラウ、そしてロッシはみな、共同編集者 (associate editor) として働いていたが、ヒューズはロッシを代役に推薦した。出発前に、ヒューズは学科に*AJS*と学科との関係の概要を示した総合的なメモを送り (ECH, 20 September 1957)、2年かぎりで引退するという自分の意図を伝える電報を打った。かれはまた、1958年の秋に戻ってきたときに、*AJS*にかんする全体的な議論を提案した。なぜならかれは、社会学の多様性と規模の増大のために、それが「容易に、一定の形式を備えているか、一定のテクニックを使っている論文だけが受理されるという方針に陥る」のではないかと大変心配していたからである。

ロッシの側では、はっきりとした指揮をとっていた。1958年1月までに、かれは*AJS*を向上させる一助として、読者への調査票を設計していた。ヒューズは、それについて論評して、ロッシは*AJS*に純粋に専門的な読者を想定しているが、社会学の急速な──そしてヒューズの見解では有害な──専門職化にともなって、*AJS*はもっと広い範囲に語りかけ、もっと広い範囲から

## 第5章 プロフェッショナリズムへ移行する *AJS*

論文を募る義務をもっていると、丁寧だがきっぱりと指摘した。かれは「他のいくらか狭い専門雑誌とともに、われわれがどう評価されているか」ということ以上のことを知りたがっていた (ECH to PHR, 7 January 1958)[1]。ヘレン・ヒューズは、この覚書を夫に発送するときに、自分自身のコメントを付けている。

> ［調査票とともにロッシが提供した典型的な論文の］リストは、事実発見に寄与する側に重きがおかれすぎており、理論的な論文と周辺的な読者に資する論文がやや軽視されているという印象を私はもちました。

　この調査票への反響や反応を待たずに、1958年1月23日、ロッシは、学科に*AJS*を全面的に見直すことを提案するメモを送った。かれは、一般的な再検討から始めた。編集方針は完全に受動的で、投稿を待つだけであった。投稿数は増加中であるが、「全体の流れに対して採択できる論文の割合は低く、われわれはつねに、現在、取り組まれている問題を満たすのに十分な論文を得ているかどうかを心配する立場におかれていた」とかれは述べている（雑誌は、1年に約200の投稿があり、その約20パーセントが採択されていた）。ロッシは、積極的な編集方針と強い反響のある特集を好んでいた。しかし、書評欄は、すべてを論評しようとする試みのために、どうしようもなく過重負担になっていると、かれは感じていた。定期購読数は、4,439であった（1951年とほぼ同じ。表7を参照）。しかし、ロッシは*AJS*の読者の多くのアイデンティティについて欺かれていた。なぜなら、かれの計算によれば、読者は「価値あるほとんどの社会学者」からなると想定されるASAの会員ではなかったからである。
　ロッシは、多くの新しい方針を提案した。かれは特集を継続させ、その焦

---

[1] ヒューズは事実、ASAのスタッフと役員によるプロフェッショナリズムへの意欲にひどく嫌気がさしていたことから、その年にASAの会長になることを拒否した。のちの手紙で、かれの反対が、社会学を人類学と歴史学から分離することから始まっていることが明らかになっている。日付のない手紙の引用は、*AJS*のアーカイブにある資料を指している。「資料と謝辞」に述べたように、これらは、ファイルが公開されるときに（公開されれば）、場所が変わってしまうので、所在を示さなかった。

点を「大立て者」ではなく「拡大過程にある中堅層」に合わせようとしていた。かれは積極的な勧誘を提案した。「われわれは、だれが刺激的な研究をしているかを知るべきであり、そのような人びとにその内容を雑誌に送ってもらうように依頼するべきである」。かれは、のちの『総説年報』(*Annual Review*) のモデルになる委託された総説論文を提案した。かれは経営改革を提案した。より迅速な決定、柔軟な分量、編集における「プロフェッショナリズム」の抑制である。かれは「超一流の専門家」による、より少ない研究についての、より長い書評と、数多くの書籍と短い注釈を含む書評論文も提案した。かれは、「ニュースとノート」欄と博士論文一覧をやめることも提案した。

しかし、ロッシの大きな計画は、編集構造についてであった。かれは、編集者を3年か4年の任期にかぎり、「学科が策定した広範な編集方針を詳細に実行する」ように編集者に指示することを提案した。学科が指名した共同編集者をふたりおくべきであり、かれらは編集者とともに、編集委員会を構成し、その委員会が書評する本、委託された論文をだれに頼むかなどを決める権限をもつ(しかし、編集者は議論が分かれたときには最終決定権をもつ)。ロッシは、顧問編集者をより早く回し、月にふたつの論文を読んでもらうことを提案した。かれはまた、大学院学生を「雑誌特別研究員」として使うことも提案した。最後に、かれは*ASR*を模倣して、双方匿名の査読を採用するように急き立てた。

この記録は、ヒューズとそれ以前の*AJS*が表していたほとんどすべてに対するあからさまな攻撃であった。ヒューズは、そのほとんどを善意に受け取ったが、「編集における『プロフェッショナリズム』の抑制」についてのロッシのコメントだけは例外であった。ロッシは、*AJS*は「少なくとも執筆者に対して、自分の研究は、だれか自分の論文の社会学的内容について判断する能力のある者によって編集過程で扱われているという印象を与える」べきであると述べていた。ロッシが意味していたことは、痛いほど明らかであった。ヒューズは、出張中にシカゴに戻るまで待って、ヘレン・ヒューズがじっさいに出版の決定をしていることをロッシが含意しているのかどうかと、怒って詰問した。ロッシはそうだと答えた。そしてヒューズは、学科へのメモでそのことを猛烈に否定した (ECH to department, 6 March 1958)。しかし、さらに

悪いことに、ヘレン・ヒューズの学位が夫の学位と同じ時期の同じ場所からのものであったために、彼女の社会学的経験を攻撃することは、ヒューズ自身への侮辱に等しいものであった。

 長いメモのなかで、ヒューズは、ロッシの挙げた事実の多くは誤りであると指摘した。論文の供給は、基準を下げるほど少ないわけではない。インフォーマルな勧誘は、昔から行われていた。*AJS*は、少なくとも10年間、受け取った書籍のほんの一部しか書評していない。分量の制限はない。大学院学生の特別研究員は昔から存在していたが、近年になって所得税の条項によって禁止された。

 さらにいくつかの方針の問題について、ヒューズは強く反論した。かれはヘレン・ヒューズの編集活動について弁護した。「論文が英語になったとき、熱心に書く人びともいれば、一言も変えたくないという人もいる」。かれは、ニュースと博士論文の欄をやめたいというロッシの願望に反対し、「雑誌にある種の人間的な趣を」維持したいと望んだ。そして、かれは編集者の裁量を制限するあらゆる提案に反対した。雑誌について新しい専門職化されたモデルと、より古いそれほど形式ばっていないモデルとのこれ以上明白な対比を求めることはできない。

 ヒューズとロッシの往復書簡は、この年をつうじてつづいた。ヒューズは、怒りにもかかわらず、かつてと同様に誠心誠意、書いていた(「親愛なるピート」)(ロッシとヒューズは、共著を計画していた！)。そのうちに、ロッシのほうはあまり論争的でなくなった。もっとも、つぎのように述べていたが。

> 私がここ、シカゴに来る以前においてさえ、『雑誌』は扱いが不愉快な組織であるという評判をよく知っていました。私も含め、もう二度と『雑誌』に原稿を送りたくないと断言している多くの執筆者を私は個人的に知っています。(PHR to ECH, 12 May 1958)

 もちろん、ヒューズは異議を唱えた。しかし、返信のなかでかれは、つぎの20年間で大きな割合を占めることになる問題を指摘した。

> 多くの誤解のもとになっていると思われるものの、全体として維持されなけれ

ばならないひとつのルールがあります。そのルールとは、なぜその論文が採択されなかったのかを執筆者には伝えず、この点についての議論に入らないというルールです。それを伝えないことで、人びとはあなたを好きになれないでしょうが、それを伝えれば、かれらは激怒するでしょう。

ヒューズは、編集者に厳格な権威があると見なしていた。かれはしばしば自分自身を「最低なヤツ」と呼んでおり、編集責任はひとりの人間にあり、非難を受けるのは学科全体ではなく、その個人であるのが一番だ、と述べていた。編集者は、賢明だがまったく不可解な専制君主であるべきだ。公正だが、問われることも、制約されることもない。

初夏に、フィリップ・ハウザー学科長は、彼らしい無愛想な手紙をヒューズに書いた (PMH to ECH, 14 June 1958)。簡単にいうと、学科は、ヒューズが不在であることを利用して、ロッシがヒューズが戻るまで避けることにしていた *AJS* の将来についての議論をしたというのである。[2] ハウザーは、簡潔な役所言葉で、ヒューズに、「われわれは、あなたが1958〜9年度中、雑誌に係る従前の規則のもとで編集者として任命されるべきであると推薦する」と告知した (ヒューズ自身は、この年のあいだ、ロッシにこの仕事を任せ、その年の最後には継続して編集に完全復帰するつもりでいた。いまや、学科は、かれがもう1年復帰することを「許可」しようとしていた)。ハウザーはさらにつづけて、ヒューズに、学科は編集者に3年の任期をつけ、それとは独立により長い任期の共同編集者を選んで、共同編集者の任期をずらすことで、編集者の引き継ぎに連続性をもたせることに「暫定的に合意した」と伝えた。そこで、編集者は第2の共同編集者を選ぶことができ、この3人が雑誌の編集委員会を構成することにした、というのである。[3]

---

2　ヒューズとハウザーは、1950年代初頭の論争のほとんどをつうじて、敵対者であった。そして、じっさい、ハウザーは、ヒューズが学科長になることに反対したが、同じ立場を、(このときまで) 引きずっていた。

3　〔われわれにとって〕都合の良いことに、ハウザーは、日本でその夏を過ごすために出発する2日前に、その手紙を書き取らせた。若いグループは急いでいた。ヒューズはどのみち、大学の定年規則によって、1962年に引退を余儀なくされる。明らかに、3年間は、体制の変化を待つには長すぎた。ロッシは、上品にも、ハウザーの手紙に当惑した (PHR to ECH, 18 June 1958)。

第5章　プロフェッショナリズムへ移行する*AJS*

　盛夏がすぎたころ、ロッシはヒューズに、いくらか陰険に手紙を書き、自分は顧問編集者を変えなかった、なぜなら「あなたが自分でおやりになりたいでしょうから。もう1年続いても、大きな問題はないと思います」と書いた (PHR to ECH, 22 July 1958)。ヒューズは、これまでどおり誠意をもって、返信した。

　　あなたは、編集者代理ではなく、編集者になることになったとおおいに主張されています。…いまは、あなたが編集者代理のやり方をとり、私が──おっしゃるとおりに──1年間の暫定期間に編集者に復帰したときに、なすべき雑用を残しておいてくれているかのようです。

　ヒューズは、いつもどおり、礼儀を失していることについて怒っていた。

　　少なくともわれわれのできることは、5月に任期が終わる顧問編集者に手紙を書くことです。かれらの奉仕に感謝をして、特別な事情のために、1959年の5月まで奉仕し続けていただけるかどうかを尋ねる丁寧な手紙を。

　かれは、悲しげな戸惑いで結んでいる。

　　あなたが、雑誌にことのほかエネルギーと関心を注ぎ、私を攻撃していること、そしてそのいっさいを私に戻す関心も望みもないのには、なにか理由があるのだと思います。しかし、わたしは、いまだに問題全体を理解していません。ことによると、私が帰ってから説明していただけるのかもしれません。しばらくのあいだ、あなたが平安でありますよう。

　ヒューズは、何が起こっているかをよく知っていた。しかし、明らかに、自分がそれについて何もできないことがわかるほど賢明であった。*AJS*の中期は、過ぎ去った。新しい小集団が、『雑誌』をほしがり、それを思いのままに扱おうとしていた。

## 双方匿名査読の板挟み

　おそらく、双方匿名の査読（のちに匿名査読と呼ばれた）ほど、ふたつの

世代のパラダイムの違いを象徴する争点はないであろう。上述のように、公式に投稿された論文の普遍的な査読は、ヘレン・ヒューズの創造物であったように思われる。彼女は、そうすることによって、ロッシが1958年に行った告発を避けることをねらっていた。

しかし、初期の査読は、けっして双方匿名ではなかった。双方匿名の査読は、社会学ではレオナルド・ブルームによって最初に試みられた。ブルームが1955年に*ASR*を引き継いだとき、かれは「査読のなかには、提出原稿ではなく個人を審査しているものがあることに気づいた」。かれは、主要な社会学雑誌の執筆者の所属と出身を検証して、「雑誌のなかには、部内報のようなものがある」ことを見いだした。古い原稿ファイルを読んで、かれは「ある編集査読は模範的であるが、その他のものは、狭量で、悪意があるかご機嫌取りであることを示している」(すべての引用は、Broom to Abbott, 4 January 1993)。これに対し、ブルームは*ASR*を引き継いだ直後の1956年ごろから、双方匿名の査読を始めた。それから2年以内に(1958年1月に)、ロッシはそれを*AJS*に提案したのである。

われわれが現在、双方匿名の査読にかんして妥当性と、いやじっさい、道徳的正当性を前提としていることを踏まえると、指導的な社会学者によってそれに反対する強い主張がなされていたことは、奇妙に思えるかもしれない。しかし、ヒューズは、ロッシと、のちにピーター・ブラウに対してそのように論じたのだった。

> [匿名の判断が]私にアピールしないのには多くの理由がある。それは議論すべき問題である。私は、その論文を書いた人を知っていると思っているだけの査読者よりも、執筆者を知っていることを知っている査読者によって判断させたい。執筆者がだれであるかについて査読者がわからない論文を判定することが、そうでない場合に比べて、偏見から免れていると信じる理由もない。利点についての判断の問題(普遍主義的universal*istic*)、[強調はヒューズ。ロッシは普遍的universalの語を使っていた]は、むずかしい。他方、ほとんどの人びとは、判断とは——自分自身の観点の枠内での——利点の判断であると書いている。査読

---

4 1935年から55年までの*AJS*の寄稿者の30パーセントがシカゴの博士学位取得者であり、この学問分野の出身の比率を上回っていたことを想起せよ。ブルームは、『社会諸力』(*Social Forces*)と『社会学と社会調査』(*Sociology and Social Research*)も考えていたようである。

第 5 章　プロフェッショナリズムへ移行する *AJS*

者は、いかにささいなものであっても、調査技術的に優秀な論文は、スペースやその他の雑誌の問題にかかわりなく、出版されるべきであると考えるかもしれない。その他に、方法に未解決の問題があっても、新しい研究を発表させたいと考える者もいる。かれらの見方では、かれ［ママ］が好まない方法を使った論文を出版すると、われわれを非難する人もいる。学校教師的哲学をもって、この男に、あれ、これを変えるのであれば、論文を載せましょうと言えという者もいる (ECH to department, 6 March 1958)。

このように、双方匿名査読に反対する主張は、推測にもとづく査読はより悪いもので、執筆者に対する偏見よりも悪い偏見があり、普遍主義の信条は疑わしく多様であり、査読者は不可避的に自分たち自身の編集方針を査読にコード化してしまうというものであった。しかし、ヒューズは、変化を防ぐことはできず、ただ遅らせることができただけであった。ピーター・ブラウは、1961 年 1 月に *AJS* を引き継いだときに、双方匿名査読を実施した。この方針は、現在の構造において完全なものであり、編集者向けと執筆者向けの書式に分かれていた。この問題は、ニューヨークの ASA 大会における *AJS* の昼食会で以前に議論されていた。そこに、ヒューズは出席していなかった。[5]「ほとんどの編集者は、匿名の査読を強く好んでいる」と、ブラウはヒューズに書き送った (PMB to ECH, 16 February 1961)。「もっとも、少数の者はそれに強く反対しているが」。ヒューズは、最後の反対を試み、1961 年 1 月のブラウの定型的な手紙に返信を書いた。

あなたは、匿名性の理由のひとつとして、執筆者に対するバイアスを挙げてい

---

[5]　奇妙なことに、*AJS* は、査読者が論文の最終的な処理を告げられたときに、査読者に執筆者を知らせるという、ブラウによって述べられた方針を長いあいだもっていた (PMB to David Street, 22 June 1962 を参照)。この方針は、少なくとも 20 年後まで問題にならなかった。ブラウの意図を推測することはむずかしい。かれのエリート査読者は、判定の段階では自分自身のバイアスから守られる必要があるが、だれが良い論文を書き、だれが悪い論文を書いたかをあとになって知ることは有用であると、ブラウは想定していたように思われる。デイヴィッド・リースマンのように、この方針をとくに好んでいた人びともいた (Riesman to PMB, 18 June 1962)。*AJS* の昼食会については、編集者は必ずしも会合に出席していなかった (ECH to PHR, 25 June 1958; PHR to ECH, 22 July, 1958)。1958 年に、ロッシは、出席できないと述べた。ヒューズはのちに「ときどき、出席することにしている」と述べていた (ECH to PHR, 29 July 1958)。

ます。しかし、執筆者に対するバイアスは、われわれのだれもが陥るかもしれないいくつかの種類のバイアスのひとつにすぎません。われわれは、主題、書き方、考え方に対してもバイアスがあります。匿名で論文を読むことで、これら他のバイアスを取り除くことはありそうになく、しかもこれらのバイアスは、少なくともまとまると、特定の人物に対するバイアス以上に重要なものとなるでしょう。私の心のなかにあるふたつめのことは、人びとが、自分のよく知っている分野で、だれが論文を書いたのかを推測することはほとんど確実です。誤った推測は、有害です。人びとが推測から免れることができないのであれば、匿名の査読は、名前の知られている査読よりも悪いかもしれません。最後に、私は、もっと重要な項目について私の考えに触れます。匿名の査読は、各論文が独立したものであり、以前に行ったかもしれない研究と将来やろうとしている研究とは関係がないという想定のもとで行われます。これは完全に誤った想定です。ある人の研究の所与の一部は、それ自体として判定されるのではなく、その人の完全な、あるいは成長しつつある産物のなかのひとつとして判定されなければなりません。それは、以前に行ったものと適合しているのです。いくつかの場合には、論文は、その人がその後追求するつもりのない孤立した研究の一部であるかもしれません。しかし、より良い論文の場合には、ある人の進行中の研究の一部として最も良く理解することができ、ある人の進行中の研究は、その性質からして、個人的な産物であり、けっして匿名的なものではないことに気づくだろうと思います。

かくして、かれの以前の議論を拡張し明確化することに加えて、ヒューズはいまでは肉体から引きはがされた研究という概念に反対するという議論を付け加えた。研究を、あるより大きな科学的全体への匿名的な寄与として理解することも、さらに悪いことには、脱文脈化された知識の孤立した一部として理解することも、無意味なことであった。ヒューズの立場は、社会的事実は状況づけられているという古典的なシカゴの概念にもとづいており、ブラウとロッシによって代表される新しい脱文脈化された変数の社会学の対角線上に位置していた（第7章を参照）。

ブラウの返信は、政治家のように雄弁であった。「私は、自分が導入した方針の欠点について理解しています。他方、それ以上に、私は利点が欠点に勝ると感じています。私は、自分が間違っていたことに気づくかもしれません。そしてもし気づけば、私は撤回するつもりでおります」。しかし、ブラウも、他のだれも、撤回しようとは考えなかった。個人的な社会学の時代は、

過ぎ去ったのである。

　双方匿名査読をめぐる論争は、社会学の分岐点を表している。ヒューズは、新しい倫理に固有の脱人格化を正しく見ていた。しかし、かれはその脱人格化の背後にある動機の奇妙な組み合わせを理解していなかった。ブルームにとっては、双方匿名査読は、ポピュリストの方針であり、支配集団に対する一撃であった。対照的に、ブラウとロッシにとっては、それは科学主義の問題であった。それはそれじたい支配集団のイデオロギーであった（AJSの双方匿名査読は、同型性の強制も反映していた。なぜなら、ASRはすでに変わっていたからである）。どちらの側も、実質的に多様化しつつあった社会学における双方匿名査読の帰結を理解していなかった。奇妙なことに、論争をつうじて、双方匿名査読で多様性が獲得されるのではなく、失われるであろうと認識していたのは、保守的なヒューズであった。

## 移行期の編集権

　1957〜58年のロッシの行動は、ひとつのことを非常に明確にした。1950年代後半の、戦後に教育された、専門職化しつつある社会学者たちは、AJSの編集権を重要な地位とみなし、高齢化しつつある変わり者の手に残しておかなかった。しかし、同時に、だれもその仕事をじっさいにしようとは望まなかった。ハーバート・ブルーマーは、編集者であったとき、アメリカの指導的な社会学者であった。ヒューズも1952年には主要人物であった。しかし1962年のピーター・ブラウは、博士学位をとって9年しかたっていなかった。かれはまだ、のちになったような主要人物にはなっていなかった。かれの跡を継いだのは、教育学科の社会学者であるC・アーノルド・アンダーソンであった。だれもかれをどこかの分野の主要人物とは考えていなかった。1972年にアンダーソンの跡を継いだのは、チャールズ・ビッドウェルであった。教育学科のもうひとりの教授で、ごく最近（1969年）、社会学の

---

6　私の知るかぎり、双方匿名査読が多様性におよぼす効果にかんする実験的研究がひとつだけある。アメリカ経済学会が、無作為化した検証を行い、双方匿名査読は周辺的な機関よりも中心的な機関にとってわずかに有利であることを見いだした（Blank 1991）。

併任を認められたばかりであった (MDS, 6 May 1969)。

　驚くべきことではないが、こうした編集権の移行は、ときとして場当たり的であった。ヒューズが降りたがったとき、かれはブラウを提案した。ハウザーが覚えているように、ブラウは*AJS*の仕事に熱心であった。しかし、ブラウは（個人的会話で）、たしかに自分は喜んで引き受けるが、多かれ少なかれ編集権は、テニュアつきのブービー賞になるだろうと言った（ロジャー・グッドがのちに繰り返すことになる感情）。ブラウがやめたとき、アンダーソンが選ばれた。しかし、なぜ、どのようにしてかの証拠はない。アンダーソンは、ブラウの出張中、1年間、代役を務めたものの、かれを選んだときの学科は、ジャノウィッツ、ロッシ、ハウザーがおり、だれが編集者になってもおかしくなかった。

　チャールズ・ビッドウェルは、定期的に開催された学科会議によってじっさいに選任された最初の*AJS*の編集者であった。学科の利害を更新するある理由があった。アンダーソン体制は、危機を生みだした。問題は、またもや、編集事務長の役割であった。そこには予測可能な歴史があった。ブラウとヘレン・ヒューズは、かれの編集者としての仕事が始まってから、編集事務長と学術編集者との線引きをめぐって対立し、ブラウは、彼女とその夫がボストンに向かうまで、彼女がとどまることを認めたものの、その後は、地位がもっと限られている「アシスタント編集者（assistant editor）」に取り替えた。しかし、この人物（と彼女の地位）は、1年間しか続かなかった。ブラウの時代の残りは、*AJS*は「編集アシスタント（editorial assistant）」で間に合わせた。

　アーノルド・アンダーソンが引き継いだとき、かれはそのような編集アシスタントを2年間で5人使った。原稿の流れは急速に増加した。事務所はカオスになった。そのため、1968年半ばに、かれは編集事務長の地位を復活させた。かれが選択したのは、出版経験の豊富な中年の女性で、反戦運動と公民権運動から出てきたばかりであり、社会科学に深い関心があった。フローレンス・レヴィンソンは、この仕事に理想的であるように見えた。彼女は精力的で、賢く、*AJS*を知的に刺激的なものにすることを決意していた。それは運命的な組み合わせであった。アンダーソンは、親切でお人好しではあるが、無力な編集者であった。レヴィンソンは、その空隙を埋めていった。

## 第5章　プロフェッショナリズムへ移行するAJS

　1968年から1974年(チャールズ・ビッドウェルがレヴィンソンを解雇した年)までの時期は、もちろん、刺激的な時代であった。学科では、マリーン・ディクソンのテニュアの否決と、ひきつづく学生による大学管理棟の占拠で、1969年に最初のクライマックスに達した。これらの事件は、学科の大学院教育に完全な転換をひきおこした。それは、モリス・ジャノウィッツと(学生側では)かれの博士論文の学生であるウィリアム・コーンブラムのリーダーシップのもとで、教授陣と学生の委員会によって成し遂げられた。加えて、学科は教授陣を何人か失い(ロッシ、ダンカン・マックラエ、ブラウ、サトルズ)、何人かを得た(コールマン、ウィルソン、ラウマン、スタンレー・リーバーソン、バリー・シュワルツ)。事実上、大きな入れ替えが起こった。

　そのさなかに、AJS自体に革命が起こった。学生たちは、フォスター・ホール(「シカゴ大学の左岸」とある学生は回想した)の地下にあるレヴィンソンのコーヒーポットに群がった。レヴィンソンは、出版会の宣伝担当者と友人になり、学術雑誌にAJSの宣伝をばらまいた。彼女は、女性についての非常に成功した特集を生み出した。彼女はASAで豪華なパーティを開催した。彼女は、アンダーソン、編集委員会、そして多くの購読者の真剣な反対にあいながらも、雑誌の物理的なレイアウトをデザインしなおした。これらすべての結果は、興奮に満ち、少なくとも出版会にとっては、1969年から1971年の2年度だけでも2,200人分の新規定期購読者(約25パーセント増)の振り込みがあった。出版会と編集者はじっさい喜んでいた。

　同時に、華々しいレヴィンソンは、AJSの学術編集者に非常に近いものになった。彼女は査読前の原稿の多くを読み、そのうちのいくつかはさっさと不採択にした。彼女は、編集委員会に陪席し、じっさい多少とも仕切っていた。彼女は、査読者を提案した。というのも、ひとつには、彼女だけが、だれの仕事が早く、だれの仕事が遅いかを知っていたからであり、またひとつには、彼女は、ASAで精力的に活動していて、広範囲にわたる個人的なつながりをもっていたからである。彼女は、投稿を勧誘した。彼女は特集を企画して、その編者を調達した。じっさい、彼女の見解は非常に重要だったので、アンダーソンは、ある教授会メンバーを共同編集者にする提案を握りつぶすのに、学科長であるジャノウィッツに「提案された人物は、他の仲間と

合わず、受け入れがたいし、とくに事務局長 (office manager) に歓迎されていない (まったく不適切であるわけではないが)」と言ったほどだった。アンダーソンが辞任したいと通告したときには、レヴィンソンは、かれの後継者についてジャノウィッツと掛け合うほどの力を感じていた。

レヴィンソンの力を示す良い例は、書評編集者に対して窓を開けっ放しにしていたと激怒し、追い出されたその若い教授会メンバーが、アンダーソンにまくし立てたというエピソードである。アンダーソンは、かれをなだめ、そのエピソード全体をまるく収めた。レヴィンソンの機嫌を損ねるよりはましだった。レヴィンソンが考えていた自分の役割の幅の広さは、執筆者への手紙から明らかである。それらは、まるでマックスウェル・パーキンズ〔名編集者〕の書簡のように読める。自信に満ち、思慮深く、ときに厚かましい。彼女は明らかに自分を、主要な知的雑誌の女王であるとみなしていた。

　私が個人的に足りないと思うのは、あなた自身がその環境にいるという意識です。たしかに、この考えは純粋に知的な偏見から出てきたものではありません。わたしたちはみな、学校に対する感情と態度をもっています。…私は、あなたがそのいくつかを論文の最終稿に入れることができればと思います。(ある執筆者に)

　私は、いつも新しい出版企画を構想しています。これまで以上に宣伝をして、AJSを、7,000人が読む退屈で地味な雑誌から10,500人が読む生き生きとしていて論争的な雑誌に変えました。(出版会の雑誌担当マネージャーに)

　はい、わたしたちは、あなたの原稿を考慮するでしょう。そして、私たちの良き友人である[X]の強い勧めが、それをいっそう魅力的なものにするでしょう。(原稿を考慮してもらえるかどうかを尋ねてきた執筆者に)

　[軍が統制している新聞]が、あなたの唯一の情報源であるならば、軍があなたに知って欲しいこと以上のことを、そこから学ぶことはできないでしょう。それは、わたしたちがここでやっている社会学ではありません。(原稿を不採択にした執筆者に)

　わたしたちは、残念ながら、ゴッフマンについてのあなたの原稿を出版するこ

とはできないと決定いたしました。それは端的に、総説論文として出版するには十分に分析的なものではないからです。(原稿を不採択にした著者に)。

　これは、[X]についての素晴らしい論文を書いていただいたことへのお礼状です。私は、この本があなたにこのような才気を刺激するだろうと思っておりました。あなたはその核心を完全につかみ、まさしくその光彩をたたいたことは、驚くべきことです。(書評の執筆者に)。

　アンダーソンは、レヴィンソンに負っていることを、非常にはっきりわかっていた。

　全体として*AJS*がいかにうまく競争に持ちこたえているか、そしていま、まさに7月の特集についてのいっさいの自己満足——この両者は、レヴィンソンさんの功績によるものです。(CAA to Press journals director Jean Sacks, 24 May 1972)

　レヴィンソンは、*AJS*を転換させようという自分の試みの助力を得ていた。アンダーソンが若い教授会メンバーから非常に思慮深く選んだ共同編集者は、しばしば同様の冒険精神があり、そのなかには、ジャノウィッツが「良き灰色の*AJS*」と呼んだものを、生き生きとして、刺激的であるとともに、権威ある雑誌に転換する手助けをした者もいた。また、そのなかには、投稿論文の大多数をなしている、絶え間ない調査分析の短い論文にうんざりした者もいた。かれらは、レヴィンソンが抱いていた目標のすべてを共有していたわけではなかったかもしれないが、アンダーソンと同様に、彼女を強力に支えるつもりでいた。
　こうしたいっさいのことは、レヴィンソンがトピックにかんして火遊びをしなければ、それほど問題ではなかったかもしれない。しかし、彼女は論争的な論文——マルクス主義者の論文と人種差別や性差別にかんする論文——や、匂いの社会学や観光の社会学のようなトピックをもつ密教的な論文を見つけ出し、普及させた。彼女は、自分が気に入った論文を、うまく扱える人びとに回し、気に入らない論文を、ぞんざいに扱う人びとに回した。ついに、これらのエピソードのいくつか——とくに論争的な論文——は、学科の注意

をひいた。そこには多くの会議と場面があった。アンダーソンが辞任したとき、レヴィンソンから権力を取り除くために、チャールズ・ビッドウェルが投入された。彼女に原稿を読まないようにと通告し、編集会議から除外することによって、かれはその仕事を事務仕事に戻した。1974年の半ばまでに、レヴィンソンは*AJS*を離れ、出版会の別の雑誌に移った。その後、彼女はフリーランスのライターになった。[7]

　こうして、移行期のふたりの編集者は、完全に正反対の編集スタイルをとっていた。ブラウは、しっかりと絶対的に管理していた。かれは、自分で論文を読み、すべての手紙を自分で書き、すべての採択決定をひとりで下した (PMB to CAA, 16 November 1970)。かれは、すべての顧問編集者とファーストネームで呼び合う親しい関係にあった。かれが1962-63年に出張したときには、自分の名前を編集者として奥付のトップに残し、その下に編集代理としてアンダーソンの名前をおくように主張した。

　対照的に、アンダーソンは、とても気楽なスタイルで*AJS*を運営する代表者であることに満足していた。かれは多くの人びとに論文についてアドバイスを求めた。かれは、自分自身で公式の論文にかんする書簡をすべて書くようなことはせず、編集事務長や共同編集者と分担した。かれは、顧問編集者が雑誌に加わるまで、かれらと個人的な面識はなかった。かれは、ときおり、フローレンス・レヴィンソンに彼女自身で原稿を不採択にすることをさせていた。かれは、論文の査読を学生にやらせた最初の人物であった。そして、マリーン・ディクソン危機にかんする複雑な学生と教授陣の交渉の期間に、ジャノウィッツ学科長に、つぎのように書き送った。

---

7　レヴィンソンの離任は、学科全体にとって明らかに救いであった。*AJS*にかんするかれらのビジョンは、大きく食い違っていた。結局（主人公の記憶はこの点について不明確なのだが）、ビッドウェルがレヴィンソンを解雇したようだが、解雇がおおやけになるまえに、彼女は辞職するために出版会に出かけていったようである。私がフローレンス・レヴィンソンにこの章のコピーを送ったところ、彼女は、自分をあまりに支配的に描きすぎていると異議を唱えた。彼女は、1960年代後半の*AJS*をアンダーソンによって指導され、彼女がたいへん尊敬していた若い教授陣の共同編集者によって支えられた集団的努力とみなしていた。私は彼女が覚えている仲間感情の暖かさを過小評価していたかもしれない。しかし、彼女自身の以前の回想、書簡、他の人の意見などから判断すると、私は彼女がこの時期の『雑誌』の中心的人物であると見ることが正当であると感じている。

第5章　プロフェッショナリズムへ移行するAJS

学生と教授陣の委員会の学生メンバーのまえで、われわれには、学生が雑誌の運営を分担する方法について提案する用意があるとあなたが言うつもりであるなら、…われわれは、編集委員会の正規のメンバーのために喜んで調整します。

事実、かれは、学生が論文にかんする公式の書簡に署名するのを認めることさえ考えていた (CAA to Jean Sacks, 29 September 1969)。もちろん、学生たちはこうした開放性をたいへん光栄で大きな譲歩であると考えており、たしかに大学院学生に助けてもらいサポートしてもらいたいというアンダーソンの願いは、真摯なものだった。しかし、文脈を考えると、それは、多くの点で、むしろ編集にたいするアンダーソンのカジュアルなアプローチのしるしであるように思われる。[8]

## 原稿の人口学と処理過程

活動的な編集事務長の出現だけが、アンダーソン体制の危機ではなかった。そこには、原稿の危機もあった。原稿の人口学は、移行期に急速に変化した。1960年代に、AJSは平均して年間200を少し越えるくらいの新しい原稿を受け取っていた。[9] この数字は、60年代半ばには300にまできわめて急速に増大した。その後、徐々に増加し、1971年から1974年のあいだに突然、600に上昇した。学問分野の拡大だけでは、これほどまでの投稿数の急速な増加を説明できない。[10] 1970年代初期の巨大な拡大は、レヴィンソンのはた

---

8　アンダーソンは、AJSの運転資金を自分の個人的な貯蓄口座によってまかなうこともした。驚くべきことのように思われるが、取り消された小切手が、いまだにファイルにある。英国社会学会 (British Sociological Association)、フローレンス・レヴィンソン、ピーター・ブラウ、さまざまなタイピスト、出版会、その他多くの人びとに宛てたものであった。これらはたんなる小口現金ではなく、通常の運転資金であったように思われる。しかし、フローレンス・レヴィンソンによれば、これらの小切手には、書籍販売の「裏金」も含まれていたそうである。

9　当時、ASAの年次大会の受理通知は、依然としてASRへの投稿を強調していたことを想起せよ。「『評論』あるいは『ソシオメトリー』のいずれかの編集者は、あなたの論文の出版を考慮していただければ嬉しく存じます。現在のかたちで投稿していただいてもかまいませんが、たいていの場合、いくらか膨らませたものであれば、相応しい評価を得るのに望ましいでしょう。原稿は、年次大会に先立って提出していただいてかまいません」(1961年4月28日付の手紙、AJSのファイル)。

10　ASAは、1960年代に急速に成長し、1964年から1968年までに年率約10パーセントであった。

らきかけの活動を反映しており、とくに彼女の非主流の論文へのこれ見よがしの開放性を反映していた。これは、1973年1月の特集「変化する社会における変化する女性」によって特筆される事実である。

しかし、原稿の洪水に *AJS* は完全に無防備であることがわかった。原稿の処理時間は、1970年から1972年のあいだに、13週から24週に上昇した。[11] *AJS* のファイルは審査時間についての不平で一杯であった。

　5ヵ月後に不採択の通知を受け取ることは、私が参入しようとしていた専門職の最良のものから期待していたことではありません。

　私は、自分の原稿が不採択になったことで失望しています。審査に7ヵ月以上かかったことだけが理由ではありませんが。

*AJS* の「カメ」手紙——査読者への督促状——が、この時期に発案されたことも理由のないことではなかった。

投稿の洪水に対処する最も簡単な方法は、査読をせずに論文を不採択にすることである（私は、この行為を指すのに、内輪の新造語「プレジェクション」を用いる〔prejection: rejection（却下＝不採択）の前に、pをつけて pre 予めという意味をもたせた造語。以下「門前払い」と訳す〕）。査読じたい、この時点では最新の慣行であった。そして、門前払いは、レヴィンソンがインスピレーションの多くを引きだしていた商業雑誌の世界では、標準的なことであったし、現在でもそ

---

　　しかし、成長はすぐに減速し、1972年までに完全に止まった。
11　バリー・シュワルツとスティーブ・ドゥービン（助教授と大学院学生）は、共同で、ファイルに残っている原稿の流れを研究した。この節は、その研究におおいに依存している。この著者たちに私は謝意を表したい。
　　本文のここから、私は執筆者と査読者の手紙を、広範に匿名で引用することを注記しておかなければならない。匿名にする理由は明白である。執筆者の多くは、いまなおこの分野で活動しており、かれらを特定することによって得るものはほとんどない。ときおり、私はだれかに言及するときに、「有名な社会学者」とか「新進気鋭の若い執筆者」とか、その他、半ば特定するような言い回しをすることがある。これらについては、読者はたんに私の判断を受け入れなければならないだろう。私は秘密を漏らすわけにはいかない（じっさい、性別を隠すために、すべて男性名詞を使った）。同時に、直接の引用を使わずに *AJS* の経験についての私の主張を支えることはできない。私は、口をつぐむことと公開することのあいだの道を無事に歩くことを望んでいる。

うである。それゆえ、AJSが、1970〜72年の時期に、論文の約30％を門前払いにしていたことは驚くに当たらない。典型的には、これらは一般的な定義としての社会学の外部からの論文であるか、記述と考察においてどうしようもないほど非専門的な論文であった。なかには、たんに面白くないか「まだまだ」と感じられるものもあった。それゆえ、AJSはレヴィンソンの努力がひきつけていたまさにそのような論文の多くを門前払いにしていたわけである。

しかし、門前払いが多くても、処理する原稿の数は急速に増大していた。相対的に一定の雑誌の分量からして、原稿数のこうした変化は、もちろん、採択率を低下させる傾向を生みだした。採択率は、投稿数が最も多かった1970年代半ばに、7パーセントという低さに達した。出版会は、レヴィンソンの時代にページの割り当てを50パーセント増やした。しかし、この拡張はほとんど完全に論文の長さの増加によって吸収された。1962年に、AJSの平均的な論文は10.5ページであった（ASRは10.9）。1971年までに、平均的な長さは18.2ページになった。この数は1970年の様式変更によって割り引かなければならないが、割り引かれた14.25という旧ページ換算でも、論文の長さが40パーセント増加していることになる。新しいページ数は、たんにこれまでの論文を長くしただけであった。[12]

原稿の流れを速くするためには、官僚制化が必要であった。この時期は、AJSの印刷形式の多くが改良され、新しい原稿追跡システムが生まれた。しかし、これらの変化でさえ、うまくいかなかった。そして、レヴィンソンの任期が終わるまでに、手違いは日常茶飯事となった。採択の通知が、不採択のはずの人びとに送られたり、傍注が本文と取り違えられて印刷されたり、原稿がなくなったり、書簡が間違った人に送られたりした。

## 査読者と学問分野

原稿の流れの増大は、そのほとんどを査読するという方針を踏まえると、

---

12　数字は、一部はAJSの年次報告から、また一部はASR報告、ASR 26(1961): 983.

査読者にかかる負担がはなはだ増大することを意味していた。ブラウの時代に、年間、150から200の原稿を審査していたので、*AJS*は、1回目の査読が約350と再査読がひとにぎり必要であった。ブラウは、編集委員会(教授陣)、16人の顧問編集者、100人弱の臨時の査読者で間に合わせた。アンダーソンが引き継いだとき、1年間は、以前からの査読者を確保していた。しかし、2年目に、*AJS*は臨時査読者が約190人に急上昇し、翌年には約270人、1972年には結局400人になった。

臨時査読者への移行は──おそらくアンダーソンの意識的な方針であった──、大きな変化であった。ピーター・ブラウは、自分の科学主義にもかかわらず、ヒューズ流の専制君主であり、友人からのアドバイスで査読者を誘った。編集委員会は開かれていなかった。「私が査読結果を読み、私が決定した」(個人的会話)。ブラウの*AJS*は、それでも中心的な権威のまわりに組織された価値を共有する小さなコミュニティの機関であった。しかし、アーノルド・アンダーソンは、そのエリートたちと広範に結びついていなかっただけでなく、査読者の基盤を大幅に拡大する傾向と必要性に駆り立てられてもいた。かれが退任するときまでに、*AJS*は1年間に450の原稿を査読していた。900人の第1回目の査読者と、さらに100人以上の再査読者を必要としていたのである(じっさい、多くの論文は、この時期にたった1回の査読を受けていただけであり、査読者は合計でおそらく約750人必要だった)。この数は、査読者の多くは、かれやかれの編集事務長がまったく知らない人びとからきていることを意味していた。*AJS*は民主化され、それはアンダーソンが大変望んでいたことであった。しかし、この過程で、査読は顔の見えない交換になった。[13]

---

13 この比較的突然の、巨大な査読需要は、この学問分野のより若い成員に向けられることによって満たされた、と考えられるかもしれない。社会学はなお急速に成長していた(もっとも、戦争直後ほどではなかったが)。そして、そのような高「出生率」は、ほとんどの社会学者が専門的な意味では若かったことを意味していた。しかし、事実、アンダーソンの時代における*AJS*の査読者の平均年齢は、ずっと、博士学位取得後10年であった。その数字はおそらくブラウが頼ることのできたエリート集団の年齢よりも低かったが、それでも若い人びとに圧倒的に頼るようなことは示されていない。しかし、「博士学位取得後10年」という数字は、いくらか高いものである。なぜなら、データから確認できないことの多いひとつの集団は、修了しなかった大学院学生であったからである。このころ、他の雑誌の編集者たちは、雑誌の

## 第5章　プロフェッショナリズムへ移行するAJS

　広い範囲にわたる臨時査読への移行は、混乱を生みだした。それは、アンダーソンとレヴィンソンが査読者のメッセージを解読できなかったからというよりも、新しい査読者が、たんにどのように振る舞ったらよいのかわからなかったからである。じっさい、レヴィンソンの編集作業があれほどまでに遅れた理由のひとつは（ほとんどの遅れは、査読が入ったあとに生じている）、多くの査読報告を編集して、酷薄で軽蔑的でないものにしなければならなかったからである。投稿者からの応答のサンプルは、以下のようなものである。

　　あなたが私の原稿を却下したことに関して、あなたのようなあやふやな編集コメントを受け取ったことはありません。

　　あなたの雑誌についての私の経験は、他の人びとと同様に私の眼から見ても、不信感をもつのに十分です。

　　このコメントの威張った辛辣な調子によって、私がひどく不快に感じたことを最後に付け加えておきます。ご承知とは思いますが、私はあなたのために毎年、何十もの論文を読みました。…そして、執筆者に対する私のコメントは、できるだけ気を利かせるように注意してきたことにお気づきのことと思います。

　繰り返し繰り返し、アンダーソンは、自分の雑誌を守ろうとしていることに気づいた。「われわれは、執筆者の感情を考慮して、［執筆者に返されたコメントのような］建設的な批判以外のものを含めないようにしています」と、かれは不満をもつ執筆者にむけて1970年7月7日に書いた。つぎに書き直す助けとなるようなコメントをもらっていないと抗議した執筆者に対して、かれは「非常にしばしば、われわれの査読者は執筆者にコメントを書きません。

---

編集過程でどのように学生を使っているのかと、AJSに手紙で問い合わせていた。それは、「進行中であることに学生が遅れずについていくひとつの方法」であるとみなされていた。ある編集者は「おそらく、われわれの仲間のほとんどは、未熟な大学院学生に、判定はもちろんのこと、提出した原稿の査読をさせるという考えを好まないだろう」と書いた。

　査読者の年齢にかんするこれらの数字は、莫大な努力によるものである。1980年以降になるまでコンピュータ記録は存在しない。私は、公表されたすべての査読者のリストを精査し、精査したものを修正し、学生を現場に送り込んで、1972年から1996年までの査読者の80パーセント以上について博士学位取得日を確認した。これらは信頼できる数字である。どのようなバイアスがあろうと、それは長期間にわたって体系的で一定のものであろう。

そして、他の場合には、かれらのコメントを執筆者に送るかどうかについて編集上の判断を下しています」と書いた。かれは執筆者に、却下された論文をAJSに返送してくれれば、編集者のひとりがそれに建設的なコメントをすると告げた (1968年12月4日)[14]。

これらの手紙をつうじて、編集者と執筆者が、審査はどうあるべきかについての概念を模索しているのがわかる。この問題は、急速な学問分野の成長と分派形成から生じているように見えるかもしれないが——急速な分化の体制のもとでの社会化の問題——、事実、書簡が示しているのは、とくに匿名査読の感情的な権利と責任にかんする査読の道徳的な構造について、最初から明確な考えがなかったことである。学問分野の多様性は、たしかに、著しいものであった。しかし、もっと重要なのは、そのような多様な世界では、なにが礼儀の規範であるのかについて、だれも明確な考えをもっていなかったことである。その結果、執筆者は次々に、延々と待たされたあげく、個人的に棍棒で殴られたわけである。じっさい、この個人的な侮辱は、ヒューズが説明をせずに不採択にすることによって、避けようとしていたことであった。コメントを転送することについて、ブラウとロッシとかれらの世代は反対であり、共通の原則——かれらの世代がより上の世代の城壁に嵐のように浴びせた「科学的社会学」——があれば、普遍主義的な査読のための道徳的基礎が提供されるだろうと信じた。その査読は、共有された規範に訴えるがゆえに、双方にとって受け入れることのできるものになるであろう。しかし、アンダーソンとレヴィンソンの不運は、共通の原則がないばかりか、しばしば基本的な礼儀もない世界のなかで、匿名査読の衝撃に直面したことであっ

---

14 レヴィンソンによれば、彼女はこれらの手紙の下書きをして、アンダーソンの名前で署名をした。アンダーソンは、明らかに、進行中の事態に圧倒されていた。かれはエヴェレット・ヒューズに1970年6月4日にAJSの75周年のための原稿を依頼する手紙を書き、つぎのように述べた。「現在では、非常に多様な大学から、より多様な人びとが投稿しているという印象をもっています。しかし、ほとんどの人は、査読をしたことがありませんでした。手紙を書くときの専門的なマナーと通常の礼儀は悪くなってきたと思います。しかし、他方で、編集者がこの分野の趨勢をかたちづくることができる点を強調するほうを選んでも良いでしょう。それともそれは幻想でしょうか」。手紙を書くことにかんして、かれはたしかに正しかった。アンダーソンは、AJSの民主化を進めたときに、かれが手を伸ばそうとしていた査読者のあいだの驚くべき——関心、才能、訓練、そして人格の——多様性について、ほとんどわかっていなかったようだ。

た。どの手紙も、査読過程に挑戦するのに、道徳的議論を呼び覚ましていた。

> あなたはじっさいに執筆者に対して「礼儀正しい迅速な回答」以上の義務があり、なぜ執筆者の論文が特定のやり方で判断されたのかという理由（査読者によって示された）を執筆者に返す義務があるように私には思われる。そして、私には、なぜそのようなコメントを、かれまたは彼女に回すべきでないのか、その理由がわからない。(傍点は、アボット)

その他に、査読の論理的構造を攻撃した者もいる。

> われわれが最初に論文を提出したときに、サンプルサイズは明白で変更不可能な事実である。もしこのことが、論文の不採択を保証する重大な考慮点であるのなら、最初の査読のさいに〔不採択の判断が〕できたであろう。(To CAA, 6 June 1969)

似たような手紙は、まったく正反対の議論をしていた。たとえば、回答率が低いという理由で「スクリーニング」にもとづいて、事前に原稿を不採択にするべきではない。その他に、査読者の道徳的失敗を攻撃する者もいた。

> かれの査読は、ほとんど排他的に、この論文の利点よりもあの伝統に関心を寄せています。それは、出版のための査読ではなく、かれが同意しない研究方針への攻撃の機会です。(To CAA, 17 December 1969)

特定の研究方針に反対する議論をすることは、不道徳的であり、研究方針全体が間違っている可能性は考えられないという前提に注意しよう。それゆえ、実質的な違いは、趣味の違いとして主張され、それゆえ、不採択の根拠として正当に役立てることはできない、ということになる。共通の原則が現れていないことは、確かな事実であった。

さらにもうひとつの見方は、査読者は*AJS*の役人として機能しているというものであった。ある執筆者は、レヴィンソンからつぎのような手紙をもらった。「もしあなたがかれに回答したことで［査読者が］満足するなら、われわれは、その論文が出版されることを喜ばしく思います」。しかし、その査読

者はさらなる問題を発見し、その論文はボツになった。怒った執筆者は、つぎのように書いた。

　あなたの組織の責任ある人が、一定の書き直しがなされたなら出版されるだろうと言っている場合、あとになって、ほとんど修正それ自体とは関係のない新しい批判をもとにその論文を不採択にするのは公正ではないと思います。

　レヴィンソンは、こう答えた。

　査読者が2回目の査読で論文に誤りを発見することは、これが最初でもなければ、最後でもないでしょう。…われわれは、あなたが査読者を満足させることができれば、出版すると言ったのです。明らかに、あなたはそうすることができませんでした。[これからは]論文が整ったことが確かめられるまで、出版の可能性について示唆することもしません。

　このやりとりのなかに、われわれは、審査にかんする本格的な適正手続きの見解をみいだす。あたかも、出版するかどうかの究極的な基準は、論文の質や面白さや重要性ではなく、ある手続きにしたがったかどうかであるかのようである。そこには、AJSがある論文について積極的に優秀性に欠けるとか不採択にできるとかいったことを証明しなければ、いかなる論文も不採択にできないという感覚がある。出版は、反証可能な推定となった。
　この感覚の一部として、執筆者たちが、自分たちの論文の「面白さ」は、出版するかどうかの決定にとって無関係であるとみなしていることに、われわれは気がつく。優秀性の判断だけが、〔出版するかどうかを〕決定すべきである。それゆえ、アンダーソンは、つぎのように書かれている否定的な審査結果について、過度に謝罪していることに気がついた。「この論文になにも悪いところはありません。ただし、これは1955年の関心事であるかもしれないが、現時点[1969年]では、不必要なものであるはずです」。1930年代と1940年代から残っている審査結果は、たいていの場合、まさしくこの審査結果のように書かれていた。査読者の質的判断は、完全に信頼されていた。執筆者や編集者に対して正当化することはなかった。真の問題は、優秀性を

判断することで、ある論文が面白いといえるかどうかであった。いまや、執筆者は、論文の面白さ、時機、そして創造性さえ、優秀性の適正手続きの外部にあるものと感じ始めた。面白さは、基準と無関係なものであるだけでなく、不当なものであった。

もちろん、多くの執筆者は、雑誌と執筆者となりうる者との道徳的契約が偶発的な性質のものであることを認識していた。「ところで、不満を述べるのは私の習い性ではありません。わたしは、それに相応しいと思った論文を不採択にしてきたのです」とある執筆者は書いている。「しかし、私はこの件では、気分を害されました」。なかには、長く待たされたことについて、ユーモアのセンスをもっている者さえいた。ある有名な研究者は、つぎのように書いた。

　私の記録によると、あなたは1972年の12月12日に葉書を送ってくれました。…どうか次の点についてお知らせください。1）論文が読まれ、それについて編集スタッフのなかで猛烈な議論が進行中であるのか、あるいは2）論文が読まれたが、事務室がこの春の豪雨で水浸しになり、その結果について私に知らせる機会がなかったのか、それとも3）論文は3ヵ月前に査読者に送られたが、そのひとが学生とともに駆け落ちして、南の海のどこかを旅行中であるのか、はたまた4）たまたま事務所に入ってきた犬に食われたのか、さもなければ5）それはまだ残ってはいるものの、ピーナッツバターが付いてしまったのか。

新しい道徳的契約は、執筆者だけでなく、査読者との関係にもみられた。ブラウとロッシは、査読者に（あらかじめ、論文が届くことを知らせることなく）いきなり原稿を郵送する方針を開始した。これは、ヒューズがひときわ無礼だと指摘したやり方である。古い世代の態度は、1974年の初頭にビッドウェルからいきなり送られてきた原稿に対する元ASA会長の回答に明らかである。「おいおい、チャールズ、おれはこんなやり方はしないぞ。つぎにこんなやり方で頼んできたら、原稿を読まずにゴミ箱に捨てるからな」。この状況のもうひとつの側面は、雑誌は、ヒューズがずっと以前に予期していた教育機能に役立つという、出現しつつある感覚であった。ある不採択になった執筆者は、こう書いた。

私は、決定が否定的なものであった場合でも、あなた方の努力に感謝していることを、あなたと査読者にお伝えしたいと思います。ときとして、専門的な評価を得る唯一の方法は、こうした方法をとることであり、とくにわれわれのように比較的遠隔地にある学科においてはそうです。(To CAA, 30 March 1969)

しかし、査読者はこの機能に反対することもありえた。

　さらに重要なことに、私は、じつはかれに隠し事をしています。相互作用論者の文献から集めることのできる特定の考えをかれに教えるべきであるとする理由がわかりません。…私はかれのために仕事をする気にはなりません。(To FL, 18 December 1972)

さらに、査読者を鍛える唯一の方法は、かれらを外すことであった。

　あなたが同封した［査読者からの］コメントについて言えば、それらは、ほんとうにひどいものです。一読して、この査読者はほんとうに原稿を扱う能力がないと思い、アーノルド・アンダーソンにこのような査読者を二度と使わないように促す手紙を送ろうと思います。(編集アシスタントから執筆者に、28 December 1972)

そして、査読者のなかには対価を求める者もいた。いきなり送られてきた原稿に対して、ある有名な人物はこう答えた。

　笑わせるな。あなたは［かれの同僚のひとりにかんする］私の評論を印刷していません。私がたまたまその気にならないかぎり、なぜ私はあなたのために仕事をしなければならないのでしょう。(To CAA, 11 November 72)

　それゆえ、審査の問題には、いくつかの次元がある。執筆者はなによりも出版を望んでいたものの、それは不確実であったから、少なくともスピード、適正手続き、そして一貫性を望んだ。しばしば、かれらは何かを学ぼうとし、その分野の最良の雑誌のひとつと出会うことによって「向上」することを望んだ。最後に、執筆者たちは、傷つかないこと、個人的に攻撃されないこと

第5章　プロフェッショナリズムへ移行する*AJS*

を望んだ。双方匿名の査読に暗に含まれる客体化は、この否定的経験の可能性を大幅に増大させ、初期にはそれは明らかに非常にありふれたことであった。

査読者はもっとずっと多様な関心をもっていた。教えることを求める者もあれば、他の人びとに「かれらが知っているべき情報」を教えることをいやがる者もいた。査読をすることを光栄に思う人(とくに学生)もいれば、雑用と考える人もいたし、道徳的な要請であると考える人もいた。少数の者は、第三者を犠牲にして、人びとや議論や調査の伝統に反対することで、恨みを晴らす機会であると考えた。査読者はまた、非常に多様な技能をもった人びとでもあった。網を広げれば広げるほど、ますますそうなっていった。かれらは報酬なしに依頼を受けた。かれらはまた、自分たちを使いすぎないように、草むしりというつまらない仕事で自分たちを埋没させないように*AJS*と契約することを期待した。[15]

編集者たちは、中間的な立場にいた。かれらは、この分野を前進させ、その基準を維持し、執筆者を公正に扱い、(公正さと自己利益の双方から)審査の負担を均等化し、双方匿名の審査が通常生みだすと思われる感情的な被害を防ぐ義務を負っている。しかし、かれらの中心的な関心は、刺激的で重要な雑誌を生みだすことにあった。それでも、レヴィンソンが望んだように、雑誌の特色となる面白い素材を一面的に追求することは、地味な研究分野と執筆者の市場に不慣れな傷つきやすい人びとに、受け入れられにくかった。さらに悪いことに、社会学という新たに拡大しつつある世界において、編集者たちが執筆者たちをまったく知らないということもありそうなことで、それ

---

[15] 雑誌が増殖するにつれ、過重労働が問題となった。この時点で、おそらく約30の社会学雑誌があったであろう。それぞれについて、1年間におおよそ平均で150の原稿があると仮定すると、4,500の原稿があることになり、それぞれがふたりの査読者を必要とし、加えておそらくさらに1,000の修正の査読者が必要となる。合計すると、約10,000の査読行為となる。ASAの会員数は13,000から14,000にすぎず、その約半数は会員になってから5年未満であった。もしわれわれが、上記の不採択となった執筆者からの引用で「専門職の最良の者」が査読をしていると仮定すれば、専門職の最良の者は、すでに深刻な過重労働に陥っていた。じっさい、これらの数字が意味しているのは、学問分野全体にわたる数多くの、おそらくほとんどの原稿は、執筆者の能力水準と同じか、ほんのわずか上回るだけの人びとによって査読されていた。この意味において——そしてその数字は、こんにちさらに悪化している——、「教育機能」議論全体が神話である。

ばかりか、査読者についてもよく知らなかった。どの査読も、文脈依存的な議論であった。つまり、査読者が審査スタイルをよく知らないことに左右されたということである。この葛藤する利害関心と義務のもつれが解かれたのは、ビッドウェルの時代になってからであり、重要なコストがかかった。ほかのこと以上に、このような問題の混乱状態は——知的な問題というよりは道徳的で感情的な問題であったが——、移行期の*AJS*と、疑いもなく当時の他の社会学雑誌の歴史に影を投げかけた。

## 投稿と面白い論文の問題

　移行の中期までに、*AJS*の編集者と他の多くの者は、すでに、双方匿名の査読が投稿者の性質とタイプにおよぼす、ひとつの特別に不吉な効果であるとかれらが考えていたことについて心配していた。審査付きの雑誌から主要な執筆者が逃げることは、かなり早い時期に話題に上っており、ヒューズが*AJS*の方針について学科に宛てた1958年の手紙のなかで、言及されていた(ECH to department, 6 March 1958)。「指導的な社会学者が、このところシンポジウムにだけ発表する傾向がある。…シンポジウムは、印刷されないまま行われるので、シンポジウムの論文は、すぐに埋もれてしまう」。当時、ロッシのような人びとは、少なくとも、この躊躇のいくらかは、査読過程ではなく、ヘレン・ヒューズの介入主義的な編集と認識されていたもののせいであると感じていた。しかし、ときがたつにつれて、この説明は批判に耐えられなくなった。

---

16　当時、雑誌の仕事をしただれもが、これらの問題に十分気づいていた。ブラウは、驚くべきことではないが、それらの問題について科学的な見解をもっていた。編集者としての最初の年に、かれは査読の実施に関する研究を始めた。この時点での*AJS*は、6段階の推奨尺度をもっており、ブラウは、査読者が完全に一致する場合は、当時の35パーセントであったことを見いだした。査読者が1ポイント以内で離れている場合は、当時の67パーセントであった。詳細な数字が示していたのは、採択よりも不採択について合意することが多く、中間レベルでさえ、最上位のものよりも一致することが多いということであった(Blau, Special Report appended to AJSAR 1962)。驚くべきことではないが、ブラウは、相対的に統一された学問分野であるというかれの見通しから、これらの結果を、コップの半分が空であるというよりも、コップの半分が満たされていると解釈した。

## 第5章　プロフェッショナリズムへ移行するAJS

いくつかの目立つ事例があった。近代社会学の決定的な人物のひとりは、「私が著名になってから、どちらの雑誌［ASRとAJS］も、コメントや示唆を与える準備の整っていない人びとによる、十分に考えられていないコメントや示唆を束ねて、私を困らせることが始まった」(個人的会話、1993年5月25日)。いまとなっては、指導者の逃走が、現実であったのか、それともある種のそういう信念の広がりであったのかは、明らかではない。ブラウは、思慮深く、主要な人物をAJSに誘い込み、かれらの論文をたくさん出版した。かれが編集者をしていたとき、エンジェル、ベールズ、コールマン、コストナー、コーザー、ダンカン、ホリングスヘッド、ヒューズ、パーソンズ、シーウェル、ソローキン、テューバー、そしてウィリアムズから論文が出ていた。これらは、たしかに、定評のある、年輩の人物のリストである。しかし、同時に、AJSファイルには、不採択についての執筆者たちの怒りを証言する有名な社会学者からの数多くの手紙が入っている(上記の、ヒューズに対するロッシのコメントも参照)。

　この最近の出来事は、AJSに原稿を提出することについてのわれわれの否定的なステレオタイプを軽減するものとはならないと思う。私は、もちろん、私が考察のために書いた他のものをあなたの雑誌に投稿するのを控えようと思う。


　主要な執筆者の逃走とともに、プロフェッショナリズムにかんする狭い定義とみなされていたものの外部にいる人びとの逃走がおこった。ヒューズは、学科宛てにつぎのように書いている。(20 September 1957)

　『雑誌』にかんする私の見解は、あまり専門的にするべきではないというものです。ここで私が意味しているのは、われわれは最前線を未開拓にしておくべきだということです。われわれは、専門学会の機関ではないのですから、新規開拓の雑誌であるという理想的な位置にいます。そこでは、新しい考えが発表され、新しい研究分野が開かれるのです。本質的に社会学的な性格をもつ研究は、大学以外の多くの組織でなされています。われわれは、方法や主題の点だけではなく、われわれが原稿を得る人びとの種類とわれわれが印刷したものを送る相手の点でも、最前線を未開拓にしておくべきです。

しかし、新しい制度において、異例の研究はうまくやっていけなかった。アンダーソンがある執筆者に書いたように、「合い言葉に挑戦する論文を歓迎します。しかし、その場合、われわれは、無責任だと言われないように、そうした論文を注意深く扱います」(10 March 1970)。レヴィンソンは、そのような論文を、特別な回路を維持することによってのみ保護した。ある有名な執筆者は、不採択になったあとでこう書いた。

> 私は、あなたが別の種類の論文を得ることに共感している事実をよく理解しています。そして、私が、編集者に直接この論文を送るのではなく、あなたに個人的にこの論文について注意を喚起しなかったことを申し訳なく思います。次回は、もっとうまくやれるでしょう。

同時に、移行期の編集者たちは、いくらか自由裁量の余地があった。近代社会学の基礎となる論文のひとつは、「X様、もちろん、われわれは、あなたの論文を出版します」と言う以外に審査もコメントもなく採択された（これは、たまたま、シカゴ教授会メンバーの論文ではなかった）。

このように、いくつかの重要な論文が*AJS*の視界から消えつつあるという現実的な懸念がある一方で、その状況は絶望的なものではなかった。しかし、面白さと重要性が優秀さに対してもつ関係は、厄介な問題のままであり、出版の連鎖における３人の重要な行為者である、執筆者、査読者、編集者を永遠に争わせるものであった。

こうした懸念が生じる一方で、寄稿者の全般的なパターンは実質的に変化しなかった。寄稿者の年齢はじっさいに低下していたが、それは移行期の前からであった（先述の表を参照）。その低下のほとんどは、投稿の可能性の変化であるというよりも、学問分野の急速な拡大を反映していた。そして、いずれにしても、それは1955年までに生じていた。*AJS*への寄稿者の一般的パターンは、1965年までに現代的な形態に到達した。表が示しているように、1955年から65年までの10年間において執筆者の平均年齢は39歳であり、かれらの学部卒の平均年齢は23歳、博士学位取得の平均年齢は31歳であった。この数字は、執筆者のあいだで完全に専門職化されたキャリアがあ

ったことを確証するものである。寄稿者の少なくとも4分の3は、社会学の博士学位をもっており、この意味でも雑誌を完全に専門職化していた。最後に、シカゴの博士学位の占める割合は、それ以前の40年間について得られた数字である30パーセントから20パーセントに低下した。AJSは、いまでは、かつてよりもかなり全国的になり、おそらく民主化されていた。

まとめると、この証拠のすべてが示唆しているのは、AJSが定常的なキャリアをもった安定的な全国的専門職に統合され、かなりの程度まで民主的に組織された出版システムになったことである。知的な表現においても、この統合にかんするいくらかの証拠がある。というのは、新たに「専門職化した」修辞的な構造が、1955年から1965年までのあいだにいくらかいっそうありふれたものになったように思われるからである (Abbott and Barman 1997)。

## 些細な事柄

移行期のAJSの書評欄は、ますます別個の業務として機能するようになった。レヴィンソンは、しばしば「ビッグネーム」の論文に関与したのと同様に、「ビッグネーム」の書評に深く関与したものの、主要な業務は、書評編集者たちのもとで別個に行われていた。実質的な点では、AJSとASRの書評欄は、1960年代までに実質的に分岐していった。AJSが1967年に行った研究が見いだしたことは、ふたつの雑誌がともに書評した本は、1962年から65年までに305冊にすぎなかった。AJSは、ASRがとりあげなかった546冊を書評としてとりあげ、ASRは、AJSがとりあげなかった495冊を書評としてとりあげた (AJSAR 1967)。それゆえ、受け取った本の大多数を書評としてとりあげなかったAJSのパターンは、独特というわけではなかった。

しかし、受け取った本のうち書評でとりあげた本の割合は、1960年代から1970年代にかけて徐々に低下した。それにはいくつかの理由がある。ひとつには、ますます多くの本が雑誌に寄せられたことである。AJSは、1960年代前半に年間約600冊の本を受け取っており、1960年代後半には1,000冊、1972年には1,500冊になっていた。書評の数は、最初は比例的に増加していたが、アンダーソン体制は、書評の数を劇的に切り下げはじめた (71

巻の209冊から72巻の121冊と73巻の87冊まで)。明らかに、書評を長くするという意識的な選択があった。1967年に、書評は平均0.96ページであり、1962年とほぼ同じであった(そのときでさえ、*AJS*の書評は、*ASR*の書評よりも長かった。*ASR*は、1962年に平均0.65ページであった)。しかし、1972年に、*AJS*の書評は平均2.3ページとなった。その結果、*AJS*は、受け取った本の約4分の1を書評でとりあげることから、約10分の1を書評でとりあげるようになった。レヴィンソンは、残った本を売って、新しい事務所の家具、空調設備、そしてときおりのパーティのために、裏金をつくった。この変化が、短い、情報的な書評をやめて、論争的で知的な内容を増加させようという、レヴィンソンの一般的な戦略の一部であったことは、明らかであるように思われる。1972年に*ASR*から『現代社会学』(*Contemporary Sociology*)〔書評誌〕が分離したことによって、*AJS*の動きは先見の明のあるものにみえた。なぜなら、その目的のひとつは、より多くの実質的な書評論文を掲載するために、スペースを提供することであったからだ。

　毎年、特集を組んでいた時代は、ヒューズの編集時代の初期に終わりに近づいた。特集はまだときおり現れていた。そして、そのひとつである「変化する社会における変化する女性」は、学術書としてはベストセラーに等しいものとなった。この特集は、レヴィンソンが発案し、彼女はジョーン・フーバー——当時、イリノイ大学の助教授——を採用して、それを編集させた。フーバーは、編集上避けがたい問題と格闘した。そこには、この特集のために何人かの有名な人物を降ろすことも含まれていた。特集のほとんどは、公募論文で満たされた。レヴィンソンは、自分が正しくも急速に発展しつつある市場であるとみなしていたものを念頭において、その市場に賭けた。122,000のパンフレット、57,000のダイレクト・メール、フェミニストの組織と出版社に何百もの手紙を出し、『ミズ』誌に書評が載るように取り計らった。結局、学科の悲観論者たちは、この特集の異例の成功によって、鼻をへし折られた。第一刷は、仕上がるまえに売り切れた。そして、需要を満たすために、ペーパーバックは2ヵ月早く刊行された。最終的な売り上げは、ゆうに2万部を越えた。定期購読者が、この特集を自動的に手に入れたことはいうまでもない (CEB to EOL, 21 August 1979, with the AJSARs)。この成功

## 第5章　プロフェッショナリズムへ移行する*AJS*

は、出版会に『サインズ』をつくるように説得する助けとなった。しかし、他の特集はうまくはいかなかった。「郊外の変化する相貌」と「転換点」(生活史の特集)は、比較的小さな成功に終わった。どちらも、本の形態では約1,800部に達しただけであった。

　移行期は、1974年以降、チャールズ・ビッドウェルが*AJS*の純粋に専門職的な性格を強く再主張するようになって、終わりを告げた。ふたりの移行期の編集者は、ハイブリッドな雑誌を生みだした。ブラウの*AJS*は、双方匿名の査読という新しい規律を制定し、ヒューズの『雑誌』よりも狭い専門的な焦点をもった。しかし、それはなお、とるに足らない出来事であり、エリートの専制君主とその仲間が、焦点を絞った雑誌をつくっていた。アンダーソンの*AJS*は、編集作業、寄稿者、査読者、主題などの点で、どんなに荒い概念からみても民主化した。それは、ヒューズ流の、より広い概念に戻ることで、読んで面白い専門誌を生みだしたい、というフローレンス・レヴィンソンの意欲を反映していた。そのような専門誌は、1987年に現れた『経済的視点雑誌』(*Journal of Economic Perspectives*)まで、社会科学においてうまくつくり出されることがなかった。しかし、アンダーソンの*AJS*は、投稿が殺到し、そのため、かつてブラウとロッシが想像したような、査読の実践的・道徳的構造全体が問題化することによって、葬り去られてしまった。*AJS*をもっと伝統的な構造に戻し、そうすることで、編集者と執筆者と査読者のあいだの道徳的関係における基本的ジレンマのいくつかを解決したのは、チャールズ・ビッドウェルであった。

# 第6章　*AJS*の現代的形態

　関係者の多くはいまなお活動している社会学者であるため、近年の『アメリカ社会学雑誌』(*American Journal of Sociology*)についての私の議論は、それ以前の時期についてのものよりも必然的に焦点の定まらないものにならざるをえない。過去25年の『雑誌』にかんする中心的な知的関心は、チャールズ・ビッドウェルとエドワード・ラウマンが、編集者の役割と*AJS*の出版方針についての現在の諸概念を確立したことにある。これらについて議論していくと、自然に、現在の〔社会学という〕学問分野における学術雑誌の役割を検討するという結論にいたる。

## 編集者とかれらの仕事負担

　*AJS*の編集者を見つけることが、〔シカゴ大学〕社会学科の困難でありつづけたことは、過去40年間にこの雑誌を編集しなかった著名なシカゴ教授陣のリストをみれば、明白である。ボーグやグッドマンのような計量的な専門家が、なぜ*AJS*の編集者にならなかったのかは理解できる。そして、ことによると、同じように逆の理由から、サトルズが編集者にならなかったことも理解できよう。しかし、*AJS*は、ハウザー、コールマン、ウィルソン、ジャノウィッツによって編集されることもなかったということは、明白なメッセージを公言している。大きな行政責任を負った研究者は、編集にさく時間がほとんどなかったということである。このことから、ハウザーとコールマンのような研究助成金をたくさんもらっている人は除外された。同様に、ハウザー、ウィルソン、ジャノウィッツのような学科長も除外された。これらの人びとのなかで、ジャノウィッツだけが、実質的な編集業務をひきうけた。そして、それは、「社会学の遺産」シリーズによってシカゴ学派を復活させようというかれの試みであった。権力への別のあらゆる道をもっているハウザーとその他の人たちは、明らかに*AJS*を編集することに興味をもっていなかっ

たし、そうする義務も感じていなかった。

　その仕事の性質が摩耗してきたひとつの表れは、編集の任期が短くなったことである。フェアリス、バージェス、ブルーマー、そしてヒューズが、36年間 *AJS* を担当した。つぎの34年間には、6人の編集者がいた。ブラウ、アンダーソン、ビッドウェル、ラウマン、ウィリアム・パリッシュ、そしてマルタ・ティエンダである（比較すると、ASAの雑誌は、過去40年間をつうじて、編集の任期は3年であった）。その仕事は、精力的な効率化の努力がなければ、もっとひどいものとなっていたであろう。チャールズ・ビッドウェルが生みだした構造は、ラウマンによって導入されたコンピュータ・データベースによって補強され、パリッシュによって拡張されて、その仕事を教授会メンバーにとってまずまずの業務にした。

　ビッドウェルの努力は、たんなる原稿の効率的処理以上に、特殊な関心から生じた。1970年代半ばに、*ASR* は、ページ料金を導入することを考えた。これは、助成金によって雑誌が支えられているような、寄付金に依存した諸科学に共通する標準的な方針である。ASAは結局、投稿料を決定し、それは1978年末に開始された。このような雑誌の料金は、執筆者の投稿誘因を根底的に変えた。ビッドウェルは、無料の *AJS* に〔原稿が〕殺到するのを恐れた。『社会諸力』(*Social Forces*) のエヴェレット・ウィルソンと継続的に相談をして、ビッドウェルは、ASAでの議論が終わるまえの1977年に、原稿取扱手数料を導入した。ふたりは、金のない研究者への影響について心配した。しかし、同時に、かれらは広範な購読者の集団に貯金があり、かれらが見込みのある執筆者を効果的に補助してきたことを認識していた。とりわけ、ビッドウェルが言うには「歩調を合わせる方がよいように思われる。ひとつには、そうしなければ、些末で不適切な原稿が著しく増加するのがこわかった」(CEB to Everett Wilson, 2 November 1977)。*AJS* はこの時点で財政的にきわめて不十分であったから、金銭的にも助けとなった。

　その結果は、劇的であった。1970年代半ばをつうじて達していた、年に約600本の最高水準から、1980年に投稿率は約300に急速に減少した。この低下の半分は、投稿料の方針を導入した1年目に生じた。ときおり、はずれるものの、投稿率はそれ以来、年間約300本にとどまった。

## 第6章　AJSの現代的形態

　この方針がもたらしたもうひとつの結果は、審査なしの不採択が事実上なくなったことである。チャールズ・ビッドウェルが最初に引き継いだとき、かれは門前払いの慣行を続けた。もっとも、かつてのような過酷な水準のものではなかった。1974年に、643の原稿が処理され、そのうち17パーセントは、査読なしに不採択となった。しかし、門前払いが適切と判断された論文は、新しい方針のもとではなくなった（ことによると、いまや、そのような論文は、毎年、10から20本、受け付けられていたのかもしれない）。こうして、AJSの慣行は、この分野における規範として出現してきたものと足並みをそろえるようになった。普遍的な査読は、事実上、ASAの倫理コードに明示的に要請されたとおりとなった (2.C.1,2)。

　もうひとつの結果は、採択率の回復であった。これらは1980年までに、長期にわたる平均である約14パーセントの水準に復帰した。しかし、この数字は、1980年代をつうじて徐々に低下し、1980年代後半と1990年代にはふたたび10パーセントを切り始めた。その原因は、論文の長さである。論文の長さは、1962年から1971年まで約40パーセント増加した。ティエンダが編集者となったときまでに（1992年）、その数字はさらに40パーセント上昇した。論文は、平均して（新しい組み版で）約30ページ、30年前の論文の約2倍であった。

　AJSの論文の長さの少なくない増加分は、文献リストの拡大が原因であった。それは、論文中と末尾の双方の長さに寄与した。発行されたAJSに引用されていた論文の平均数は、1973年から1992年にかけて約2倍となり、30をいくらか越える程度から、60をわずかに下回る程度になった。この変化のほとんどは、分布の底で生じた。AJSは、つねに、いくらか膨大な文献リストをつけていた。1970年代半ばには、早くも160本以上の文献リストが出現している。しかし、小さなリストはなくなった。私のサンプルでは、1年間で最も短いリストは、1970年代半ばに典型的には10から15の文献を引用していた。1990年代までには、それは25から30であった。[1] 1ページ大の表の数も急速に増加した。これも、論文の長さにとって、さらに劇的な意

---

[1]　私は、1973年から1992年の毎年の3月号に掲載されている最初の10本の書評以外の論文を考慮した。

味をもつ変化であった。

　それ以前とそれ以後の他の編集者と同様に、ビッドウェルは、執筆者に通常の論文を研究ノートとするように奨励することによって、ページの拡大を抑えようとした。いつもながら、この方針は失敗に終わった。執筆者はたんにその論文を別のところにもっていくか、新しい理論的なひねりを加えることによって、その長さを正当化した。追試〔仮説検証を繰り返すこと〕は、社会学のジャンルにならなかった。

　渉外活動にとってさらに重要であったのは、ビッドウェルが査読に要する時間にこだわったことであった。査読に要する時間についての懸念は、ヒューズの編集者時代にまでさかのぼる。これは、レヴィンソンの時代にも続いており、学科の教授陣に最悪の違反者がいた。ビッドウェルが引き継いだとき、決定までの時間の中央値は、約20週間であった。多くの原稿は、6ヵ月以上待たされた。ビッドウェルは、1974年から75年に、平均5.3週間にまで、時間を短縮したが、その多くは最初に不採択にすることによって達成された。査読された原稿は、平均7.1週間かかった。1970年代の後半までに、門前払いは放棄された。平均的な査読時間は、ふたたび3ヵ月以上に上昇した。

　長期的には、ビッドウェルは、投稿数の減少によって助けられた。かれが引き継いだとき、一年に延べ約600人の査読者がいた。これは、かれが顧問編集者に率直に語ったように、特有の資質の問題をひきおこした。しかし、投稿数の減少は、臨時の査読者の必要性が減ったことを意味していた。このおかげで、ビッドウェルは、時間の遅さと質の悪さから解放されるという希望をもった。じっさい、かれは、投稿料を課すことによって、臨時の査読者を20パーセント削減することができた。さらに、負担は、顧問編集者に移った。顧問編集者は、1ヵ月に2本見るようにと告げられた。これは、最初でもなければ最後でもなかった(ロッシの1957年の計画を想起せよ)。すべての論文は、ひとりの顧問編集者とひとりの臨時の査読者に送られた。1974年に先立つ3年間に、顧問編集者は、事実、論文の5パーセントを読んだだけであった。編集委員会メンバー(学科の教授陣)は13パーセント、他の大学スタッフまたは学生が7パーセント、そして臨時の査読者は75パーセントであった。1976年までに、顧問編集者は27パーセントを読み、編集委員会は

8パーセント、スタッフと学生で8パーセント、そして臨時の査読者は57パーセントであった。この数字は、顧問編集委員会が拡大するにつれて、さらに変化した。

じっさいには、査読の再配分は、査読時間にほとんど直接的な効果をもたらさなかった。なぜなら平均的な査読時間は、4つのすべての集団で、ほぼ同じであり、長期にわたってほとんど変化がなかった。しかし、再配分は、品質管理をいっそう良いものにすることを意味していた。それは、つぎに、修正のための査読者のコメントが少なくなり、判定が分かれることが少なくなることを意味していた。その結果、ビッドウェルは、査読を受け取ってから判定までの時間を、劇的に削減した。査読者への原稿の割り当てが早くなったこととあいまって、これらの削減によって、かれは査読それ自体にかかる時間に変化がない状態を容認しても（書類を発送してから査読を受領するまでの中央値が約1ヵ月）、それでも完全に査読を受けた論文の総処理時間をおおいに減少させた。

ビッドウェルの品質管理の努力は、明らかにより年輩の研究者を好む方向にむかった。ビッドウェルの初期の時代に、査読者の平均的な専門経歴は、博士学位をとってから13年に上昇した。しかし、ビッドウェルの任期の終わりごろには、それは横ばいかいくらか低下した。それは、かれが学生査読者への好みを増していったことを反映している（かれの編集者としての後期には、スタッフと学生は、論文の11パーセントを読んだ）。この時点よりあとには、臨時の査読者は、社会学全体の傾向と同様に、新しい若手の社会学者の参入が低下するにつれて、徐々に高齢化した。ラウマンとパリッシュのもとでは、その数字は上昇し、パリッシュの編集者時代の最後には、博士学位取得後18年に達した。別の言い方をすると、博士学位取得後6年以内の臨時査読者――助教授ランク――の比率は、アンダーソンのもとでの約40パーセントから、パリッシュのもとでの約20パーセントに減少した。

ビッドウェルと他の主要雑誌の編集者のあいだの書簡が示しているように、この時期の*AJS*が直面していた過重負担と査読の質の問題は、社会学の雑誌にきわめて一般的なことであった。じっさい、これらの共通する問題は、ASAの大会時に開かれる社会学編集者の定期的な会合において議論された。

1930年代に生みだされた*AJS*と*ASR*のあいだの「高い壁」は、少なくとも20年つづいた。たとえば、ヘレン・ヒューズは、1950年代に、かつての同級生で*ASR*の編集者であったR・E・L・フェアリスから、内密に*AJS*への訪問を受けていた。しかし、1960年までに、毎年のASAのセッション——いまや多様な雑誌の編集者を含んでいる——は、広範な議題をともなう定期的な行事になった。その議題は、おもに過重負担と査読の質にかんする問題をめぐるものであった。しかし、多くの点で、最も重要な問題は、新しい学術出版の世界において、編集者、執筆者、そして査読者の義務は厳密になんであるのかという問題であった。年輩者の論文と創造的研究が逃げ出すのではないかという昔の心配とともに、学問分野の変化が、この問題をひきおこした。

## 投稿者と原稿の感情経済

　ことによると、過剰な投稿を抑えたことよりも重要なことは、チャールズ・ビッドウェルが、*AJS*の編集にあたって、学術雑誌の義務にかんするこれらの問題について、一貫した道徳的・感情的態度をとっていたことであるかもしれない。このときに生みだされた構造は、かれの後任であるエドワード・ラウマンによって固められ、拡大された。ビッドウェルによる編集の変化の中心にあるのは、学術雑誌の道徳的義務にかんする重い負担が増大したという、かれの認識である。なぜなら、最も多い執筆者の候補は、いまや、職歴が不安定な若い人であることが、他の学術雑誌の編集者にとってと同様に、かれにとっても明らかになったからである。

　1970年以降、若手が*AJS*に投稿することがどのくらい多くなってきたかを、厳密に確かめることは困難である。ひとつには、この学問分野の人口学からみると、若手がますます学術雑誌を支配することは保証されていた。1960年代の学問分野の出生率の高さは、「ベビーブーム」と学問分野の若さを意味しており、これだけで、若い投稿者の相対的な多さを意味していた。もっと重要なことは、1960年代において、これらの若い研究者たちは、急速に拡大しつつある大学に、熱心に、疑問なく、吸収されていたことである。しかし、1970年代になると、拡大は頭打ちになり、専門職のベビーブーム

第 6 章　*AJS* の現代的形態

が博士学位のパイプラインを完全に横断するはるかまえに、学界に残るのに必要な才能のレベルが上がりはじめた。さらに、広い範囲の大学と 4 年制単科大学さえもが、この市場を利用して、研究型に改鋳し、教育を犠牲にして研究発表するように研究倫理を拡大した。このことは雇用市場をわずかに緩和させたものの、それは研究発表がさらにいっそう重要になることを意味していた。しかし、パトロンがかれらの研究を編著に滑り込ませることができた場合を除いて、これらの大きな新しいコーホートの成員は、査読雑誌以外に発表へのアクセスがなかった。

　これらすべての理由から、1970 年代以降、若い執筆者が学術雑誌を支配することは、保証されていた。若い人を雑誌にむかわせる圧力は、この学問分野の年長の有名な成員が継続的に引退していくようにみえることによって、助けられていた。通常、ひとつの悪い経験が、かれらを編著と依頼のもつ安全性にむかって走らせるのに十分であった。

　　査読過程は、我慢ができないほど遅く、比較可能な立場にある他の学術雑誌よりも目立ってよいということはありませんでした。私は、自分の柔らかな不快感が、もっと怒りっぽい執筆者以上の重さをもつだろうというような幻想はもっていません。しかし、あなたを「罰する」ことは私に喜びをもたらします。それは、友人や孫に語る話に付け加わります。素晴らしいチャールズ・ビッドウェルから、なにか面白いものを出版する機会を奪った時代について (R&R [書き直しのうえ再投稿] の判定をもらって原稿を引っ込めた非常に有名な執筆者、1977)。

　　私は、何年も *AJS* に論文を投稿しませんでした。一方の査読が、なんの限定条件も付けずにその論文を採択したのに、他方の査読はダメと判定して以来です。私は、出来の悪い査読者のコメントに出会いました。無駄になりました。(よく知られた執筆者。査読記録の付録として。1980)

　ラウマンは、1980 年にある顧問編集者に手紙を書いた。「名前のとおった著者の多くは、主要な学術雑誌に書くことをやめています。なぜなら、かれらは過度に批判的な査読者に冷遇されがちであると感じているからです。不幸にも、これは、査読過程の匿名性にわれわれが支払う代価であると思います」。
　傑出した著者の逃亡を助けたのは、主要な雑誌に過剰な数の論文があるに

もかかわらず、新しい競合する雑誌には、しばしば、論文が足りず、とくに一流の論文が足りないという奇妙な事実によってである。有名な社会学者への直接の原稿依頼は、ありふれたことであった。そこには、「特集」の急速な広がりがあった。特集は、本質的に、主要な雑誌にとって、原稿が不足している編集者が、だれか別の人に、雑誌の紙幅を使って編集された巻をつくってもらう手段であった。特集の編集者は、つねに、少数の知名度の高い執筆者を望んだ。そして、じっさいに、そのような特集は、目に見えやすいという同じ必要から、しばしば（依頼された）会議の分科会としてはじまった。もうひとつの重要な要因は、ほとんど完全に依頼原稿からなる年報という成長しつつある市場であった。『総説年報』(*Annual Review*)は、真の総説論文——それは*AJS*や*ASR*には、大規模に現れたことはなかった——にこだわっていたものの、数多くのその他の年報が現れ、それらはすべて、理論的な論文と現在の研究を発表していた。目立つ名前が必要であったために、これらの年報は、そうでなければ査読付き雑誌に流れてしまうであろう論文の容易なはけ口を主要な人物に与えた。二流の雑誌と年報のあいだで、よく知られた研究者は、自分たちの研究のほとんどすべてを、自分たちが選択するなら依頼にもとづいて発表した。

　これらの誘因が与えられて、1970年代には、年輩の執筆者が、かつて以上にさっさと学術雑誌から脱走したようだ。とどまった者は、若い共著者と共同することが多くなった。なぜなら、著作権リストは、1970年代半ばには、共同著作が急増していることを示しているからだ。この傾向は、ひとつには、共同研究の真の増大を反映していたのかもしれない。しかし、多くの場合には、分業は、まさに1950年代と1960年代のものであった。1970年代の後半までに、回帰分析をしたリサーチ・アシスタントに看板料の一部を与えることが、たんに規範に沿うものとなった。疑いもなくその理由のひとつは、研究者市場がそれほどまでに逼迫するようになったからである。[2]

　若い人びとが流れ込み、名前の通った者が流出していった1970年代まで

---

2　この共著にかんするモーレスの変化は、人口学的変化によって期待される以上に、若手による雑誌支配の増大が「ほんとうにあった」のかどうかを推定することがきわめて困難であるもうひとつの理由である。共著は、現代になって圧倒的に増加した。

第6章　*AJS*の現代的形態

に、学術雑誌での発表は、明らかに若手のゲームであった。*AJS*のような雑誌は、それゆえ、テニュアをとるための若手の研究の主要な審判員であった。ファイルにある書簡は、この事実を強調している。1977年12月2日、ビッドウェルは主要大学の学部長に回答して、Xの論文はじっさいに*AJS*で査読中であることを証明していた。1981年にエドワード・ラウマンは、*AJS*にすでに論文を発表したある執筆者から手紙を受け取った。

> 私の学部では、教授陣はもちろん*AJS*をよく知っており、最高の質のものであるとみなしています。しかし、テニュアと昇進を決定することに関与する学科外の役職者（たとえば、大学委員会、学部長など）は、必ずしも*AJS*やその他の社会学者が発表する雑誌をよく知りません。これらの人たちが雑誌の質を評価するのに助けとなるひとつの情報は、非採択率です。…X年（私の論文が発表された年）の非採択率がどの程度であるのかが分かるようでしたら、非常に助かるのですが。

ピーター・ブラウがそのような手紙を受け取ったり返事を書いたりしているところを想像するのはむずかしいが、ラウマンは85パーセントという非採択率を律儀に書き送っている。

このような記録は、テニュアの手続きという氷河の流れから分離した氷山の一角である。こうした手紙を受け取った編集者にとっては、学部長とその委員会が候補者の業績を読む能力がないか、読む気がなく、自分たち自身の〔学部の〕学科の判断を信頼しておらず、業績一覧の論文数を数える以上のことはしたくないと思っていることは、痛いほど明らかである。若手の専門職の生活は、直接的な意味で学術雑誌に依存していた。適正手続きに高い掛け金がかかっていたのである。

若い執筆者たちはどうかといえば、査読は（よくて）当たり外れがあると広く信じられていた。自分自身が中堅の初期の職歴にあったある苛立った肯定的な査読者は、*AJS*をつうじて、非採択になった若い執筆者から接触され、返信した。「発表の困難さにがっかりしないように。私は、過去9年間に29の論文を発表しましたが、その経験からまじめに申し上げますと、発表は、査読者の選択過程によって助けられた『純粋な偶然』の結果です。論文の質とは関係がありません」(1977)。

この状況は、悲しいものでなかったとすれば、滑稽なものであった。見込みのある年輩の執筆者は、査読者とのもめ事から逃れるために、学術雑誌から逃げだし、そうすることによって、自分の研究を同僚からほとんど隠した。見込みのある若い執筆者は、論文手続きが自分たちの職歴にとって絶対的に重要であるものの、その手続きには、多かれ少なかれ当たり外れがあると感じていた。そうこうしているうちに、編集者のほうは、公正さに巨大な責任を感じ、強迫観念すら抱いていた。

　この問題の並外れた複雑さは、1974年に *AJS* を引き継いだばかりのビッドウェルに明らかに見られる。かれの反応は、編集者の役割を、倫理の後光で包むことであった。かれは、あまりにひどい論文を読まされたとして不平を言っているある査読者にこう書いた。「たとえ、共同編集者と私が、最も弱い論文をふるいにかけようとしても、われわれは、査読者のコメントの恩恵がなければ、厳しすぎるのではないかという戸惑いを感じます」。かれは、論文の質について心配していただけでなく、困っている査読者を落ち着かせることにも関心をもっており、明示的な手続きからの逸脱にかんする倫理について、深く心配していた。このうまくおだてて、なだめる調子は、執筆者に対しても、査読者に対しても、編集者に対しても、同じようにかれの書簡を貫いて流れている。

> 　申し訳ありませんが、われわれは論文をひとまとめに考えることができないとお伝えいたします。もしあなたがそれらを個々に考慮したいとお考えなら、ありがたいです。…私はつねに *AJS* で原稿を査読することに関心のある方々がおられることにありがたく思っております。(査読を引き受けてくれたある人物に)

> 　私たちは、査読のために同僚におおいに頼っています。したがって、私はこの有用な知性が得られることを嬉しく思っております。(別の査読者に)

> 　それは大変興味深いものではありますが、講演は講演で、論文は論文ではないかと思います。(すばやい判定をかれに頼んできた人物に)

　攻撃を受けたとき、ビッドウェルは、明確で一貫した倫理的立場をとった。「私の論文の審査に7ヵ月もかけることは、専門的に無責任であり非倫理的

である」と主張する執筆者にたいして、ビッドウェルはこう書いた。

> この査読には5名の査読者がいます。査読におけるわれわれの困難を伝えることができないのであれば、私たちが非倫理的であるというあなたの主張も正しいでしょう。私は、私たちが最善を尽くして義務を果たしていると信じています。あなたの論文の査読の進捗が遅いことは、お知らせしてあります。もしあなたが選択すれば、3ヵ月の期限が過ぎてから論文を撤回することもできたのです。

この文章の完全な仮定法が強調しているのは、ビッドウェルが並外れて自意識過剰な道徳的配慮によって編集作業を包み込んでいたことである。査読者が訓練されていないというような問題を解決することを、かれが強調していたことは、執筆者と他の査読者にすべての査読者のコメントのコピーを送るという*AJS*の方針についてのかれの議論から、明らかだった。「われわれは、じっさいに執筆者に査読者全員のコメントを送っています。唯一の例外は、明らかに無責任で、感情的な査読でしょうが、私は雑誌の編集を始めてからそうしたものを見たことはありません」。事実、そういうものは存在したが、ビッドウェルはすぐさまそれらを根絶した。

しかし、道徳的な規則化が、執筆者と査読者と編集者のあいだの関係を固めたとしても、面白い研究と年輩者の研究が逃げていくという問題は残り、ますます厄介になっていった。たしかに、この喪失感の一部——それがどのくらいかわれわれには知り得ない——は、加齢という永続的な悲しみに帰することができる。編集は中年期の活動であり、中年期にわれわれが知るもので、われわれが専門職の最初のころに読んだものに付与した疑問の余地のない偉大さをもちうるものは何もない。しかし、この傾向をよく自覚しているけれども、ビッドウェルとラウマンは、双方とも、良い論文の欠乏に直面していると確信していた。

あとから考えると、こうした研究の逃げ出しは、ひとつには、ヒューズが予測したように、論文に対する公的な適正手続きの必要性によってかきたてられていた。道徳的な規則化は、ひとつの問題群の解決ではあるものの、別の問題の元にもなる。著名な人びとは、不釣り合いなほど多くの、重要で面白い論文を書いていたが、いまやそれを*AJS*に送る誘因はほとんどなくなっ

た。しかし、面白い研究の逃亡は、社会学の最新分野のいくつか——とくに政治社会学、歴史社会学、マルクス主義の実質的な分野——が、論文よりも本をつくることに頼ったという事実によって促進された。同時に、1970年代半ばまでに、因果分析の新しい量的技法によって可能となった先駆的な研究がなされた。ダンカン＝ブラロック流の世界観〔統計モデルを用いた仮説検証型の因果分析〕が可能にした大量の通常科学だけが残った。このパラダイムの内部での新しい論文は、長くなる一方のAJSの書式より、『心理学報告』(Psychological Reports)に特徴的な研究ノート書式のほうがずっと合っていた。しかし、精力的な努力にもかかわらず、AJSの編集者も、私の知っている他の社会学の編集者も、短い形式を効果的に売ることに成功しなかった。その結果、雑誌は高度に優秀な通常科学に埋めつくされてしまい、ちょうどそのときに、適正手続きの圧力のために、それらの学術雑誌は、ますます興味関心や重要性よりも、優秀さにもとづいて判定することに関与するようになった。[3]

多くの点で、面白い論文が消えつつあるかどうかについての「現実」よりも、想定された現象の定義と、それに対する反応のほうが重要である。部外者は偉大な論文の消失を編集上の臆病のせいにしがちであった。ある査読者が補足として書いたように、

> 気づいたことですが、社会学における「メジャー」な雑誌には紙幅への圧力があり、ある査読者が不安をもてば、その論文は死ぬこととなり、結局のところ、偶然の問題になりすぎるか、だれが原稿を読むかという問題になりすぎることです。それは最悪です。また、おそらく正統性への圧力もあるでしょう。それは、われわれの雑誌を退屈で不毛なものにしています (1980)。

うえで引用した査読者は、ちょうどそのような判定割れで不採択になった

---

[3] それゆえ、地位達成研究におけるすべての新しい投稿は、新しいマイナーな理論的工夫があった。それは、1980年代の革命と人口生態学にかんする論文がそうであったのと同じであった。その結果は、少なくともダンカンが望んだ科学的追試 (scientific replication) ではなく、一種の「理論のかき混ぜ」であった。1974年にビッドウェルがAJSの昼食会で編集者たちに言ったように、「明らかに、編集者たちは、優秀だがそれ以上でない多くの原稿のなかからの採択が多くなりすぎないように、大きな注意を払わなければならない」。

若い執筆者に続けて意見を述べている。

　雑誌にめったに現れない2種類の論文があります。たいへん出来の悪いものと、不幸にしてこれまでに最良のものです。あなたの論文は、後者の範疇に入ります。だから、あなたが直面するかもしれないどんな困難にも驚かないように。ほんとうに良い研究は、ほとんど必然的に、不採択になります。その理由は、(1) 査読者がその意義を評価できずに無視する (通常の場合)、そして (2) それは、その領域で確立された人びとの利害を脅かす。

じっさい、編集者のなかにさえ、そのような説明を信じる者がいた。もうひとつのトップの社会学雑誌の編集者は、1978年に、ビッドウェルに手紙を書いて、臆病さと弱い投稿の組み合わせを理解していた。

　本質的に、それは編集上の臆病さと投稿原稿の平凡さという現実が混合している問題であり、それはまた、大学院教育の作用でもある。われわれはどのように論文を判定するか。最も明瞭で単純な基準は、データの収集、縮減、操作における洗練である。それを欠いている場合には、不採択にする。洗練されている場合には、その内容の生成的な性質が欠けていても、採択したくなる。…われわれの衝動は、問題を広げるものよりも問題を終わらせる論文を採択することである。他の点において同じであれば、原稿は、たとえ正しいというよりは間違っており、結論がはっきりしない——つまり最終的にあいまいなものであっても、刺激的であることが重要であると思う。
　それは、研究方法が非常に良く訓練されているということではない。そういうことはめったにありえない。むしろ、他の領域、とくに理論において十分な訓練を受けていないという問題である。

しかし、ビッドウェルとラウマンは、自分たち自身の自己認識は別としても、臆病が問題であると考えることにともないくつかのことが間違いであると気づいた。ひとつは、古くさい、名前の通った教授たちが革命的な論文を殺しているという考えは、じっさいには疑わしい。殺人者は若手でありがちである。ある査読者は、彼女自身かつての雑誌の編集者であったが、過重負担の査読者のジレンマについて1980年にラウマンに手紙を書いたとき、多くの人びとの声を代弁していた。

どうしようもない論文を取り除くに当たって、私は、自分と同じくらいできる若手の同僚や上級の大学院学生に原稿をまわすことができました。問題は、潜在的に救出可能で、究極的には価値のある論文です。私の後輩は、他のほとんどの人びともそうですが、傲慢で生意気になりがちで、かれらが出来の悪い執筆者に送るコメントを少なくとも監視する責任を私は感じていました。けれども、過程全体を自分自身でやらずに、修正すれば真の貢献になるかもしれない論文を見分けることはできませんでした。

　若い人びとは年輩者よりも心が狭いことに、経験を積んだ編集者のほとんどは、同意しているようにみえた。
　しかし、もっと重要なことは、そもそも送られてこない原稿は出版できなかったということである。あるランクの高い別の社会学雑誌は、1980年に（そしてことによると別の年にも）、国立科学財団の補助金受領者すべてに、一般的な書式の手紙を送り、良い論文を募集した。

　　あなたの国立科学財団の助成を受けている研究成果が生まれたときには、1〜2本の論文にして、[X]にためしに投稿していただけるとありがたいです。私たちが必要としているのは、詩のように節約的で、E・B・ホワイトのような明快さで書かれた論文で、新しい世界観の驚くべき効果をもった論文です。追伸、私たちは真剣に関心をもっています。

　査読者でさえ、良い論文はどこに行ってしまったのかと思っている。ある常連の査読者はビッドウェルに不思議に思って書いている。

　　私のところには特別弱い原稿が集まっているのでしょうか、それとも私が特別批判的なのでしょうか。あるいは、*AJS*の不採択率は、私が理解してきた原稿の質が要求されるくらい高いのでしょうか。(1978)

　ビッドウェルは、こう答えた。

　　われわれがお送りしている原稿の質にあまりがっかりしないようにお願いしま

す。あなたが受け取っているものは、一般的な質を示す非常によいサンプルではないかと思います。

それでも、査読者のなかには、なぜ面白い論文が来ないのか不思議に思う者もいれば、論文の「面白さ」は重要でないか、不当な検討事項であると感じる者もいた。優秀さだけが問題であるべきだ。ある査読者は、ある原稿の査読をやめて、「この論文の全体的な主題は、私をうんざりさせるものです。私は公平になれないのではないかと思います」。あたかも、自分がうんざりしていることが、責任ある重要な判断ではありえないかのようである。もうひとりは、かれが示唆した修正を要求していない採択通知に抗議して書いている。

　他の査読者が指摘しているように、それは洗練されていて面白い論文ですが、以前に書いたように、いくらか薄すぎるし、曖昧です。私は、AJSが論文を採択したという事実を称賛し、そうしつづけることを望みます。しかし、AJSの基準は、極度に厳格で…。それゆえ、私は、査読者の感覚をまったく尊重しない編集決定に困惑しています。

ラウマンは、こう答えた。

　問題は、「明らかな欠陥」を「優秀であるが刺激的でない」ことから区別するところにあります。この争点は、非常にしばしば、ほとんど完全に、見る人しだいのものです。

それゆえ、質を面白さと見る人もいれば、質を面白さと直交するものと見る人もおり、面白さはまったく関係がないと考える人もいたという複雑な微積分が出現した。しかし、だれもが、質と面白さが十分に供給されていないことに同意していたように思われる。ラウマン時代が始まるまでに、AJSはおおっぴらに編集者たちにむけて、藪をたたいて論文を探すように頼んでいた。

編集者として、ラウマンはビッドウェル的な道徳的構造を継続させた。しかし、かれの書簡は、それにあまり焦点をあてていなかった。いまやだれも

がどう振る舞えばよいか分かっていた。ラウマンは、面白い研究の探索を成文化するという目的で、発表のための自意識過剰な基準を定式化することにもっと注意をむけた。

　例外的に主要な革新的貢献の場合においてのみ、われわれは二部に分かれた原稿を発表するのにしぶしぶ同意してきた。一般に、われわれは理論家の公表された論文にかんする本質的に解釈学的な論文を避けたいと思う。もっとも、たまには、われわれはそのような論文を発表してきた。

　この論文は、現在の形態では、通常の*AJS*での発表のための査読を切り抜けられないだろう。なぜなら、それはあまりに記述的で、より広い社会学の文献との適切なつながりを欠いているように見えるからだ。

　われわれの方針は、オ・リ・ジ・ナ・ル・な研究を発表することであり、経験的、理論的、方法論的な性質に貢献することである。われわれは、総説論文を発表しない。…明らかに、これらのふたつの種類の貢献のあいだの線引きは、必ずしもつねに自明とはいえないかもしれない。

　これらの素材についてわれわれは柔軟性のない方針をもっていたわけではないが、概して、自分たち自身を、「最新技術」や規範的論文よりも、オリジナルな経験的、理論的、および／または方法論的な論文のための市場とみなしている。

　もちろん、私はこの論文が新天地を開拓しなければならないだろうと付け加える。…長期的な雑誌の方針が述べているのは、われわれが(たとえば、文献を論評した論文や別の場所で発表された研究を要約した論文とは区別されたものとして)オリジナルな学問的貢献だけを出版するということである。

　われわれの読者層の多様性を踏まえると、われわれは、特定の学問分野への「通常科学」の貢献を越えた重要な新結果を知らせるか、際立った定式化を進めた原稿に最も敏感である。

　こうした引用の多くは、ラウマンに予備的な意見を求めた執筆者に書いた手紙から来ている。それは、かれがビッドウェルよりも頻繁に表明したものである。それらが明らかにしているように、かれは、あまりに専門的であったり、あまりに非学問的であったり、あまりに標準化されている論文はダメ

第6章　AJSの現代的形態

だと言及していた。その結果は、とくにASRと対照をなす、特別なニッチをもつ雑誌をつくることであった。それは、多くの点で、バージェスが1936年の記録において記述したニッチであった。肯定的な面では、ラウマンの一般的なメッセージは、AJSに革新的な論文をひきつける助けとなった。否定的な面では、なにか新しいことを主張すること（そして他の場所で類似の主張をすること）は、「理論をかき混ぜる」こととなり、執筆者は、確立された考えのマイナーな変化を、重要な革新に仕立て上げようとすることになった。

　同時に、全体としての学術的過程を訓練する仕事は、着実に進んだ。ラウマンの時代までに、締切、「ブラックホール」率、他の査読者との一致度などの点から査読者を評定するはっきりしたシステムが出現した。悪い査読者のブラックリストもあった。そのほとんどは、明らかに適切であるように見えながら、ひどい仕事をした有名な人びとからなっていた。「教える」モチーフは、いまや標準的であり、規範的でもあった。ある査読者が、彼女の査読結果は他の査読者のものよりもずっと長かったために、「査読のしすぎ」ではないかと書いてきたとき、ラウマンはこう答えた。

　　私は、同僚の研究を改善する助けとなるという点にかんして、もっと多くの査読者があなたのように良心的で有益であったらと願うだけです。われわれが、他の査読者のコメントのコピーを査読者に送る目的は、まさに自分自身の貢献の基準を上げるように奨励するためであり、自分たちの判断の妥当性が収斂するという感覚をもってもらうためです。

すべてのコメントをすべての査読者に送るという方針は、ビッドウェルのもとで、1970年代半ばに始まった。教育は、いまや、査読者と執筆者のあいだだけではなく、査読者のあいだでも生じることになった。われわれは、エリートが自分自身とその後輩を判定するというブラウ・モデルの雑誌から長い道のりを歩いてきた。

　ラウマンの時代には、どこで査読者を見つけるかについての明確な方針もあった。発表された研究の参考文献リストである。かれらはつぎに試され、良い仕事をすれば、保持される。査読者のリストから人びとを追放することは、通常のルーティン的なことであった。ときおり記入投票のボランティア

*237*

もいた。その多くは、履歴書と関心を記述した手紙を送ってきた（これらの人びとの数人は、リストに載った）。そして、組織（ほとんどつねに女性の社会学者の）が、査読者になりうる長いリストを送ってきた。しかし、査読者にする中心的な基準は、査読者はいかに振る舞うべきであるかについて一定の感覚をもっていることであり、それは多様な個人的経験によって最も効果的に獲得される経験でありつづけた。それゆえ、出版された文献は、上述した大学院学生のような「傲慢で生意気」にならない、良い振る舞いをする査読者を探す最も良い場所であった。この新しい査読者を探す方法は、もちろん査読者の予備要員の訓練を非常に効果的に促進した。

　葛藤する道徳的・感情的義務のすべてを満たそうとするAJSの試みには、明白なコストがあった。主要なものは、官僚制化と監視のさらなる増加であった。ビッドウェルとラウマンの時代をつうじて、修正を招いた投稿数の百分率は、徐々に、しかし確実に増大し、10パーセント未満から15パーセント以上になった。さらにそれ以降、投稿数の25パーセントに達することもあった。修正の採択率が高くなったために（ビッドウェルの時代の約30パーセントからラウマンの初期には67パーセント近くまで上がり、過去10年間では約50パーセントに落ち着いた）、執筆者はほとんどつねに修正の勧めを受け入れようとした。それゆえ、多くの査読者にとって、論文は2度送られてきた。1980年代の初期には、AJSは、過重負担を感じた臨時査読者の実質的な数が減少するという大きな問題をかかえていた。1983〜84年に、原稿の30パーセントは、必要なふたつの回答を得るのに4人以上の査読者に依頼をしなければならなかった。修正が不要な論文は、いまやごくわずかとなり、目下のところ1年で平均10未満となった。

## 事業問題

　AJSは、現代において、シカゴ大学出版会にとって主要なキャッシュフロ

---

[4] 社会学における女性の地位にかんするASA委員会が、1982年に、ラウマンに履歴書付の116名のリストを送ってきたとき、そこには何年もAJSの査読をやってきた著名な女性がたくさん含まれていた。

第6章　*AJS* の現代的形態

一商品としての役割を果たしつづけた。不運にも、出版会は現在と近年の財務データを発表したがらない。しかし、ここで、*AJS* それ自体の記録にたまたま存在するデータから、いくつかの数字を報告することができる。たとえば1981年に、雑誌は、定期購読の売り上げが250,000ドル、広告費収入が18,000ドルで、その他に数少ない収入源を得ていた（投稿料、再版、ばら売り）。収入総額は、282,000ドルであった。これに対して、制作費85,000ドル、編集費用45,000ドル、郵送費15,000ドル、宣伝費10,000ドル、そして他の多くの費用を合計すると195,000ドルが差し引かれる。出版会は、間接経費として59,000ドルを取得した。間接経費は、制作、編集、宣伝スタッフの請求時間と、出版会の定期購読総量にたいする *AJS* の定期購読料の比によって案分された営業・定期購読事務所費用を直接反映していた。結局、雑誌は、28,000ドルの純利益を得ていたとみなされ、見事なことに収入の10パーセントになっていた。これと比較すると、*ASR* は数十万ドルの「架空の利益」を生みだしているが、まったく異なった予算慣行をもっている。奇妙なことに、シカゴ大学出版会は当初、ASAを社会学の雑誌を支える専属市場と見なしていたが、ASAはいまや雑誌計画（成員の［規範的な意味で］ほとんど専属の市場をともなって）を、組織活動を支える資金源として利用している。全体として、ASAの雑誌は、大きな剰余を組織に提供している。たとえ、そのうちの2つか3つの雑誌だけが、じっさいに金を儲けているとしてもである。

　読者がだれでも知っているように、シカゴ大学出版会は、*AJS* を嬉々として、じっさいにふんだんに宣伝している。ある典型的な年（1980年）に、*AJS* の宣伝パンフレットと見本は、出版会の13のブース展示に現れており、通常のASA、アメリカ政治学会、そしてアメリカ人類学会の会場に加えて、フランクフルト・ブックフェアとソーシャルワーク教育協会にまで及んでいた。しかし、他の展示の一部として（たとえば、アメリカ大学出版会連合）、同じものがさらに26会場で現れており、それにはモントリオールでの公共領域と私的領域を再定義する会議、ウィチタでのカンザス社会福祉学会大会、

そしてグランドラピッズでの五大湖歴史学会議も含まれていた。[5]

## 時間の制度としてのAJS

　AJSの歴史を要約するにあたって、さきの諸章の根底にあった、変化と連続性のテーマに戻りたい。私が数回にわたって述べたように、AJSにおける最も重要な連続性は、物理的なものである。この雑誌は、それが存在した1世紀をつうじて同じもののようにみえた。とはいえ、それは、じっさいには、さまざまな時期によって、いくつかの異なる社会的・文化的性格をもっていた。

　AJSは、ひとりの男によって、ひとつの体系にまとめることができ、まとめるべきものであった一群の考えについてのビジョンの個人的な声明として始められた。それらの考え——改革主義、社会にかんする公式的研究、歴史的反省——は、まさしく偶然に、多様な源泉からつかみとられた一群の文化的人工物に、ゆるやかな統一性を与えることになった。スモールは、近代的な意味での学問分野の成員ではなかった。むしろ、かれとかれの仲間たちは、学問分野を基礎づけようとしていた。その努力にとって、AJSは有用な道具であった。それはちょうど、シカゴ大学出版会が、みずからの伸長と営利の目的にとって有用なマーケティングの道具を、アメリカ社会学会に見いだしたのと同様である。スモールとかれの同僚にとって、『雑誌』は、新しい社会学科と全国学会と同じように、(まだまったく細部が明確でない)あるタイプの探求〔社会学〕を、特定の制度的環境(新たに転換したアメリカの大学〔シカゴ大学〕)に係留するための制度であった。もちろん、かれらが基礎づけようと望んでいたものは、その結果として生まれてきたものと必ずしも同じではなか

---

5　出版会は、少なくとも近年まで、AJSに一般目的(非学術的)の広告を掲載するように圧力をかけてきた。これは、雑誌の初期以来、推進されてこなかったことである。しかし、ピーター・ロッシが1957年に一揆を試みたときに、出版会は明らかにこの問題に圧力をかけていた。ヘレン・ヒューズは、ロッシに遠慮のない皮肉を書き送っていた (7 January 1958)。「出版会が、ホテル、鉄道、事務用品会社の広告を掲載するように圧力をかけてきたのは、これが最初ではないことを知るのは、とくに関心がおありでしょう。『アメリカ人類学者』(*American Anthropologists*) は、鉄道旅行や飛行機旅行、南西部のホテルの広告のために、安っぽく見えるように思います」。

第6章　*AJS*の現代的形態

った。スモールは、けっして、社会学から改革主義が消え去ることを望んではいなかった。

　中期の*AJS*は、この基礎のうえに打ち立てられた。しかし、同時期のASAと同様に、それは、改革主義の伝統から袂を分かち、「科学的倫理」を強調してこの転換を容易にした。たとえ、結果的には、社会学という犬が振る尻尾となる統計的パラダイムに門戸を開放することになったとしてもである。アルビオン・スモールの*AJS*は、ときに明示的な改革主義的研究と歴史的曖昧さによってぼかされてはいたものの、公式的な学術的専門分野の先駆的な興奮として、(トピックの調査をしたH・P・ベッカー［1930, 1932］のような人びとによって)回顧的に再定義された。親密な友人たちの小集団によって統制された中期の*AJS*は、社会学が何をしているかにかんする一貫した見方——その究極的な形態については第2章で述べた——を体現していたが、それは、一群の固定した実践やルーティンをとおしてではなく、研究にかんする判断を共有する共通のプロジェクトによってであった。この時期の査読が示しているように、まさに深刻な相違でさえ無視されていた。編集者たちは、原稿にかんする判断について、同僚を信頼していた。その判断は、専門性はもちろんのこと、優秀さを超えて、論文の面白さと重要性についての問いにまで及んだ。

　中期の*AJS*を支えた第一次集団は、たしかにひとつの学問分野の成員からなっていたが、その時期のほとんどの期間、不況と戦争に脅かされて、衰退過程にあった。さらに、1930年代に、社会構造として最終的に安定化したものの、社会学はすぐさま学問的下位分野(とそれらの雑誌)を生みだす分派過程が始まり、徐々に現在へといたる。*AJS*の別の重要な文脈——学科——は、中期のほとんどのあいだまさしく安定したままであったものの、最後には危機を経験した。じっさい、ロッシとブラウによる*AJS*の転換は、直接的に1950年代後半の量的研究の勝利から生みだされたものであった。

　私が論じてきたように、この移行はまた、他の多くの力を反映するものでもあった。学問分野の成員が、突然、拡大したこと、もっと高度に専門職化した時代のより若い産物へと世代的に移行したこと、調査研究にかんするもっと強力に科学化されたイデオロギーが勃興したことである。そのような文

脈において、AJSは、新しい目的に奉仕するのに利用可能であった。社会構造としては、『雑誌』はブラウのもとでは相対的に不変であった。それはまだ個人的な信頼にもとづいていた。おもな変化は、学問分野の規範が共有されているという強力な確信をともなった双方匿名の査読へと移行したことであった。これは、科学主義イデオロギーのもうひとつの側面である。しかし、この新しい技法でさえ、編集者の観点からは、依然として個人的な信頼に依拠していた。移行期は、じっさいに、査読過程の完全で形式的な規則化をもたらした。もっともブラウは、編集権へのヒューズ流の専制的なアプローチにとどまっていた。移行期のAJSは、それゆえ異種混合であった。それは、適正手続きにしたがった査読過程の形式的合理性が、科学的行動にかんする共有された規範と直接的に結びついているという考えに基礎づけられていた。このことは、学問分野の統一性を想定するものであり、それは事実上、たんにひとつのパラダイムの統一性にすぎないものであった。

　成長は、1960年代にはわずかに弱まったものの、いまや社会学者の絶対数は、あまりに大きなものとなったので、鈍化した成長でさえ、AJSの社会的・文化的構造をもういちど転覆させた。とくに1960年代に、成長はおびただしい多様性をもたらし、1950年代後半に想定していた科学的なピアレビューは、またたくまに何か幻影のようなものになった。新たに多くの査読者を必要としていたことは、この学問分野における能力の多様性だけでなく、関心の多様性をも浮き彫りにした。つむじ風を和らげる必要から、チャールズ・ビッドウェルは、他の雑誌を担当するかれの同僚と同じように、手続き的な合理性に強く頼ることを選んだ。いくつかの点で、かれは、テニュアの手続きにおいて雑誌が果たす新しい役割のために、このことを強いられた。それは他の点では、二重損をもたらす学術的市場のおかげで、最も競争力があり、最も困窮している、そして最も合理化された投稿者を除くほとんどの人々びとが、これらの雑誌から駆逐されたからでもある。このときまでに、AJSは、初期や中期とはちがって、その学問分野を形成するというよりも、学問分野によって外から形成されていた。

　学科〔シカゴ大学社会学科〕におけるAJSの位置も、新しいものであった。『雑誌』は、その存在の最初の70年間をつうじて、学科生活の中心であったが、

第6章　*AJS* の現代的形態

近年では、ますます周辺的なものとなった。おざなりの年次報告をこえて学科会議で *AJS* の事業について議論されることもなく、何年も過ぎていったのであろう。このことも『雑誌』が、より大きな学問分野の構造によって統制されていたことを意味している。それでも、1936年にアーネスト・バージェスによって最初に割り振られた *AJS* と *ASR* のあいだの分化の線は、現在でも維持されている。*AJS* は、ASA の複数の雑誌よりも、より長い論文、より長い書評、そして概してあまり定式化されていない知的内容を持ち続けている。

　要するに、その長い歴史をつうじて、*AJS* は、ある内的な連続性と発展の系譜を維持すると同時に、それをとりまく素材の配列の変化によって、構造的に構成されていることに気づいてきた。社会構造の内的な系譜――編集過程の歴史に最も良く捉えることができる――は、個人的な起業から第一次集団による共有を経て、完全な官僚制へとつながってきた。学生たちは、この過程でますます重要になり（*AJS* は、いまでは、教授陣と同じくらいの数の学生共同編集者をかかえている）、教授陣はますます重要でなくなった（「編集委員会」［教授陣］のほとんどの成員は査読者としてのみ機能している）。この内的な連続性と結びついた外部的な系譜は、私が述べてきたように、大きく変わった。典型的な執筆者は、編集者の仲間から、形成中の（さまざまな年齢層からなる）学問分野のエリートの仲間成員になり、確立された学問分野の野心的な若手になった。こうした素材的な意味で、『雑誌』は、若手の制度となった。しかし、社会構造における最も重要な変化は、一般的な学問分野の規範が、それじたい制度として、いまではどの程度、*AJS* の主要な概念に結びつけられているかである。ひとつには、このことは、社会学科が折衷主義にむかって転換したことを反映している。しかし、1970年から1990年までの教授陣の長期にわたる安定性でさえ、たしかにシカゴ例外論への強い信条があったものの、『雑誌』を学科の支配下に戻すことにはならなかった。じっさい、学問分野のビジョンとしての *AJS* ――学科のビジョンに対して――を固めたのは、まさにこの世代であった。

　文化的な系譜も変化した。内部的には、*AJS* はいまでは、かつてなかったような手続的合理性のしるしのもとで生きている。論文は長くなり、引用、表、その他の学術的な道具立てでいっぱいである。論文の面白さ――『雑誌』

の生涯の多くの期間にわたって出版の中心的な基準であった——は、いまでは疑わしい事柄である。編集者たち、編集委員、そして査読者はみな、出版されるものの多くは、優秀ではあるが退屈であると不平を述べている。この不平は、少なくとも1950年代以前にまでさかのぼり、AJS以外にも広がってきた。レヴィンソンの時代の短いときめきのあと、AJSは、ふたたび「良き、灰色の〔陰鬱な〕AJS」になった。

このすべては、まさに内部／外部の言語を裏切るようなやり方で、AJSが、学問分野に吸収されたことを示している。AJSは、いまや一般的な学問分野の文化的装置の一部であり、小さな点を除けば、競争相手と区別できない。その内的な歴史は、いまやより大きな歴史の一部である。

AJSの発展に、この結果を強いたものは何もない。南カリフォルニア大学におけるエモリー・ボガーダスの個人的な雑誌である『社会学と社会調査』(Sociology and Social Research) は、80年が経過したのち、最近、廃刊した。たとえ、それが、1935年にAJSの代わりであると考えられ、『社会学フォーラム』(Sociological Forum) のような成功した総合雑誌が過去10年に出発したとしてもである。もちろん、ASRと同じように、『社会学フォーラム』は専属的な購読者層をもつ雑誌であった。それは、東部社会学会の機関誌であり、論文にとっても、投稿者にとっても、結果的に選好される市場へのアクセスをもっている。しかし、AJS——それは60年間そのようなアクセスを欠いていた——は、威信を大切にして、学科の雑誌としてよりも学問分野の雑誌となることによって、生き残ってきた。

くどくなりすぎる危険はあるものの、われわれがAJSの歴史を目的論的なナラティブと考えるならば、おかすことになる誤りについて、最後に強調しておかねばならない。「合理化」「科学的学問分野の出現」「適正手続きの勝利」などである。こんにちの観点からは、そのように見えるかもしれない。しかし、『雑誌』の真の連続性は、その物理的構造と「原稿を得て、それを出版する」という表面的な類似性だけである。AJSの目的、その構成員、学科と学問分野におけるその位置、その複雑な社会的・文化的構造——これらはすべて、ときには外的な諸力に反応し、ときには内的な要請によって、徐々に変化した。その変化はけっして完全なものではなかった。AJSとその周辺にお

けるさまざまな系譜の再編は、ゆっくりとしており、込み入っている。しかし、それらは足し合わさって、ゆっくりとした形態変化の過程をなし、われわれがこの物語の主人公を安易に指示する「それ」という代名詞は、疑わしいものとなる。

　かくして、AJSの歴史は長く、連続的に見えるかもしれないが、事実は、一連の現在の集まりからなっており、その各々は、最近のものと同じように、長続きしない。このことが意味しているのは、つぎの5年か10年のうちに、その物語を「社会学における論文ジャーナリズムの終焉」とか「オピニオン雑誌の前史」とか「方法論に反対する革命」とかいった完全な再定義ができるような出来事が起こりうるということである。すなわち、こんにちの現在は、いくつかの意味で異なっている。なぜなら、われわれは過去の諸現在に働きかけることができないようなやり方で、こんにちの現在に働きかけることができるからである。

## 社会学ジャーナリズムの「である」ことと「すべき」こと

　このように、すべてを一括するような視点から AJSの歴史を描くことは、今の現在と、その現在におけるいくらかのジレンマをわれわれにもたらすことになる。読者は、私が社会学ジャーナリズムに独特の見解をもっていることに気づくであろう。それらの見解をもっと詳しく述べることは有用である。私は、社会学雑誌にかんするいくつかの先行研究について考察することから始め、つぎに理論的な争点に向かい、最後に処方箋について述べることにする。

　社会学雑誌についてのほとんどの論文は、ふたつの関心によって駆り立てられてきた[6]。そのうち、これまで支配的であったのは、公平さにかんするも

---

6　以下につづく節において、私はAJSの歴史研究者としてだけでなく、ASAの出版委員会の元委員長（1993-95）としても語っている。強調されるべき経験の一現象は、主要な雑誌を喜んで編集しようとする人びとを見つけるのが困難であるということである。

　この節に関連のある論文のいくつかはつぎのようである。Hargens 1991は雑誌とそこにおける引用の数についてコメントしている。BurtとDoreian 1982は、雑誌の規範にかんするモデルを検証した。多くの著者が、威信と引用について書いてきた (Glenn 1971; Teevan 1980; Gordon 1982; Christenson and Sigelman 1985; Michaels and Pippert 1986)。他の人びとは影響力のある著者について研究してきた (Oromaner 1980)。AJSとASRとシカゴにかんするもっと焦点を絞っ

のであった。典型的な論文は、ASAの重複投稿禁止規則が、非エリート雑誌にたいする偏見を生みだしているかどうかという問題に関心を寄せている(Peters 1976)。もうひとつの、もっと控えめな文献の関心は、知的内容にかんするものであった。このシステムは学問分野にうまく奉仕していないのではないか、良い研究は無視されるのではないか、審査はせいぜいのところ、いい加減なものなのではないか、といったどうしても消えない心配にかんしてである (e.g. Glenn 1976)。

ふたつの関心は双方とも、長期にわたるものであり、社会学が社会福祉運動から出現して以来、けっしてなくなることのなかった規範的な熱情を思い起こさせる。それらは民主主義と能力主義というなじみ深いアメリカの価値のあいだの矛盾のなかで生じている。論理的に、それらふたつの価値は、すべてのシステム参加者が何らかの意味で等しい能力をもっている場合にのみ一致する。しかし、知識にかんする学問分野の維持にかかわる者で、そう信じている者はいない。さもないと、学問分野は、投稿論文を採択したり却下したりする基準をもたないことになり、それゆえ境界を限定できるものとして実効的に存在しないからである。[7] 実践面では、ふたつの価値は、事実、雑誌にかんする異なる見解をひきおこしてきた。民主主義を心配する論者もいれば、能力主義を心配する論者もいる。民主主義を心配する論者は、雑誌の歴史を、公平さがエリート主義に勝利する闘争とみなす。能力主義を心配する論者は、雑誌の歴史を、知的な能力が多様性の義務よりもあとまで生き延

た研究はEvans 1986-87である。このトピックにかんする文献としては、Buehler, Hesser, and Weigert 1972; Champion and Morris 1973; Szreter 1983; Assadi 1987; Kinloch 1988; Murray 1988; Garnett 1988が含まれる。少数の人びとは、著者の特性、通常はジェンダーについて研究してきた (Mackie 1977, 1985; Ward and Grant 1985; and Logan 1988)。現実の編集行動のさまざまな側面——査読、却下など——にかんしては、少数だが最も興味深い文献がある (Page 1981; Snizek, Dudley, and Hughes 1982; Snizek 1984; Bakanic, McPhail, and Simon 1987, 1989, 1990)。*American Sociologist* 11,3 (1976) には、社会学のジャーナリズムについての考えにかんする興味深い総説があり、5つの論文が含まれている。経済学との興味深い比較については、『経済学的視点雑誌』(*Journal of Economic Perspectives*) 8,1の論文、とくにHammermesh 1994を参照のこと。

7 　私は能力主義と民主主義がけっして矛盾しないと信じる一群の理論が現在存在していることを承知している。私はそれらの理論に同意したいけれども、そのような議論がたんにふたつの項目——しかし主として能力主義——を自分たちの都合の良いように再定義しているのではないかと思っている。矛盾を無矛盾であると呼ぶことで、矛盾がなくなるわけではない。

びようとする問題であるとみなしている。

　私が述べてきたように、社会学雑誌にかんする過去のほとんどの研究は、公正さ／エリート主義伝統のなかにあった。それらの研究は、執筆者の地位、方法、ジェンダー、あるいは制度上の所属が、特定の論文の出版におよぼす効果に焦点をあてており、雑誌全体に現れる執筆者の種類の変化には焦点をあててこなかった。それらは通常、たったひとつの雑誌だけについて考察し、投稿自体の過程に本来的にみられる自己選択を無視していた。自己選択は、おそらく、だれの論文がどこに現れるのかについての分散のほとんどを説明するであろう。

　しかしながら、少なくとも1950年代以降、*AJS*の編集者は、能力により多くの関心を集中させてきた。この点では、かれらだけではなかった。*ASR*の編集者時代について書いたページ (Page 1981) は、つぎのように報告している。「50年代に、多くの批判者によれば、『評論』は理論的に薄く、小規模な調査報告が多すぎて、重要な社会的および社会学的論点が無視できるほど少なかった。この非難に私は賛成であった」。ページは、ビアステッド、グード、ヒューズ、クローバー、マートン、ムーア、パーソンズ、そしてリースマンのような学者から原稿をもらうために依頼に頼った。しかし、重要な研究にかんする問題についての、硬い、逸話的でないデータは、たんに存在しなかった。定義はあまりに問題をはらんでいた (何が重要〔な研究〕であるのか)。選択バイアスは、絶大である。そして最後に、因果関係が逆であった。出版されたものが、ひとつには出版されたがゆえに重要になる。これらの問題を踏まえると、重要な研究が*AJS*やその他の雑誌からひいていったかどうかという問題がうまく立てられるということさえ、明白ではない。

　現代の*AJS*を論じるにあたって、私は、重要な研究が学問分野の中心的な雑誌から逃げたことを予想する多くの理由について述べてきた。この問題についての関心は、けっして社会学者に特有のことではない。経済学者たちは近年、ピアレビューで却下された主要な執筆者による古典的な論文の長い一覧表を提示した (Gans and Shepherd 1994)。たとえば、ジェームズ・トービンによるプロビット解析の多重リグレッサーの場合への拡張は、『アメリカ統計学会雑誌』(*Journal of the American Statistical Association*) から、一度ならず二度ま

でも却下された。しかし、社会学においては、証拠はもっとはっきりしない。たしかに、1970年代と1980年代には、雑誌論文から出発しなかった主要な新しい社会学者たちがいた。歴史社会学のような分野は単著と編著から始まった。雑誌から出発した分野——たとえば1950年代と1960年代のラベリング理論のためになされた主張——は、しばしばその課題のためにあつらえられた雑誌によって出発した（この場合には、『社会問題』[Social Problems]）。いくつかの分野は異種混合であった。新しい科学社会学は、専門雑誌をもっていたが、じっさいにはデイヴィッド・ブルーアその他の単行本によってより大きな学問分野に導入された。ネットワーク分析、ログリニア分析、そしてイベントヒストリー分析は、ことによると、過去二、三十年に主要な雑誌でなされた3つの社会学的革命であろう。すべてが方法論的な革新であることは印象的である。[8]

　*AJS*（とその他の）編集者にとって、もうひとつの問題は、雑誌論文の均質化にかんすることである。たしかに、編集過程に変化があり、それが標準化を生みだしたかもしれない。ティーヴァン（Teevan 1980）は、大規模な匿名審査のパネルを使って、出版された論文を評定させ、グレン（Glenn 1971）の威信尺度において評点の散らばりが大きい6つの総合的な社会学雑誌を用いたにもかかわらず、評点の散らばりが雑誌間よりも雑誌内において大きかったことを発見した。この結果が示唆しているのは、均質化のひとつの次元である。もうひとつの指標は、均質化の指標ではないにしても、均質化を容易に生みだすような手続きの指標である「書き直して再投稿」という判定の出現である。その判定は、最近何十年のあいだに社会学の雑誌でよく見られるようになったものである。バカニック、マックファイル、サイモン（Bakanic, McPhail and Simon 1987）の報告によれば、1977年から82年に*ASR*の第1回査読で、原稿の28パーセントは、R&R〔書き直して再投稿〕の判定を受けた。しかし、R&Rは標準化の婉曲表現でもありうる一方で、もうひとつの解釈は、広範な書き直しの要求は、不毛な均質化を生みだすのではなく、むしろ「基

---

8　White, Boorman, and Breiber 1976; Boorman and White 1976; Goodman 1972, 1973; Tuma, Hannan, and Groenveld 1979.

## 第6章 *AJS* の現代的形態

準の高さ」を生みだすというものである。[9]

それゆえ、重要な研究と重要な研究者が学問分野の中心的な雑誌から逃げ出し、それらの雑誌はますます型にはまったものになっていったという経験的な証拠は、まったくまちまちである。議論がもっと説得力をもつようにみえるのは、理論的な水準においてである。

じっさい、ピアレビューをする中心的な雑誌がますます知的な場としての影響力を失ってきていることを意味するいくつかのもっともな理論的根拠がある。ひとつの広範な根拠群は、雑誌を転換させる内的な過程を指し示している。そのような議論のなかで最もありふれているのは、ウェーバー主義の議論である。編集手続きの漸次的な合理化が、概念、データセット、知見の互換性をひきおこした。査読の定常的な慣行は、ひとつには公正さの名によって、ひとつには効率の名によって、判断の標準化された基準に向かって発展した。その結果、そのような慣行にしたがう雑誌は、ますますパラダイムを変化させる研究を好まなくなり、ますます通常科学を好み、統計的な正確さのような容易に「測定される」論文の質を好むようになった。じっさい、クーン流の用語で、パラダイムを変化させる研究の定義は、まさしく進行中の伝統における定型的な判断によって却下されるような研究である。却下は、偉大な研究の必要条件(残念ながら十分条件ではないが)なのである。[10]

あるもっとゆるやかな議論では、合理化に特殊な焦点をあてるのではなく、もっと一般的な制度化と定型化の傾向に焦点をあてる。シュッツ、バーガー、そしてルックマン、そして多くの他の著者なら、定型化した編集慣行を、編集者たちが複雑で果てしない、多様な論文の流れを理解する方法とみなすであろう(これはたしかに1974年のビッドウェルの問題を述べている)。

両者の議論は、極限まで来ると、定型化は、最後には終わりになるにちが

---

9 分野の問題についていえば、社会学の中心的な雑誌には方法論的な偏りがあるという深刻な証拠がある(計量的な研究を好んでいる。Bakanic, McPhail, and Simon 1987参照)。そして1970年代と1980年代をつうじて *ASR* において政治的な偏りにかんする論争が繰り広げられていた(私的に保有された雑誌として、*AJS* はそのような検討からは免れた)。

10 さらなる系として、少なくとも知的な探求のタイプによって、もちうる可能性の程度がもともと異なるという前提にたてば、そのような発展は、通常科学に転換する可能性をもつ種類の知的探求に有利に作用する。

いないと主張する。完全に定型化された慣行は、新しい正統化を受けるか、もしくは死滅しなければならない。このことは、つぎに、ある雑誌、あるいはことによるともっと広くあるコミュニケーション様式（たとえば雑誌、書籍、編集された本）が、限られた時代にのみ支配的であるにすぎないことを意味している。その内容が致命的に定型化されると、それ自体が再活性化するか、あるいは他の雑誌によって置き換えられるか、あるいは他のコミュニティケーション様式にさえ置き換えられるにちがいない。[11] たしかに、この理論には逸話的な証拠がある。たとえば、1960年代に、教科書的な「読本」は多くの知的分野においてかなり影響力があった。じっさい、シンボリック相互作用論の古典（たとえば、Blumer 1969）は、そのような論文集として、通常は教えることを意図して出現した。こんにち、そのような影響力のある学部学生向け読本はあまり見あたらない。もっとも、明白な事例もあるのだが（たとえばジェンダー研究）。

　第2の部類の議論は、内的過程に焦点を合わせるのではなく、雑誌のあいだの分化に焦点を合わせる。ミヘルス流の議論によれば、学問分野の制度は、特定のエリートの手中にある。かれらはそれらの制度を自分自身のパラダイムと関心を促進させるために利用する。この見解は、雑誌が、ホスト学科の利害を反映して、限られた折衷主義となることを予測する。[12] 同様に、そのよ

---

11　コミュニケーション様式全体が流行をたどることを、個人的な経験にもとづき示唆してくれたのは、デイヴィッド・レイティンであった。かれはとくに、1960年代後半の「授業読本」の重要性と、もっと近年の政治学における編集本の重要性に注意していた。これが、ランダムな傾向であるのか、過去半世紀の社会科学をつらぬいて、学問分野の変化を推進してきたと思われる大衆化とまさに結びついた傾向であるのかについては、いくらか疑問がある。社会学における本と論文の影響力にかんするトピックについてはHargens 1991も参照。

12　それはまた、一方でAJS、Social Forces および Sociology and Social Research と、他方でAmerican Sociological Reviewとが、非常に異なった運命をたどることを予測する。私的な雑誌は、公的な雑誌とは異なる進み方をする（しかし、多くの——ことによるとほとんどの——人びとは、ASRはAJSよりも定型化していると感じているが）。しかし、この議論によれば、量的で、変数を基礎とする正統派が、最終的に、AJSの最も重要な単一の内容になったのは偶然であるかもしれない。なぜなら、エリートを基礎とする議論は、権力が独自の創設者であると信じているはずだからである。学問分野の中心的な雑誌のような権力資源を統制することは、集団を強化するはずなので、あらゆる種類の学問分野の外部諸力に抵抗することができる。この議論によれば、AJSの支配的な正統性は、容易に、シンボリック相互作用論や（大雑把にいって）計量的な主流に対するその他の代替物でありえた。もし、そのようなエリートがたま

うな理論によれば、ヘゲモニーが中心的な雑誌を掌握するので、新しい考え方は、ほとんどの場合、新しい雑誌や新しいメディアに体現されるであろうと論じる。『社会問題』(Social Problems) は、社会学における明白な例であり、明示的に反エリートの社会運動によって創刊された。それ以来、多くの事例があった。さまざまな領域の専門雑誌は、ヘゲモニーからの逃走というよりはたんなる分化であるという、異なる過程を反映している。[13]

しかし、これらの理論的見解だけがありうるわけではない。これまで述べてきたふたつの部類の議論——編集方針と分化／ヘゲモニー——とは対照的に、広く受け入れられた一貫した規範の確立は、まじめな学問分野のコミュニケーションの結果であるというよりも前提条件であると論じることもできよう。マートンの見解では、科学的コミュニティの確立は、共通の規範——査読、判定、論文の規範——の確立を前提としている（それゆえ、〔マートンのいた〕コロンビア大学で教育を受けたブラウとロッシが AJS にかんして規範支配の見解をとったとしても驚くにあたらない）。この見解は、他のすべての見解の出発点となる前提を否定している。すなわち、面白い研究は、「過剰な規範」によって排除されることはありえない。なぜなら、そのような研究は、共通の規範が現れるまでは可能でさえないからである。それゆえ、真の争点は、「共通の規範」は、AJS の歴史の中期における緩やかな規則を意味しているのか、それとも最近の時期のいくらか厳格な規則を意味しているのかということになる。

奇妙なことに、反マートン流の、新しい科学社会学は、同じことをもっと小さなスケールで論じている。それは、局所的な言説と共通理解という装いのもとに規範を強調している。しかし、局所的規範はグローバルな規範とは異なる意味を含んでいる。その結果、この枠組みは、上記の第2のもの〔分化／ヘゲモニー〕と同様に、たしかに空間的に、ことによると時間的に、局所的な正統性を予測させることになるのである。この理論はまた、一方でシカ

---

たまシカゴの社会学科を支配していればの話だが。

13 さまざまな総合的な社会学雑誌もまた創刊され、一般的な目的の紙幅が増大した（たとえば、1952年の『社会学的探求』(Sociological Inquiry) と1958年の『太平洋社会学雑誌』(Pacific Journal of Sociology)）。

ゴ大学社会学科の政治と、他方でのASAの出版委員会（ASRの管理に責任を負っている）の違いが、AJSとASRをまったく異なる結果に導いたことを予測するものである。しかし、データが明らかにしていることは、それらの歴史のほとんどにおいて、双方の雑誌は、事実、同じエリートの支配下にあったということである。

　これらの立場の多くは、制度的同型性の議論に集結するかもしれない。ある雑誌が規範による支配の方向に向かうと、他の雑誌もあとにつづく。明らかに、制度的同型性に「共通の専門職」という源泉があることは、大学院教育における新しいプロフェッショナリズムの最盛期であった1960年代と1970年代の社会学に、強く作用している。同型性の模倣的側面もまた明らかである。年次会議は、他の雑誌が何をやっているかにかんする証拠を提供する。そして、模倣は容易である。投稿料の問題では、AJSはASRの先導に従わざるを得なかったという明白な事例にみられるように、強制もあった。同型的な諸力が雑誌をひとつのシステムにまとめたものの、それでも、別の諸力が合理化にむかう過程を起動したとみなすのが最良であるようだ。

　これらのさまざまな理論のあいだの相違のなかには、鍵となる用語の定義によるものもあることは明白である。なにがパラダイムを変化させる研究であるのか。なにが「受け入れ可能な」レベルの規範的不一致であるのか。なにが「有意義な」科学的コミュニケーションであるのか。これらはいくつかの点で、回答不能な問いである。とくに、それらすべての究極的な判断は、後世にゆだねられているのであるから。古典は、存在の問題〔古典であるかどうか〕ではなく、生成の問題〔古典になるかどうか〕である。

　しかし、根底にある問題は、厄介なままである。たとえ、私がさきに示唆したように、満足のいくやりかたで問いを提示することができないとしてもである。どの特定の時点においても、いかなる意味で、社会学における最も刺激的な研究が、たとえば『社会問題』(*Social Problems*)や『ジェンダーと社会』(*Gender and Society*)や読本もしくはその他の書籍ではなく、AJSのような中心的な雑誌に発表されたのだろうか。

　この問題は、将来を展望するとき、もっと重要になる。紙の雑誌は、費用がかかり、扱いにくい。そのなかの多くの論文は読まれない。たしかに出版

第6章 *AJS* の現代的形態

後5年、ことによると2～3年までは。電子アーカイブ・データベースは、紙の雑誌と厳密に同じ機能をはたし、同じように参照されるであろう。じっさい、いくつかはすでにそうなっている。おそらく、紙の定期刊行物は、意見や論争にかんする一過性の雑誌としてのみ生き残るだろう。経済学におけるわれわれの同僚が、1987年に、より広い専門的レベルで特定の論争的な分野を体系的に網羅するよう設計された雑誌である『経済学的視点雑誌』(*Journal of Economic Perspectives*) の刊行を選択しておおいに成功したことは印象的である。そのような雑誌は、ASA出版委員会に何回か提案され、最終的に1997年に受け入れられた。障害となるのは、そのような雑誌は、積極的な〔投稿の〕勧誘によってのみ成功するという明白な事実であった。この方針は、ASA会員が受け入れないであろうと委員会は感じていた。[14]

それゆえ、ある意味で、当面の基本的争点は、雑誌のアーカイブ機能と論争機能の相対的なバランスである。しかし、雑誌の機能はたんに知的なものだけではない。ことによると他の機能が、いまやもっと広がりをみせ、雑誌に特有のものになり、もっと重要なものになっている。われわれは、雑誌の将来を予想するのにこうした他の機能を理解しなければならない。

こうした機能の第1は、裁定である。50年前のふつうのテニュア付き教

---

14 Hargens (1991) の総説が示唆するところによると、ほとんどすべての論文は、結局は引用され、まさしくHamilton(1991)の知見は棄却される。しかし、Hagstromは、自己引用を除外せず、ひとつの引用の存在が、ある論文が真に出版される必要があったことを意味させなかった。社会学における電子雑誌は、1976年にジョン・センダーズによって初めて提案された。雑誌についての不平は、まったく新しいものではないと述べておくべきである。『バージニア法律評論』(*Virginia Law Review*) は、1936年11月号で、法律評論についての広範なシンポジウムを出版した。そこには、イェール大学のフレッド・ロッデルによる「法律評論サヨウナラ」"Goodbye to Law Review" という痛快な批判的論文が含まれている。いくつか引用すると、「法律評論論文において、みすぼらしい威厳と見せかけの学識という伝統への例外がめったに存在しないのは、その例外が素晴らしいことであるからだ。」「おもに、法律評論の堅苦しいスタイルは、生き生きした文献を殺してしまう。」「法律評論を書く学生は、奴隷制と引き換えに卒業するときに確実に職を得るだろうという前向きの考えによってそそのかされている。そして、編集業務や事務作業をする優秀な学生は、自分たちはさらによい職を得るだろうという知識によっていっそうそそのかされている。」「それゆえ、法律評論と結びついているものはみな、ある種のパンとバターをもっている。…それは、まったくもって小さな家族の構図であって、家族がしばらくのあいだ外に出て新鮮な空気を吸うかもしれないという大それた考えを持ち込む者はだれでも、非難されやすい」。ロッデルの論文は、法律図書館に出かけて〔行って読む〕だけの価値があるものである。

*253*

授は、専門的職歴のなかでひとつの論文を発表した。ASAには約1,000人の会員がおり、職歴の継続期間が約35年とすると、学問分野全体でおそらく1年間のテニュア事例は30件を越えなかったであろう。テニュア目的で、ひとつの雑誌のスペースの半分が満たされた。こんにち、ASAは1万から1万2千の学術会員がいる。各年に、300件もの社会学テニュアの事例があるだろう。しかし、ふつうのテニュアなしの教授が、いまやひとつ以上の多くの論文を出版しようとしているというのに、雑誌のスペースは5倍になっているにすぎない。その結果生じる競争のために、雑誌は、紛れもなく専門的成功のための第一審の法廷になっている。[15]

ふたつめの新しい機能は、専門的な教育である。AJSの歴史をつうじて詳細に見てきたように、より「応答的な〔責任ある〕」査読に向かい、わずか30年前には多くの論文の運命であった即座の却下がなくなっていく着実な動きがあった。いまや、ごくわずかの論文を除くすべてが、詳細に査読されている。救いようもなく出来の悪い、どこにも発表のチャンスがないような論文でさえ、査読されているのである。雑誌は、人びとにより良い学者になるにはどうしたらよいかを教えることを目的としている。

しかし、普遍的な査読の数学には、はっとさせられる。ことによると100の社会学雑誌に、平均してことによると1年に100本の原稿が寄せられ、その原稿の実質的な部分がいまや典型的には少なくとも一回の修正段階をくぐり抜け、毎年の査読件数は、総計でASAの会員数の数倍になる。ASA会員

---

15 もちろん、大学がテニュアを廃止することもできる。もうひとつの点で、雑誌のスペースはテニュア事例数に比例して増大したと感じる人もいるかもしれない。しかし、新しい雑誌をすべて合わせても、古い雑誌のスペースの10倍にはならない。1945年にあったのは、学際的な雑誌、地方雑誌、隣接分野の雑誌を除いて主要なものだけを挙げると、AJS, ASR,『社会諸力』(Social Forces)、『年報』(The Annals)、『社会学と社会調査』(Sociology and Social Research)、『教育社会学雑誌』(Journal of Educational Sociology)、『人口』(Population)、『人口研究』(Population Studies)、『社会研究』(Social Research)、『村落社会学』(Rural Sociology)、『季刊世論』(Public Opinion Quarterly)、『ソシオメトリー』(Sociometry)、『結婚・家族雑誌』(Journal of Marriage and the Family)、『種族』(Phylon)、『社会研究雑誌』(Journal of Social Studies)、そして『社会問題雑誌』(Journal of Social Issues)であった。このリストはまた、アメリカの雑誌だけを含んでいる。海外の雑誌を含めると、その数は2倍になるだろう。比較できる現在の統計については、Hargens(1991)を参照。かれは、十分に広く数えて、1990年に世界で245の雑誌を見いだしている。ハーゲンズの基準によれば、1945年には、おそらく40か50の「社会学」雑誌があった。

のすべてが、査読をしたいわけでもなければ査読ができるわけでもない。あまり権威のない雑誌を編集している者なら知っているように、その結果は、ほとんどの論文が、関連する分野の全国的に著名な専門家によって査読されるのではなく、そこまで名声のない人びと、いや実際のところ、その学問的な判断力が編集者にもまったく知られていないような人びとによって査読されている。大学院学生、投稿された論文の文献一覧から抜き出された人びとと、友人に必死に電話して得られた回答のなかで示唆された人びとなどである。システム全体として、ほとんどの査読者は、かれらが読んでいる研究者以上に熟練しているわけではない。そのようなシステムのなかで生じている真剣な教育という観念は、希望的思考である。われわれがもっているものは、文字どおりの意味で、ピアレビュー〔本来「同僚」「同業者」による査読の意味だが、ここでは文字どおり「同格の仲間」による査読〕である。教育もときには生じるし、それはことによるとわれわれが正当に期待する以上に頻繁に起こり、エリート雑誌では、査読者としてより強力な学者を獲得する能力があるので、もっと頻繁に生じる。しかし、それは偶然の問題である。雑誌は効果的な大学院教育の代わりにはならない。[16]

われわれのほとんどは、重要で革命的な研究からなる雑誌が欲しい。しかし、多くの人びとと同様に、私は、他のすべての雑誌と一緒に、自分の*AJS*を読まずに直接、本棚にしまう。私がそうするのは、学術研究の大多数は——たしかに自分の研究も含めて——、革命的な質をもつことがめったにないからである。だれかが私にとって重要な研究を確認するだろう。そしてそれを読む必要があれば、それは私の本棚にある。もちろん、それは審査付きのコンピュータ・データベースにも検索用に存在しており、ことによると、その意味では、現代の電子時代において雑誌を出版しつづけることは、おおかた、儀礼である。

ことによると雑誌は、その論争的な性格によって正当化されるかもしれない。ことによると、それらの真の目的は、議論と興奮であるのかもしれない。

---

16 雑誌のもつ専門的な教育機能については、ASA出版委員会の会合で繰り返し要請されてきた。私も編集者としての個人的な経験から話をした(*Work and Occupation*)。100という雑誌の数は、ハーゲンズの世界全体で245という数字の約40パーセントである。

しかし、それも儀礼的な趣を発展させることがありうる。ASAの際限のないテーマパネルがそれをよく示している。たとえば、「合理的選択と歴史社会学」「地位達成の理論的前提」あるいは「文化の再興」にかんするさらに別のセッションといった具合である。じっさい、新聞だけが、いかに容易にセンセーショナルなものが定型的なものになるのかをわれわれに教えてくれるはずである。

しかし、人は儀礼とともに生きることができる。それらのおかげで、われわれがだれであるかが想起される。雑誌が、アーカイブと論争儀礼を遂行し、ときおり革命的な論文を出版するかぎり、それらはわれわれが必要としていることを実行している。雑誌の基本的な機能の点で、儀礼主義よりもずっと心配なのは、他の機能によって雑誌の発行が推進されることである。

私はすでに、雑誌をつうじての「教育」のシステムにかんする過剰な負担について言及した。このシステムは、じっさいには妄想である。テニュアが雑誌にもたらす問題からも、逃れる道はないように見える。もちろん、われわれは出版しすぎている。もちろん、多くの、あるいはほとんどの出版された研究はいい加減であるか、機械的であるか、空虚なものである。しかし、われわれは、後輩に、禁酒を誓わせ、重要で、よく考え抜かれた、実質的な研究のみを出版するように期待することは、先輩がみずからそうせず、そうすることが個々人にとって自殺的であるばあいには、ほとんど不可能である。この戦争が戦われる場所は、われわれ自身の学科における人事審査である。学部長に、われわれがページ数よりも知的な実質をもっと真剣に考えていることを示すことである。しかし、ここでも誘因はそれとは逆行している。大学政治で、自制は報われない。大学界の人口学的構造が安定するか、教育がテニュアの真に平等な基準になるか、テニュアそれ自体が衰退するまでは、テニュアという尻尾は、雑誌という犬を振り回すであろう。

しかし、いかに他の構造に編み込まれていようとも、どんな制度にも、行動や転換の能力がある。スモールの*AJS*は、それを引き継いだ学科にとって——社会福祉の世界に——編み込まれていたと思われたに違いない。しかし、5年以内に、学科は『雑誌』を完全に変えた。ヒューズの*AJS*は、同じくらい束縛されていたに違いないが、短期間に、ブラウとかれの同僚によって作

第6章　*AJS*の現代的形態

りかえられた。

　こんにちでも同様である。ゆっくりと不合理に陥りつつあるある学問分野における上級の代表としての位置に、*AJS*を保とうとしているようにみえる諸力の緩やかなネットワークをふりほどく行動が、疑いもなく存在する。こうした行動をとることは、ある不合理がどこから来るかを理解するという問題である。それは、知的ビジョンと貢献が、他のことよりもわれわれにとって重要でないとみなしてきたことから来ている。われわれの知的なムダを克服することは、社会学がどこに向かうべきかについてビジョンをもち、そのビジョンを印刷物にするという問題である。私は、次章で、このトピックに向かう。

# 第7章　シカゴ学派の継続的意義

　これまでの章で、われわれは、前半の歴史的・理論的な論調から出発して、いくらか規範的な論調に移っていった。この章では、処方箋にむかう傾向を継続させて、本書の他の部分にみられる思慮深い論調とは少しぶつかるような——もとの講壇の演説から引き継いだ——論争的な切れ味を付け加える。しかし、現在というものは、過去とはちがって、変化にたいして開かれている。そして、用心は、現状に合わないようにみえる。なぜなら、私がここで向かおうとするのは、アルビオン・スモールとその他の人たちがあれほど勇敢に打ち立てた学問分野が、現在ほとんど危機的な状態にあると、私と他の多くの人びとがみなしているものに取り組むことであるからだ。しかし、この状況についての私の解読は、第1章と第2章の領域に私を連れ戻す。なぜなら、私の見解は、シカゴの伝統を貫いているテーマは、社会学の新時代を構築する用具を提供しているというものであるからだ。

　シカゴの伝統は、いまでは一世紀におよんでいる。もちろん、周年記念はしばしば告別の辞である。百周年記念は、ときとして、瀕死の状態を連想させる。それはちょうど、治世60周年が、女王がいなくてもよいことを露呈させるかもしれず、金婚式が、多くの人に結婚の死をわからせるのと同様である。しかし、そうである必要はない。生きている社会関係は毎日が祝典であり、周年記念はその興奮に区切りをつける。

　それでは、シカゴ大学社会学の百年をわれわれはどう理解すべきであるのか。それはたんに賛辞のための時間であるのか。結局、社会学におけるシカゴの支配は、50年前に過ぎ去った。そして、シカゴの伝統は、戦後、ゴフマン、ベッカー、ジャノウィッツ、その他の人びとによって刷新されたものの、シカゴ支配の時代以降の、シカゴの最も著名な同窓生の多くは、シカゴ独自の伝統とみなされるようになったものに属するというよりは、主流に属している。ストウファーのような方法論者、ハウザーやキーフィッツのような人口学者、ベンディックスやウィレンスキーのようなマクロ社会学者な

どである。それにもかかわらず、シカゴの伝統の核心には、現代社会学の前進にとって中心的な洞察がある。それゆえ、私はここでシカゴの伝統に賛辞を呈することはしない。賛辞を呈するのは死にたいしてのみである。[1]

## 社会学の窮状

　シカゴ学派に答えがあると私が考えるのであれば、そこにはある問題があると考えなければならないことは明白である。あるいは、少なくとも、窮状がある。社会学の目立った問題——ワシントン大学社会学科の閉鎖と最近のイェール大学での閉鎖通告——は、ことによるともっと微妙な問題よりも重要でないかもしれない。こうした微妙な問題のひとつは、その能力において人類学や政治学や経済学にひきつけられる大学院学生に匹敵するような大学院学生を、社会学は一貫してひきつけそこなってきたということである。いかにわれわれが、偏差値やGPAを疑おうとも、その差はあまりに大きく、あまりに一貫しているので、無視しようがない (D'Antonio 1992; Huber 1992)。もうひとつの指標は、社会学が政府の政策アドバイザーとしては立ち退かされ、その役割は経済学にほとんど完全に引き継がれたことである。われわれは、自分たちの学会という安全地帯の内部では、経済学を見くびることもできようが、かれらだけが王子の耳をもっている (たとえばRhoad 1978を参照)。

　もうひとつの気のめいるような指標は、われわれが、断絶した断片に分裂していることである。ASAの年次大会は、知的スタイルや方法論的実践や

---

[1] この論文は、数多くのコメントの火付け役となった。驚くべきことに、有用なコメント (と嬉しいくらい多くのファンレター) は、私がよく知っている人からだけではなく、比較的知らない人からも来た。それゆえ、私は、事実上私が書いたいかなるものよりもこの章に多くの助力を得た。実質的なコメントを寄せてくれたのは次の方々である。レベッカ・アダムズ、ジョーン・アルダス、マーゴ・アンダーソン、ジェームズ・コールマン、クロード・フィッシャー、ジェフェリー・ゴールドファーブ、ドナルド・レヴィン、デイヴィッド・メーンズ、ダグラス・ミッチェル、ジョン・モデル、ジョン・パジェット、モイシュ・ポストーン、そしてチャールズ・ティリー。この論文は、もともとは、1992年4月10日に、南部社会学会のASAソローキン・レクチャーで配布された〔この年は、シカゴ大学創立百周年にあたる〕。私はわずかに修正したが、当初の演説スタイルは残しておいた。結局、その主要な論点のひとつは、社会学があまりにも白けているということである。

第7章　シカゴ学派の継続的意義

実質的な関心をほとんど共有していない集団を集めている (Ad Hoc Committee 1989を参照)。たしかに、これはある点では活力のしるしである。われわれは、ある種の相違を受け入れることについて開かれている。しかし、われわれの小さな分派が示していることは、事実、われわれのほとんどが、新しい考え方を受け入れることをいやがっているということなのだ。そうした考え方をもっている者は、別の場所に、あるときはASAの内部に、またあるときはその外部に、テントを張るように、誠心誠意、招き入れられる。かくして、合理的選択理論が社会学に入る可能性は、歴史社会学をバリケードに追いやる。ポストモダニズムは、別の場所で同じ反応の原因となる。フェミニズムの将来でさえ、同じ分節的な安住を示している。人類学、歴史学、そして政治学では、フェミニズム理論にたいする戦いが荒れ狂っている。しかし、社会学では、フェミニズムの考え方に反応してその知的構造とスタイルを変えることもほとんどなく、社会科学のなかで最も多くの女性を集中させてきた。[2]

ことによると、もっともがっかりさせられるのは、社会学が興奮を失ったということである。われわれは、いまでも、イライジャ・アンダーソンの『街角の場所 (*A Place on the Corner*)』(1978) やデイヴィッド・ハレの『アメリカの労働者』(1984) やミッチェル・ダンナイアーの『スリムのテーブル』(1992) のような本で、学部生をひきつけるものの、われわれがそのような本を読むのは、学部生を教えるためだけであり、自分たちの学生にそのような本を書くように奨励することはしないのはたしかである。われわれは、科学的であることに余念がない。しかしわれわれの科学にも疲労感がある。われわれは学術雑誌を定期購読するが、読んではいない。紙幅をめぐる競争のために、われわれの方法と文体は厳しく管理され、執筆者はときに自分自身の題材にうんざりしているようである。かれらはたんに、〔統計的有意を示す〕アスタリスクの

---

2　歴史社会学については、Abbott 1991aを参照。ASAの比較歴史社会学部会は、「合理的選択理論と歴史社会学」というタイトルの1991年の部会を提供した。それは、魔女狩りも同然であった。フェミニズムについては、ジョージ・リッツァー (1988) の現代理論の教科書を調べてみることが有益である。そこでは、フェミニズムの部分は分離されて、リッツァーではなく、ふたりの招かれた女性によって書かれている。編入よりも断片主義のパターンが痛いほど明白である。Stacey and Thorne 1985 も参照。しかし、この核分裂は社会科学において一般的であると信じる者もいる (eg., Levine 1981)。

*261*

ついた係数、低い $R^2$〔重回帰分析の決定係数でモデルの説明力を示す統計量〕、そして理論的前進についての適切で賢明な主張という固有の運動を経過するだけである。こんにち、だれが、ダッドレイ・ダンカンの『アメリカの職業構造』における総合的コーホート分析を出版するだろうか。かれは長いレトリカルなウィンクをしながら、分析をいじくり回していることを認めている(Blau and Duncan 1967, 183)。こんにちの主流の学術雑誌のうちのどれが、アーヴィング・ゴッフマン(1956)の困惑にかんする理論や、エゴン・ビトナー(1967)のスキッド・ロウでの警察活動の観察や、タルコット・パーソンズのアメリカ生活にかんする多音節語だらけの解釈(たとえば、Parsons [1939]1954)を出版するだろうか。

　ことによると、理論家がしばしばわれわれに言うように、かれらの陣営ではことはもっと良いのかもしれない。理論と方法は、結局、こんにち、この学問分野においてたがいにほとんど関係がない。ASA の部会成員の重複にかんする研究は、非常に明確に、理論部会が経験的な主流の部会から分離していることを示しており、参考文献リストは、たがいに相手の土地で挨拶をかわす声が聞こえないことを証明している[3]。しかし、理論家の本にもとづく文献は、論文にもとづく経験主義の文献をほとんど改善していない。理論的文献は、ただ実証主義よりも深遠さに影響を及ぼし、統計という通貨によってというよりも、哲学的な前提の正しさによってその著者を判断する。そして、たしかに経験主義的な主流との関連性、いやじっさいそもそも経験的な現実との関連性によって、理論家を告発することはできない。経験的な現実は、国家や文明の歴史全体にかかわるのでない限り、かれらの注目に値しないようである[4]。

　要するに、社会学は、経験的、理論的、歴史的な諸定式になりさがった。

---

3　この分離は、Cappel and Guterbock (1986, 1992) によってきわめて明確に示されている。私は、Ennis(1992)のもっと曖昧な結果をあまり信用していないが、それは二次元尺度に高い価値をおいているからである。

4　それゆえ、ギデンズは、特徴的な文においてかれの基準を定めた (1984, xxvii)。「構造化理論を定式化するにあたって、私は客観主義と主観主義に結びつけられた二元論から逃れたい」(「構造化理論を定式化するにあたって、私は次のような問題に答えたい」とはせずに)。アレクサンダーの有名な四部作 (Alexander 1982 に始まる) は、「経験的参照なき理論」学派を良く例証している。

第7章　シカゴ学派の継続的意義

われわれは、もはやリスクを取り、非正統的な考え方を打ち出し、たがいの縄張りを侵害するのに十分なほど興奮していない。われわれは、現実の世界について書くことを放棄し、調査変数、歴史的諸力、そして理論的抽象のスタイル化された世界に身を隠している。われわれのうちどれだけが、大学に入ってから、学問的でないなんらかの社会的状況に身をおいて1年でもすごしたと主張できるだろうか。

　社会学の問題は、なによりもまず、知的な問題であると私は信じている。外部的な政治的脅威、学生をひきつけることの困難さ、断片化、これらすべては、ある弱さを反映しており、それは、根本的に考え方の弱さである。われわれ社会学者たちが本当に興奮するような考え方、つまりわれわれの知的な慣行を転換させることができた考え方、学術雑誌が読みたくなるような考え方を知ってから、長い時間がたった。シカゴ学派はまさにそのような考え方を代表していたと私は思う。つまり、トマス、パーク、バージェスそしてかれらの学生たちは、われわれの現在の困難から抜け出すのを導くような理論的洞察をもっていた。私はここで、その考え方を発展させ、それと現在の理論的・方法論的実践について考察し、それを刷新するために行った学者たちの最初の努力を素描したい。

## シカゴの洞察

　シカゴ学派がそもそもなんらかの理論的観念をもっていたと語ることは、しばらくのあいだ流行らなかった。広く行き渡ったイメージは、経験主義者シカゴを、マルクスやウェーバーやデュルケムのような理論的高みにまで登らなかった、改革主義的な社会福祉主義から逃れられないものとして描いている。せいぜい、シカゴ学派は、社会学における大規模な研究実践を開始し、都市研究や犯罪学のような分野で基本的な経験的研究に貢献したと感じられている（たとえば、Ritzer 1988におけるシカゴの描写、あるいはBulmer 1984のもっと友好的な研究における描写を参照）。

　しかし、シカゴが非理論的にみえるのは、たんにわれわれ——われわれのほとんど——が、シカゴに置き換えられたパラダイム、つまり私がここで「変

数」パラダイムと呼ぶものの忠実な臣下であるからである。このパラダイムの内部では、そしてヨーロッパの古典の解釈の内部では、理論的であるとは、「ジェンダー」「資本主義」「教育」そして「官僚制」のような抽象概念の関係について主張することである。われわれのほとんどは、歴史社会学者であろうと、地位達成研究者であろうと、ジェンダーの社会学者であろうと、そのような主張は事実、まじめな社会学の本質であると考えている。そのような世界観の内部では、シカゴ学派——それは「ジェンダー」や「官僚制」のような抽象化をけっして信じなかった——は、定義によって非理論的である。しかし、ことによると社会学の現在の困難は、われわれがシカゴの理論的位置を明らかにするまでは、判断を先延ばしにすべきものであるのかもしれない。

　一文で言うと、シカゴ学派は、特定の社会的時間と特定の社会的空間における特定の社会的行為者の配置を理解することなしに、社会生活を理解することはできないと考えていた——し、そう考えている——。換言すれば、シカゴは、社会的（そしてしばしば地理的）空間と社会的時間における文脈から抽象化されたいかなる社会的事実も理解できないと感じている。社会的事実は、位置づけられている。このことは、共時的分析においては、社会関係と空間的生態学に焦点をあてることを意味しており、通時的分析においては、類似した焦点を過程にあてることを意味している。あらゆる社会的事実は、状況づけられ、他の文脈的事実によって取り囲まれており、過去の文脈と関係づけられる過程によって現存している。[5]

　直接的な系は、変数が現実に存在しないばかりか、それらは名目論的な因習としてさえ誤りを導きやすいということである。なぜなら、変数という考え方は、その文脈がなんであろうと尺度が同じ因果的意味をもつという考え方である。この考え方は、たとえば、「教育」は、個人の他の資質、それらが過去の他の経験であろうと、その他の個人的特性であろうと、友人、知人、つながりであろうと、それらにかかわりなく、「職業」に「効果」をもちうると

---

[5]　私がここで意味しているのは、社会的事実はつねに具象化され、特定の状況において見いだされるという以上のことである。もっともこの主張は、私のさらなる意味の基礎になるものではあるが。社会的事実は、つねに具象化されているがゆえに、それらはつねに他の社会的事実および他の社会的実体との関係において状況づけられる。知的に中心をなすのはこの位置づけであり、たんなる具象化という事実ではない。

いうものである。変数を基礎とする思考の内部では、この単一の因果的意味を文脈的に修正する少数の「交互作用」を容認するが、変数の独立性という基本的なイメージは、実験的操作をつうじてであろうと統計的操作をつうじてであろうと、「他の変数〔の効果〕を差し引いて」という句と、この純粋効果を発見する目的のなかに、安置される。シカゴの見解は、純粋効果という概念は、つねに社会科学上のナンセンスであるというものであった。社会的世界の出来事で、「他の変数を差し引いて」起こることなどなにもない。あらゆる社会的事実は、文脈のなかに位置づけられている。それゆえ、なぜ、わざわざ、それらの社会的事実が位置づけられていないふりをするのか。[6]

　この見解に現在ほとんど追随者がいないと述べるのは、控えめな評価である。現代のほとんどの社会学は、社会的事実の位置づけや関係を中心的なものとして捉えていない。もちろん時間はあらわれるが、たんに時計の音のようなものとしてあらわれるだけである。人びとと出来事は、時間のなかに位置づけられておらず、変数が位置づけられている。筋書きと過程が時間をくぐり抜けることはなく、因果の矢印がくぐり抜ける。同じことは、さらに強く空間にあてはまる。ほとんどの社会学的論文は、労働者であろうと、会社であろうと、組織であろうと、関係をもたない個人を想定している。これらの個人は、「分析の単位」であり、社会関係における行為者ではない。しかし、シカゴの書物をつうじて、われわれは事例の典型的な歴史の略図——たとえば、スラッシャー(1927, 70)のギャングの経歴の略図——を見いだし、売春宿、精神病患者、居住ホテル、ビジネス、その他関心のあるものなら何でも、点を打った地図をつぎからつぎへと見いだす。シカゴの書物をつうじて、われわれは時間と場所を見いだす。

　もちろん、社会的時間と社会的空間におけるこの位置づけを真剣に受けとめる社会学者がおり、そのなかにはシカゴ出身者もそうでない者もいる。歴史社会学者は、方法論的な論文においてはどちらかといえば因果論者であるものの、実際上は、時間的位置づけをきわめて真剣に受けとめている。職業

---

[6] 私は、この点を、広範に精巧化した(Abbott 1988a, 1990, 1992a)。変数陣営からの脱党者であるピーター・エイベルがしたように。Abell 1987はこれらの争点にかんするすぐれた議論である。

社会学者は、依然として、エヴェレット・ヒューズによる時間的過程のシカゴ的強調を保持しており、社会運動の研究者も同様にロバート・パークによる時間的過程のシカゴ的強調を保持している。そしてもちろん、シンボリック相互作用論——古きシカゴのもっとも特殊な直系尊属——の系譜に連なるか、それと対決するミクロ社会学も、時間の強調を強力に保持している[7]。

　空間的位置づけについて、その関心を生かしてきたのはコミュニティとネットワークの研究者である。前者は、シカゴから直接来ている。なぜなら、コミュニティはシカゴの中心的な関心のひとつであったからである。それとは対照的に、ネットワーク理論家は、自分たちの位置づけへの関心をフォーマル理論の祖先から引きだしている。ネットワーク分析の主要なアプローチは数理社会学と結びついている。ジェームズ・コールマンのクリーク分析とハリソン・ホワイトの構造的等価性〔同値〕である。両者はシカゴの教員であったものの、かれらのネットワークについての着想はシカゴとの結びつきにほとんど負ってはいない[8]。

　とはいえ、社会的事実は、位置づけられた事実であり、社会的時間と場所に状況づけられた事実であるという着想は、主要には、現代社会学において珍しいものである。それでも、シカゴの研究は、1930年代と同様に、こんにちでも読むことができる。そしてそれをとおして、われわれは社会的事実が時間と空間の文脈に位置づけられているという揺るぎない強調、つまりわれわれが忘れてしまった強調を見いだす。ロラン・バルトはかつて「忘れ

---

7　歴史社会学については、Abbott 1991を参照。職業にかんする文献において、過程の観念が生きているのは専門職化の概念である。Freidson 1986あるいはAbbott 1988bを参照。社会運動については、McAdam, McCarthy, and Zald 1988のすぐれた総説を参照。シンボリック相互作用論については、Rock 1979とLewis and Smith 1980、およびMaines（たとえば1993）のもっと近年の研究を参照。

8　空間理論も、こんにち、シカゴにおけるショウとマッケイの伝統にしたがう犯罪学において復興している。ネットワーク分析については、古典的な研究は、一方においてはColeman 1961とColeman, Katz, and Menzel 1966であり、他方においてはLorrain and White 1971, White, Boorman, and Breiger 1976、そしてBoorman and White 1976である。論文集としては、Marsden and Lin 1982, Wellman and Berkowitz 1988、そしてBreiger 1990を参照。少なくともひとりの著者は、都市研究のシカゴ的テーマとネットワークを結びつけている（パーソナルネットワークの研究におけるFischer 1982）。地理学自体も社会学に復帰している。たとえば、Hochberg 1984およびHochberg and Miller n.d.を参照。

るからこそ読むのである」(Barthes 1974, 10) と述べた。それゆえ、私は、時間的社会的文脈にかんするシカゴの概念化のいくつかを読み直したい。

## 時間と場所にかんして

これまでの諸章では、最初のシカゴ学派の限界をはるかに超えたところまで到達しているシカゴの伝統の存在について、強力に主張した。それにもかかわらず、この章では、私の議論の基礎を1920年代と1930年代におけるシカゴの象徴的な研究におきたい。

シカゴ学派の核心にあるのは、通常、パークかバージェスのもとで生みだされたシカゴその他における社会構造と過程にかんする学位論文とモノグラフである。ネルズ・アンダーソンのホーボー(1923)、ポール・クレッシーのタクシーダンス・ホール(1932)、ハーヴェイ・ゾーボーのニア・ノース・サイド(1929)、エドウィン・スラッシャーのギャング(1927)、ルス・ショノル・キャバンの自殺(1928)、アーネスト・ヒラーのストライキ(1928)、リフォード・エドワーズの革命(1927)、ウォルター・レックレスの売春宿(1933)、ルイス・ワースのユダヤ人ゲットー(1928)、クリフォード・ショウの非行([1930] 1966)、そしてE・フランクリン・フレイジア(1932)やアーネスト・マウラー(1927)の家族にかんする研究、その他である。それは、じつに長いリストである。

さて、これらのシカゴの著作者は、たんに社会的事実が社会的時間と社会的空間の文脈をもち、そこにそれをおいているとは論じていなかった。かれらは、文脈性の程度と呼びうるものを区別していた。[9] 最初に、時間的な過程について考えてみよう。シカゴ学派のひとつの基本的な概念は、「自然史」の

---

[9] 「文脈」にはふたつの意味がある。そのうちのひとつは、もうひとつのものよりも私の議論にとって重要である。ここで私にとって関心のある厳密な意味では、関心のある事柄を取り囲み、それによって関心のある事柄を定義するものを意味している。緩やかな意味では、たんに細部を意味している。鋭い読者は、これらが文脈的な情報の科学的価値にかんするふたつの判断にぴったり対応していることに留意するだろう。脱文脈化がたんに過剰な細部を取り除くことであるならば、それは科学的によいことである。他方、それが定義的な位置づけ情報を取り除くことであるならば、科学的な災厄である。私は、この明確化を求めたドナルド・レヴィンに感謝する。

概念であった。自然史は、相対的に予測可能な経過にしたがう時間的パターンであった。それは、周囲の諸事実によって分岐したり形成されたりすることがありうるものの、一般的な順序は、偶発的な細部をこえて、全体として理解することができるものであった。古典的研究のなかで、この概念の最も明確な例は、エドワーズ (Edwards 1927) の革命の分析であった。エドワーズにとって、革命は内的論理にしたがって展開した。革命は分岐したり再形成されたりするかもしない。失敗するかもしれない。しかし、一般的な論理は規則的であった。

対照的に、スラッシャー (Thrasher 1927) の分析では、発達しつつあるギャングは文脈的影響にもっと開かれたものとみなされた。資源の利用可能性、競争相手の力、環境の物理的構造、これらいっさいのものは、ギャングの経歴を形づくることができるものであり、スラッシャーは、文脈による形成を、エドワーズが革命においてみたものよりも明らかにより強いものと考えた。われわれは、このより大きな文脈依存をともなう時間的過程を「経歴」と呼んで、自然史から区別することができよう。

最後に、広範囲にわたるシカゴの研究の文脈性は、きわめて重要であったので、もはや単一の過程に焦点をあてることができなかった。その代わりに、絡み合った過程のネットワーク全体を研究しなければならなかった。この最も著名な例は、ゾーボーの『ゴールドコーストとスラム』(Zorbaugh 1929) であった。一見すると——私はこれが大学院学生時代の自分の反応だったことを覚えている——この本は、良く書かれているものの、目的のわからない、シカゴのニア・ノース・サイドの歴史のように見える。しかし、あとから考えると、ゾーボーの分析は、シカゴ学派の「相互作用場」という概念の最も明確な表現であった。ニア・ノース・サイドは、その文脈性によって定義されていた。つまり、ゾーボーにとって、コミュニティの境界は、そこで生じていることを定義する相互制約の境界であった。そのなかには地理的制約もあれば、社会的制約や経済的制約もあった。そのようなコミュニティの内部にある各集団の動きは、他集団の動きに左右されるので、それらのうちどれかひとつだけについて書いても意味がない。できることといえば、相互作用場を全体として書くことだけであった。

第7章　シカゴ学派の継続的意義

　それゆえ、時間的過程について、シカゴの著作者は、三つの程度の文脈性を見ていた。相対的に〔程度が〕小さな自然史、かなり〔程度が〕大きな経歴、そして個々の過程が不可分に編まれた相互作用場である。これらすべての概念が、時間的過程を定義していることに注意しよう。つまり、これらの社会的事実をその時間的文脈のそとで捉える可能性はなかった。問題となるのは、時間的過程を前提として、それが社会的文脈からどれだけ独立しているかということである。

　まさに逆の問いを尋ねることもできる。一群の空間的あるいは社会的構造を前提として、それらがどれだけ時間的文脈から独立しうるか。ここでシカゴ社会学者は、類似した区別をした。自然史に相当するものとして、自然地域がある。自然地域を定義するにあたって、パークは「たんなる地理的表現が近隣地区、つまりそれ自身の感情と伝統と歴史をもつ場所に」転換し、「…すべての場所の生活は、より大きな生活圏とそれについての関心から多かれ少なかれ独立した、それ自身のある推進力をもって動く」(Park 1925, 16) ことについて述べていた。ここには、自然史と同様に、その周囲とは相対的に独立した実体があるものの、そのなかのすべてのものは位置との関連において定義される。たとえば、アンダーソンの『ホーボー』(Anderson 1923, 15) には、ウェスト・マディソン・ストリートのホーボー〔渡り労働者〕の「幹線道路」の小さな地図がある。そのストリートそれ自体、そして実際のところホーボーの地域コミュニティの社会的動態は、このストリートに沿った店の配置に拘束されている。

　アンダーソンの例が明らかにしているように、自然地域とそれをとりまく都市とのあいだには、じっさいには明示されていない深い関係があった。ホボヘミアは、(移動する臨時労働への) 一定の経済的需要および都市内部の運輸、経済、そして社会構造の諸力によってつくられた。しかし、これらの諸力は短期的には不変であり、それゆえホボヘミアを、環境との関連が重要ではあるものの偶発的ではなく、時間的に固定されている一貫した自然地域としてみることには意味があった。それゆえ、自然地域は、社会構造であり、文脈的・社会的に決定されていたとはいえ、時間的文脈の分析の必要から当面は免除されていた。

大きく言うと、この種の思考は、「社会解体」と関連づけた社会問題の生態学的分析をひきおこす。さまざまな自然地域はさまざまな程度の組織化と解体を含んでいる。社会問題は直接、後者と関連があると信じられていた。このことは、精神病 (Faris and Dunham 1939)、離婚 (Mowrer 1927)、そしてとりわけ犯罪と非行 (Shaw and McKay 1942) にかんするシカゴの研究の基本的な撚り糸となった。[10]

　自然地域モデルが、変数を基礎とする技法に相対的に適合していたことは、いくらか歴史的な重要性をもっている。シカゴ学派が衰退するにつれて、自然地域における位置づけは、たんに個人を記述するもうひとつの変数になった。しかし、この概念の理論的内容は、この転移のなかで失われたため、ロビンソンの著名な生態学的相関と生態学的誤謬への攻撃 (Robinson 1950) がなされたときには、集団レベルの変数という考えのなかに暗に含まれていた生態学的諸力にかんする当初の観念の、影にある現実だけが残った。[11]

　しばしばシカゴの研究者は、自然地域を明示的に相互の関係のなかで考え、空間的効果のパターンをさまざまな周囲の要因に従属させた。必然的に、それは時間性への移動を含んでいた。シカゴの概念的な装備一式——1921年

---

10　解体が良い概念であるのか悪い概念であるのかについて、私はなんの立場も取っていない。この争点は、ここで最も多くのインクが費やされる原因となってきた (Kurtz 1984, 55-57 に引用されている多様な出典、とくに Alihan 1938 を参照)。むしろ、社会解体にかんする生態学的研究への私の関心は、かれらが空間、つながり、そして文脈を真剣に取り上げていたことにある。

11　ロビンソンの論文の標的には、オグバーン、ショウ、そして政治学科のハロルド・ゴスネルのような著名なシカゴ人が含まれていた。周知のように、ロビンソンの数学的議論が示しているのは、生態学的相関は、概して個人相関よりも高く、それは、変数の集計に関係する人為的な理由からであるというものである。多くの人は、ロビンソンの論文が個人レベルの分析、つまり出現しつつある大量調査の分析の脱文脈化的な特性を強いるものであると解釈した。しかし、ロビンソン自身は、自分の議論が真の「地域レベル」の測定に関心のある者に影響するものではないと認識していた (Robinson 1950,352)。むしろ、かれは「たとえば、非行の研究において、純然たる生態学者は、地域ではなく個人を記述するデータに基本的に頼っている」(1950, 352)。(かれの例は、クリフォード・ショウであった)。それゆえ、ロビンソンは、たんに比率が、社会解体という集団レベルの特性を示す指標であるという考えを割り引いただけであり、それらをたんに個人の行動として受けとめたのである。これはもちろん、かれの理論的決定であって、ショウのそれではなかった。この点にかんして、大量調査の伝統一般がそうであるように、ロビンソンはたんに伝染と伝播の問題を無視し、生態学の理論的伝統とは対照的に、独立した個人が分析の単位であると仮定したのである。

## 第7章 シカゴ学派の継続的意義

のパークとバージェスの教科書によって与えられた——の核心にあるのは、「接触」、「葛藤」、「同化」、「応化」のような概念であり、諸集団の、周囲の他集団による相互的な決定の時間的パターンを記述していた。ここでの状況は、時間的文脈へのシカゴ・アプローチにおける経歴の概念に類似していた。社会的文脈と偶発性は、自然史よりも経歴においてずっと重要であったように、時間的環境は、自然地域よりも「地域経歴」においてより重要な役割を果たしている。

シカゴのユダヤ人ゲットーにかんするワースの議論(Wirth 1928)は、この「地域経歴」タイプのものである。ゲットーと、都市拡大のより大きな諸力との関係、ユダヤ人ビジネスと顧客の変化との関係、そして世代的な継承〔遷移〕および移民の継続的な波と時間的パターンとの関係は、すべてユダヤ人の日常的な生活経験をかたちづくっていた。ワースは自分の分析をユダヤ人コミュニティに集中させていたが、それはちょうど、スラッシャー(1927)がギャングの分析において個々のギャングに焦点をあてていたのと同じである。しかし、どちらの作者も、自然史や自然地域におけるよりも広範な条件依存性を考えていた。遷移的なユダヤ人コミュニティの発展は、複雑な社会的地理的空間における集団の経歴であった。

極限においては、社会構造にたいする時間的文脈の範囲が非常に大きくなるので、またもや、個々の事例を背後におき、相互作用場を全体として論じることが求められる。ゾーボーの『ゴールドコーストとスラム』は、またもや最も明確な例を提供している。なぜなら、相互作用場の観念は、社会的文脈の範囲だけでなく、時間的文脈の範囲も含んでいるからである。ニア・ノース・サイドの話は、経済構造と移民人口の構成における変化のような長期の過程だけでなく、近隣社会における地域的遷移のような短期的な変化と下宿屋街における住民の入れ替わりのようなもっと急速な変化まで含んでいる。空間的には、相互作用場は、都市における全体的な地域からの大規模な分化と相互依存性だけでなく、教区民の移動によって生みだされた教会会衆の混在のようなより短い範囲の現象と、ニア・ノース・サイドそれ自身のさまざまな下位地区の経済的な相互依存性までも含んでいる。

自然地域概念とは違って、相互作用場の概念は、変数の世界に容易に移行

しなかった。それにもかかわらず、いくつかの下位分野、とくに歴史社会学においては、それは健在である。イマニュエル・ウォーラーステインの『近代世界システム』(1974) と、私自身の『専門職のシステム』(1988b) は、双方ともそのような相互作用場を記述している。私がよく知っている事例では、専門職についての私の議論は、本質的に、専門職自体が、シカゴで押し合っている民族集団のようなものであり、専門職のする仕事は都市自体の物理的社会的地理と同等であるというものである。それゆえ、専門職の歴史は、縄張り争いの歴史である。どの個別の専門職の歴史を書くこともできないのは、専門職が、周辺の他の専門職がやっていることにあまりに左右されているからである。できることといえば、専門職相互間の葛藤——支配、戦略、策略、相互作用の派生的出来事——の場を記述することだけである。ときどき、より大きな諸力がこの場に入ってくる。それは、技術的・組織的な発展によって生じる専門職の仕事の変化であり、それは都市における輸送パターンと経済パターンの変化に匹敵する。これらはさらに、相互作用場に連鎖的な効果を誘発する。そして、この場には支配がある。それはちょうど都市における政治支配に類似している。等々。世代は遠く離れているようにみえても、私の本は、根本的には古いシカゴの概念の提示である。

　それゆえ、われわれは、行に時間的文脈性の増大の程度をおき、列に社会的文脈性の増大する程度をおいた3×3の表を考えることもできよう（表12参照）。私は、本質的に、シカゴの作者たちがほとんどつねに最後の（最も文脈的な）行または列で研究しており、このふたつの交点である、3.3のセルにおける相互作用場の概念は、社会的・時間的文脈の多層レベルを仮定していたと論じてきた。相互作用場の概念において、われわれは、ゾーボー、ウォーラーステイン、そして私のように、個別事例のレベルから離れて、場全体をつうじた相互作用の規則性を記述しはじめている。文脈依存性は、非常に複雑であるので、個々の事例を直接研究したり、最も一般的な種類の予測以外の予測をしたりすることができない。

　私はのちに、この小さな表の他のいくつかのセルについて論じるだろう。しばらくのあいだ、私はたんに、文脈と条件依存性への全体的な焦点に暗に含まれているのは、社会構造にかんする一貫した見方であったことを強調す

## 第7章　シカゴ学派の継続的意義

表12　シカゴ学派における文脈

| | | 文脈性の程度：空間 | | |
| --- | --- | --- | --- | --- |
| | | なし | 中程度 | 多い |
| 文脈性の程度：時間 | なし | | | 自然地域（パーク） |
| | 中程度 | | | 地域「経歴」（ワース） |
| | 多い | 自然史（エドワーズ） | 経歴（スラッシャー） | 相互作用場（ゾーボー） |

るだけにしておきたい。シカゴの著作者たちは、社会構造とは、流動的で相互的な決定過程における一群の一時的な安定性であると信じていた。社会的世界は、ときに思慮深く、ときにまったく予想外のやり方で相互に規定しあう行為者からなるものであった。しかし、シカゴの見方の礎石は、位置であった。なぜなら社会的時間と社会的空間における位置は、相互的決定作用に導くからである。すべての社会的事実は、特定の物理的場所と特定の社会構造に位置づけられている。それらは、また遷移、同化、葛藤などのひとつまたはそれ以上の時間的論理の内部に位置づけられている。このことは、シカゴの見方が、時間に埋め込まれた社会構造、つまり過程における構造にかんするものであることを意味している。

　私は、この要約を、少なからぬ皮肉をこめて読んでいる。歴史社会学者がわれわれに教えてくれたことは、1970年代の社会学におけるマルクス主義の一般的な重要性が、社会学者に変化と過程について考える方法をもたらしたところにあったのではなかったのか (Abbott 1991a)。合理化と他の過程にかんするかのウェーバーは、同時期に、ほぼおなじ効果をもって、パーソンズ流のウェーバーにとって代わったのではなかったのか。なぜ、現代の社会学は、シカゴ学派が言わなければならなかったことを、きれいさっぱり忘れているのか。なぜかれらは、われわれの「古典的社会学」ではなかったのか。[12]

---

12　この問いにたいする標準的な答えは、シカゴ社会学は、理論がないために古典理論になりそこない、その経験的研究は、主として古物収集的関心の対象であるというものである。私は第1の議論について上述のように処理した。第2の議論については、シカゴ研究が、こん

そうしたことが起こったのは、ひとつには、シカゴの研究が現代と古典とのあいだにあるからである。われわれが古典を読む場合、古いイデオロギーと奇妙な言葉遣いを無視して、永続的で持続的なものを表明しているテクストの部分に焦点をあてる。それゆえ、われわれは、デュルケムを、ばかげたネオ・コーポラティズムにもかかわらず、重要な社会理論家であるとし、ウェーバーを分類趣味にもかかわらず、重要な社会理論家であるとし、マルクスを、ずっと以前になくなった工場システムへの先入観にもかかわらず、重要な社会理論家としている。しかし、シカゴ学派の暖かい散文は、それを現代の研究として読むように人を欺く[13]。そのとき、ただちに初期パークの人種的応化の理論、クレッシーの「乱交への傾向」の記述（Cressey 1932, xiii）、スラッシャーの「旅心」（Thrasher 1927, chap 10）の分析に戸惑う。そしてそれゆえ、ひとつの問題は、シカゴ学派が古典的となるには古くなく、現代的となるには新しくないように見えることである。
　もうひとつの問題は、たんなる紳士気取りであった。シカゴの文献は、ラテン語の教養とヨーロッパ人の格調の高さを欠いている。われわれの社会学理論家は、ヘンリー・ジェームズ〔小説家・批評家 1843-1916〕とかれら以前の他の多くの人びとと同様に、アメリカ的思考のなまの洞察が、あまり趣味に合わないことを見いだした。かれらはヨーロッパの洗練さを好み、プラグマティズム——シカゴ社会学を直接かたちづくったアメリカの哲学——がハーバーマスのようなヨーロッパの理論家に及ぼした影響をなんとか忘れようとした（Habermas 1971）。
　シカゴを無視する理由がなんであろうと、位置づけという中心的なシカゴの概念は、こんにちのわれわれにとって特別の重要性をもっている。なぜな

---

にち読んで面白いだけでなく（私が議論しようとしているように）、シカゴのデータ・アーカイブは、事実、現在の方法で再分析しようとする研究者にとって豊かな鉱脈である。それにもかかわらず、1950年代の社会学の合意（「誇大理論」と「抽象化された経験主義」とのあいだの）に対するC・ライト・ミルズ（1959）の非難が、シカゴ社会学について言及していないことは、たとえかれの攻撃のひとつの基本的テーマが、脱文脈化であったとしても、印象的である。

13　「これらのページにおいて、われわれは、肉体をイメージしなければならない恐竜の骨を観察しているのではなく、シカゴ市における生きた、若い制度の肉体の奮闘を観察しているのである」と、エヴェレット・ヒューズはシカゴ不動産委員会にかんする1928年の学位論文の冒頭で書いている。

ら、それは理論的研究と経験的研究を和解させる助けとなりうるからである。ほとんどの社会学理論は、大陸のものもアメリカのものも、現代のものも古典的なものも、社会的事実をその文脈においている。それは過程、関係、行為、そして相互作用に関心がある。しかしわれわれの現在の経験的研究のほとんどは、過程、関係、そして行為に弱い関連があるだけの脱文脈化された事実に関心がある。文脈における行為を基礎に打ち立てられた一般的な経験的アプローチは、われわれの現在の方法論よりも、われわれの一般的な理論的伝統とずっと効果的につなぐことができる。

　理論と経験的研究とのこのギャップは、すべての現代社会学者にとって大きな関心事であるにちがいない。もちろん、各下位分野は、マートン (Merton 1948) が中範囲理論についての著名な見解のなかで要請したように、それ自身の理論家と理論をもっている。そして、これらの分野の理論家たちは、そう呼んでよいのであれば、じっさいに一般理論家よりもずっと経験的な研究に結びついている。しかし、かれらは因果性、効果、文脈についての観念にかんして、意図していようがいまいが、暗黙のうちに一般理論である語彙によって研究している。そして、その一般理論は事実、現代社会学の脱文脈化された方法論的パラダイムから引き出されている。このパラダイムをさらに詳しく考えることにしよう。

## 社会学的方法と社会学的理論との関係についての覚書

　社会的事実をその文脈から引き離すという考え方は、1930年代の古きシカゴの衰退とともに始まったわけではなかった。ある意味で、どんな社会的計数もそれをしており、社会統計は結局、17世紀にまで遡る。1880年代のホレリス計算機の出現以来、統計学者は社会統計を広範にクロス分類することができた。この課題は、同じ時期の相関係数の発明によって助けられた。クロス分類と相関は、主として記述のために、つまり、$x$というタイプの人びとは、$y$や$z$であることが多いと言うために用いられた。この種のタイプ分けは、穏やかな文脈的思考である。なぜなら、それは諸変数の値を他の変数からなるそれらの「文脈」にまとめるからである。しかし、それはすでに

脱文脈化への大きな一歩である。なぜなら、それは、諸タイプを、ゲシュタルトないし創発物として分析するのではなく、個々の変数から構築するからである。[14]

　社会学におけるフォーマルな統計的方法にかんする最初の主要な提唱者は、フランクリン・ギディングズであった。かれは、20世紀の最初の3分の1に、コロンビア大学の社会学科における支配的人物であり、ハワード・オーダム、ウィリアム・オグバーン、そしてスチュアート・チェイピンのような傑出した学生の指導教員であった。ギディングズの『帰納的社会学』(Giddings 1901) は、因果的理解を、社会学の目標としており、因果性を、必要な諸原因の十分な組み合わせとして捉えている。しかし、この心をかきたてるようなミル流の序文のあと、この書物は、本質的に、さまざまな社会現象に関係する諸変数の長いリストづくりに向かい、測定のヒントで終わっている。社会学的法則は、重力の法則か理想気体の法則にしたがってパターン化されており、それゆえ本質的に経験的相関を要約したものである。私の3×3の表との関連で言えば、ギディングズは1.1のセルに関心があった。このセルは、空間についても時間についても文脈性が最小である。また、かれの理論についての考えは、元来たんなる経験的一般化であることも明らかである。原理的にはいかに興味深くても、因果性は、まだまだ建設途上の経験的一般化という基礎を必要としている。

　変数と相関を扱うギディングズの方法と大きな対照をなしているのは、「社会調査」と呼ばれたものが提供しているものである。それはコミュニティ、制度、社会問題についての広範な基礎をもつフィールド調査で、通常、ソーシャルワーカーか、慈善組織運動におけるかれらの補助者によって実施された。それらは焦点を絞った研究であり、一般に、複数の方法を用いているが、つねに事実をその直接的な文脈のなかに保持している。なぜなら、調査者はなぜ、そしていかにして、特定の社会問題が生じたのかを、それらを変える

---

[14] 1900年までの統計学の歴史については、Stigler 1986を参照。関連するさまざまなトピックについては、Owen 1976の論文集およびAnderson 1989も参照。「因果分析」の歴史にかんする価値ある典拠は、Bernert 1983である。もっと近年の分析については、Abbott 1998を参照。以下の節をとおして一般的に有用な典拠は、Turner and Turner 1990である。

第7章　シカゴ学派の継続的意義

ために描き出すことを望んでいたからである。そこには、特定の産業における労働者のインタビュー研究、公式統計と記述ならびにケーススタディが混じり合った犯罪レポート、そして調査研究者のチームを巻き込んだコミュニティ全体の研究がある。たとえば、『ミドルタウン』は、社会調査運動の最後の大きな産物のひとつである（Lynd and Lynd 1929）。調査運動は、理論的目的をもたない。それはけっして、たとえば「仕事」と「家族への献身」のような抽象的なものの相関——ギディングズの企てにとって中心的であった種類の法則——を発見することを目的とするものではなく、むしろ（この例をつづければ）ある労働者の集団とかれらの家族との関係を、あるコミュニティとある産業的な文脈のなかで研究した[15]。

それゆえ、経験的な水準においては、シカゴ学派は、多くの点で、社会調査の伝統とギディングズの「科学的」社会学のハイブリッドであった（ギディングズは調査を毛嫌いしていた［Bulmer 1984, 67］）。パークとバージェスは、自分たちの「科学的に導かれた」研究を、社会調査運動の改革主義から区別するのにかなりの時間を費やしたものの（Bulmer 1984, chap. 5; Turner and Turner 1990, 25）、こんにちの読者にとっては、シカゴ学派の研究は、ギディングズ学派の研究よりも、社会調査の文献にずっと近いものと読める[16]。

---

15　調査運動については、Turner and Turner 1990の議論、さらに一般的にはBulmer, Bales and Sklar 1991のさまざまな論文を参照。私はこの運動について、シカゴ学派にかんするディーガンの議論との関連において、第1章で簡単に論じた。

16　このように、シカゴ学派は、調査運動のもっていた特定の細部への関心を、ギディングズ学派の科学的野心と結合させたように思われるものの、両者のあいだに直接の関連はほとんどなかった。バージェスは、調査に参加したことがあった（Bulmer 1984, 73; Harvey 1987a, 87）。そしてパークは調査についての科目を教えていた。しかし、双方ともシカゴの調査研究実践はずっと体系的であると考えていた（ただし、Deegan 1988を参照。この本では、調査の伝統と、とても強いもっと直接的な関連を見ている）。「科学的社会学」の側面では、パークとバージェスはギディングズの研究を知っていた——それはかれらの教科書に現れている（Park and Burgess [1921] 1970）——が、意識的にかれを異なる伝統においていた（たとえばパークの教科書の序文を参照）。

しかし、シカゴの文献は、たしかに調査に似ているように読める。たとえば、オグバーンの児童労働法にかんする1912年のコロンビア大学博士論文（Ogburn[1912] 1964）を、偉大なピッツバーグ調査の一巻であるクリスタル・イーストマンの1910年の『労働災害と法』、そしてエヴェレット・ヒューズのシカゴ不動産委員会にかんする1928年の博士論文と、容易に比較することができる。これら3つはすべて、規制的制度の勃興を研究している。しかし、オグバーンが、州のあいだで労働力への参入が認められる平均年齢に焦点をあて、年がたつにつ

277

しかし、シカゴ学派は理論的な野心をもっていた。そのために、シカゴ学派の手続きは、調査運動の手続きから分化し、この学派の文献は、あの運動の産物には欠如していた一貫性をもつようになった。私が論じてきたように、シカゴの理論は、社会的事実が位置づけられたものであること、そして文脈依存性が重要であることに、焦点をあてた。[17]この理論的コミットメントは、シカゴ流の方法の混合をともなっていた。なぜなら、原因の効果が環境要因によって形成され、どの原因も均一の効果をもたないとすれば、特定の理論は、個々の原因についての理論ではなく、諸力の布置についての理論でなければならないからである。そのような諸力を発見する最も早い方法は、事例研究によるものであった。なぜなら、たんなる組み合わせ論でも集計レベルで問題を研究することは難しくなるからであった。そしてもっと一般的には、エスノグラフィー、統計、生活史、そして組織の歴史の折衷的な組み合わせだけでも、社会的事実の空間的・時間的文脈の複数の層を、十分正当に扱うことができた。[18]

対照的に、ギディングズの因果性の概念——それ自体抽象物として捉えら

---

れてその年齢の一様性が増大していくことを考察しているのに対して、イーストマンとヒューズは、特定の文脈における実際の出来事を研究している。特定の行為者は、特定の出来事をとりまく諸力のパターンと布置と同じように、容易に認定可能である。特定の事例のなかで(イーストマンの場合、文字どおり流血場面の詳しい描写のなかで)過程を追うことが可能である。こうしたことはオグバーンにあっては不可能である。

17 シカゴにかんするあるありふれた判断とは対照的に、生態学は科学的社会学の完全に尊敬すべきジャンルであったし、現在でもそうである。われわれの現在の理論にかんする観念は、変数パラダイムによって形づくられているために、われわれは理論をそのパラダイムとの一致によって定義する。ほとんどの社会学者は、理論を個々の単位のもつふたつの変数特性間の関係を厳密に記述するものと考える。しかし、触媒作用や進化の理論を一目見れば明らかになるように、ときには、文脈が原因に影響するがゆえに、システムをその内部の諸関係との関連において直接理論化することが必要である。シカゴ・スタイルの生態学は、この理論化の支流に属している。

18 折衷的な組み合わせは、バルマーのいう「シカゴの多様性」(Bulmer 1984)であった。組み合わせ論の議論は、事例研究と生態学の関係が、必然性というよりは選択的親和性であることを意味することに注意せよ。これは、1930年代の大きな方法論論争で忘れられていたことである。そこでは、一連の二分法を量的研究と質的研究というひとつの対比に還元する傾向があった。開かれた精神を求める苦悩に満ちた訴えについてはBurgess 1927を参照。これはあとにつづく論争のなかで無視された(Bulmer 1984とある程度はTurner and Turner 1990で取り上げられている)。

第7章　シカゴ学派の継続的意義

れた、必要な諸原因の十分な組み合わせ——は、独立した諸単位のさまざまな特性を、直接研究するように駆り立てる。因果性が根本的に文脈に依存する場合にのみ、シカゴ・スタイルの研究を追求することは意味がある。文脈性が最小限である1.1セルにとっては、事実を状況のなかにおくような時間の無駄をする必要はない。それゆえ、シカゴ学派は、ギディングズの計画に対抗する独特の知的前進を代表していたように思われる。なぜなら、それは社会生活の複雑性に取り組みつつも、それを率直な科学的枠組みのなかでやっていたからである。それは、変数アプローチのとくに単純なバージョンを、もっと繊細な文脈主義的アプローチに置き換えた。

　文脈を強調するこの新しい概念は、パークとバージェスの教科書に現れているように、独特の知的系譜をもっていた。ヨーロッパにおける偉大な源泉は、グスタフ・ラッツェンホーファーとゲオルク・ジンメルであった。驚くべきことに、前者の主要なアメリカの解釈者は、悪評高いアルビオン・スモールであった。シカゴの学生は、それゆえジンメルの弟子であるロバート・パークが着任するはるかまえに、「生態学」理論を聞いていたのである。そしてかれらはそれを歴史主義の典拠から聞いていた。それはちょうど、われわれがこんにち同じような議論をチャールズ・レイギン（Ragin 1987）のような歴史社会学者から聞くのと同じようなものであった。これらのヨーロッパの源泉に加えて、W・I・トマスの独自の貢献があり、エルスワース・フェアリス経由で、ジョージ・ハーバート・ミードの独自の貢献があった。ミード

---

19　私の知るかぎり、ラッツェンホーファーの研究は、どれひとつとして翻訳されていない（スモールはある部分を翻訳した。それはかれ自身の研究と『アメリカ社会学雑誌』に現れている。たとえば、AJS 10 [1904]: 177-88）。英語の主要な典拠は、スモールの『一般社会学——スペンサーからラッツェンホーファーへの社会学理論の主要な発展にかんする解説』の第4部と第5部である。スモールにとって、ラッツェンホーファーの中心的な洞察は、社会ではなく社会過程が探求の主題であり、社会過程は葛藤する利害の継続的な相互作用からなるという考えであった。スモールの文脈主義的メッセージは『社会科学の意味』(1910)にとくに強かった。たとえば、社会的原因について述べるのにあたり、スモールは、「これらの諸要因のひとつがある時点で果たす役割は、他のすべての諸要因が同時に作用することの関数である」と述べている (1910, 20)。ジンメルの典拠は、よく知られているので、引用する必要はない。ドナルド・レヴィンは、私に次のように強調した。ジンメルの相互作用への関心は高度に抽象的で、それゆえいくらか（緩やかな意味で）脱文脈化されている。社会的諸形式を複雑で文脈的な相互作用に持ち込むことを主張したのはパークであった、と。

279

は、デュルケムの社会化された中毒者やタルド（とギディングズ）の知識のある模倣者ほど、機械的でも抽象的でもない社会心理学を、両者のあいだにあって、提供した。トマスとズナニエツキの『ポーランド農民』研究 (1918-20) は、社会環境の複雑性が個人の生活にいかに作用したか、そして諸個人をとおして環境とその諸制度にいかに反作用したかを示した。それゆえ、個人と社会の関係は、相互に文脈のひとつとして再概念化された。

　それゆえ、私の見解では、シカゴ学派は、科学に向かう伝統と、社会調査の伝統を、文脈性という中心的な考えをとおして結びつけることによって、決定的な進歩をとげた。文脈性をシカゴ学派の中心的な焦点とすることで、私は、社会生活にかんするシカゴの著作において主観性、価値、そして間主観性一般が果たす役割を強調してきた伝統（たとえば、ある程度 Harvey 1987a、そしてブルーマー自身に始まるシンボリック相互作用論のすべての歴史家たち、たとえば Rock 1979 を参照）から離れつつある。私が論じているのは、間主観性の重要な側面は、その主観的性格ではなく、その関係的な性格であるということだ。じっさい、「文化」に向かう新しい社会学の流れに救済を見いだし、この趨勢をシカゴ学派やブルーマーをつうじた家系と結びつけて理解している人びとは、同じ誤りをおかしていると、私は感じている。問題なのは意味のあいだの関係に焦点をあてることであって、たんに意味を研究することではない。それは考えられるかぎり最もうつろなやり方でできるし、なされてきたことである。

　私はまた、文脈性をシカゴの中心とするにあたって、シカゴの過程への焦点——これは多くの人がこれまで指摘してきた——を、シカゴの物理的・社会的な場所への焦点の論理的な相関物として定義している。こうすることで、私はもちろん選択的に読んでいる。学派を完全な複雑性において研究することが、ここでの私の目的ではない。このことは、われわれが見てきたように、他の人びとによって十分になされてきた。むしろ、私のここでの目的は、学派の中心的な考えを取り上げ、それを積極的な社会学的意識の前面に戻すことである。これが、シカゴ学派の文献を古典的なテクストとして読むということで、私が意味していることなのである。

　後続する歴史は、文脈性にかんするシカゴの総合がいくらか急速に消えて

いったことを示している。多くの諸力がこの消滅を後押ししている。なかには制度的なものもある。ロックフェラー記念財団の資金が1932年に枯渇した。パークはシカゴを離れてフィスク大学に移った。大学の新しい総長であるロバート・メイナード・ハッチンズは、社会科学に熱心でなかった。しかし、他の諸力は知的なものである。そして、それらはもっと重要である[20]。

　ひとつには、1930年代までに、ハーバート・ブルーマーは、シカゴ・アプローチのシンボリックで間主観的な側面を強調し、ミードの社会心理学を占有することによって（それは無駄になったという人もいる。Harvey 1987a, 161を参照）、シンボリック相互作用論の基礎を築きつつあった。この過程で、かれは、『ポーランド農民』のような初期の、もっと折衷的なシカゴの研究を非科学的であるとして攻撃した。なぜなら、その諸カテゴリーは、データから十分に直接的に産出されていなかったからである。こうしてブルーマーは、社会学の科学的目的を受容したものの、一方で客観主義、量的研究、および変数を基礎としたアプローチを一緒に扱い、他方で主観主義、質的研究、および事例を基礎としたアプローチを一緒に扱うことによって、社会学の内部分裂を助長した（このように、従前は交差していた二項対立を、全体を覆う対立に統一したことは、さきに述べたように、ブルーマーとオグバーンの個人的対立のなかで学科内につくりだされた）。ブルーマーもまた、文脈について、要点を捉えそこなっていた。ブルーマーは、変数を基礎としたアプローチのもつ中心的な問題は、それらが状況の主観的曖昧さを捉えそこなっていることであると

---

[20] シカゴはまた、マーチン・バルマー（1984）がうまく示したように、社会学において、外部資金をつかった大規模な研究事業を開拓した。それは、『ポーランド農民』とローラ・スペルマン・ロックフェラー記念財団の支援を受けた駆け出しの時期に始まった。シカゴの卓越性の一部が、この支援と、教条主義的なギディングズ（Bulmer 1984, 142）が類似の資金を駆使するのに失敗したことによるものであることは、ほとんど疑いえない。シカゴの衰退（とそのさまざまな解釈）にかんする、関連する資料についてはBulmer 1984, Turner and Turner 1990を参照。この衰退を研究するにあたって、社会学におけるシカゴ大学社会学科の政治的衰退（『アメリカ社会学評論』[American Sociological Review]の創刊と、1936年の「クーデタ」――多くの若いシカゴ出身者が参加したクーデタ――に示される）を、こんにち「シカゴ学派」としてラベルが貼られている考え方の衰退から区別することが賢明である。これらはいくつかの点でまったく異なる話である。ジョーン・アルダスは、私に興味深い示唆を与えてくれた。シカゴの知的メッセージが衰退した理由のひとつは、人びとがそれをあまりに文字どおりに受け取ったことにあるというのである。ちょうど、そのメッセージは、文脈と位置づけの重要性よりも、同心円地帯理論それ自体であったというように。

考えていたのであり、主観性問題がその一部であるにすぎない、因果性一般の文脈的決定を否定していることであると考えていたわけでなかった[21]。

しかし、シカゴの衰退に作用したもっと重要な力は、1930年代の世論調査と市場調査の台頭であった。これはギディングズの変数パラダイムのさらに進歩したバージョンであった。この極端な派閥は、ポール・ラザースフェルドによって率いられていた。ラザースフェルドは、純粋に操作主義的な社会科学を好み、意図的に因果過程と理論を無視し、それらにほとんど希望をもっていなかった (Turner and Turner 1990, 105, 114)。(コールマン [Coleman 1990, 89]によれば、ラザースフェルドは「社会学理論を理解するのに苦労していた」)。かれの原型的なプロジェクトは、消費者の態度にかんする市場調査であった。その究極的な目的は、・・なぜ消費者は自分たちが考えたことを考えるのかを明らかにすることではなく、たんにどの製品をかれらが好むのかを見いだすことだった (Lazarsfeld and Rosenberg 1955, 396-98)[22]。

脱文脈化は、そのようなプロジェクトにとって中心的であった。その理由は、ひとつには、現在の嗜好にかんする文脈化された適切な理論が発展するまえに、消費者の嗜好は変化するからであり、ひとつには、販売業者は、調査と購買状況において「他の条件を等しく」することはできないからである。特定の社会的属性にかんする脱文脈化の必要性は、つぎにサンプリングという急速に進歩した学問分野をつうじて達成された。それは、たんに個人を友人、知人等の社会的文脈から切り離すだけでなく、意図的に変数空間にかんする「・・もっと完全な」知識を達成するという名目で、個々の変数の他の変数にかんする文脈を無視した。サンプリングは、文脈効果をたんなる交互作用に馴化するだけでなく、サンプリングによって、文脈的な因果関係の水準が意図的に最小化されるようなデータセットを生みだした。これはのちに、社

---

21　ブルーマーが発展させた見解についての議論としては、Harvey 1987a, 136, Turner and Turner 1990, 67, Bulmer 1984, chap.10を参照。ブルーマー自身の見解は『ポーランド農民』への著名な批判で表明されている (Blumer 1939)。変数概念に対するかれの攻撃は、初期 (1931) にあり、繰り返されている (e.g. 1956)。しかし、かれがしばしば「変数」と一緒に扱った他の概念（ときに「厳密さ」のような）のために、ブルーマーは、当時の不必要な両極化に著しく貢献した。

22　ラザースフェルドが、財を購入する行為は人間行動のまさに縮図であると、公然と述べていたことは、このことを深いところからよく示している (Lazarsfeld and Rosenberg 1955, 389-90)。

## 第7章　シカゴ学派の継続的意義

会学者の一世代全体が、相互作用〔交互作用〕は、社会的現実が発生する様式というよりは、方法論上の厄介者であるかのように振る舞うことを可能にするであろう。[23]

ラザースフェルドと同様に、穏健な量的調査研究者のリーダーであるサミュエル・ストウファーは、近代計量分析だけが学問分野の建築ブロックを生

---

23　私の読み方では、この時期の主要なテキスト——ラザースフェルドとローゼンバーク(1955)の『社会調査の言語』——は、完全に脱文脈化された位置に移動した。ケース間の関係は、レオン・フェスティンガーによる初期のふたつの論文と(ダニエル・グッドエーカーによる)ソシオメトリーの論文に、簡潔に現れている。変数間の関係(変数パラダイムの内部において理解される文脈)は、(アレン・バートンによる)たったひとつの論文で扱われているだけである。その他の点では、変数パラダイムは、独立したケース、独立変数、そして変数における趨勢やパネル変化として捉えられたナラティブなどを伴う多くの論文において開花している。ラザースフェルドとローゼンバークにとっての方法論的な他者は、制度研究とエスノグラフィーである。それについてかれらは「これらのケースのどれにおいても、方法論的な問題が関与した体系的分析を見いだすことはできなかった」と述べている！(1955, 5)。ラザースフェルドとストウファーが文脈に関心をもつかぎりにおいて、それはたんに生態学的変数の問題であり、特定のケースの特定の位置づけを基本的なものとみなすという問題ではなかった。たとえば、ストウファーの兵士は、個人的な効果と同じくらい、旅団、大隊、そして中隊の効果によって影響されていた(そしてラザースフェルドは、「グローバル」——創発的——変数に等しく関心を寄せていた[Coleman 1990, 87])。しかし、生態学的変数は、つねに個人的単位をとおして作用しており、全体構造として作用していたのではなかった。私は、この点の明確化を求めたジョン・モデルに感謝している。

　サンプリングが発展するにつれて、ランダム・サンプリングは、問題をはらんでいることがわかった。なぜなら、変数空間におけるケースのクラスタリングは(そしてサンプリングへの接近可能性との関連で)、ランダム・サンプリングは通常とは異なる集団についてほとんど情報を提供しないことを意味していたからである。この問題にたいする答えは、層化サンプリングであった。そこでは変数空間におけるケースの現実のクラスタリングについての情報は、母集団におけるその存在以上に通常とは異なる集団をサンプルとして取るために、そのクラスタリングを回避するのに用いられ、のちに、重みづけによって、それらの情報を適切な比率に修正するのであった。それゆえ、クラスタリングの情報は、探求されるべき事柄ではなく、むしろサンプル設計における問題であった。理論的には、その目的は、通常とは異なるケースについての情報を、通常のケースにかんする情報と同じ相対的な誤差にすることであった(そこでは、大数の法則が母集団パラメータへの迅速なアプローチを保証していた)。しかし、このことは、基礎的な空間における関係が、概して線形的であるという哲学的な前提を含んでおり、それは異なるサンプリング戦略のもとにあるパラメータの行動を、統計データの主要な選択基準とするという、統計的実践に体現されていた。さもなければ、通常とは異なるケースを真剣に考える意味はなかった。むしろ、空間を直接、クラスターとの関係で、つまり相互作用との関係で分析すればよいのである。サンプリングの歴史については、Chang 1976とHansen and Madow 1976を参照。近代サンプリングの根本的な構造は、Jerzy Neymanの1934年の論文に由来している。

みだすことができると信じていた(たとえば、Stouffer 1950参照)。ストウファーは、優れた博士論文(1930)のなかで、量的調査とシカゴ学派との対比を強調していた。それは一群のコーディング規則と競争した場合、態度の判定者としての4人の学生仲間の速度と効率を検証したものであった。規則が、わずかな時間で同じ答えを生みだしたことによって、ストウファーは、規則は社会調査にとって好ましいアプローチであるとする決定的な証明であるとみなした。しかし、もちろん、「変数をコード化する最も早い方法は何か」という問題を立てることによって、かれはすでに自分の答えのなかに、設計図を描いていた。1930年代の事例研究と計量的方法のあいだの論争における大きな争点は、量的調査が変数をより早く発見できるかどうかをめぐるものではなかった。そのことは明白だった。むしろ、争点は、変数の概念——社会的事実をその文脈から外すという概念——が、そもそも理にかなったものであるのかどうかということであった。この点について、ストウファーの洗練された実験は、なにも語っていなかった。なぜなら、ストウファーは、変数という考え方に深く傾倒していたからである。このことは、かれがのちに、一般理論は「$x_2$と$x_3$が与えられている場合、$x_1$が存在すれば、$x_4$が高い確率で存在するといった形式をとった、相互に関連した命題をもたらさない」と述べていることから明らかであった(1950, 359)。理論の目的は、変数にかんするそのような検証可能な言明のための演繹的な源泉を提供することであった。そしてもしそのような演繹をもたらさないのであれば、理論は曖昧すぎて役に立たなかった。変数はリアリティであった[24]。

量的調査の操作主義の実用的な重要性は、ロナルド・フィッシャーとかれの同僚が1920年代に発明した同じくらい操作的な統計的手続きに従順であるという点にある(こうした手続きの優勢が増しつつあったことについての議論と

---

[24] データに取り憑かれたストウファーの性格は、ある古典的な話によって異彩を放っている。ハワード・ベッカーとチャールズ・ティリーから繰り返し聞かされたその話とは、ストウファーがIBMのカード分類機の穴に積み上がったカードを見ることで、理論的思考を刺激していたというものである。かれの研究室では、3台の分類機をサポートするために配線を追加しなければならなかった(テリー・クラークとの個人的会話)。本文の引用にかんして、$x_1$、$x_2$、$x_3$、$x_4$は、行為(その場合にはわれわれはストウファーが一般化されたナラティブを提案していると受け取ることになるだろう)ではなく、むしろ、個々の分析単位の変数特性であることに注意せよ。

しては、Anderson 1989を参照）。ラザースフェルド自身は、自分の密教的な「潜在構造アプローチ」を好んでいた。しかし、器用でない人にとっては、特定の操作的目的のために設計された高度に手軽なフィッシャー流の方法があった。フィッシャーの例では、肥料が特定の農地に効くかどうかを決定することであった（ストウファーは、1930年代前半に、ピアソンおよびフィッシャーと研究していた [Bulmer 1984, 179]）。フィッシャー流の要因デザインが因果理論の助けとなりうるという主張はないものの、逆に、効果的な因果理論を手にしているなら、仮説を検証することは容易であった（概観については、Kempthone 1976を参照）。因果関係が強調されるようになるのは、もっとあとになってからである（Bernert 1983; Abbott 1998）。その間は、自称フィッシャー主義者と保守主義者のあいだの主要な戦いは、文脈的な因果性の問題をめぐるものであった。フィッシャーと他のほとんどの生物測定学者は、文脈効果を実験的なデザインによって扱った。それでも、フィッシャー流の統計学は、ジェルジー・ネイマン（Jerzy Neyman）から才気あふれる攻撃を受けた。かれは、1930年代半ばに、手続き全体が文脈（交互作用）効果はうまく作用するという検証不可能な前提に依存していることを示すことによって、フランシス・イエーツを非難した（Traxler 1976）。驚くべきことに、ネイマンの見解になんの応答もなかった（ネイマン自身は、結局、サンプリングにかんする基礎的な研究をした）。じっさい、フィッシャー流の方法が非理論的であるという才気あふれるものの成果のない攻撃は、何十年間も続いた。その最新のものは、他の追随を許さないバークレイのデイヴィッド・フリードマンからのものであった（たとえば、Friedman 1987）。

　新しい変数革命の作り手たちは、社会的事実から直接的な文脈を取り除くことによって、社会的事実は新しい推測統計の力に接近できるようになると考えていた。相関手法、回帰、因子分析——仮説検証方法の装備一式は、ひとたび「変数の値」が広い範囲の文脈を横断して比較可能であるという概念的跳躍をすると、適用可能になった。かたくなな文脈主義者でさえ、量的調査の方法と統計の組み合わせは、ラジカルで興奮に満ちたものであることを認めなければならなかった。文脈主義者、それに先行する相互作用論者の洞察と同様に、それは社会学のたぐいまれな隆盛を生みだした。ラザースフェ

ルド、ベレルソン、ゴーデットの『人民の選択』([1944] 1968,〔邦訳『ピープルズ・チョイス』〕)、ストウファーほかの『アメリカの兵士』(1949)、ベレルソン、ラザースフェルド、マックフィーの『投票』(1954)、リプセットの『政治的人間』(1960)〔邦訳『政治のなかの人間』〕、コールマンの『青春期の社会』(1961)、そしてブラウとダンカンの『アメリカの職業構造』(1967)のような書物である。これは著しく際立ったリストである。[25]

　もし時間をとってこれらの書物を読み直すなら、これらの書物が、素晴らしくて、新鮮で、興奮に満ちたものであることがわかるだろう。ブラウとダンカンを再読すると、著者たちの強烈な興奮の感覚を感じる。ここには、変数パラダイムにかんする最高の妙案である構造方程式のアプローチ——皮肉なことに、ロバート・パークのシカゴの同僚である偉大な生物学者シーウェル・ライトによって開発された——を試みようとするダンカンの熱意がある。この書物は、現代の読者にとっては驚くべきことに、ナラティブのフォーマットで書かれている。各章で、著者たちは、読者に自分たちがやったのと同じような経験をさせるのであって、ある適切な「科学的」つまり論理的秩序にしたがってそれを提示するのではない。それゆえ著者たちは、その場にいて目に見える存在である。かれらは、自分たちのデータの欠点についての激しい失望を、繰り返し述べている。かれらは、自分たちの統計的・方法論的な強い前提と、それらの前提が社会過程にかんする理にかなった見解を侵害していることを率直に告白する。かれらの弁解は、端的に、ことによるとラ

---

25　このリストに載っている研究には、変数パラダイムを越えたものがあることに注意せよ。『青春期の社会』は、部分的にはネットワークにかんする書物である。Katz and Lazarsfeld 1995のようなコロンビア大学の社会学科から生まれた他の主要な研究も同様である。それにもかかわらず、これらの書物において、ネットワークは全体構造としてではなく、回答者との最終的な結合との関連で理解されている。カッツとラザースフェルドは影響力の「連鎖」について語っており、同様に、Berelson, Lazarsfeld, and McPhee (1954)は、投票の「過程」について語っている。これらの「ナラティブ」は双方とも、変数として集められた情報から再構造化されており、それゆえ、過程の細部をほとんど失っている。しかし、これらの研究において、変数枠組みのなかに特定の社会的・時間的位置づけを保存しようとする試みを見ることができる。この試みまでもが消えてしまうのは、因果論の革命(後述)が起こったあとになってからである。私がシカゴについて分析した場合とは違って、私はラザースフェルドとコロンビア大学社会学科の重要な組織上の貢献については関心がないことを想起してほしい。これらについての注釈については、Glock 1979を参照。

286

第7章　シカゴ学派の継続的意義

ジカルな前提は、興奮に満ちた結果を生むかもしれないというものである。そして、読者はかれらの興奮に圧倒されてしまうので、共感しない読者でさえ、現れてくるであろうものを理解するために、その前提をかれらに許してしまうのである。それゆえ、文脈主義者のパラダイムのように、変数パラダイムは魅惑的で刺激的な研究を生みだしたのである。

　1960年代までに、変数パラダイムは、社会分析の全体的な体系を打ち立てた。ラザースフェルドとその他の人びとのおかげで、それは、商業的調査文献のなかに頼みの綱をもっていた。市場調査と世論調査である。しかし、それは経験的社会学も継承した。バーナード・ベレルソンとゲーリー・スタイナーが「行動科学は人間の行動について現在なにを知っているか」(Berelson and Steiner 1964, 3)にかんする要約を出版したときに、このパラダイムは絶頂期に達した。この書物(それは『人間行動―知見の棚卸し表』という表題であった)における「真実」のほとんどは、事実、二変量の関連であり、ときにひとつまたはふたつの変数が統制されていた。なぜある事柄が生じるのかにかんする言及は、比較的少なかった。

　これはすぐに変化した。1960年代に、社会学者たちは、構造方程式アプローチにつねに暗黙のうちに含まれていた因果性の確率論的イメージを受け

---

26　ブラウとダンカンを、おおいに文学的な視点で読んだのは、私が最初というわけではない。Gusfield 1980を参照。しかし、それを『タリーズ・コーナー』と対比させれば、ここでそう見えるものよりまったく異なったものに思われるだろう。ここでは、私はそれをのちの地位達成研究の伝統と対比させている。

27　ジェームズ・コールマン(Coleman 1990, 91-92, 1992)は、社会学は、それをとりまく社会が個人主義的になったがゆえに個人主義的になったと論じた。かれは、暗黙のうちに、私が述べてきた方法論的変化(操作主義的で、変数を基礎とした概念化にむかう)を、この、個人化され、結合がなくなった社会にむかう動きの一部であると位置づけている。この議論は、この章の範囲を超えているが、私は、まったく逆に、事実は、社会科学の新しい個人主義が、社会的個人主義を構成する要素であったと思う。いずれにしても、私は意識的にここでは学問分野に内在する読み方を追求し、かれの(重要だが心配性の)議論を捨象する。

　また、ジョン・モデルは正しくも、私がシカゴの資産と新しい標準的社会学とをむすぶ、ある重要なつながりを無視してきたと指摘した。それは、マッケンジーとホーリーのような人びとを経由する人間生態学から人口学への流れである。この社会学の系譜に取り組む紙幅はないけれども、こんにちの人口学が、理論的生態学の関心によってではなく、またフォーマル人口学の関心によってさえなく、むしろ私がここで論じてきたラザースフェルド流の遺産から、日頃の方法を応用することに完全に支配されているのは、驚くべきことである。

入れはじめた。確率論的因果性のイメージは、ヒューバート・ブラロック (Blalock 1964) とその他の執筆者によって物理学から、自分たちの研究を正当化するために借用された。市場調査者と生物学者とは違って、変数モデルを用いる社会学者たちは、自分たちの主要な効果が因果的な諸力を表していると考えはじめた。かれらの論文は、ジェンダー、官僚制、そして所得のような変数が、社会的世界において「作用」しうることを含んでいた[28]。

因果性のイメージの奪取は、世代交代によるものであった。1960年代までに、変数以前のパラダイムのもとで訓練を受けた世代は消えつつあった。新しい学生たちは、方法を、もっと一般的な分析に付属するものとして学んだわけでもなければ、相互作用論パラダイムによって規定された経験的問題をすばやく解決するものとして学んだわけでもなかった。むしろ、まさにクーン流に、かれらは、社会的世界にかんする自分たちの見方を根本的にかたちづくる社会的現実についての一群の前提を、方法から学んだのである。パラダイムは、しだいに自己完結的になった。なぜなら、その方法は、それが理解できない社会的事実を否定したからである。1970年代までに、多くの社会学者たちは社会的世界を一般線形的な現実としてイメージしていた (Abbott 1988a)。このパラダイムの閉鎖的な性質は、マートンがそのような閉鎖性を防ぎたいと望んだ下位分野の理論家までも支配した。ジョン・メイヤーのような執筆者でさえ、組織研究の新制度論を宣言するなかで、二変量の、脱文脈化 (他の条件が等しい場合) された仮説で、それを示した (Meyer and Rowan 1977 と Scott and Meyer [1983] 1991を参照)。

理論と方法のあいだに真の深淵を創りだしたのは、「因果分析」へのこの最終的な移動である。ストウファーのような男は、ひとつの足を古いものに、もうひとつの足を新しいものにおいていた。ストウファーはエスノグラフィーによって支配されていた学科で訓練を受けたが、かれ自身はそこから離れていった。かれはギディングズ・タイプの一般化を深く信じており、経験的

---

28 確率論的な因果関係の決定的な証拠については、Blalock 1964を参照。この書物の最初の数ページにわたって、現実の出来事への関心から変数にかんする隔絶したモデルにいたるまでの、言語の急速な変化をみることができる。このタイプの言語については、Abbott 1992a と 1998を参照。

## 第7章　シカゴ学派の継続的意義

な含意において決定的に検証可能な違いのある演繹的な理論を生みだすことができると夢見ていた (Stouffer 1950)。そしてタルコット・パーソンズは、ハーバード大学で、ストウファーのかたわらにいて、まったく同じことを考えていた。もっとも、かれの主要な努力は理論を生みだすことに注がれており、理論によってかれが意味していたのは、ストウファーよりもなにかずっと抽象的なものであった。結局、パーソンズの理論は、経験的な含意をけっして特定しなかったが、しばらくのあいだ、ふたりの男は、1950年代後半から1960年代前半における隆盛期をつうじて社会学が得ていた理論と方法の暫定的な和解を支持した。類似してはいるものの、もっと密接でもっと相乗的な関係が、コロンビア大学では、マートンとラザースフェルドのあいだで獲得された。[29]

---

[29] この接合がどのように作用したのかを厳密に理解することは有用である。古典的な例は、ベレルソン、ラザースフェルド、マックフィーの『投票』(Berelson, Lazarsfeld, and McPhee 1954) である。これに対しては、パーソンズの詳細な反応がある (Parsons 1959)。ベレルソンほかの書物について、1965年以降の因果関係の言語に慣れた読者にとって印象的であるのは、各章が、二変量相関の、ときに〔他の変数によって〕統制された関係の長いリストで終わっていることである。この書物は、これらの膨大なリストと、いくつかの他の研究との比較で終わっている。それゆえ、この書物から受ける感じは、こんにちの言葉では高度に記述的である。どこに因果分析があるのかと、こんにちのわれわれなら問うであろう。さらに、この書物は、特殊な細部に関心を示している点できわめて歴史的である（そして、それらがたんに過去の細部であるからだけではない。それゆえ、それは緩やかな意味で文脈的である）。たしかに、フォーマルな関連では、過程が残っているのは、発生期のパネルの因果ダイアグラムにおいてのみであり (281)、二時点におけるふたつの二分法をクロス分類した16枚の表においてである。しかし、そこには、特定の政治的世代への関心があり、特定の歴史的過程への関心がある。そしてもちろん、そこにはこの書物が基礎においている3回の量的調査がある。

　しかし、学習された理論的教訓は、事実上、実際の結果とほとんど関係がない。結論にかんするふたつの章がある。最初のもの――学問分野むけ――は、正しくこの書物を、投票にかんする心理学的な見方と、もっと歴史的・構造的な見方とのあいだを媒介する試みとして位置づけている。第二のものは、明らかに一般の読者むけであるが、民主主義の規範理論にとっての知見の含意を検討している。パーソンズがこの研究にコメントする関心を示したのは、この第二の結論である。パーソンズ (1959) は、ベレルソンらがこの書物を結ぶにあたっていくらか場当たり的に用いたさまざまな「パラドックス」にかんして、長い解釈を加えている。かれは、これらを政治システムの均衡機能の理論に織り込んでいる。それゆえ、マートンだったら関心をもつだろう「中範囲」の結論（第13章）と、誇大理論（パーソンズ）の結論（第14章）とのあいだには、ほとんど完全な分断がある。この分断のために、パーソンズは1948年にかれが表明した目的を、この研究が実現していると信じることができた。すなわち「理想は、関心のある変数の経験的な値がわれわれの観察手続きの直接的な産物であるような性格をもった理論的カテゴリーをもつことである」(Parsons 1948, 158)。パーソンズとストウファ

*289*

しかし、因果主義はそれを越えて進んだ。ひとたび経験的社会学者が、主効果が実際に分析的な便宜以上のなにかを表していると考えはじめると、かれらは現実の社会的行為にかんする学問分野の理論的基礎との接触を失った。変数パラダイムは、オグバーン、ストウファー、ダンカン、そしてラザースフェルドが、変数という考えをつうじて、新しい統計学を、社会学的思考に幸運にも結びつけたところから始まった。因果主義は、この橋渡しを一方通行のものに限定した。

　結果的に、変数パラダイムは、けっして真に更新されなかった。こんにち、それは古くくたびれ果てたものとなった。この章の冒頭で記述した知的な消耗は、事実、変数パラダイムの消耗である。傑出した重要な研究の時代ののちに、それはわれわれを興奮させる能力を失った。ひとつには、自己陶酔的な技術性によってその興奮を失った（「形式的で空虚な創造力」とミルズは述べた [Mills 1959, 75]）。ひとつには、それは、読者としてだけでなく、分析対象としても、現実の人びととの接触を失った。またひとつには、私が述べてきたように、それは社会理論との接触を失った。社会理論は、主として社会的行為と相互作用についてのものであったし、そうありつづけている。

　しかし、最も重要なことは、興奮が終わったことである。こんにち、われわれは、もうひとつの突飛な計算を試して、大きなウィンクをしているダンカンをけっして見ることはない。われわれはだれかが大きなウィンクをしているのをみることはない。[30] こんにち、新しい方法から必然的に流れ出してくる新しい結果の奔流——『政治的人間』において新しい計量的研究が可能にした政治生活の全体像——も終わった。われわれはけっして、そのようなやり方で驚くことはありえない。いまでは、われわれはたんに、細部を埋めて

---

　　　一の「接合」は、じっさいには信念の跳躍によって橋渡しされた深淵である。それゆえ、それは、ミルズ（1959）が誇大理論と抽象化された経験主義を、たとえその実践者がそれらをひとつのもののふたつの側面であると考えていたとしても、別のものとしていかに攻撃できたのかを明らかにする。しかしながら、マートンとラザースフェルドとのつながりは、パーソンズとストウファーのつながりよりも、密接で、持続的であった（Coleman 1990, 89）。

30　ダンカンは、かれの最後の主要な社会学研究として、『社会的測定に関する覚書』を出版したとき、だれに対しても最後のウィンクをした。『覚書』は、LISREL（209-10）から職業尺度（194）にいたるまで、現在の社会学的調査と方法の広範な領域に対して、嘲笑している。不幸にして、それはたんなるカルト的な古典にとどまっていた。

いるだけである。変数の考えは、偉大な考えであった。しかし、それが、知識のわくわくするような源泉であった時代は、過ぎ去った。

## 社会学的方法の将来

　われわれがシカゴ学派を読み、そのメッセージを傾聴しさえすれば、暗雲は消え去り、社会学は面白くなり、政策形成者はわれわれのところに押しかける、といったことを私が言おうとしていると、いまや読者は思うかもしれない。しかし、それはナンセンスである。シカゴ学派と変数パラダイムの双方の開花は、物事の結合に左右されていた——私はここでは良きシカゴ人である——。関与していたのは良い理論だけではなかった。双方の場合において、膨大な方法と分析技術が、手の届くところに準備されていた。シカゴ人は、長期にわたる社会調査の伝統をもとに、直接、打ち立てた。変数パラダイムは、フィッシャー流の分析機械を利用し始めるまで、どこへも動けなかった。それゆえ、シカゴの古典のもつ文脈主義的メッセージを吸収しても、そのメッセージを積極的な経験的実践におくための方法なしには、なんの役にも立たない。良いニュースは、そうした方法が、われわれを待っているということである。

　必要とされていることから始めよう。文脈主義的社会学の方法論は、ある種の経験的な実践のなかに、私が上述したようなシカゴ学派の基本概念を入れ込むものでなければならない。われわれは、自然史——長期にわたる一貫した出来事のパターン——を発見する方法を必要としている。われわれは、経歴——環境による実質的な規定をともなう複雑なシークエンス——を解析する方法を必要としている。われわれは、相互作用場を記述する方法を必要としている。われわれは、複雑な空間的相互作用を探求する方法と、この空間的相互作用をもっともっと時間的に構造化する方法を必要としている。ここでもまた、われわれが相互作用場の記述と測定に辿り着くところまで、これらを必要としているのである。

　必要とされるデータの種類について、私が何も言っていないことに注意してほしい。文脈主義に戻る中心的な理由は、それが長期にわたって分離

していた社会学をまとめることになるであろうということだ。前述したように、歴史社会学者は、しばしば、自然史と経歴と相互作用場を論じている。相互作用論的な伝統のなかにいる者の多くは、空間的な相互依存を論じている。そしてわれわれの理論家は、しばしば時間と空間のなかで構造化された行為との関連で、自分たちの理論を表現している。それゆえ、以下においては、文脈主義のための実証主義的でフォーマルな方法に主たる焦点をあてることにしよう。なぜなら、それらは、社会学が最も必要としているものであり、幸いにも、広範に利用可能になりそうなものであるからだ。[31]

それゆえ、結びにあたって、私はそのような方法の発展が始まっているいくつかの研究について論じたい。私は、それらの新しい方法がじっさいに社会学に革命をひきおこす特別な方法である、という意味で言っているのではなく、むしろそれらは、社会学に革命をひきおこす技術を生みだすような種類の思考を例証するものである、という意味で言っているのである。ここでもまた、私は、自分の表の最も文脈的なセルについて考えることから進めよう。

私は、社会的文脈の研究から始める。なぜなら、それらは、基本的にはネットワーク分析として知られるようになったものに見られ、時間的な文脈よ

---

31 これとの関連で、私はなぜ文化の話題をここで扱わないのかと何回か尋ねられた。これは重要な質問である。なぜなら現在、文化は、(当然そうあるべきであるように)社会学において中心的な話題であり、とくに、多くの人びとの心のなかで、社会的時間と社会的地理の双方と強く結びついており、双方は社会的に構築されたものとみなされているからである。ひとつには、私はたんに扱いやすさの点で文化を無視した。それを私の議論に入れることは、一般的な理論形成にむかうことであるが、ここでの私の目標は、シカゴの伝統を言い直すことである。第2の理由は、意味が部分的に文脈から(因果的あるいはその他の方法で)やってくるという考えは、意味は本来的に多元的あるいは複合的であるという考えと同じではないと考えるからである。文化について私に質す人びとの中心的な関心は、後者であると私は考えている。それはひとつには、私の「ナラティブ実証主義」という概念に対するいぶかしげな反応から窺える(Abbott 1992b, ナラティブは、単一の意味をもつことができると想定しているわけではない)。文化は中心的な話題であると私は思っている。しかし、私はすでに文脈性と因果性の戦いに巻き込まれているので、あえて文化に取り組むつもりはない。この章を事前に読んだ人のなかには、ブルーマーと同様に、一方で変数と量的研究と客観主義と分析的な厳格さを一緒に扱い、他方で解釈、エスノグラフィー、主観主義、ナラティブを一緒に扱う人びとがいる(この例として、Richardson 1990を参照)。私は、文脈への共通の関心は、他の二分法でさまざまな立場にあるさまざまな集団を結びつけるものであると論じている。それにもかかわらず、この論文のように、主流の経験的社会学からの文化の消滅について書かれているものが明らかに存在する。

第7章　シカゴ学派の継続的意義

表13　文脈主義の方法論の例

| | | 文脈性の程度：空間 | | |
| --- | --- | --- | --- | --- |
| | | なし | 中程度 | 多い |
| 文脈性の程度：時間 | なし | 主流の方法論 | | ネットワーク分析（ホワイト） |
| | 中程度 | | | 頑強な行為（パジェット）ネットワークゲーム（エイベル） |
| | 多い | シークエンス分析（アボット） | ナラティブ・フォーマリズム（エイベル、ハイス） | コード化 |

りも研究が多いからである。ネットワーク分析は、実質的な経験的結果がある点で、称賛に値する。たとえば、エドワード・ラウマンとデイヴィッド・ノークの『組織国家』(1987)は、ネットワーク分析を用いて、標準的な変数を基礎とする技法によっては完全には再生できない全国政治内部の複雑で変化する構造を明らかにした。位置づけは、ラウマンの研究全体をつうじてそうであったが、ここでは中心的なテーマである。ネットワーク分析の経験的な業績は、おもにハリソン・ホワイトとその学生たちによって発展させられた同じくらい強力な一群の理論的基礎を反映している。ネットワーク思考の経験的・理論的両側面は、あいまって、変数パラダイムのいかなるものよりも、社会的現実に密着した統一的なアプローチを提示している。そしてもちろん、ネットワーク思考は、支配的なパラダイムをおおいに当惑させるようなやり方で、文脈的決定の問題を提起している。ちょうど、ホワイトの1970年の著書『機会の連鎖』におけるように、それは、公務員から精神科医や国家警察にいたるまでの集団のなかの労働市場の研究を形成してきた。(「空席の連鎖」システムの総説についてはChase 1991を、ネットワーク分析の一般的な典拠については上記の注8を参照)。

　勇敢な研究者のなかには、ネットワーク分析を時間的複雑性にまで推し進めている者もいる（表13の2.3セル）。ピーター・エイベル (Abell 1990a) は、ナ

ラティブ類似性にかんするフォーマル分析を、行為の合理的選択モデルと組み合わせはじめた。その結果は、「ネットワークにおけるゲーム」の概念である。もうひとつの例は、ジョン・パジェットによる、フィレンツェにおけるメディチ政党の一世紀におよぶ支配における関係のネットワーク分析である(Padgett and Ansell 1993)。ホワイトのブロックモデリングから発展させた方法によって、パジェットは、結局はコスモ・デ・メディチに「頑強な行為」能力をあたえる親族的、経済的、政治的ネットワークの緩やかな、しばしば偶然的な構築を微細にたどる。頑強な行為とは、メディチのもとにある支配や連携からおおいに独立した行為である（まさしく、ラウマンとノークの描く組織では、だれも引き受けることのできない種類の行為である）。現代の社会学的理論の多くに見られるように、パジェットの直接的な焦点は、構造における行為である（ホワイトは、その主題について理論的な書物を書いた[White 1992]）。

　同じ種類の方法論的発展は、時間的パターンと文脈的決定の研究にもしだいに姿を現した。多くの理論家が、フォーマルモデルについて研究してきた。──とくに、トマス・ファラーロとジョン・スクヴォレッツ (e.g. Fararo and Skvoretz 1984) である。しかし、ここでもまた、われわれは、実用的な経験的モデルの発展を目のあたりにしている（総説については、Abbott 1992b, 1995bを参照）。

　これらの最初のものは、単位間のナラティブの比較とカテゴリー化という古典的問題に直接、専念している。表13のセル3.1では、時間的文脈は強力であるが、単位は基本的に独立している。これは、パークが、自然史、経歴、その他の種類の時間的パターンを強調したのが正しかったかどうかという実際的な問いである。いわゆるシークエンス分析における私自身の研究は、ここに焦点をあてている。私は、アメリカの医師のなかでの専門職化にかんするナラティブを分析するために測定技術を用い、地域的な権力が地域的な知識に優先することをはっきりと示した (Abbott 1991b)。私はまた、ミュージシャンの経歴 (Abbott and Hrycak 1990) や福祉国家の歴史 (Abbott and DeViney 1992) を分析するために、もっと秘伝的な技法──コンピュータ科学からのシークエンス比較のアルゴリズム──も用いた。これらの研究の総説については、Abbott and Tsay 1998を参照。

　他の人びと──おもにデイヴィッド・ハイスとピーター・エイベル──は、

第7章　シカゴ学派の継続的意義

数人の相互依存的な行為者が関与するもっと複雑で相互作用的なナラティブに焦点をあてた。ハイスの方法 (Heise 1989, 1991 と Corsaro and Heise 1990) は、複雑でエスノグラフィックなナラティブを一貫したやり方でコード化する試みから生じた。これらの方法は、ひとつのタイプ (たとえば警察官との口論) の諸例の比較や、異なるタイプのあいだの比較 (たとえば、警察官との口論と、学問的なセミナーを比較する) ができるように、複雑な物語の論理構造を産出する。洗練された例は、グリフィン (Griffin 1993) によるリンチの分析である。エイベル (Abell 1987, 1990b, 1993) は、複雑なナラティブのいくらか類似したコード化をするのに、異なるアプローチをとった。消費生活協同組合にかんするエイベルの研究は、著しく異なるようにみえるナラティブ (そして因果的) 条件のもとにおいて、いかに驚くべき類似性を示す結果が出現するかを示している。別の著者 (たとえば Padgett 1981) はさらに別の技法を試みてきた。[32]

　かれらを批判する人びとの目には、これらの研究のすべてには、空間的文脈を強調するものも、時間的文脈を強調するものも、重大な欠陥があるように見える。それらは「因果分析」を欠いている。それらは「なにが重要な変数であるか」をわれわれに語らない。しかし、それこそが要点のすべてである。1965年以降、社会学に出現した因果性は、かなり物象化されている。事実、社会生活は、反復的な構造における行為の反復的なパターン以上のものではない。これらの方法は、それぞれ独自のやり方で、シカゴ学派の核心にあっ

---

32　私が時間的文脈にも空間的文脈にも重みをおく3.3のセルについて論じないまま放置していることに、読者は気づくであろう。これはひとつには、ここで真剣な経験的分析を達成した者はいないと私が感じているからである。じっさい、シミュレーションなしにそれは不可能であるかもしれない。しかし、もっと重要なことは、文脈主義の時間的な線 (ハイスやエイベルや私自身の) を、ホワイト型のネットワーク分析の社会的文脈主義と統一することは、なにか深い理論的研究を必要とするのではないかという私の判断を反映していることである。最も重要なことは、時間研究者は自分たちのナラティブ比較に暗に含まれている目的論を克服しなければならないと、私が感じていることである。結局、過去は「真にどこかに外在する」わけではないということである。過去のナラティブは、現在の社会構造にコード化されるという観念によって、この問題に取り組むことができると私は考えている。しかし、それは独自の論文や書物で扱う問題であり、ここでの短い節で扱う問題ではない。私がイベント・ヒストリー分析と、そこに暗に含まれている社会的現実のモデルについても論じてこなかったことを、心配する読者もいるかもしれない。なぜなら、それらはきわめて時間志向の研究であるように見えるからだ。私は、じっさい、この主題について論文を書いてきた (Abbott 1990) ので、ここでは立ち入らない。

295

た時間的文脈と空間的文脈における社会活動のパターンの直接的分析に収斂している。それらは、なにが重要な変数であるかではなく、なにが重要なじっさいのパターンであるかを教えてくれる。前者は、われわれの非社会学的想像力の虚構である。[33]

　これらの新しい文脈主義パラダイムの研究者たちは、パークとバージェスのように、オグバーンとストウファーのように、社会学それ自体の外部に、自分たちの方法論の多くを見いだしてきた。ハリソン・ホワイトとピーター・エイベルは、文脈的構造を形式化するのに物理学の博士号を活用している。私は基本的に、生物学とコンピュータ科学から借用してきた。チャールズ・レイギン (Ragin 1987) の質的比較分析――文脈主義の変数枠組み版――はもともと電子工学に由来している。

　こうした借用された技法のいくつかは真剣な数学的トレーニングを必要とするけれども、時間的パターンと空間的パターンの分類にかんする大量の問題はそうではない。たまたま、複雑なパターンの分類にかんする研究は、現在のコンピュータ科学の文献の実質的な一部を形成している。パターン・マッチングのためのこれらダイナミックなプログラミング方法は、生物学、コンピュータ科学、認知心理学、そして関連分野に、広く応用がきく。それらは、疑問の余地なく、あらゆる種類のデータ分析において、現在発展途上の最も一般的な技法群である。それらは、いくつかの次元からなるパターンに

---

33　経験的な社会科学のもともとの拠点である市場調査は、スケーリングやクラスタリングのような非因果的な技法に最強の中心点があることは驚くべきことである。マーケティング担当者は、何百万ドルもスケーリング分析に賭ける。(多次元スケーリングは、結局、ジョセフ・クラスカルのもとにあったベル研究所のマーケティング集団によって開拓された)。その一方で、社会学者は、エドワード・ラウマンのような目立った例外を除いて、けっしてそのようなものを発表しなかった。もちろん、因果性については、広範な文献があり、なかでもMarini and Singer 1988 は役に立つ総説である。社会学は、医学とほとんど同じような因果性の問題を抱えている。そのもともとのモデルは、個別に必要な原因を探した。なぜならその目的はしばしば実用的なものであったからである。そして医学においては、個別の必要な原因の細いネックは、絶対的な操作的統制をもたらした。医学では、この種の因果的思考は、黄熱病には役に立ったが、関節炎とガンには役立たなかった。このような複雑な病気は、共通の結果をひきおこす複雑な経路の分析を必要とする。このような場合に原因を探し求めることは、詰まるところ Marini and Singer(1988, 355) が述べるように、「不必要だが十分な条件の、不十分だが冗長でない部分」を見つけることになる。それが、現代の社会学の「因果分析」の現実である。

第7章　シカゴ学派の継続的意義

応用できるので、究極的には、私がナラティブを比較するのに用いたのと同じように、ネットワークを比較するのにも応用可能である（現在の概観については、Abbott 1993に引用した出典を参照）[34]。

　われわれが、政策形成者に「ええ、その問題に$x$量の金額を投入すれば、その問題はそうしなかった場合に比べて、翌年には15パーセント減少します」と言うことができない場合を想像してみよう。しかし、われわれは、「ええ、$x$量の金額をその問題に投入すれば、$a$と$b$が発生し、そして、$a$が発生すればたぶん$c$が、しかし、$a$と$b$が両方とも発生すれば、$c$は発生しにくく、$c$はあなたが目指している$d$にとって必要であるから、$b$を避けることができなければ、このアプローチによってあなたの問題を解決することはできません」と言うことができる場合を想定してみよう。それが、回帰分析の結果を解釈する際にわれわれみながすることができ、じっさいにそうしている思考実験ではなく、政策経験にかんするデータに適用される標準的方法の直接的結果であったと想像してみよう。それは、じっさいに政策科学となるであろう。その方法は、じっさいにそれを生みだすのに利用可能である。それらの方法はたんにわれわれの想像力を待っているだけである。

　60年前、社会学は知的な革命を経験した。変数革命である。しばしば起きるように、その革命は参加者の多くによって誤って解釈された。ストウファーは、変数が、かれが依然として文脈主義的・解釈主義的パラダイムの内部で理解していた社会学的真理への近道であると考えていた（Turner and Turner 1990, 107）。オグバーンは、変数を、パラダイムを変化させることなしに、すでに確立された分野の内部で、社会学を科学的にする方法であると考えていた。

　こんにち、われわれはその旅の終わりにいる。変数パラダイムは、古くな

---

34　私がこれらの新しい分析的技法に確信をもっているのは、これらの技法がパターン、関係、文脈と結合に直接、焦点をあてているからである。これらの技法は、古きシカゴがその社会学の中心に据えた、複雑なパターン、時間と空間における相互作用的なパターンを含む、あらゆる種類のパターンに直接、注目することができる。こうした方法をみるにつけて、古きシカゴは、その理論がその方法よりもはるかに先行していたがゆえに、部分的には死んだと悟ることができる。なぜなら、それらの技法は、パークとバージェスなら科学的社会学の分析にとって理想であると考えたであろうような量的方法であるからである。

りくたびれ果てている。われわれは再発見すべき偉大な相互作用理論の遺産をもっているだけでなく、同時に、数多くの社会学者が、文脈のなかで行為を研究する方法を発展させはじめ、その方法がつぎに無数のパターン認識技法を利用できるということは、われわれにとってなんと幸運なことであろう。この状況のゆえに、われわれはいまや、われわれ自身の理論的遺産によって課せられた問題に同調する「実証主義」を生みだすことができる。われわれはいまや、社会的事実をその時間的・空間的文脈に戻す実証力をもっているのだ。われわれは、直接、特定の社会的時間と社会的場所における特定の社会的行為者による社会的行為を見ることができる[35]。

　それゆえ、私の見解では、われわれはまったく危機に陥っていない。それとは反対である。社会学は偉大な新しい開花のまえに立っている。新しい方法は、借用によって利用可能である。分析を必要とする問題は、これまでになく切迫しており、興奮させられる。なかでも、われわれは、シカゴ学派がわれわれに遺贈した文脈主義的・相互作用論的伝統のうちに、理論的・経験的研究の良き遺産を保有している。その研究は、社会学がどこに行くべきかについての基礎と例を提供している。それゆえ、シカゴ的伝統に告別の辞を述べる必要はない。賛辞を呈するのは死にたいしてのみである。

---

[35] 最も重要なことは、われわれの学問分野が、社会科学において相互作用と文脈的決定の考えに基礎をもつ強力な理論的伝統をもっていることである。その考えは、われわれの競争相手である経済学者の概念装置にはまったく存在しない。ゲーム理論は、他者の行為が自己の行為にとって帰結をもつかもしれないというかれらの最初の不完全な認識である。

# エピローグ

　私は、最初に、「細部の藪、複雑さの雑木林、そして事実の森」を通り抜けるうんざりするような旅を約束した。そして、たしかにだれもその記述を否定することはできないだろう。われわれは、編集者のメモを読み、はるか昔の忘れ去られた争いと格闘した。しかし、私は勝ち誇った案内人を演じ、最後の枝を押しのけて、将来の壮大な展望をみせた。
　読者は、本書をつうじて前提とされていた歴史哲学が、そのような目的論的ジェスチャーを拒絶するものであることに気づくであろう。われわれは、空き地か、ことによるとちょっと見晴らしが良いものの、まわりじゅうが林であるような小高い丘に辿り着いた。もっと空想的で、それでいて正確な言い方をすると、われわれは空き地に入るやいなや、われわれのまわりに草木が生い茂ってくる。この小さな空き地に留まって、周囲に目を向ける時間が長ければ長いほど、この空き地もまた最初は見えなかった障害物に満ちていることが、ますますはっきり見えるようになる。そこには勝利の瞬間はなく、一息ついてまわりを見回すもうひとつの現在に辿り着こうとする奮闘があるだけである。
　ここで、私は、プロローグで提起したいくつかの問題を見直すことにしよう。第1に、私は、シカゴ学派を直接的な例として、通常、社会的事物と呼んできたものが、事物というよりも過程であり、社会生活における特別の場所の特性となる様式であることを論じた。プロローグでは暗黙のうちに、その後は明示的に、私はいっさいの社会的事物は伝統——私の言葉では系譜——であり、それらの事物性の秘密は、それらが社会過程において先行するさまざまな系譜を束ねる様式にあると論じた。これらの見解から直接、私のプロローグの第2の議論が出てきた。社会的事物は歴史的にのみ探求できるという観念である。深い意味において、純粋な共時的分析は無意味である。
　私のプローグの第3の議論は、最初のふたつから論理的に後続するものであった。社会的世界における異なる系譜あるいは伝統は、互いに交差する。

最も特殊には、名称の連続性によって、われわれは名称の対象の連続性を信じるべきでない。『アメリカ社会学雑誌』とシカゴ大学社会学科のような名詞語句の持続性、社会学者や宗教のような名詞の持続性は、その背後で舞台係が小道具を絶え間なく動かしている半透明の幕である。共時的分析のバックライトを点灯するたびに、異なる舞台が見える。

私の第4のテーマは、議論の様式としての処方箋の出現に関連していた。われわれは現在に向かうにつれて、処方箋に満足するようになり、じっさい、ますます多くを要求するようになる。発掘が現在のわれわれの議論に役立ちうる場合を除いて、死者は埋葬したままにしておこうと思う。私は、さまざまな著作者の発掘――必ずしも注意深くなされたわけではない――を第1章と第2章で報告した。しかし、私は、処方箋の争点を、もっと一般的なところにつるしたままにしておいた。もっとも、中心的なシカゴの概念である位置づけを支持して、私自身の規範的議論を長々とやったが。

それでは、これら4つの問題について、われわれはどこに来たのであろうか。第1に、われわれはいまや系譜という概念をもっている。これは私が、――ときにはひそかに、ときには公然と――単一の名詞の持続的な名目化に代えようとしたものである。明らかに社会的世界には、これら無数の系譜が永続的に横切っており、これらが編み合わさって、社会生活上のさまざまな出来事が、歴史の結び目の塊となる。それぞれの出来事は、同時に多くの系譜のなかにおかれる。私の議論では、個々の系譜は、これらの出来事を相互に強めあう構造へと配列することによって、その一貫性を達成する。この再配列が成功すると社会的実体が出現し、失敗すると社会的実体が死滅する。しばしば、シカゴ学派がそうであったように、ある種の失敗――シカゴにおける社会的現実として第一のシカゴの終焉――は、もうひとつの成功――文化的客体としてのシカゴ学派の立ち直り――と交換される。

概して、この「共振」の往復は、本書をまとめるのに重要なテーマであった。なぜなら、われわれがこの共振を明白な場所――名目的な連続性のある人びとと組織――以外のどこででも見ることができるのは、詳細な研究によってのみであるからだ。「シカゴの伝統」のような何かとらえどころのないもののなかにそれをみるためには、われわれはその伝統の成員が、なんらかの共振

　　　　　　　　　　　　　　　　　　　　　　　　　エピローグ

的なやり方で互いに議論することによって、いかにそれを再創造しているかを認識しなければならない。しかし、第2章はまた共振の失敗についての興味深い見通しをわれわれに与えてくれる。ハウザーの時代のシカゴ大学社会学科の「折衷主義」は、偉大な開花も生まなければ、一致団結した学科さえも生まなかった。それは事実、学科から学問分野への、一貫性のレベルの変化を覆い隠す半透明の幕であった。その意味で、1955年以降のシカゴの社会学科は、以前よりも重大性がなく、それゆえモノのようではなく、われわれがモリス・ジャノウィッツの復興の現実を受け入れなければ、たんなる中身のない名前にすぎなかった。

　とりわけ*AJS*にかんする章では、諸系譜——そのすべてがある種の共振を構築しようと試みている——の再配列がどのように生じているかを示すことが私の目的であった。*AJS*の歴史において、『雑誌』の連続性は、まずもって物質的で名目的なものであるが、他の系譜が*AJS*に束ねられた。——行動規範、科学の概念、第一次集団と官僚制、古株と若手、出版会と学問分野——こうしたいっさいは、連続性のスクリーンの背後で急速に混ぜ合わされた。歴史全体をとおして、こまごまとしたもの、ときには極めて大きなものが、社会現象としての*AJS*に押し込まれたり、そこから押し出されたりした。『雑誌』は継続的に、一連の現在のなかで作りかえられた。ある意味では、「シカゴの伝統」全体がもうひとつのそのような幕である。このころの「シカゴ」のほとんどは、シカゴにはない。なにが消えているのかを思い出すことも重要である。改革主義は、*AJS*の編集から排除され、アメリカ社会学会から出て行ったからといって、社会的世界から完全に消えているわけではない。それは他の系譜にまとめられている。——都市経営学、都市計画学、社会事業、文化的左翼の政治学などである。じっさい、それは現在、*AJS*に復帰してきた。なぜなら、*AJS*は現在の社会学のすべてがそうであるように、主題選択において、その論調において、その分析目的において、改革主義であるような多くの「科学的」論文を含んでいるからである。こんにち、不平等は自然の状態であると論じることによって社会学で出世した人はいない（たしかに、故ブルース・メイヒューはそれを試みたが、あまり成功しなかった）。

　編みの概念は、社会的事物——実体、系譜、われわれがそれらを何と呼び

たいと思おうと——は永続的に行為に開かれており、少なくとも社会全体を横断する系譜結合の完全なパターンによってもたらされる制約の内部で、いかなるタイプの再配列も可能であることを意味している。たしかに、どのような局地的な系譜にとっても、「外部」の「より大きな力」の一群があるように思われる。そのため、私は内部／外部という言語を使うことをはばからなかった。しかし、外部はじつは幻影である。「外部的」は、われわれがたまたま関心をもった出来事に編み込まれている他のいっさいの系譜の絡み合いを指す隠語にすぎない（これらの絡み合いは、原子的なものではなく、構造化されている。このことは、経済学者の市場概念がわれわれの現在のジレンマから抜け出す方法を提供しない理由である）。社会的世界全体は、局地的な相互作用からなっており、出来事の「最大のもの」（たとえば学問分野全体の衰退や、国家の形成）でさえ、その瞬間その瞬間で、構築され、再創造され、あるいは覆されなければならない。そのような見方においては、行為／構造問題は存在しない。なぜなら、シカゴ学派が論じてきたように、そのような見方においては、将来における行為の結果を決定するものは、位置——行為と系譜のネットワーク——の現実の細部であるからだ。いま現在の外部にあって、行為に影響されない構造などは存在しない。理性の狡知はヘーゲル主義の妄想であり、そのマルクス主義的継息子である生産様式の弁証法も同様である。

　すべての社会的出来事が位置づけられており、位置は出来事の影響に中心的な帰結をもつと述べることは、位置づけのない出来事は意味をもたない、あるいはむしろなんら特殊な意味をもたないことを含んでいる。われわれは、位置づけのない出来事は探求できるし探求すべきであるという考えを——変数パラダイムが短期的におおいに成功したように——強いることはできる。しかし、私は、探求の一般原則として、これは賢明ではないと読者に納得させてきたと思いたい。

　その位置が特定化された場合にのみ意味をもつような事物にたいする哲学的用語は、「文脈依存指示語」である。有名な文脈依存指示語は、代名詞（私、彼女、かれらなど）と空間的・時間的関係詞（ここ、そこ、いま、そのとき、まえなど）である。しかし、第7章のシカゴの議論のもとでは、あらゆる出来事と社会現象はある程度、指示的である。明白な例は「科学」である。ロバー

# エピローグ

ト・パークは、自分が科学的であると思っていた。エヴェレット・ヒューズはもっと構造化されたパーク主義を発展させるにあたって、科学的であると思っていた。同様に、ヒューズは科学について何も知らないと思っていたピーター・ロッシは、自分が科学的であると思っていた。ルイス・ワースが「抽象概念…あまりに抽象的であるために、具体例や経験的状況に戻って言及することがもはやできない」と非難したとき、かれは、たとえかれの同僚が当時かれに異議を唱えたとしても、それ以前とそれ以後のすべての社会学者が同意するであろう何かについて述べていた(第2章92頁参照)。それゆえ、指示性の基礎を生み出すのは、社会的出来事の位置づけなのである。そこから、異種の出来事をまとめる連帯性と、それらの分離を促進する結果的な誤解の双方が生じるのである。

　社会学の多くは、文化の概念を、きらりと光るベッドカバーのような現実に投げることによって、指示性の複雑さに反応している。われわれの人類学の同僚たちは、じっさいに文化の概念から精巧な織物をつくってきたものの、多くは、要求の多い構造的細部をたんになめらかにするためにそれを借用している。それゆえ、まえに向かうひとつの道は、指示性の構造を直接に考察することである。ちょうど、われわれがここでひとつの系譜の内部で指示的な出来事の展開をみてきたように、われわれは学問分野全体にわたってその展開をもっと広く検討することができる。社会科学は、たとえば、科学と非科学、実証主義と解釈、ナラティブ　対　分析の対立のような、永続的な指示的構造とみえるものにもとづいているのなら、どのように進んでいるのであろうか、そしてどのように進むべきなのであろうか。私がつぎに向かうのは、学問分野のこの体系的混沌である。

## 資料と謝辞

　本書には、ふたつの未発表の資料がある。個人的なコミュニケーションと、シカゴ大学のジョセフ・リーゲンシュタイン図書館における手書き文書のコレクションである。手書き文書の研究は、部分的に、エマニュエル・ガジアーノと共同で行い、第２章を共同執筆した。個人的なコミュニケーション（すべて私との個人的なもの）は、書かれた記録からインフォーマルな会話までいろいろであるが、以下のようである（とくに特定していない場合にはすべてシカゴ大学での地位）。

　チャールズ・ビッドウェル、社会学教授、1994年6月20日。
　ピーター・ブラウ、ノースカロライナ大学社会学名誉教授、元社会学准教授、1995年3月17日。
　ドナルド・ボーグ、社会学名誉教授、1994年6月30日。
　レオナルド・ブルーム、『アメリカ社会学評論』(American Sociological Review)元編集者。
　レオ・A・グッドマン、カリフォルニア大学バークレイ校社会学教授、社会学名誉教授、1994年4月16日。
　ジョセフ・ガスフィールド、元学生、カリフォルニア大学サンディエゴ校社会学名誉教授、1994年9月5日。
　チャウンシー・ハリス、社会科学部名誉学部長、1994年5月6日。
　フィリップ・ハウザー、社会学名誉教授、1993年1月9日（私はハウザーとAJSの問題について話をした。第2章を準備しているあいだに、かれは亡くなったため、戦後の時期全般についてはかれに話をきくことができなかった）。
　ドナルド・N・レヴィン、社会学教授、1994年1月23日。
　フローレンス・レヴィンソン、『アメリカ社会学雑誌』元編集事務長、1992年12月30日、1998年10月5日。
　F・B・リンドストロム、元学生、1993年4月26日。
　ロバート・K・マートン、コロンビア大学社会学名誉教授、1994年4月

15日。

ウィリアム・シーウェル・シニア、ウィスコンシン大学社会学名誉教授、1994年6月27日。

エセル・シャナス、元学生、イリノイ大学シカゴ校社会学名誉教授、1994年7月13日。

本書では、以下の手書き文書のシリーズを参照した。すべて、シカゴ大学ジョセフ・リーゲンシュタイン図書館に所蔵されている。

個人文書

EWB  Ernest Watson Burgess Papers

PMH  Phillip M. Houser Papers

ECH  Everett C. Hughes Papers

MJ  Morris Janowitz Papers

WFO  William F. Ogburn Papers

AWS  Albion Woodbury Small Papers

RMT  Ralph M. Tyler Papers

LW  Louis Wirth Papers

組織文書

PP89  Presidential Papers 1889-1925

PP45  Presidential Papers 1945-60

PP52  Presidential Papers 1952-60

PPAB  Presidential Papers on appointments and budgets, 1925-40

UCP  University of Chicago Press Archives（年次報告、略称UCPARを含む）

MDS  Minutes of the Department of Sociology

SSR  Papers of the Society for Social Research

以下の手書き原稿のコレクションも参照したが、意味ある資料とならなかった。Marion Talbot Papers, C. R. Henderson Papers, Frederic Starr Papers.

手書き原稿の引用は、すべて注に落とした。これらすべてのコレクションはボックスのなかのフォルダーにまとめられているため、つぎのように引用した。EWB33: 2-4 とは、Burgess Papers, box 33, folders 2-4 を意味している（これらは、第2章で論じた教授陣セミナーのメモである）。ある資料は社会科学部の保管室にあった。それらはSSVとして引用した。われわれは、当時、社会科学部長で、現在、オックスフォード大学副総長であるコーリン・ルーカスの親切な許可によって見ることができた。

　第2章については、資料の利用可能性が、われわれによる過去の再構成に影響をおよぼすことに気づくことが重要である。とくに、ブルーマーとウォーナーの個人文書が存在しないこと、ヒューズの個人的資料が比較的わずかであること（かれの広範な資料のほとんどは、ブランダイスでの経歴にかんするものである）は、われわれが、これらの人たちを、他の人びとの目をとおして判断しなければならないことを意味している。また、1939年から1956年まで、学科のメモについての中心的なコレクションは存在しない。残っているものは、たまたま教授陣（ほとんどはワース）が保管していたものである。

　第2章について、さらなる直接的な資料は、大きな感謝に値するものである。マニー・ガジアーノと私は、最初の原稿のコピーを、戦争直後の時期にシカゴの教授陣に加わっていた6人の社会学者に送った。ハワード・ベッカー、オティス・ダッドレイ・ダンカン、ネルソン・フート、レオ・グッドマン、アルフレッド・ライス・ジュニア、アンセルム・ストラウスである。全員が、親切にも、すぐさまその記録を読んで、たくさんのコメントをくれた。これらのコメントのおかげで、ときには、われわれは新しい資料に向かい、ときには古い資料に戻ることになった。かれらはしばしば、われわれの解釈に挑戦した。問題と相違は疑いもなく残っているものの、この章は、これら6人がわれわれに与えてくれた助力のおかげでずっと良くなった。われわれはこの6人が時間と関心をさいてくださったことに深く感謝している。

　『アメリカ社会学雑誌』の歴史にかんする資料については、別のコメントを必要としている。AJSにかんして残っている文書は、いくつかの部分からなっている。

　AJS1 "*AJS* Records 1967-75," 1982年保管、12カートン。

資料と謝辞

AJS2 "*AJS* Records Addenda 1960-83," 1986年保管、19カートン。
AJS3 "*AJS* Records Addenda 1983-86," 1988年保管、6カートン。
AJS4 "*AJS* Records Addenda, n.d.," 1990年保管、4カートン。
AJS5 "*AJS* Records, Addenda, n.d.," 1992年保管、6カートン。
AJS6 "*AJS* Records, Addenda, n.d.," 1993年保管、5カートン。

　これはどれもまだフォルダーにまとめられていない。私はたんにカートン番号で引用した。AJS2.19は、*AJS* Records Addenda 1960-83, carton19を意味している。ファイルが公式に保管され公開されると、現在、*AJS*のアーカイブにある書簡やその他の資料がどこに収まるかはわからない。これらのファイルは、たんにファイリング・キャビネットからひっぱりだしたもの、箱に入っていたもの、そして図書館でみつけたものであった。さまざまな時期の資料は、*AJS*の記録全体にわたって、さまざまな場所に散逸していた。記録が公開されるまでに、まちがいなく変更されるであろう場所を示すことによって、読者を混乱させるよりは、私はすべての書簡を、発信者、受信者、日付によって本文で引用した。いくつかの箇所では、(たとえば) AJS1.12 は、*AJS*第1ギフト、第12カートンを意味する形式を用いた。これとは対照的に、*AJS* 5: 112 は、標準書式として、*American Journal of Sociology*, vol.5, p.112を意味している。年代は、*AJS*が1895年に出版を開始したことを思い起こせば簡単に計算できる。その年の巻の数字を加えるだけで、日付が分かる。もっとも、*AJS*の巻年度は6月に始まるから、計算結果はじっさいの出版日よりも1年遅れるかもしれない。

　*AJS*にかんする注におけるもうひとつの共通した参照指示は、*Annual Publication of the American Sociological Society*であり、一貫して、*Publication*と略した。これは、1905年から1934年までシカゴ大学出版会で発行されたもので、1936年に*American Sociological Review* (略称は*ASR*) に名称変更された。AJSARは、所与の年の*AJS* annual reportを意味している。通常、これらは編集者から出版会に提出された。追加的な手書き原稿の情報には、ASAの年次ランチミーティングのさいに顧問編集者に提出されたものもある。

　引用全体をつうじて、*AJS*の編集者はイニシャルとした。AWS——Albion

Woodbury Small、EF——Ellsworth Faris、EWB——Ernest Watson Burgess、HB——Herbert Blumer、ECH——Everett Cherrington Hughes、PHR——Peter H. Rossi、PMB——Peter M. Blau、CAA——C. Arnold Anderson、CEB——Charles E. Bidwell、EOL——Edward O. Laumann、WP——William Parish、MT——Marta Tienda。その他少数の人びとも、ときにイニシャルで引用した。William Fielding Ogburn (WFO)、Helen MacGill Hughes (HMH)、Florence Levinsohn (FL)。

　第2章から第6章までは、圧倒的に記録された資料にもとづいている。なぜなら、私の見解では、それらは回想よりも信頼できるからである。私は個人的な回想も用いた――上述のリストと第2章の下書きを読んだ6人から――が、それは概して記録された資料を確証するものであった。どんな場合でも、ひとりの個人的な回想にもとづき、それ以外になにもないいかなる情報も、事実として提示しなかった。それゆえ、私は、概して、個人的なコミュニケーションについて、直接、引用することは省いた。

　ここで、資料の掘り起こしを助けてくれた人びとに感謝したい。だれよりもまず、リーゲンシュタイン図書館の特別コレクション部門のスタッフである。シカゴ社会学の歴史にかんしてこれほど素晴らしい研究ができたひとつの理由は、手書き文書コレクションの検索補助が、すでに資料について多くの有用な情報を含んでいたことにある。ふたつめの謝辞は、学部の資料について助けてくれた社会科学部長室の部長補佐のメアリー・ブランドンに捧げる。数人のリサーチ・アシスタントが、このプロジェクトのさまざまな部分で、骨を折った。「骨を折った」という言葉は、真面目に受け取られるべきである。第3章について仕事をした人びとは、資料に出てくる、われわれにとってはしばしばはっきりしない無数の同僚の身元と履歴があまりにも多様であることに気づいたため、私は関連する脚注にそれらの人を列挙することから始めるしかなかった。私はこれらの学生にとくに感謝したい。ジル・コンラッド、エミリー・バーマン、ジュリアン・ゴーである（私は自分でデータ・ベースのプログラミングをしたが、ゴーが手伝ってくれた）。マニー・ガジアーノは、私のリサーチ・アシスタントとして出発し、第2章の共著者となった。アンジェラ・ツァイは、第1章の基礎となるデータ・ベースを開発し

た。シカゴ大学出版会は、社会科学部と同様、これらのリサーチ・アシスタントを支える助けとなってくれた。そして学部は、社会科学部の主任としての在任期間中、私に研究資金を提供してくれた。

# 訳者解説

　本書は、Andrew Abbott, *Department and Discipline: Chicago Sociology at One Hundred,* University of Chicago Press, 1999 の全訳である。原タイトルを直訳すると『学科と学問分野——シカゴ社会学の百年』となるが、学科とは具体的にはシカゴ大学社会学科、学問分野は社会学を指しているので、翻訳のタイトルは『社会学科と社会学』とし、副題は、あえて「シカゴ社会学百年の真相」とした。その理由はあとで述べることとして、まずは、原著者であるアボット教授がどのような研究をしてきたのかを紹介することから、この解説を始めたい。

## アンドリュー・アボットの紹介

　著者のアンドリュー・アボットは、現在、シカゴ大学社会学科およびカレッジのグスタフス・F・＆・アン・M・スウィフト功労教授である。1970年にハーバード大学で歴史学と文学の学士を取得後、1982年にシカゴ大学で社会学の博士学位を取得、ラトガース大学で13年間教鞭をとったのち、1991年にシカゴ大学に着任して現在にいたっている。1991年から1994年まで『仕事と職業』(*Work and Occupation*) を編集、2000年からは『アメリカ社会学雑誌』(*American Journal of Sociology*) の編集を担当している。また、2002年から2003年にかけて社会科学史学会 (Social Science History Association) の会長を務め、オックスフォード大学ナッフィールド・カレッジでノーマン・チェスター研究員の経験もある。

　アボットの研究の出発点となったのは、職業の生態学的理論を展開した『専門職のシステム』(*The System of Profession,* University of Chicago Press, 1988) である。この分野の研究のほとんどは、一度にひとつの職業しか研究していないが、アボットは専門職のシステムを全体として考察し、仕事の統制権をめぐる専門職間の競争が、専門職の発展の原動力になっているとする

訳者解説

新しい理論的アプローチを提出した。たとえば、19世紀後半以降の米国と英国の法律専門職を比較して、どちらの場合にも、競争相手が法律専門職の発展に影響しているが、米国の法律家にとっての主要な競争相手は法人、英国の法律家の主要な競争相手は国家であったとする。

さらにアボットは、専門職における職業キャリアの研究にもとづいて、主流の社会科学の方法を批判する理論的論文にも果敢に取り組んでいる。かれは、とくに、文脈、時間性、出来事を重視し、「社会的シークエンス分析」を、地位達成研究に代表される変数パラダイムに代わるものとして提案する。アボットによれば、シークエンス分析は、イベント・ヒストリー分析のような特定の技法ではなく、社会生活についての問いの集まりであり、それらの問いに答えるのに利用可能な技法の集まりである。『時間が問題である』(*Time Matters,* University of Chicago Press, 2001) という著書のなかで、アボットは、われわれが社会分析の方法を採用するときにはいつでも、原因と出来事、行為者と相互作用、そして時間と意味について、特定の諸仮定をおいていることを明らかにする。アボットは、従来の仮定をくつがえし、シークエンスをキーワードとして、新しい社会理論の基礎を据えようとする。これが、本書で言及される文脈主義パラダイムの一次元を構成することになる。

本書は、アボットの専門職研究と社会理論研究の応用問題として位置づけることができる。のちに概説するように、本書は、シカゴ社会学と学術雑誌 *AJS* の分析を中心としている。*AJS* は、現在でも重要な出版メディアであるが、それが生み出したはずの専門職(社会学という学問分野)の世界に組み込まれ、いまや社会学研究を科学的にするために侵入してきた退屈な変数パラダイムに脅かされるにいたった。それに対して、シカゴの伝統は、社会的事実を、時間的・空間的文脈のなかに状況づけられたものとして経験的に研究することである。この視点が、遡及的に、社会学科と *AJS* の歴史そのものに適用されることによって、本書は、社会過程は、固定された実体ではなく、相互に連結した出来事のシークエンスであるという理論的主張を含むものとなっている。

アボットの近年の研究には、社会構造と文化構造におけるフラクタル・パターンの理論的分析(『学問分野のカオス』*Chaos of Disciplines,* Chicago, 2001) と、

*311*

社会科学における発見法への短い案内（『発見の方法』*Methods of Discovery,* Norton, 2004）がある。専門職、社会理論、学問分野としての社会学という自身の先行研究をもとに、アボットは現在、『社会過程』(*Social Process*) と題する社会理論の一般研究をしており、知識の将来についての本も準備中である。その他、近年の研究としては、社会科学における帰結の概念、「詩的な社会学」の概念、そして社会的実体における連続性の問題に関心を寄せている。シカゴ大学計算研究所の上級研究員として、アボットは図書館での検索に関する計算理論についても書いている。

研究と論文執筆のほかに、アボットはシカゴ大学で積極的に社会学の大学院学生を指導している。かれは、70以上の博士論文審査委員会にかかわり、かれの指導学生は現在、米国内外の多くの社会学科で教授職を得ている。

〔任雪飛・松本康〕

## 本書の解説

著者の研究経歴と本書の位置づけは、以上のとおりである。ここで、本書の概要について、みていくことにしよう。本書は、序文、プロローグ、7つの章、エピローグから構成されている。序文では、本書の成立経緯が示されている。もともとのきっかけは、1992年当時『アメリカ社会学雑誌』(以下 *AJS*) の編集者であり、シカゴ大学社会学科の同僚でもあるマルタ・ティエンダから、1995年の *AJS* 百周年にむけて、*AJS* の歴史について論文を書いてほしいという依頼を受けたことにある。アボットは、忙しいから勘弁してほしいと断るが、結局、断り切れずに引き受けてしまう。ところが、じっさいに資料探しを始めてみると、社会学科との関係や社会学という学問分野の制度化との関係で、*AJS* を捉える必要を痛感し、また掘り出してきた資料が、従来のシカゴ学派についての伝説とはかなり違うものであることに気づいて、この研究にはまりこんでしまう。

*AJS* は、本書でも示されているとおり、1895年にシカゴ大学出版会から出版されるようになった社会学の専門雑誌であり、こんにちでも、アメリカ

訳 者 解 説

社会学会機関誌『アメリカ社会学評論』(*ASR*) と並ぶ権威ある雑誌である。その編集は、伝統的にシカゴ大学社会学科によって担われてきた。アボットの見方は、当初、社会学科の初代学科長であったアルビオン・スモールが個人的に編集する雑誌であったものが (第3章「アルビオン・スモールの*AJS*」)、1920年代に、スモールの引退とともに、シカゴ学派の雑誌となり (第4章「シカゴ学派の*AJS*」)、1950年代ごろからは、シカゴ社会学の性格の変化と、社会学という学問分野の急速な発展と制度化によって、*AJS*の位置づけが変化し (第5章「移行期の*AJS*」)、しだいに、学問分野に責任をもつもっと一般的な学術雑誌へと変貌していった、というものである (第6章「*AJS*の現代的形態」)。

序文によれば、「この歴史の前半」(おそらく第3章と第4章) の原稿を*AJS*編集部に持ち込んだところ、掲載を拒否され、結局、一冊の本として出版することになったという。こうした経緯から、この本はもともと*AJS*についての本であり、*AJS*を動かしていたふたつの力、社会学科と社会学の動向が、実質的な主題になっている。

**シカゴ学派** ここで、シカゴ社会学とは何かという厄介な問題に立ち入らなければならない。この厄介さについては、第1章のシカゴ学派に関する歴史研究で扱われているが、ある程度の背景的知識を必要とするので、若干補足しておこう。

第1章の最初の節で簡単に触れられているように、通常、「シカゴ学派 (社会学)」と呼ばれているものは、おおむね1920年代から1930年代にかけて、シカゴ大学社会学科で花開いた一連の研究実践を指している。この時期区分の根拠をなしているのは、ロバート・パークの在任期間であり、パークは、W・I・トマスとの出会いをきっかけに1913年からシカゴで活動を始め (Bulmer, 1984, p.37. 正式の着任は本書によれば1914年)、やがて着任するバージェスとともに、強力な指導体制を確立する。1920年までに、社会学科は、スモール、パーク、バージェス、フェアリスの4名の教授による指導体制に移行し、1921年には、パークとバージェスが編集した教科書『科学としての社会学入門』が出版される。このパークとバージェスの指導のもとに、おもにシカゴをフィールドとする数多くの経験的な調査研究が大学院生たちによって実施され、シカゴ社会学シリーズとして、シカゴ大学出版会から続々

と出版されていくのである。本書ではあまり触れられていないが、1923年には、ローラ・スペルマン・ロックフェラー記念財団から研究資金を獲得して、学内に学際的な研究組織「地域コミュニティ調査委員会」が結成され(Bulmer 1989, p.138)、研究のインフラストラクチャーも整備された。この勢いが失われていくのが1930年代で、地域コミュニティ調査委員会の研究資金は1931年にはなくなり、1934年にはパークが退職する。第4章で主題となっている*ASR*論争もこのころに始まっており、シカゴ社会学が衰退期に入っていくのである。

シカゴ学派とはなんであったのかについては、通常、ふたつの理解の仕方があるように思われる。ひとつは、「都市社会学のシカゴ学派」という理解である。それは、19世紀後半のシカゴの急成長を背景に、近代大都市の純粋型ともいえるシカゴに出現したさまざまな都市問題を対象として、人間生態学・社会組織論・社会心理学の視点から経験的に接近した研究実践であった。パークの「都市」(1925年)、同心円地帯理論で有名なバージェスの「都市の成長」(1925年)は、そうした研究への導きの糸であり、アンダーソンの『ホーボー』(1923年)、マウラーの『家族解体』(1927年)、ワースの『ゲットー』(1928年)、スラッシャーの『ギャング』(1929年)、ゾーボーの『ゴールド・コーストとスラム』(1929年)などは、その成果である。ワースの有名な論文「生活様式としてのアーバニズム」(1938年)は、シカゴ学派都市社会学の理論的到達点を整理したものと受けとめられている。もうひとつは、理論的視点としてのシカゴ学派、すなわち、ワースとほぼ同世代のブルーマーによって「シンボリック相互作用論」と名付けられたアプローチである。ここでは、むしろ、シカゴ学派哲学として知られているプラグマティズムの系譜が強調され、G・H・ミードからブルーマーを経由した流れに光が当てられる。

このふたつの理解は、分裂しており、きわめて対照的である。都市社会学的理解では、シカゴ学派は、乗り越えられるべき正統派であり、フィールドワークには強いが理論的には弱いとみなされてきた。これにたいして、シンボリック相互作用論の理解では、シカゴ学派は、その後、一世を風靡する構造機能主義に対抗する、社会学の反主流派であった。この機能主義との対抗関係については、本書第2章で集中的に分析されている1950年代のシカゴ

訳者解説

大学社会学科内での論争にすでに看取されるが、1960年代後半以降、機能主義批判が強まるにつれて、強調されていったように思われる。

いずれにしても、1920年代のシカゴ社会学最盛期には、当事者たちはだれも自分たちを「シカゴ学派」とは考えていなかった。シカゴ社会学は、アメリカをリードする最先端の社会学そのものであった。「シカゴ学派」というラベルはあとから振り返ってつくられたものなのである。

本書第1章(シカゴ学派に関する歴史研究)に戻ると、「シカゴ学派」の研究は案外新しく、ロバート・フェアリスの『シカゴ社会学』(1967年)とカステルの都市社会学批判(「都市社会学は存在するか」[1968年])を別とすれば、ほとんど1970年代後半からであり、1980年代には、シカゴ学派について多くの本が出版されることになった。アボットは、シカゴ学派の「自然史」という概念を応用して、この学派研究の流れを整理している。まず最初にだれかが、研究対象としてのシカゴ学派を定義する。つぎに、研究対象についての定義を前提として、さまざまな解釈が研究成果として産出される。パークのカリスマ性や地域コミュニティ調査委員会のような制度が、ここではクローズアップされる。第3段階では、むしろ、研究対象の特殊性が薄められ、より長い系譜の一コマとして、歴史的文脈のなかに再び埋め込まれる。シカゴ学派に先行する、社会改革運動や社会調査運動、人類学的フィールドワーク、ジャーナリズム、そして批判的社会理論などがそうした文脈を構成する。しかし、それらやその他のさまざまな系譜が一ヵ所に集中して相互に反応し始めたとき、そこに何か独自のものが生まれ、それぞれの系譜を変容させる効果をもつ、とアボットは論じる。社会現象としてのシカゴ学派は、明らかに1920年代にそのような「共振」をひきおこし、こんにち、われわれがシカゴ学派の研究成果としてリストアップするような現実的な効果をもたらした。しかし、アボットは、なぜかこの1920年代の過程には、踏み込んだ分析をしていない。むしろ、アボットが踏み込んでいるのは、1950年代の自己評価研究における学科内論争である。ここで初めて、当事者たちに「シカゴ学派とは何か」が意識され、その答えは一致しなかったものの、この論争の過程で何かある独特の文化的実体として「シカゴ学派」が創造されたと思われるのである。

「シカゴ学派」の構築　第2章は、本書の最初の山場である。1950年代初頭の社会学科は、バージェスとオグバーンが定年直前であり、次の世代のワース、ブルーマー、ヒューズ、ウォーナーに加え、さらに下の世代であるハウザーが着任していた。オグバーンとウォーナー以外は、シカゴ出身者であり、ワース、ブルーマー、ヒューズは、パークに教えを受けた世代である。このころの社会学科をめぐる学内環境は、1920年代とは一変しており、全国世論調査会社(NORC)、人間発達委員会(HD)、人種関係委員会、労使関係センター、家族研究センターなどの研究所があって、教授陣は院生たちとともに、こうした研究拠点で研究していた。これは、学科政治を複雑にする要因ではあったものの、それだけであれば、それほど重要ではなかった。

　この時期の学科政治を混乱させた最大の要因は、ハッチンズ総長と後継のキンプトン総長を中心とする大学経営陣の態度であった。とくに、ハッチンズは、カレッジ、今風にいえば、一般教育を重視し、専門分野の教育を冷遇した。しかし、社会学科にとってそれ以上に重要だったのは、シカゴ社会学がもはや社会学の最先端ではなくなってきたのではないかという経営陣の疑念であった。時あたかも、ハーバード大学では、タルコット・パーソンズが、構造機能主義の理論を展開して破竹の勢いであった(『社会体系論』の出版は1951年)。コロンビア大学では、ラザースフェルドとマートンが、計量研究にもとづく仮説検証型の経験社会学を推進していた。社会学は明らかに転換期を迎えていたのである。

　この転換期に、シカゴ大学社会学科はどう対応するか。この問題は、学科内に意見の食い違いをもたらし、後任人事、とくに学科長人事に混乱をひきおこした。バージェスとオグバーンの退職に備えて、次期学科長を選ばなければならない。当然、ワース、ブルーマー、そしてヒューズの世代から、学科長が選出されるはずである。アボットの見立てでは、この時点でブルーマーとヒューズは仲が悪かった。ワースが候補として選ばれ、経営陣に却下された。1950年の末のことである。「1952年の冬までに」残りのふたりについての提案も却下された。アボットは、そのふたりをブルーマーとハウザーであると推測している。結局、トップダウンで、ヒューズが学科長に任命された(1952年11月学報)。この間に、ワースは急死し(1952年5月)、ブルーマー

訳者解説

はバークレイに移っていった（1952年7月）。その結果、ヒューズの学科長時代に、社会学科はまっぷたつに分裂した。ヒューズ＝リースマン派とハウザー派である。1956年の学科長人事は、またもや経営陣も巻き込んだ大混乱となった。結局、キンプトン総長は、ハウザーを学科長に指名した。しかし、ヒューズの学科長時代もハウザーの学科長時代の初期も、共通して獲得している人材はコロンビア出身の若手（ブラウ、カッツ、ロッシ）であり、失っているのは、対立する両派によるテニュア人事の潰し合いの犠牲となったシカゴ出身の若手（フート、ダンカン、ストラウス）であった。そして、この時代に育ったシカゴ出身者の多く（たとえば、ハワード・S・ベッカーやゴッフマン）が、他大学に分散していった。これが、「第二次シカゴ学派」のディアスポラ物語である。

　この転換期の初期に、興味深い出来事が起こっていた。1951年から52年にかけての社会学科の自己評価研究である。これはフォード財団が提供した、今でいうファカルティ・デベロップメント（FD）のための助成金である。シカゴでは、この資金を、学科再建のための議論につかった。それは、社会学の主要な研究領域のシラバスを作成するための会合という形をとった。しかし、アボットの分析によれば、この会合は、だれがパークの真の後継者かをめぐる、ワースとブルーマーとヒューズのあいだの争いを誘発した。かれらは3人とも、ハーバードのパーソンズ流構造機能主義や、コロンビアのラザースフェルド流計量分析を、社会学とは認めていなかった。したがって、社会学とは何かをめぐる争いは、われわれの眼から見れば、シカゴ社会学とは何かをめぐる争いとなる。そして、アボットは、その議論の過程そのものに、文化的実体としての「シカゴ学派」の創造を見いだすのである。

　やや立ち入って整理してみよう。アボットによれば、ワースは、パーソンズを意識しつつ、シカゴ社会学の特徴を、抽象化するな、現実の人びとと問題を見失うな、といった一連の格率としてしか表現できなかった。しかしそれはたしかに、パークの研究実践の基本姿勢を抽象的に表現したものであった。ブルーマーもまた、別の形で抽象の党派を代表していた。ブルーマーは、計量的な態度測定の発展を牽制しながら、社会心理学を包括的なアプローチとして論理的に呈示しようとし、返す刀で、ヒューズの質的研究実践には論

*317*

理的な難点があり、十分に解釈的であることが保証されていないと主張する。アボットは、ブルーマーの議論が、客観主義、量的方法、変数を基礎とするアプローチをひとまとめにして、主観主義、質的方法、文脈主義的アプローチと対立させている点で、破壊的であると指摘している。アボットが紹介する、フートとブルーマーの論争も印象深い。フートは、ブルーマーの主張は、結局のところ、あるひとつのパラダイムへのコミットメントにすぎないと喝破してしまう。ブルーマーの理論的努力は、シカゴ学派の背後仮説を明示化することによって、シカゴ学派のもつ〈存在へのコミットメント〉を露わにするが、そのためにかえって、このような相対主義的な反応を誘発してしまうのである。

じっさいにフィールドワークをやっているヒューズにとってみれば、このような議論には関心がなく、ワースの格率やブルーマーの定理にしたがった実践があるのみである。人類学との関係が問われると、ヒューズは人類学と社会学の分化を反証する証拠を丁寧に挙げていった。ヒューズが意地を見せたのは、討論の翌日に配られたシカゴ学派の歴史のパロディーである。「風刺に隠されているのは、ヒューズ自身がロバート・パークの真の後継者であるという大胆な主張である」とアボットは読み解く。

結局、このセミナーは、ワースの死を挟み、合意を見ずに終わった。この年（1952年）、バージェスは退職し、ブルーマーもバークレイに異動した。そして、ヒューズが学科長となり、学科のコロンビア化が始まることになる。それにもかかわらず、若手の前で展開されたシカゴ学派第二世代の争論は、次世代にシカゴ学派とは何か——現実に立ち向かう強烈な主観性という〈存在へのコミットメント〉——を伝達可能にした。そして膨大な議事録そのものは、40年後にアボットとガジアーノによって明るみに出されたのである。

**アルビオン・スモールとシカゴ大学**　騒々しいエピソードの多い本書のなかで、比較的穏やかに時間が流れているのが第3章「アルビオン・スモールの*AJS*」である。時代は半世紀もさかのぼり、草創期の*AJS*が主題となっている。資料的制約から、統計的データが多いが、要点ははっきりしている。第一に、初期の*AJS*はアルビオン・スモールが個人的に編集する雑誌であったこと、第二に、社会学が学問分野として確立しておらず、改革運動や社会

訳者解説

事業と未分化であったこと、第三に、それにもかかわらず、*AJS* は、1905年創立のアメリカ社会学会とともに、社会学を大学における学問分野として確立していく運動の中核的集団をひきつけていたこと、そして第四に、*AJS* の版元であるシカゴ大学出版会は、社会学会を *AJS* の専属市場として位置づけており、この市場戦略が学問分野の確立を促進したこと、以上である。

　ここでも、いくらか背景的な説明を補足しておこう。シカゴ大学は、1892年、石油王ジョン・D・ロックフェラーの基金によって開設された。ロックフェラーは、初代総長となるウィリアム・レイニー・ハーパーに開設準備を依頼、ハーパーは、当時としては革新的な制度を備えた研究志向の大学として、シカゴ大学の制度設計をした。大学院中心の大学制度、大学出版会、公開講座の設置などである。バプティスト教会とのつながりも強く、シカゴ大学の前身はバプティストの神学校であり、ロックフェラーもハーパーもバプティスト、シカゴ大学ではバプティスト教会の基金も受け入れていた (Bulmer, 1989)。

　都市の文脈も重要である。19世紀後半のシカゴは、ミシガン湖畔の田舎町から急速に大都市に成長し、巨大な富を蓄積する一方で、貧困問題、労働問題、移民問題などの都市問題が集積していた。1893年に開催された万国博覧会、コロンビア博は、新大陸発見400周年を祝うとともに、シカゴの成長を象徴するイベントでもあった。しかし、同時に始まった不況のために、街には失業者があふれ、シカゴ万博を訪れた人びとに、現実の都市の惨状を見せつける結果となった。大都市では、労働運動が成長する一方で、プロテスタントによる社会改革運動も盛んであった。セツルメント・ハウスを中心とする社会事業や、貧困の実態を明らかにする社会調査運動は、教会と結びつきながら、アメリカの社会学の母胎となっていった。

　シカゴ大学社会学科の初代学科長、アルビオン・スモールも、バプティストで、社会改革論者のひとりであった。かれは、コルビー大学の学長をしていた。「社会学」に深い関心を抱いていたスモールは、ハーパーからシカゴ大学への誘いを受けたとき、社会学を教えることを希望したという。結局、ハーパーは、シカゴ大学に社会学科を設置し、スモールを学科長として迎えるとともに、同じバプティストの牧師で社会事業の専門家であるチャールズ・

*319*

ヘンダーソンを教授として、またチャプレンとして、採用した。こうして、世界で初めて社会学の学位を出す社会学科が誕生したのである (Bulmer 1989)。

　本書では、スモールがハーパーから*AJS*の創刊について相談を持ちかけられる場面が描写されている。スモールが、*AJS*の創刊を「天命」と考えたこと、シカゴ大学出版会が、*AJS*を宗教雑誌と捉えていたことなどは、こうした文脈のなかで理解可能となる。しかし、スモールの住んでいた世界がいかに宗教的雰囲気に包まれていたとしても、スモール自身は、社会学を学問として自立化させる方向に意識的に向かっていた。スモールの授業は退屈であったという伝説は、有名であるが、かれはかれなりに、学問としての社会学の要件を模索していたに違いない。

　**シカゴ学派の*AJS*** 　第4章「シカゴ学派の*AJS*」は、スモールが引退したあと、*AJS*が、フェアリス、バージェス、オグバーン、ワース、ブルーマー、ヒューズなどのシカゴ学派の大立て者たちによって担われるようになった時期を扱っている。奇妙なことに、ここにはパークがまったく登場しない。1920年代のシカゴ社会学最盛期は、*AJS*にとっては無関係であったかのようである。社会学は、こんにちのわれわれが理解できるような姿をとりはじめ、*AJS*は事実上の学会誌として、号を重ねていった。

　しかし、第4章のハイライトは、1930年代のASA反乱である。この話は、不必要なほど詳細に書かれていて、ややこしいが、結局のところ、学会がシカゴ支配から制度的に自立するところまで成長したことを意味している。それはまた、ハーバードとコロンビアの台頭によるシカゴ一極支配の崩壊の始まりであった。だが、じっさいの経緯はひどく複雑だ。反乱分子のひとりは、シカゴ出身のL・L・バーナード。かれは、フェアリスがシカゴ大学に着任したことを快く思っていない。どこにでもありそうな話である。1933年12月、アメリカ社会学会出版委員会は、*AJS*の選択制を報告、明けて1934年1月、シカゴ大学出版会常務取締役ドナルド・ビーンがアメリカ社会学会会長のバージェスに、1935年から出版会と学会との間の出版契約を解除する旨を通告。バージェスはこのことをだれにも知らせず、1935年12月、アメリカ社会学会出版委員会は、『年報』に関するシカゴ大学出版会との契約解除を決定。学会の書記であったブルーマーは、出版会側から契約が解除されてい

## 訳者解説

ることを知らずに、出版会にこの決定を伝えている。にわかに信じがたい話である。1936年、学会は『年報』を引き継ぐかたちで『アメリカ社会学評論』(*ASR*) を創刊、学会発表の掲載優先権を設定する。

こうして*AJS*は、学会誌としてのくびきから解放され、「シカゴ学派」の雑誌となった。編集は、バージェスとその同僚たちによってインフォーマルにこなされた。査読は仲間内の信頼関係によってなされていた。*ASR*との差別化を狙った特集は、商業的にも成功した。1940年代からは、ヘレン・ヒューズが編集実務を仕切るようになった。1950年代に、この仲間集団が解体するまで、*AJS*はバージェス一座が編集する高品質の雑誌でありつづけた。

**移行期の*AJS*** 第5章が扱っているのは、1950年代後半から1970年代までの*AJS*である。アボットは、この時期を、*AJS*が第一次集団の雑誌から、専門職の雑誌として標準化されていく移行期として特徴づけている。ここにもまた、ドタバタ騒ぎが、ふたつもあり、歴史はジグザグしながら進んでいく。時代は下って、第2章で扱った転換期をくぐり抜け、ハウザーが学科長として社会学科を再建し、エヴェレット・ヒューズが*AJS*の編集長を務めていた1950年代後半から始まる。最初の騒ぎは、ヒューズからロッシ、ブラウ世代への編集権の移行であり、とくに注目されるのは、双方匿名査読制度の導入をめぐる論争である。第二の騒ぎは、1960年代から70年代の初頭にかけて、アーノルド・アンダーソンとフローレンス・レヴィンソンによる編集の時代である（この時期、何か学科内での対立があったようだが、それは書かれていない。そしてもちろん大学紛争があった）。

第一の騒ぎは比較的単純である。第2章で扱った学科内対立の火がまだくすぶっていた1957年、前年に学科長を降りたヒューズが休暇を取ってドイツに行くことになった。このとき、*AJS*の編集長を務めていたヒューズは、ロッシに代役を任せた。ロッシは、エヴェレットの不在中に、*AJS*の編集体制の改革を提案、ヘレン・ヒューズを中心にインフォーマルに回っていた編集過程をフォーマルに標準化し、双方匿名査読制度を導入しようというのである。この提案は、温厚なヒューズの怒りを買う。ロッシは矛を収めようとするが、今度は学科長のハウザーが介入して、編集権移行の筋道をつけてしまう。これは、学科長人事をめぐる量派と質派の対立の続きとも読めるし、

*321*

編集権をめぐる世代間闘争とも読める。しかし、アボットのまなざしは、双方匿名査読制をめぐる論争に凝縮されている「文脈主義パラダイム」(ここでは旧世代のヒューズが代表している)と「変数パラダイム」(ここでは新世代のロッシに代表される)の対立に向けられていく。

　ここで、文脈主義パラダイムとは、社会的事象は、時間と空間によって状況づけられており、時間的・空間的文脈のなかで捉えないかぎり、理解できないという見方である。やがて第7章で論じられるように、アボットは、この見方こそ、今日的な意義をもつシカゴ社会学の見方であると考えている。他方、変数パラダイムとは、社会的事象を、変数として脱文脈的に捉え、変数間の関係を明らかにすることが、科学としての社会学の課題であるとする見方である。構造機能主義は、測定可能な変数間の関係を導き出すことのできる理論を社会学理論の理想としていたし、計量社会学は、まさに測定された変数間の関係を分析する手法として台頭していた。構造機能主義と計量社会学は、けっして真に架橋されなかったとはいえ、知的に手を携えていた。アボットはそれを変数パラダイムと呼んだのである。

　さて、双方匿名査読とは、投稿者から編集者に送られてきた原稿の審査を、編集者が投稿者の名前を隠して(通常は複数の)査読者に依頼し、査読者は審査結果を編集者に(通常はコメントを付けて)報告、編集者はその審査結果を、審査者の名前を明かさずに、投稿者に伝えるというもので、こんにち、社会学に限らずあらゆる分野の学会誌などで一般的に採用されている方式である。この方式は、ヘレン・ヒューズの役割を形式的なものにとどめることになる。そうした理由もあったであろうが、エヴェレット・ヒューズは、投稿者の名前が分かっていることによる偏見よりも、査読者が投稿者を推測することのほうが有害であり、どのみちそれ以外の偏見は避けられないと主張し、査読者が自分自身の編集方針をめいめい勝手に雑誌に持ち込んでしまうことを恐れた。最終的に、(ロッシではなく)ブラウが1961年に査読制を導入することになるのだが、その際に、ヒューズはさらに踏み込んだ批判を付け加える。投稿された論文は単体では評価できず、投稿者の研究過程という文脈のなかで評価されるべきであるというのだ。ロッシやブラウが、双方査読制度を導入しようとした根拠は、明確には述べられていない。しかし、アボ

## 訳者解説

ットは、それを科学主義イデオロギーであると推測する。変数パラダイムにしたがえば、個々の論文は、科学の規範に則って客観的に判定可能である。個々の論文は、先行研究との関連において、一定のルールの下で、科学への貢献を競っているだけであり、だれが書いたかは評価に影響を与えないはずなのだ。ロッシやブラウの世代は、そのような科学主義のイデオロギーを共有していた、とアボットは考えるのである。したがって、匿名査読制の導入は、変数パラダイムが支配的になったことを暗示している。

移行期の後半の騒ぎは、もっと複雑である。あらゆる条件が、編集過程を混乱に陥れた。若くて力量不足の——少なくともアボットの記述からはそうとれる——編集者アーノルド・アンダーソンの起用、ラジカルでやり手の編集事務長レヴィンソンの突出、投稿数の急増と、それにともなう査読者不足と「民主化」、その結果としての不慣れな査読者の増大、査読の作法の未確立による投稿者と査読者双方の不満の爆発、編集事務の混乱、そして、学生反乱によって加速された科学主義イデオロギーの崩壊。おそらく学科のガバナンスの低下もあったに違いない。レヴィンソンの大胆な企画によって、この時期の*AJS*が面白くて、よく売れる雑誌になったことは、最大の皮肉である。

**現代の*AJS*** 第6章は、ビッドウェルとラウマンによって、こうした混乱が収拾され、編集過程が構造化されていく時期を扱っている。ここで出現した構造は、現代の学術雑誌に共通する構造である。ビッドウェルは、投稿料の設定によって投稿数を抑制し、門前払いをせずにすべての投稿論文を査読に回す「普遍的査読」を実現した。ラウマンは、査読者の質を維持するために、査読者を評価するシステムを開発した。こうして、ビッドウェル以降、審査過程は適正手続きに従うべきであり、投稿された論文を却下するには正当な理由が必要で、投稿者は査読者の書き直し要求に応じる義務があるとする道徳的構造が形成されてきた。簡単に言うと、論文審査の構造は、まるで役所の補助金審査か、裁判所の審理のようなものとなった。

もちろん、ここには多くの問題が残っていた。優れてはいるが面白くない論文は採択されるべきなのか(査読制度によって、掲載される論文はつまらなくなったのではないか)。問題を提起する論文よりも、問題を解決する論文のほうが採択されやすいのではないか(パラダイム革新を抑制する傾向があるのではな

*323*

いか)。査読者は、論文を適切に評価する能力をほんとうに持ち合わせているのか(査読者に当たり外れがあるのではないか)。一流の研究者は、レベルの低い査読を嫌って、雑誌から逃げ出しているのではないか。新たな分野を切り開こうとする革新者は、たいていは、自分たち自身の雑誌を創刊するか、書籍として出版することによって、革新を達成しているのではないか。いずれも思い当たるフシのある疑念である。

　こうした疑念が払拭できないにもかかわらず、学術雑誌が存続しているのは、学術雑誌に論文が掲載されることが、大学での昇進(テニュア決定)の基準になっているからだとアボットは指摘する。「学部長とその委員会が候補者の業績を読む能力がないか、読む気がなく、自分たち自身の〔学部の〕学科の判断を信頼しておらず、業績一覧の論文数を数える以上のことはしたくないと思っていることは、痛いほど明らかである」。学術雑誌は、いわば、専門職の入試センター試験のようなものである。大学は自分たちで試験をせずに、センター試験の点数に頼っている。だれも受験生の答案を読もうとはしない。センター試験がなければ、受験生も困るが、大学も困る。

　学会の機関誌ではない*AJS*といえども、適正手続きによって武装しなければ、投稿者と大学の要求に応えられない。*ASR*との差別化が図られているとはいえ、*AJS*もまたより大きな専門職の構造の不可欠の一部として組み込まれるに至ったというのが、アボットの言わんとするところである。これが*AJS*と、一般に学術雑誌の現状である。

　結局、*AJS*百年の歴史はなんであったのだろうか。「アルビオン・スモールの*AJS*」は、学問分野としての社会学を生み出した。ひとたび、学会が確立されると、シカゴ支配は終わりを告げ、*AJS*は「シカゴ学派の*AJS*」となった。しかし、「変数パラダイム」の台頭によって「シカゴ学派」自体が困難に直面すると、社会学科の世代交代の過程で、*AJS*は新世代の手に奪取された。ブラウの*AJS*は、科学主義イデオロギーを頼りに査読制度を導入したが、編集者の権威が維持されていた点では、シカゴ学派の*AJS*の母斑を残していた。1960年代には、編集過程はほとんど破綻に近い状態に陥った。しかし、その混乱のゆえに、レヴィンソンの手腕によって雑誌の輝きは増した。1970年代に入ると、混乱は収拾され、*AJS*は、専門職の構造にしっかりと組み込

まれるようになった。各時代の*AJS*は、実質的にはべつものであり、それらをつなぐものは*AJS*というタイトルの連続性だけであると、アボットは主張する。*AJS*は、街を練り歩く御輿のようなものであり、担ぎ手はつぎつぎと変わり、長期的には*AJS*をとりまく担ぎ手の構造、すなわち社会学科と社会学の配置も変化していったのである。この喜劇に満ちた悲劇に何か救いがあるとすれば、今後も不意に*AJS*をとりまく社会学科と社会学の配置に変化が起こるかもしれないということである。変化のカギを握っているのは、いまや、学問分野としての社会学の動向である。

**文脈主義の再生** この混乱に満ちた話は、第7章「シカゴ学派の継続的意義」で大団円を迎える。この章でアボットは、「社会学が白けている」のは、変数パラダイムが飽和状態に達したからであると主張する。変数パラダイムに代わるものが、文脈主義パラダイムである。シカゴ学派の今日的な意義は、それが文脈主義的パラダイムの古典として解釈できるところにある。たしかに、かつてのシカゴ学派は、文脈主義的パラダイムに相応しい方法論を持ち合わせていなかった。しかし、こんにちでは、社会的空間についてはネットワーク分析、社会的時間についてはシークエンス分析のような方法が開発されている。もちろん、両者を総合するような方法に至るには、このさき長い道のりがあり、新しい発想が必要である。だが、出来事を時間的・空間的に位置づける手法が発展するにつれて、社会学は、これまでとはまったく違った思考様式に沿った発展を遂げるだろう。アボットの主張には、大言壮語の感がぬぐえないものの、興奮に満ちた語り口にはついつい引きこまれる。これまで、社会学を「白けている」か「興奮している」かを基準に評価した論者がいただろうか。

アボットの話のなかで、ふたつの事例がとりわけ私の注意をひいた。ひとつは、ダンカンの研究歴である。ダンカンといえば、ブラウとの共著『アメリカの職業構造』の著者として日本でもよく知られている。この書は、変数パラダイムの典型例とも言える地位達成研究の出発点をなす社会階層研究の古典である。私は、大学院学生時代に富永ゼミでこの本を読んだおぼえがある。そのダンカンが、じつは、ブルーマーの試験ですべて優を取ったシカゴ学派の最も優れた理解者であり、晩年に『社会測定に関する覚書』で、測定

問題に痛烈な批判を浴びせていたことを、本書で初めて知った。もうひとつは、ゾーボーの『ゴールド・コーストとスラム』である。アボットは、この書を、時間と空間の文脈性が最も高い「相互作用場」を分析しているシカゴの古典として読み直している。アボットは、学生時代にこの本を読んで、目的のわからない歴史にすぎないと感じたと述べている。第一印象は良くなかったというわけだ。私もまた、『ゴールド・コーストとスラム』は、一冊でシカゴ学派の基本概念がすべて分かる便利な本ではあるが、マウラーやキャバンやショウとマッケイが集めたデータやドキュメントを切り取ってきて、パークやバージェスやトマスの概念をつかって分析しただけの、オリジナリティのない研究であると思っていた。アボットが論じるような読み方が可能かどうか、もう一度検討してみたい。

　**結び**　このように、本書は、シカゴ社会学の歴史を扱ったものとはいえ、時系列的にエピソードが展開する歴史書ではない。第1章は、本来ならば、シカゴ社会学の歴史の先行研究を扱う位置にあるが、その位置づけを踏み越えてしまっている。第2章で、いきなり、なじみの薄い1950年代を扱っているのは、この時期に文化的実体としてのシカゴ学派が創造されたからである。シカゴ学派が構築されて初めて、アルビオン・スモールの*AJS*にさかのぼることが可能になる。*AJS*のその後の歴史は、時系列に流れるようになる。しかし、シカゴ社会学の最盛期と、先に論じた1950年代初頭のエピソードが、どこに挟まるのかを注意して読まなければならない。そして最後は、本書そのものの分析視点にもなっている文脈主義パラダイムが、社会学の未来として熱っぽく語られる。そのような意味で、本書は、アボット流の「シカゴ社会学のシカゴ社会学」であると言ってよいだろう。

　各章で紹介されるエピソードは、従来のシカゴ社会学の歴史研究では扱われてこなかったものであり、一見すると筒井康隆の『文学部唯野教授』を彷彿させるような荒唐無稽さがあるが、それでいて十分な裏付けがある。そしてエピソードの荒唐無稽さが、本書を抜群に面白くしている。この面白さをタイトルに表現したくて、あえて「シカゴ社会学百年の真相」というセンセーショナルなサブタイトルをつけた。社会学史上、神話化されている教授陣は、じつは「自分たちと同じような集団で、どこにでもある奇妙な同盟をと

訳者解説

もなった、よくある学問的争いをしているのだ」。

私は、本書を、すべての職業的社会学者と大学院学生に勧めたい。社会学者が本書の要点をつかめば、学科会議で自分たちが何をしているのか、学会誌のレフェリーを依頼されて煩わされるのはなぜなのかが、少しは分かってくるだろう。大学院学生が本書から学べば、査読雑誌に投稿して却下されるという体験や、学会事務局の手伝いを押しつけられるという体験が、何を意味しているのかを、少しは理解できるにちがいない。しかし、学部学生には読ませたくない。かれらがこの本を読んだら、大学院に進学する意欲をなくすにきまっている。

## あとがきと謝辞

原書の成立経緯が「ホラー話」であるように、この訳書の成立経緯も「ホラー話」であった。もともとは、ガンズの『都市の村人たち』の翻訳を思い立ち、ハーベスト社の小林社長にその話を持ち込んだことが発端となっている。この話が小林社長から奥田道大先生に伝わり、「ネオ・シカゴシリーズ」を出版しようということになった。これを受けて、私が、アボットの言う第三次シカゴ学派の都市コミュニティ研究をいくつか挙げたところ、奥田先生から、ぜひアボットの本書を加えてほしいとのリクエストがあった。見たところ一番厄介そうであったが、引き受けざるを得ない。当時、私は東京都立大学大学院都市科学研究科に勤務しており、たまたま修士課程を修了して、シカゴ大学社会学科の大学院に進学した中国からの留学生がいた。任 雪 飛（Ren Xuefei）である。そこで、彼女に頼んで共訳とすることにした。彼女がアボットの近くにいるというだけで、困ったときには何とかなると思ったのである。雪 飛は、脱兎のごとく訳文を仕上げ、私のところに送ってきた。私は、すぐにこの訳文を読んで手を入れることはしなかった。自分で全訳し、そのあとで対照させて、食い違いを検出し、誤訳を避けようと考えたのである。彼女が２年で仕上げたものを、私は５年かかった。その間、彼女のCVには、forthcomingとして掲載されつづけ、ときどき「いつまで近刊なの？」と催促される始末である。翻訳作業そのものはとても面白く、楽しかったが、結局、

私の訳文が仕上がったのは2010年の夏であった。その間に、雪飛はシカゴ大学で学位をとり、ミシガン州立大学の任期制の職を得、英語で自著を出版してしまった。彼女は日本語を「忘れて」しまい、この解説の冒頭にあるアボットの紹介は、彼女が英語で書いたものをもとに、私が日本語で書き直すはめになった。

　アボット教授には、この間、2回、電子メールで疑問点を問い合わせた。1回目は、雪飛をとおして、2回目は、直接に。「疑問点がこれだけなら、私はラッキーマンだ」とジョークを飛ばしながら、迅速かつ丁寧にお答えいただいた。最後に、日本語版への序文を依頼したところ、快諾され、すぐに執筆していただいた。依頼してからわずか4日の早業である。記して感謝の意を表したい。共訳者とはいえ、任雪飛にも感謝したい。彼女のリードがなければ、本書の出版はおぼつかなかった。そして、もちろん、本書の翻訳のきっかけを与えてくださった奥田道大先生には感謝の念でいっぱいである。つねに最先端を見極める先生の選書眼には恐れ入る。最後に、東日本大震災の余震に酔いながら、ややこしい原稿を組んでいただいたハーベスト社の小林達也社長に、いつもながら感謝の意を表します。

　　　　　　　　　　　　　　　　　　2011年5月1日

　　　　　　　　　　　　　　　　　　　　松本　康

# 参考文献

Abbott, A. 1988a. "Transcending General Linear Reality." *Sociological Theory* 6: 169-86.
——. 1988b. *The System of Professions*. Chicago: University of Chicago Press.
——. 1990. "Conceptions of Time and Events in Social Science Methods." *Historical Methods* 23:140-50.
——. 1991a. "History and Sociology." *Social Science History* 15:201-38.
——. 1991b. "The Order of Professionalization." *Work and Occupations* 18:355-84.
——. 1992a. "What Do Cases Do?" In *What Is a Case?* ed. C. Ragin and H. S. Becker, 53-82. Cambridge: Cambridge University Press.
——. 1992b. "From Causes to Events." *Sociological Methods and Research* 20:428-55.
——. 1993. "Measure for Measure." *Journal of Mathematical Sociology* 18:203-14.
——. 1995a. "Things of Boundaries." *Social Research* 62:857-82.
——. 1995b. "Sequence Analysis." *Annual Review of Sociology* 21:93-113.
——. 1998. "The Causal Devolution." *Sociological Methods and Research* 27:148-81.
Abbott, A., and E. Barman. 1997. "Sequence Comparison via Alignment and Gibbs Sampling." *Sociological Methodology* 27:47-87.
Abbott, A., and S. DeViney. 1992. "The Welfare State as Transnational Event." *Social Science History* 16:245-74.
Abbott, A., and A. Hrycak. 1990. "Measuring Resemblance in Sequence Data." *American Journal of Sociology* 96:144-85.
Abbott, A., and A. Tsay. 1998. "Sequence Analysis and Optimal Matching Methods in Sociology." Unpublished manuscript, Department of Sociology, University of Chicago.
Abell, P. 1987. *The Syntax of Social Life.* Oxford: Oxford University Press.
——. 1990a. "Games in Networks." *Rationality and Society* 1:259-82.
——. 1990b. "The Theory and Method of Comparative Narratives." Manuscript, University of Surrey, Department of Sociology.
——. 1993. "Some Aspects of Narrative Method." *Journal of Mathematical Sociology* 18: 93-134.
Adams, R. 1977. "An Organization and Its Uncertain Environment." M.A. thesis, University of Chicago.
Ad Hoc Committee on ASA Future Organization Trends. 1989. "The Future Organizational Trends of the ASA." *Footnotes* 17, 6:1-6.
Adler, P. A., P. Adler, and E. B. Rochford Jr. 1986. "The Politics of Participaption in Field Research." *Urban Life* 14:363-76.
Alexander, J. C. 1982. *Positivism, Presuppositions, and Current Controversies.* Berkeley: University of California Press.
Alihan, M. 1938. *Social Ecology.* New York: Columbia University Press.

Anderson, E. 1978. *A Place on the Corner.* Chicago: University of Chicago Press.
Anderson, M. 1989. "Expanding the Influence of the Statistical Association." In *Proceedings of the American Statistical Association Sesquicentennial,* 561-72. Washington, D.C.: American Statistical Association.
Anderson, N. 1923. *The Hobo.* Chicago: University of Chicago Press.(広田康生訳『ホーボー――ホームレスの人たちの社会学』(上)(下)ハーベスト社、1999-2000年)
Ashmore, H. S. 1989. *Unseasonable Truths.* Boston: Little, Brown.
Assadi, B. 1987. "The Social Construction of Knowledge." Ph.D. diss., Howard University.
Bakanic, V., C. McPhail, and R. J. Simon. 1987. "The Manuscript Review and Decision-Making Process." *American Sociological Review* 52:631-42.
――. 1989. "Mixed Messages." *Sociological Quarterly* 30:639-54.
――. 1990. "If at First You Don't Succeed." *American Sociologist* 21:373-90.
Baldwin, J. D. 1990. "Advancing the Chicago School of Pragmatic Sociology." *Sociological Inquiry* 60:115-26.
Bannister, R. C. 1987. *Sociology and Scientism.* Chapel Hill: University of North Carolina Press.
Barthes, R. 1974. *S/Z.* New York: Hill and Wang.(沢崎浩平訳『S/Z――バルザック「サラジーヌ」の構造分析』みすず書房、1973年)
Becker, H. P. 1930. "Distribution of Space in the American Journal of Sociology, 1895-1927." *American Journal of Sociology* 36:461-66.
――. 1932. "Space Apportioned Forty-eight Topics in the American Journal of Sociology, 1895-1930." *American Journal of Sociology* 38: 71-78.
Berelson, B., P. F. Lazarsfeld, and W. N. McPhee. 1954. *Voting.* Chicago: University of Chicago Press.
Berelson, B., and G. A. Steiner. 1964. *Human Behavior.* New York: Harcourt, Brace and World. (犬田充訳『行動科学――「人間」について何がわかっているか』誠信書房、1968年)
Berger, B., ed. 1990. *Authors of Their Own Lives.* Berkeley: University of California Press.
Bernard, L. L. 1909. "The Teaching of Sociology in the United States." *American Journal of Sociology* 15:164-213.
――. 1930. "Schools of Sociology." *Social Science Quarterly* 11:117-34.
Bernert, C. 1983. "The Career of Causal Analysis in American Sociology." *British Journal of Sociology* 34:230-54.
Bittner, E. 1967. "The Police on Skid Row." *American Sociological Review* 32:699-715.
Blackwell, J. E., and M. Janowitz, eds. 1974. *Black Sociologists.* Chicago: University of Chicago Press.
Blake, J. A. 1978. "The Structural Basis of Theory Production." *Quarterly Journal of Ideology* 2:2-19.
Blalock, H. 1964. *Causal Inference in Non-experimental Research.* Chapel Hill: University of North Carolina Press.

参 考 文 献

Blank, R. M. 1991. "Effects of Double-Blind versus Single-Blind Reviewing." *American Economic Review* 81:1041-67.
Blau, P. M., and O. D. Duncan. 1967. *The American Occupational Structure.* New York: Free Press.
Blumer, H. 1931. "Science without Concepts." *American Journal of Sociology* 36:515-33. (「概念なき科学」後藤将之訳、1991年所収)
——. 1939. *An Appraisal of Thomas and Znaniecki's "The Polish Peasant in Europe and America."* Bulletin 44. New York: Social Science Research Council. (「トーマスとズナニエツキ著『欧米におけるポーランド農民』の評価」後藤将之訳、1991年所収)
——. 1956. "Social Analysis and the 'Variable.'" *American Sociological Review* 21:683-90. (「社会学的分析と『変数』」後藤将之訳、1991年所収)
——.1969. *Symbolic Interactionism.* Englewood Cliffs, N.J.: Prentice-Hall. (後藤将之訳『シンボリック相互作用論』勁草書房、1991年)
Bodemann, Y. M. 1978. "A Problem of Sociological Praxis." *Theory and Society* 5:387-420.
Boelen, W. A., W. F. Whyte, A. R. Orlandella, A. J. Vidich, L. Richardson, N. K. Denzin, P. A. Adler, P. Adler, J. M. Johnson, et al. 1992. "Street Corner Society Revisited." *Journal of Contemporary Ethnography* 21:2-132.
Bogue, D. J. 1974. "Introduction." In *The Basic Writings of Ernest W Burgess,* ed. D. J. Bogue, ix-xxv. Chicago: Community and Family Studies Center.
Boorman, S. A., and H. C. White. 1976. "Social Structure from Multiple Networks II. *American Journal of Sociology* 81:1384-1446.
Breiger, R., ed. 1990. *Social Mobility and Social Structure.* Cambridge: Cambridge University Press.
Brumbaugh, A. J. 1948. *American Universities and Colleges.* 5th ed. Washington D.C.: American Council on Education.
Brunt, L. 1993. "Een stad als symbool." *Sociologische Gids* 40:440-65.
Buehler, C., G. Hesser, and A. Weigert. 1972. "A Study of Articles on Religion in Major Sociology Journals." *Journal for the Scientific Study of Religion* 11:165-70.
Bulmer, M. 1984. *The Chicago School of Sociology.* Chicago: University of Chicago Press.
——. 1985. "The Chicago School of Sociology." *History of Sociology* 5:61-77.
Bulmer, M., K. Bales, and K. K. Sklar, eds. 1991. *The Social Survey in Historical Perspective.* New York: Cambridge University Press.
Burgess, E. W. 1927. "Statistics and Case Studies as Methods of Sociological Research." *Sociology and Social Research* 12:103-10.
Burns, L. R. 1980. "The Chicago School and the Study of Organization Environment Relations." *Journal of the History of the Behavioral Sciences* 16:342-58.
Burns, T. 1996. "The Theoretical Underpinnings of Chicago Sociology in the 1920s and 1930s." *Sociological Review* 44:474-94.
Burroughs, E. R. 1920. *Thuvia, Maid of Mars.* Chicago: A. C. McClurg. (厚木淳訳『火

星の幻兵団』東京創元社、1979 年)
Burt, R. S., and P. Doreian. 1982. "Testing a Structural Model of Perception." *Quantity and Quality* 16:109-50.
Camic, C. 1995. "Three Departments in Search of a Discipline." *Social Research* 62:1003-33.
Cappell, C. L., and T. M. Guterbock. 1986. "Dimensions of Association in Sociology." *Bulletin de Méthode Sociologique* 9:23-29.
―――. 1992. "Visible Colleges." *American Sociological Review* 57:266-73.
Carey, J. 1975. *Sociology and Public Affairs*. Beverly Hills, Calif.: Sage.
Cartter, A. M. 1964. *American Universities and Colleges*. 9th ed. Washington D.C.: American Council on Education.
Cassedy, J. H. 1983. "The Flourishing and Character of Early American Medical Journalism." *Journal of the History of Medicine and Allied Sciences* 38: 135-50.
Castells, M. 1968. "Y a-t-il une sociologie urbaine?" *Sociologie du Travail* 10: 72-90. (「都市社会学は存在するか」山田操・吉原直樹・鯵坂学訳『都市社会学――新しい理論的展望』恒星社厚生閣、1982 年)
Cavan, R. S. 1928. *Suicide*. Chicago: University of Chicago Press.
Champion, D. J., and F. M. Morris. 1973. "A Content Analysis of Book Reviews in AJS, ASR, and Social Forces." *American Journal of Sociology* 78: 1256-65.
Chanfrault-Duchet, M.-F. 1995. "Biographical Research in the Former West Germany." *Current Sociology* 43:209-19.
Chang, W.-c. 1976. "Statistical Theories and Sampling Practice." In *On the History of Probability and Statistics,* ed. D. B. Owen, 299-315. New York: Marcel Dekker.
Chapoulie, J.-M. 1996. "Everett Hughes and the Chicago Tradition." *Sociological Theory* 14:3-29.
Chase, I. 1991. "Vacancy Chains." *Annual Review of Sociology* 17:133-54.
Christakes, G. 1978. *Albion W. Small*. Boston: Twayne.
Christenson, J. A., and L. Sigelman. 1985. "Accrediting Knowledge." *Social Science Quarterly* 66:964-75.
Coleman, J. S. 1961. *The Adolescent Society*. New York: Free Press.
―――. 1990. "Columbia in the 1950s." In *Authors of Their Own Lives,* ed. B. Berger, 75-103. Berkeley: University of California Press.
―――. 1992. "Sociology and the National Agenda." Paper presented at the Centennial Conference of the University of Chicago Department of Sociology, Chicago, 2 May 1992.
Coleman, J. S., E. Katz, and H. Menzel. 1966. *Medical Innovation*. Indianapolis: Bobbs-Merrill. (小口一元・宮本史郎訳『販売戦略と意思決定』ラテイス、1970 年)
Corsaro, W A., and D. R. Heise. 1990. "Event Structures from Ethnographic Data." In *Sociological Methodology,* ed. C. Clogg, 1-57. Oxford: Basil Blackwell.
Cortese, A. J. 1995. "The Rise, Hegemony, and Decline of the Chicago School of

Sociology, 1892-1945." *Social Science Journal* 32:235-54.
Coser, L. A. 1971. *Masters of Sociological Thought*. New York: Harcourt, Brace.
Cote, J.-F 1996. "Le réalisme social et l'école de Chicago." *Cahiers de Recherche Sociologique* 26:115-37.
Coulon, A. 1992. *L'école de Chicago*. Paris: PUF.
Crane, D. 1967. "The Gatekeepers of Science." *American Sociologist* 2:195-201.
Cressey, P. G. 1932. *The Taxi-Dance Hall*. Chicago: University of Chicago Press.
Cruttwell, P. [1954] 1960. *The Shakespearean Moment*. New York: Vintage.
D'Antonio, W. V. 1992. "Recruiting Sociologists in a Time of Changing Opportunities." In *Sociology and Its Publics,* ed. T. C. Halliday and M. Janowitz, 99-136. Chicago: University of Chicago Press.
Deegan, M. J. 1988. *Jane Addams and the Men of the Chicago School*. New Brunswick, N.J.: Transaction.
——. 1995. "The Second Sex and the Chicago School." In *A Second Chicago School?* ed. G. A. Fine, 322-64. Chicago: University of Chicago Press.
——. 1996. "Dear Love, Dear Love." *Gender and Society* 10:590-607.
Denzin, N. K. 1995. "Stanley and Clifford." *Current Sociology* 43:115-23.
——. 1996. "Post-pragmatism." *Symbolic Interaction* 19:61-75.
Dibble, V. 1975. *The Legacy of Albion Small*. Chicago: University of Chicago Press.
Diner, S. J. 1975. "Department and Discipline." *Minerva* 13:514-53.
Duncan, O. D. 1984. *Notes on Social Measurement*. New York: Russell Sage.
Duneier, M. 1992. *Slim's Table*. Chicago: University of Chicago Press.
Eastman, C. 1910. *Work Accidents and the Law*. New York: Charities Publications Committee.
Ebert, M. 1952. "The Rise and Development of the American Medical Periodical." *Bulletin of the Medical Library Association* 40:243-76.
Edwards, L. P. 1927. *The Natural History of Revolution*. Chicago: University of Chicago Press.
Ennis, J. G. 1992. "The Social Organization of Sociological Knowledge." *American Sociological Review* 57:259-65.
Evans, R. 1986-87. "Sociological Journals and the 'Decline' of Chicago Sociology: 1925-1945." *History of Sociology* 6-7:109-30.
Fararo, T. J., and J. Skvoretz. 1984. "Institutions as Production Systems." *Journal of Mathematical Sociology* 10:117-82.
Farber, B. 1988. "The Human Element." *Sociological Perspectives* 31:339-59.
Farber, N. 1995. "Charles S. Johnson's *The Negro in Chicago*." *American Sociologist* 26:78-88.
Faris, R. E. L. 1967. *Chicago Sociology, 1920-1932*. San Francisco: Chandler. (奥田道大・広田康生訳『シカゴ・ソシオロジー——1920-1932』ハーベスト社、1990年)
Faris, R. E. L., and H. W. Dunham. 1939. *Mental Disorders and Urban Areas*. Chicago: University of Chicago Press.
Faught, J. D. 1980. "Presuppositions of the Chicago, School in the Work of Everett

C. Hughes." *American Sociologist* 15:72-82.
Feffer, A. 1993. *The Chicago Pragmatists and American Progressivism.* Ithaca: Cornell University Press.
Fine, G. A., ed. 1995. *A Second Chicago School?* Chicago: University of Chicago Press.
Fischer, C. S. 1982. *To Dwell among Friends.* Chicago: University of Chicago Press. (松本康・前田尚子訳『友人のあいだで暮らす――北カリフォルニアのパーソナル・ネットワーク』未來社、2002年)
Fish, V. K. 1981. "Annie Marion MacLean." *Journal of the History of Sociology* 3: 43-62.
Fisher, B. M., and A. L. Strauss. 1978a. "The Chicago Tradition and Social Change." *Symbolic Interaction* 1:5-23.
――.1978b. "Interactionism." In *A History of Sociological Analysis,* ed. T. Bottomore and R. Nisbet, 457-98. New York: Basic.
――. 1979a. "George Herbert Mead and the Chicago Tradition of Sociology" (part 1). *Symbolic Interaction* 2, 1:9-26.
――. 1979b. "George Herbert Mead and the Chicago Tradition of Sociology" (part 2). *Symbolic Interaction* 2, 2:9-20.
Frazier, E. F. 1932. *The Negro Family in Chicago.* Chicago: University of Chicago Press.
Freedman, D. A. 1987. "As Others See Us." *Journal of Educational Statistics* 12:101-28, 206-23.
Freidson, E. 1986. *Professional Powers.* Chicago: University of Chicago Press.
Gans, J. S., and G. B. Shepherd. 1994. "How Are the Mighty Fallen." *Journal of Economic Perspectives* 8:165-79.
Garnett, R. 1988. "The Study of War in American Sociology." *American Sociologist* 19:270-82.
Gaziano, E. 1996. "Ecological Metaphors as Scientific Boundary Work." *American Journal of Sociology* 101:874-907.
Giddens, A. 1984. *The Constitution of Society.* Berkeley: University of California Press.
Giddings, F. H. 1901. *Inductive Sociology.* New York: Macmillan.
Glenn, N. D. 1971. "American Sociologists' Evaluation of Sixty-three Journals." *American Sociologist* 6:298-303.
――. 1976. "The Journal Article Review Process." *American Sociologist* 11:179-85.
Glock, C. Y. 1979. "Organizational Innovation for Social Science Research and Training." In *Qualitative and Quantitative Social Research,* ed. R. K. Merton, J. S. Coleman, and P. Rossi, 23-36. New York: Free Press.
Goffman, E. 1956. "Embarrassment and Social Organization." *American Journal of Sociology* 62:264-71.
Goodman, L. A. 1972. "A General Model for the Analysis of Surveys." *American Journal of Sociology* 77:1035-86.

参 考 文 献

———. 1973. "Causal Analysis of Data." *American Journal of Sociology* 78:1135-91.
Gordon, M. 1982. "Citation Ranking versus Subjective Evaluation in Determination of Journal Hierarchies in the Social Sciences." *Journal of the American Society for Information Science* 33:55-57.
Gouldner, A. 1970. *The Coming Crisis of Western Sociology.* New York: Avon. (岡田直之ほか訳、『社会学の再生を求めて』新曜社、1978年)
Grafmeyer, Y., and I. Joseph, ed. 1979. *L'école de Chicago.* Paris: Aubier.
Greenwald, M.W., and M. Anderson. 1996. *Pittsburgh Surveyed.* Pittsburgh: University of Pittsburgh Press.
Griffin, L. J. 1993. "Narrative, Event Structure Analysis, and Causal Interpretation in Historical Sociology." *American Journal of Sociology* 98:1094-1133.
Gusfield, J. 1980. "Two Genres of Sociology." In *The Rhetoric of Social Research,* ed. A. Hunter, 62-96. New Brunswick: Rutgers University Press.
———. 1992. "The Scholarly Tension." In *General Education in the Social Sciences,* ed. J. MacAloon, 167-77. Chicago: University of Chicago Press.
Habermas, J. 1971. *Knowledge and Human Interests.* Trans. J. J. Shapiro. Boston:. Beacon. (奥山次良ほか訳『認識と関心』未來社、1981年)
Halbwachs, M. 1932. "Chicago, expérience ethnique." *Annales d'Histoire Économique et Sociale* 4:11-49. (Reprinted in Grafmeyer and Joseph 1979 pp. 279-327.)
Halle, D. 1984. *America's Working Man.* Chicago: University of Chicago Press.
Hamilton, D. P. 1991. "Research Papers." *Science* 251:25.
Hammermesh, D. S. 1994. "Facts and Myths about Refereeing." *Journal of Economic Perspectives* 8:153-63.
Hammersley, M. 1989. *The Dilemma of Qualitative Method.* New York: Routledge.
Hannerz, U. 1980. *Exploring the City.* New York: Columbia University Press.
Hansen, M. H., and W.G. Madow. 1976. "Some Important Events in the Historical Development of Sample Surveys." In *On the History of Probability and Statistics,* ed. D. B. Owen, 75 -102. New York: Marcel Dekker.
Hargens, L. L. 1991. "Impressions and Misimpressions about Sociology Journals." *Contemporary Sociology* 20:343-49.
Harscheidt, M. 1989. "Biographieforschung." *Historische Sozialforschung* 14: 99-142.
Harvey, L. 1987a. *Myths of the Chicago School of Sociology.* Avebury: Aldershot.
———. 1987b. "The Nature of Schools in the Sociology of Knowledge." *Sociological Review* 35:245-78.
Heise, D. R. 1989. "Modeling Event Structures." *Journal of Mathematical Sociology* 14: 139-69.
———. 1991. "Event Structure Analysis." In *Using Computers in Qualitative Research,* ed. N. Fielding and R. Lee, 136-63. Newbury Park, Calif: Sage.
Helmes-Hayes, R. C. 1987. "A Dualistic Vision." *Sociological Quarterly* 28:387-409.
Henry, C. P. 1995. "Abram Harris, E. Franklin Frazier, and Ralph Bunche." *National*

*Political Science Review* 5:36-56.
Hiller, E. T. 1928. *The Strike.* Chicago: University of Chicago Press.
*Historical Statistics of the United States to 1970.* 1976. Washington D.C.: Government Printing Office.
Hochberg, L. 1984. "The English Civil War in Geographical Perspective." *Journal of Interdisciplinary History* 14:729-50.
Hochberg, L., and D. W Miller. n.d. "Internal Colonialism in Geographic Perspective." In *Geography of Social Change,* ed. C. Earle and L. Hochberg. Stanford: Stanford University Press. Forthcoming.
Hoyt, H. 1933. *One Hundred Years of Land Use Values in Chicago.* Chicago: University of Chicago Press.
Huber, J. 1992. "Report of the ASA Task Group on Graduate Education." Washington D.C.: American Sociological Association.
Hughes, E. C. 1928. "A Study of a Secular Institution." Ph.D. diss., University of Chicago.
Hughes, H. M. 1972. "Maid of All Work or Departmental Sister-in-Law?" *American Journal of Sociology* 78:767-72.
Irwin, M. 1956. *American Universities and Colleges.* 7th ed. Washington D.C.: American Council on Education.
Jackson, K. T. 1985. *Crabgrass Frontier.* New York: Oxford University Press.
Jackson, P. 1985. "Urban Ethnography." *Progress in Human Geography* 9: 157-76.
Jaworski, G. D. 1995. "Simmel in Early American Sociology." *International Journal of Politics* 1995:489-17.
——. 1996. "Park, Doyle, and Hughes." *Sociological Inquiry* 66:160-74.
Jazbinsek, D., and R. Thies. 1997. "Grossstadt Dokumente." *Schriftenreihe der Forschungsgruppe "Metropolenforschung"* FSII:96-501. Berlin: WZB.
Joas, H. 1993. *Pragmatism and Social Theory.* Chicago: University of Chicago Press.
Karesh, M. 1995. "The Interstitial Origins of Symbolic Consumer Research." M. A. thesis, University of Chicago, Department of Sociology.
Katz, E., and P. F. Lazarsfeld. 1955. *Personal Influence.* New York: Free Press. (竹内郁郎訳『パーソナル・インフルエンス——オピニオン・リーダーと人びとの意思決定』培風館、1965年)
Kempthorne, O. 1976. "The Analysis of Variance and Factorial Design." In *On the History of Probability and Statistics,* ed. D. B. Owen, 29-54. New York: Marcel Dekker.
Kinloch, G. C. 1988. "American Sociology's Changing Interests as Reflected in Two Leading Journals." *American Sociologist* 19:181-94.
Kornblum, W., and V. W. Boggs. 1986. "42d Street." *Social Policy* 17:26-27.
Kuklick, H. 1980. "Chicago Sociology and Urban Planning Policy." *Theory and Society* 9:821-45.
Kurent, H. P. 1982. "Frances R. Donovan and the Chicago School of Sociology." Ph. D. diss., University of Maryland.

Kurtz, L. R. 1984. *Evaluating Chicago Sociology.* Chicago: University of Chicago Press.
Lal, B. B. 1990. *The Romance of Culture in an Urban Civilization.* London: Routledge.
LaPerrière, A. 1982. "Pour une construction empirique de la théorie." *Sociologie et Sociétés* 14:31-41.
Lauer, R. H. 1976. "Defining Social Problems." *Social Problems* 24:122-30.
Laumann, E. O., and D. Knoke. 1987. *The Organizational State.* Madison: University of Wisconsin Press.
Lazarsfeld, P. F., B. Berelson, and H. Gaudet. [1944] 1968. *The People's Choice.* New York: Columbia University Press. (有吉広介監訳『ピープルズ・チョイス——アメリカ人と大統領選挙』芦書房、1987年)
Lazarsfeld, P. F., and M. Rosenberg. 1955. *The Language of Social Research.* New York: Free Press.
Lebas, E. 1982. "Urban and Regional Sociology in Advanced Industrial Societies." *Current Sociology* 30:1-264.
Lengermann, P. M. 1979. "The Founding of the American Sociological Review." *American Sociological Review* 44:185-98.
——. 1988. "Robert E. Park and the Theoretical Content of Chicago Sociology." *Sociological Inquiry* 58:361-77.
Levine, D. 1981. "A Sense of Unease." Draft manuscript, University of Chicago, Department of Sociology.
Lewis, J. D., and R. L. Smith. 1980. *American Sociology and Pragmatism.* Chicago: University of Chicago Press.
Lincourt, J. M., and P. H. Hare. 1973. "Neglected American Philosophers in the History of Symbolic Interactionism." *Journal of the History of the Behavioral Sciences* 9:333-38.
Lindner, R. 1993. "Literature and Sociology." *Sociologische Gids* 40:4-19.
——. [1990] 1996. *The Reportage of Urban Culture.* Cambridge: Cambridge University Press. First published as *Die Entdeckung der Stadtkultur.* Frankfurt: Suhrkamp.
Lindstrom, F. B., and R. A. Hardert, eds. 1988. "Kimball Young on the Chicago School." *Sociological Perspectives* 31:298-314.
Lipset, S. M. 1960. *Political Man.* New York: Doubleday. (内山秀夫訳『政治のなかの人間——ポリティカル・マン』東京創元新社、1963年)
Lofland, L. 1980. "Reminiscences of Classic Chicago." *Urban Life* 9:251-81.
——. 1983. "Understanding Urban Life." *Urban Life* 11:491-511.
Logan, J. R. 1988. "Producing Sociology." *American Sociologist* 19:167-80.
Logan, J. R., and H. L. Molotch. 1987. *Urban Fortunes.* Berkeley: University of California Press.
Lorrain, F., and H. C. White. 1971. "The Structural Equivalence of Individuals in Social Networks." *Journal of Mathematical Sociology* 1:49-80.
Lundberg, G. A. 1929. *Social Research.* New York: Longmans. (福武直・安田三郎訳

『社会調査』東京大学出版会、1952年)
Lynd, R. S., and H. M. Lynd. 1929. *Middletown*. New York: Harcourt, Brace and World. (中村八朗訳『ミドゥルタウン』青木書店、1990年)
MacAloon, J. J., ed. 1992. *General Education in the Social Sciences*. Chicago: University of Chicago Press.
Mackie, M. 1977. "Professional Women's Collegial Relations and Productivity." *Sociology and Social Research* 61:277-93.
——. 1985. "Female Sociologists' Productivity, Collegial Relations, and Research Style Examined through Journal Publications." *Sociology and Social Research* 69:189-209.
Maines, D. R. 1989. "Repackaging Blumer." *Studies in Symbolic Interaction* 10:383-413.
——. 1993. "Narrative's Moment and Sociology's Phenomena." *Sociological Quarterly* 34:17-38.
Maines, D. R., J. C. Bridges, and J. T. Ulmer. 1996. "Mythic Facts and Park's Pragmatism." *Sociological Quarterly* 37:521-49.
Marini, M. M., and B. Singer. 1988. "Causality in the Social Sciences." In *Sociological Methodology,* ed. C. Clogg, 347-409. Washington, D.C.: American Sociological Association.
Marquand, J. P. 1949. *Point of No Return*. Boston: Little, Brown.
Marsden, P. V., and N. Lin. 1982. *Social Structure and Network Analysis*. Beverly Hills, Calif.: Sage.
Marsh, C. S. 1936. *American Universities and Colleges*. 3d ed. Washington D.C.: American Council on Education.
Matthews, F. H. 1977. *The Quest for an American Sociology*. Montreal: McGill-Queens University Press.
——. 1985. "Ontology and Chicago Sociology." *Philosophy of the Social Sciences* 15:197-203.
Matza, D. 1969. *Becoming Deviant*. Englewood Cliffs, N.J.: Prentice-Hall.
McAdam, D., J. D. McCarthy, and M. N. Zald. 1988. "Social Movements." In *Handbook of Sociology,* ed. N. Smelser, 695-737. Newbury Park, Calif.: Sage.
McCracken, J. H. 1932. *American Universities and Colleges*. Washington, D.C.: American Council on Education.
McNeill, W. H. 1991. *Hutchins' University.* Chicago: University of Chicago Press.
Meltzer, B. N., J. W. Petras, and L. T. Reynolds. 1975. *Symbolic Interactionism.* Boston: Routledge and Kegan Paul.
Merton, R. K. 1948. "Response." *American Sociological Review* 13:164-68.
Meyer, J. W., and B. Rowan. 1977. "Institutionalized Organizations." *American Journal of Sociology* 83:340-63.
Michaels, J. W., and J. M. Pippert. 1986. "Social Science Journal Characteristics and Journal Citation Measures." *Social Science Journal* 23:33-42.
Miller, Z. L. 1992. "Pluralism, Chicago School Style." *Journal of Urban History* 18:251-79.

Mills, C. W. 1943. "The Professional Ideology of the Social Pathologists." *American Journal of Sociology* 49:165-80.
——. 1959. *The Sociological Imagination*. London: Oxford University Press. (鈴木広訳『社会学的想像力』紀伊國屋書店、1965年)
Mowrer, E. 1927. *Family Disorganization*. Chicago: University of Chicago Press.
Murray, S. O. 1988. "The Reception of Anthropological Work in Sociology Journals." *Journal of the History of the Behavioral Sciences* 24:135-51.
Neyman, J. 1934. "On the Two Different Aspects of Representative Method." *Journal of the Royal Statistical Society* 97:558-606.
Niemeyer, H. 1989. "Die Biographie." *Sociologia Internationalis* 27: 89-97.
Nisbet, R. 1966. *The Sociological Tradition*. New York: Basic. (中久郎監訳『社会学的発想の系譜』アカデミア出版会、1975-77年)
Oberschall, A. 1972. *The Establishment of Empirical Sociology*. New York: Harper.
Ogburn, W. F. [1912] 1964. "Progress and Uniformity in Child Labor Legislation." In *W. F. Ogburn on Culture and Social Change*, ed. O. D. Duncan, 110-30. Chicago: University of Chicago Press.
Ohm, R. M. 1988 "The Continuing Legacy of the Chicago School." *Sociological Perspectives* 31:360-76.
Oromaner, M. 1980. "Influentials in Textbooks and Journals, 1955 and 1970." *American Sociologist* 15:169-74.
"Organization of the American Sociological Society." 1906. *American Journal of Sociology* 9:535-69, 681-82.
Owen, D. B., ed. 1976. *On the History of Probability and Statistics*. New York: Marcel Dekker.
Padgett, J. F. 1981. "Hierarchy and Ecological Control in Federal Budgetary Decision-Making." *American Journal of Sociology* 87:75-129.
Padgett, J. F., and C. K. Ansell. 1993. "Robust Action and Party Formation in Renaissance Florence." *American Journal of Sociology* 98:1259-1319.
Page, C. H. 1981. "The American Sociological Review, 1958-1960. *American Sociologist* 16:43-47.
Park, R. E. 1925: "The City." In *The City*, ed. R. E. Park, E. W. Burgess, and R. D. McKenzie, 1-46: Chicago: University of Chicago Press. (松本康訳「都市——都市環境における人間行動研究のための提案」松本康編訳『セレクション都市社会学 1』日本評論社、2011年)
Park, R. E., and E. W. Burgess. [1921] 1970. *Introduction to the Science of Sociology*. Chicago: University of Chicago Press.
Parsons, T. [1939] 1954. "The Professions and Social Structure." In *Essays in Sociological Theory*, 34-49. New York: Free Press.
——. 1948. "The Position of Social Theory." *American Sociological Review* 13:156-64.
——.1959. " 'Voting' and the Equilibrium of the American Political System." In *American Voting Behavior*, ed. E. Burdick and A. J. Roderick, 80-120. Glencoe, Ill.: Free Press.

Pennef, J. 1990. *La méthode biographique.* Paris: Armand Colin.
Persons, S. 1987. *Ethnic Studies at Chicago.* Urbana: University of Illinois Press.
Peters, C. B. 1976. "Multiple Submissions." *American Sociologist* 11:165-79.
Pfautz, H. W., and O. D. Duncan. 1950. "A Critical Evaluation of Warner's Work in Community Stratification." *American Sociological Review* 15:205-15.
Platt, A. 1991. *E. Franklin Frazier Reconsidered.* New Brunswick: Rutgers University Press.
Platt, J. 1992. "Acting as a Switchboard." *American Sociologist* 23, 3:23-36.
——. 1994. "The Chicago School and Firsthand Data." *History of the Human Sciences* 7:57-80.
——. 1995. "Research Methods and the Second Chicago School." In *A Second Chicago School?* ed. G. A. Fine, 82-107. Chicago: University of Chicago Press.
——. 1996. *A History of Sociological Research Methods in America.* Cambridge: Cambridge University Press.
Plummer, K., ed. 1997. *The Chicago School: Critical Assessments.* London: Routledge.
Ragin, C. C. 1987. *The Comparative Method.* Berkeley: University of California Press.(鹿又伸夫監訳『社会科学における比較研究——質的分析と計量的分析の統合にむけて』ミネルヴァ書房、1993年)
Raushenbush, R. E. 1979. *Robert E. Park.* Durham: Duke University Press.
Reckless, W. 1933. *Vice in Chicago.* Chicago: University of Chicago Press.
Reinharz, S. 1995. "The Chicago School of Sociology and the Founding of the Graduate Program in Sociology at Brandeis University." In *A Second Chicago School?* ed. G. A. Fine, 273-321. Chicago: University of Chicago Press.
Reynolds, M. 1995. *From Gangs to Gangsters.* Guilderland, N.Y.: Harrow and Heston.
Rhoads, S. E. 1978. "Economists and Policy Analysts." *Public Administration Review* 38:112-20.
Richardson, L. 1990. "Narrative and Sociology." *Journal of Contemporary Ethnography* 19:116-35.
Riesman, D. 1990. "Becoming an Academic Man." In *Authors of Their Own Lives,* ed. B. M. Berger, 33-74. Berkeley: University of California Press.
——. 1992. "My Education in Soc 2 and My Efforts to Adapt It in the Harvard Setting." In *General Education in the Social Sciences,* ed. J. J. MacAloon, 178-216. Chicago: University of Chicago Press.
Ritzer, G. 1988. *Contemporary Sociological Theory.* New York: Knopf.
Robertson, D. A. 1928. *American Universities and Colleges.* Washington, D.C.: American Council on Education.
Robinson, W. S. 1950. "Ecological Correlations and the Behavior of Individuals." *American Sociological Review* 15:351-57.
Rock, P. 1979. *The Making of Symbolic Interactionism.* Totowa, N.J.: Rowman and Littlefield.

Rodell, F. 1936. "Goodbye to Law Reviews." *Virginia Law Review* 23:38-45.
Roos, P. A., and K. W. Jones. 1993. "Shifting Gender Boundaries." *Work and Occupations* 20:395-428.
Ross, D. 1991. *The Origins of American Social Science.* Cambridge: Cambridge University Press.
Salerno, R. A. 1987. *Louis Wirth.* New York: Greenwood.
Satzewich, V. 1991. "Aboriginal Peoples in Canada." *Innovation* 4:183-302.
Schwendinger, H., and J. R. Schwendinger. 1974. *The Sociologists of the Chair.* New York: Basic.
Scott, W. R., and J. W. Meyer. [1983] 1991. "The Organization of Societal Sectors." In *The New Institutionalism in Organizational Analysis,* ed. W. W. Powell and P. J. DiMaggio, 108-40. Chicago: University of Chicago Press.
Senders, J. 1976. "The Scientific Journal of the Future." *American Sociologist* 11:160-64.
Shanas, E. 1944. "The *American Journal of Sociology* through Fifty Years." *American Journal of Sociology* 50:522-33.
Shaw, C. R. [1930] 1966. *The Jackroller.* Chicago: University of Chicago Press. (玉井眞理子・池田寛訳『ジャック・ローラー──ある非行少年自身の物語』東洋館出版社、1998年)
Shaw, C. R., and H. D. McKay. 1942. *Juvenile Delinquency and Urban Areas.* Chicago: University of Chicago Press.
Shils, E. 1948. *The Present State of American Sociology.* Glencoe, Ill.: Free Press.
──. 1991. "Ernest Watson Burgess." In *Remembering the University of Chicago,* ed. E. Shils, 3-14. Chicago: University of Chicago Press.
Short, J. F. 1971. *The Social Fabric of the Metropolis.* Chicago: University of Chicago Press.
Sibley, E. 1963. *The Education of Sociologists in the United States.* New York: Russell Sage.
Skocpol, T. 1979. *States and Social Revolutions.* Cambridge: Cambridge University Press.
Skura, B. 1976. "Constraints on a Reform Movement." *Social Problems* 24:15-36.
Small, A. W. 1905. *General Sociology.* Chicago: University of Chicago Press. (高畠素之訳『社会学思想の人生的価値』新潮社、1925年)
──. 1910. *The Meaning of Social Science.* Chicago: University of Chicago Press.
──. 1916. "Fifty Years of Sociology in the United States." *American Journal of Sociology* 21:721-864.
Smith, D. 1988. *The Chicago School.* New York: St. Martin's.
Smith, W. D. 1979. "The Emergence of German Urban Sociology." *Journal of the History of Sociology* 1:1-16.
Snizek, W. E. 1984. "Casting the First Rock." *Scientometrics* 6:215-22.
Snizek, W. E., C. J. Dudley, and J. E. Hughes. 1982. "The Second Process of Peer Review." *Scientometrics* 4:417-30.
"Social Scientist David Riesman." 1954. *Time* 64 (27 September): 22-25.

Stacey, J., and B. Thorne. 1985. "The Missing Feminist Revolution in Sociology." *Social Problems* 32:301-16.
Stigler, S. M. 1986. *The History of Statistics.* Cambridge: Harvard University Press.
Storr, R. J. 1966. *Harper's University.* Chicago: University of Chicago Press.
Stouffer, S. A. 1930. "An Experimental Comparision of Statistical and Case History Methods of Attitude Research." Ph.D. diss., University of Chicago.
———. 1950. "Some Observations on Survey Design." *American Sociological Review* 15:355-61.
Stouffer, S. A., E. A. Suchman, L. C. DeVinney, S. A. Star, and R. M. Williams Jr. 1949. *The American Soldier.* Princeton: Princeton University Press.
Strauss, A. 1996. "A Partial Line of Descent." *Studies in Symbolic Interaction* 20:3-22.
Szreter, R. 1983. "Writings and Writers on Education in British Sociology Periodicals, 1953-1979." *British Journal of the Sociology of Education* 4:155-68.
Teevan, J. J. 1980. "Journal Prestige and Quality of Sociological Articles." *American Sociologist* 15:109-12.
Thomas, J. 1983a. "Chicago Sociology." *Urban Life* 11:387-95.
———. 1983b. "Towards a Critical Ethnography." *Urban Life* 11:477-90.
Thomas, W. I., and E Znaniecki. 1918-20. *The Polish Peasant in Europe and America.* 5 vols. Chicago: University of Chicago Press; Boston: R. G. Badger. (桜井厚訳『生活史の社会学――ヨーロッパとアメリカにおけるポーランド農民』御茶の水書房、1983年〔部分訳〕)
Thrasher, F. M. 1927. *The Gang.* Chicago: University of Chicago Press.
Tiryakian, E. 1979. "The Significance of Schools in the Development of Sociology." In *Contemporary Issues in Theory and Research,* ed. W. E. Snizek, E. R. Fuhrman, and M. K. Miller, 211-33. Westport, Conn.: Greenwood.
Tolman, F. 1902-3. "The Study of Sociology in Institutions of Learning in the United States" (parts 1-4). *American Journal of Sociology* 7:797-838, 8:85-121, 8:251-72, 8:531-58.
Traxler, R. H. 1976. "A Snag in the History of Factorial Experiments." In *On the History of Probability and Statistics,* ed. D. B. Owen, 283-95. New York: Marcel Dekker.
Tuma, N. B., and M. T. Hannan. 1984. *Social Dynamics.* Orlando, Fla.: Academic.
Tuma, N. B., M. T. Hannan, and L. P. Groenveld. 1979. "Dynamic Analysis of Event Histories." *American Journal of Sociology* 84:820-54.
Turner, R. H. 1988. "Collective Behavior without Guile." *Sociological Perspectives* 31:315-24.
Turner, S. P., and J. H. Turner. 1990. *The Impossible Science.* Newbury Park, Calif.: Sage.
Van Delinder, J. 1991. "Streetcorner Sociology." *Mid-America Review of Sociology* 15:59-69.
Verhoeven, J. C. 1993. "An Interview with Erving Goffman, 1980." *Research on*

*Language and Social Interaction* 26:317-48.
Wacker, R. F. 1983. *Ethnicity, Pluralism, and Race.* Westport, Conn.: Greenwood.
——. 1995. "The Sociology of Race and Ethnicity in the Second Chicago School." In *A Second Chicago School?* ed. G. A. Fine, 136-63. Chicago: University of Chicago Press.
Wallerstein, I. 1974. *The Modern World-System.* New York: Academic.（川北稔訳『近代世界システム』名古屋大学出版会、1993年）
Ward, K. B., and L. Grant. 1985. "The Feminist Critique and a Decade of Published Research in Sociology Journals." *Sociological Quarterly* 26:139-57.
Wellman, B., and S. D. Berkowitz. 1988. *Social Structures.* Cambridge: Cambridge University Press.
White, H. C. 1970. *Chains of Opportunity.* Cambridge: Harvard University Press.
——. 1992. *Identity and Control.* Princeton: Princeton University Press.
White, H. C., S. A. Boorman, and R. L. Breiger. 1976. "Social Structure from Multiple Networks." *American Journal of Sociology* 81:730-80.
Wilcox, C. 1997. "Encounters with Modernity." Ph.D. diss., University of Michigan.
Winkin, Y. 1988. *Les moments et leurs hommes.* Paris: Seuil.
Wirth, L. 1928. *The Ghetto.* Chicago: University of Chicago Press.（今野敏彦訳『ゲットー——ユダヤ人と疎外社会』マルジュ社、1981年）
Wright, R. 1945. "Introduction." In *Black Metropolis,* by St. C. Drake and H. Cayton, xvii-xxxiv. New York: Harcourt Brace.
Young, A. A. 1994. "The 'Negro Problem' and the Character of the Black Community." *National Journal of Sociology* 7:95-133.
Yu, H. 1995. "Thinking about Orientals." Ph.D. diss., Princeton University.
Zorbaugh, H. W. 1929.*The Gold Coast and the Slum.* Chicago: University of Chicago Press.（吉原直樹ほか訳『ゴールド・コーストとスラム』ハーベスト社、1997年）

# 索引

＊本書で少しでも言及した人びとの数はほとんど 1000 人になる。私は、数回出現したか、かなり論じた人びとの名前に限って索引に掲載した。

## ア行

アカ狩り red-baiting　　69
アボット、アンドリュー Abbott, Andrew　　272, 293-94
『アメリカ社会学雑誌』*American Journal of Sociology*　　アメリカ社会学会、シカゴ大学出版会も見よ
　　と学問分野 and discipline　　172-73, 183, 216, 241-44
　　と学科 and department　　126-27, 174-76, 242-43
　　寄稿者 contributors　　122-27, 170-76, 216-17
　　　　の感情 emotions of　　207-11, 226-32
　　研究ノート research notes　　224
　　原稿の依頼 solicitation of manuscripts　　128, 130, 168, 190
　　原稿の流れ manuscript flow　　164-66, 176, 180, 187, 203-7, 222-25, 229, 238
　　原稿料 payment for manuscripts　　129-30
　　顧問編集者 consulting editors　　144, 147, 154, 156, 164-65, 190, 193, 195, 202, 206, 224-25, 227
　　財務 finances　　135-37, 146, 149-51, 152-54, 156-57, 179-80, 238-39
　　査読 refereeing　　162-68, 170, 193-97, 204-12, 223, 231
　　　　の教育機能 teaching function of　　211-12, 237
　　　　の道徳的構造 moral structure of　　164-65, 169, 207-14, 226, 230-31, 235, 238, 242
　　査読者 referees
　　　　の感情 emotions of　　211-13, 233-35
　　　　の訓練 disciplining of　　211-14, 225, 231, 234, 237
　　　　の源泉 sources of　　208, 237-38
　　　　の年齢 age of　　206, 225
　　とシカゴ大学出版会 and University of Chicago Press　　132-38, 147-54, 205, 238-40
　　書評 book reviews　　167-68, 189-90, 217-18
　　中核的な寄稿者 core contributors　　121-24, 170-76
　　投稿 submission　　127-29, 168-70, 189
　　投稿料 manuscript fees　　222
　　特集 special issues　　176-80, 218-19
　　内容 content　　131-32
　　販売促進 promotion　　132, 181, 239
　　部数と定期購読者 circulation and subscriptions　　133-36, 147, 153-54, 180-81, 199
　　編集委員会 editorial board　　138, 151, 158, 160, 192, 199, 202, 206, 243

索引

　　　編集業務 office routines　　159-61, 166-68, 190-91, 199, 202-5, 207, 224
　　　編集権 editorship　　157-59, 188, 190-93, 197-98, 207, 213, 221-22, 230
　　　編集事務長 managing editorship　　159-62, 190, 198-202
　　　編集方針 editorial policies　　120-22, 127-31, 155, 189-91, 199-202, 235-37
　　　補助金 subsidy　　135, 147, 150
　　　補足 supplements　　180
　　　門前払い prejection　　204, 223
　　　における「理論のかき混ぜ」"theory churning" in　　224, 232, 237
　　　論文の長さ article length　　205, 223-24
　　　論文の面白さ interest of papers in　　210, 214-16, 213, 235-36, 243-44
『アメリカ社会学評論』American Sociological Review　　107, 144-57, 176, 177, 183, 185,
　　　　　187, 194, 197, 205, 217-18, 222, 228, 237, 247, 252
　　　財務 finances　　152, 239
アメリカ社会学会 American Sociological Association　　106-7, 133-34, 137-38, 142-52,
　　　　　167, 186, 195, 199, 203, 213, 222, 225-26, 239-40, 253, 260-61
　　　会員 membership　　118-19, 167, 186, 203
　　　　シカゴ大学出版会との契約 contract with University of Chicago Press　　133,
　　　　　147-50
　　　創設 founding　　118
アリハン、ミラ Alihan, Milla　　11
アルヴァクス、モーリス Halbwachs, Maurice　　11, 178
アンダーソン、C・アーノルド Anderson, C. Arnold　　197-203, 206-10, 216-19, 222
アンダーソン、ネルズ Anderson, Nels　　7, 27, 267, 269
因果関係 causality　　275, 278-79, 285, 287-90, 295-96　　理論的概念も見よ
ウィリアムズ、ジョセフィン Williams, Josephine　　54, 59, 87
ウィルソン、ウィリアム・ジュリアス Wilson, William Julius　　186, 199, 221
ウィレンスキー、ハロルド Wilensky, Harold　　50, 54, 259
ウォーナー、W・ロイド Warner, W. Lloyd　　35-36, 48, 52-54, 57, 61, 64, 68, 71, 77-78,
　　　　　81, 85, 90-91, 93, 96, 101-4, 142, 160
エイベル、ピーター Abell, Peter　　265, 293-96
エドワーズ、リフォード Edwards, Lyford　　7, 267
オーダム、ハワード Odum, Howard　　167, 276
オグバーン、ウィリアム・F Ogburn, William F.　　36, 48, 57-58, 60, 69, 71, 87, 99, 141,
　　　　　151, 155, 158-160, 162-64, 167, 171, 182, 185, 276, 281, 290, 296

カ行
科学の学派 schools of science　　28, 47, 86-88, 90, 300
学問的コミュニケーションの様式 modes of scholarly communication　　248, 250
過剰な出版 excessive publication　　256
カッツ、エリフ Katz, Elihu　　50, 76, 78, 82
過程主義 processualism　　18
ギディングズ、フランクリン Giddings, Franklin　　7, 130, 276-78, 288
客体化 objectification　　101, 105　　理論的概念も見よ

*345*

キャリー、ジェームズ Carey, James　　13, 40
共振 resonance　　300-1
キンプトン、ローレンス Kimpton, Lawrence　　52, 56, 67, 70-71, 74, 79-81, 84
グッドマン、レオ・A Goodman, Leo A.　　26, 49, 63, 78-79, 82, 84, 172, 186, 221
グロジンズ、モートン Grodzins, Morton　　56, 74
系譜 lineage　　3, 112, 131, 139, 240-41, 243-45, 299-302　理論的概念も見よ
計量社会学 quantitative sociology　　76, 107, 113, 145, 162-63, 187, 232, 281-82
経歴概念 career concept　　268
ゴールドハマー、ハーバート Goldhamer, Herbert　　50, 58, 72
コールマン、ジェームズ・S Coleman, James S.　　26, 50, 82, 108, 186, 199, 221, 260, 266, 282, 286-87
コーンブラム、ウィリアム Kornblum, William　　83, 199
ゴッフマン、アーヴィング Goffman, Erving　　37, 259, 262
コロンビア Columbia　　12-13, 25, 27, 50, 57, 73, 76, 82, 85, 90, 93, 107-8, 120, 122, 124, 141, 175, 185-86, 286, 289

サ行

サトルズ、ジェラルド Suttles, Gerald　　83, 186, 199
サピア、エドワード Sapir, Edward　　169, 177-78
サンプリング sampling　　282-89
シーウェル、ウィリアム・H Sewell, William H.　　63, 67, 73
シークエンス分析 sequence analysis　　294
シカゴ大学 University of Chicago
　　家族研究センター Family Studies Center　　54
　　カレッジ College　　51-53
　　労使関係センター Industrial Relations Center　　54
　　シカゴ・コミュニティ資料室 Chicago Community Inventory　　55, 64, 78
　　社会科学部（モートン・グロジンズ、チャウンシー・ハリス、ラルフ・テイラーも見よ）Division of Social Sciences　　17, 51
　　社会学科 Department of Sociology
　　　　と *AJS* and *AJS*　　126-27, 174-76, 242-43
　　　　学科スタッフ department staff　　48-50, 141-42, 185-86
　　　　学科長 chairmanship　　61, 66-68, 70, 77-79, 81
　　　　における個人的関係 personal relations in　　48, 58, 61, 74-75, 78-79, 95, 145, 161
　　　　雇用 hiring　　49-50, 57, 59, 62-63, 67, 73-75, 81
　　　　自己評価研究、1951-52年 self study of, 1951-52　　48, 62, 86-106
　　　　の島国根性 insularity of　　56-57, 59, 65, 67, 72-73
　　　　社会研究学会 Society for Social Research　　25, 181
　　　　折衷主義 eclecticism　　72-73, 278
　　　　予備試験 preliminary examination　　72
　　　　の両極化 polarization of　　66, 68-71, 75-81, 84, 95
　　社会思想委員会 Committee on Social Thought　　57, 73

索　　引

　　　　　出版会 Press　　　132-38, 146-54, 158, 205, 219, 240
　　　　　　　　社会学シリーズ Sociological Series　　41, 180
　　　　　全国世論調査会社（NORC）National Opinion Research Corporation (NORC)
　　　　　　　　53-55, 64, 72-73, 77-78, 82, 106, 186
　　　　　図書館 Library　　48, 135
　　　　　　　　人間発達委員会 Committee on Human Development (HD)　　54, 68, 77
市場調査 market research　　106, 282, 296
自然史 natural history　　267-69
自然地域 natural area　　269-70
実証主義 positivism　　12, 292, 298
シブタニ、タモツ Shibutani, Tamotsu　　37, 50, 58
シムズ、ニューウェル Sims, Newell　　148-50
ジャーナリズム journalism　　21
　　　　　医療 medical　　120
社会改革と進歩主義 social reform and progressivism　　19, 34, 42-43, 117, 133-34, 143,
　　　　　　　276-78, 301
社会解体 social disorganization　　270
社会学 sociology
　　　　　学問分野としての as discipline　　106-7, 113, 117-20, 134, 139-43, 150, 154,
　　　　　　　186-87, 232, 240-42, 260-63
　　　　　学問分野の人口学 disciplinary demography　　113, 126, 226-27, 229
　　　　　教科書 textbooks　　12
　　　　　と宗教 and religion　　116-17, 132-34
　　　　　の定義 definition of　　65, 90-93, 99
　　　　　の同質化 homogenization of　　261-62
　　　　　における分派主義 factionalism in　　260-61
社会学者のパーソナリティ personalities of sociologists　　14, 34-39
社会学の専門雑誌 sociology journals　　185, 187, 194, 225-26, 232-33, 245-57
　　　　　における共著 coauthorship in　　228
　　　　　原稿の勧誘 manuscript solicitation for　　228, 234
　　　　　における公平さ equity in　　245-47
　　　　　査読 refereeing　　212, 253-54,『アメリカ社会学雑誌』、査読も見よ
　　　　　　　　の教育機能 teaching function of　　254
　　　　　　　　査読者の源泉 sources of referees　　254-55
　　　　　の質 quality of　　247
　　　　　からの執筆者の逃亡 author flight from　　191-92, 214-15, 226-28, 247-49
　　　　　の創刊 foundings of　　142-43, 180, 187, 251, 254
　　　　　とテニュア and tenure　　229, 253-54
　　　　　の同質化 homogenization of　　247, 252
　　　　　特集 special issues　　228
　　　　　編集の定型業務 editorial routines　　249-50
　　　　　における「理論のかきまぜ」"theory churning" in　　224, 232, 237
　　　　　論文の面白さ interest of papers in　　210, 214-16, 231-32, 243, 252, 255

*347*

社会学理論と理論家 sociological theory and theorists　　65, 73, 262, 273-75, 278, 290, 293-94
社会心理学 social psychology　　8, 17, 50, 58, 82, 89, 92-101, 104, 145
社会組織 social organization　　82, 89, 92, 102-4, 145
社会調査 social surveys　　19-20, 52, 276-78
社会的実体 social entity　　1, 2, 7, 41-45, 86-88, 90-92, 96, 109-112, 115, 240-45, 299-302 理論的概念も見よ
社会問題研究学会 Society for the Study of Social Problems　　15, 107
シャナス、エセル Shanas, Ethel　　54, 158-59, 172
ジャノウィッツ、モリス Janowitz, Morris　　14, 25-26, 36-39, 51, 72, 76, 83, 87, 186, 198-202, 221, 259, 301
シュウェンディンガー、ジュリア Schwendinger, Julia　　15
シュウェンディンガー、ハーマン Schwendinger, Herman　　15
宗教 religion　　116-17, 132-33
修正論 revisionism　　21-22, 40-41
主観主義 subjectivism　　281
ショート、ジェームズ Short, James　　14, 25, 40, 82
ジョンズ・ホプキンズ大学 Johns Hopkins University　　117, 124
シルズ、エドワード Shils, Edward　　37, 50-53, 57, 73, 82, 148, 186
人種と民族 race and ethnicity　　31-33
シンボリック相互作用論 symbolic interactionism　　16-17, 30, 42, 96, 266
ジンメル、ゲオルク Simmel, Georg　　25, 121, 279
人類学 anthropology　　9, 21, 50, 102-3, 118, 155
ストウファー、サミュエル・A Stouffer, Samuel A.　　67, 107, 141, 160, 164, 185, 283-84, 288-89, 296
ストラウス、アンセルム Strauss, Anselm　　37, 50, 74, 78-82, 105, 108, 172, 188
スパイア、ハンス Speier, Hans　　59, 74, 178
スミス、デニス Smith, Dennis　　15, 20, 41
スミス、リチャード Smith, Richard　　16, 40
スモール、アルビオン・ウッドバリー Small, Albion Woodbury　　14, 35, 38, 87, 104, 112-18, 120-32, 137, 138, 141, 157-59, 168, 171, 240-41, 259, 279
スラッシャー、フレデリック Thrasher, Frederic　　267, 274
生態学 ecology　　8-11, 23, 99, 145, 270, 278, 287
正統性 orthodoxy　　232-33
専門職 professions　　272
相互作用場 interactional field　　268, 271-72, 291-92
相互作用論 interactionism　　17-18, 22
相対主義 relativism　　100
ゾーボー、ハーヴェイ Zorbaugh, Harvey　　7, 267, 268, 271-72

タ行
ダンカン、オティス・ダッドレイ Duncan, Otis Dudley　　26-27, 50, 56, 58-59, 62-64, 68, 72, 78-80, 89, 98-99, 102, 105, 108, 172, 232, 262, 286, 290

索引

チェイピン、F・スチュアート Chapin, F. Stuart　　171, 181, 276
ディーガン、メアリー・ジョー Deegan, Mary Jo　　19, 21, 24, 29, 33-35, 41
デイヴィス、キングスレー Davis, Kingsley　　67-68, 72-73
デイヴィス、ジェームズ・A Davis, James A.　　82, 172, 186
ディクソン・マリーン Dixon, Marlene　　186, 199, 202
ディブル、ヴァーノン・K Dibble, Vernon K.　　35, 82
テイラー、ラルフ Tyler, Ralph　　54, 56, 61, 66-68, 80, 84
ティリヤキアン、エドワード Tiryakian, Edward　　28-29
伝記分析 biographical analysis　　34, 37
都市社会学 urban sociology　　8, 18-20, 30-31, 266
トマス、ウィリアム・アイザック Thomas, William Isaac　　7, 12-14, 88, 104, 121, 125-26, 141, 178, 263, 279
トロツキー、レオン Trotsky, Leon　　171

ナ行
ネイマン、ジェルジー Neyman, Jerzy　　283-85
ネットワーク分析 network analysis　　248, 292-94

ハ行
パーク、ロバート・エズラ Park, Robert Ezra　　2, 7, 12-16, 31-33, 38-39, 75, 86-88, 92-93, 104, 141, 171, 181, 263, 266-67, 274, 277, 279-81, 286, 296, 302-3
パークとバージェスの教科書 Park and Burgess textbook　　2, 25, 96, 131, 271, 279
バージェス、アーネスト・W Burgess, Ernest W.　　2, 7, 13, 17, 36, 38, 48, 52-55, 57-64, 69, 75, 84, 87-90, 96-99, 105-6, 141, 148-51, 157, 160, 165, 167, 170, 171, 177-81, 185, 237, 263, 267, 277, 296-97
パーソンズ、ストー Persons, Stow　　32-33
パーソンズ、タルコット Parsons, Talcott　　12, 25, 53, 65, 85, 92, 97, 105, 107, 247, 289-90
ハート、クライド Hart, Clyde　　53-54, 61, 63, 78, 90, 94-95
バーナード、ルーサー・L Bernard, Luther L.　　10, 119-20, 145, 150, 171
ハーパー、ウィリアム・レイニー Harper, William Rainey　　115-16, 132
ハーバード Harvard　　13, 23, 25, 27, 57, 75, 90, 93, 107, 142, 175, 289
ハイス、デイヴィッド Heise, David　　294-95
ハウザー、フィリップ Hauser, Philip　　38, 49, 53, 56-58, 61, 64-66, 69-75, 78-80, 82-85, 151, 158, 169, 186, 192, 198, 221, 259, 301
パジェット、ジョン Padgett, John　　260, 294-95
パターン認識 pattern recognition　　296
ハッチンズ、ロバート・メイナード Hutchins, Robert Maynard　　51-52, 56-57, 62, 66, 75
ハリス、チャウンシー Harris, Chauncy　　56, 78-80
バルマー、マーチン Bulmer, Martin　　5, 17-20, 23, 27, 40-41, 44, 145, 263
バローズ、エドガー・ライス Burroughs, Edgar Rice　　45
ビーン、ドナルド Bean, Donald　　146-51

*349*

ビッドウェル、チャールズ Bidwell, Charles　　197, 202, 211, 214, 219-24, 226, 229-33, 237-38, 242
ヒューズ、エヴェレット・チェリントン Hughes, Everett Cherrington　　13, 28, 36-39, 48, 53-54, 57, 61, 64-85, 90-91, 93-97, 101-5, 108, 114, 142, 157-61, 167, 169, 178, 188, 190-98, 208, 215, 247, 266, 303
ヒューズ、ヘレン・マクギル Hughes, Helen MacGill　　114, 156-61, 165-67, 170, 182, 189-91, 214
フィッシャー流統計学 Fisherian statistics　　284-85, 291
フート、ネルソン Foote, Nelson　　50, 62, 68, 73, 77-83, 87, 89-90, 95, 98, 100-1, 104, 106, 108
フェアリス、エルスワース Faris, Ellsworth　　7, 13-14, 35, 58, 71, 104, 114, 141, 145, 149-51, 157, 162-64, 171, 279
フェアリス、ロバート・E・リー Fairs, Robert E. Lee　　7, 13, 58, 156
フェミニズム feminism　　33-34, 218-19, 216
フォード財団 Ford Foundation　　48, 86
ブラウ、ピーター・M Blau, Peter M.　　50, 73, 78, 170, 185, 188, 194-99, 202, 206, 208, 211, 215, 219, 222, 229, 237, 241, 286
プラグマティズム pragmatism　　16-17, 42, 274
ブラロック、ヒューバート・M Blalock, Hubert M.　　232, 288
ブランダイス大学 Brandeis University　　87
ブルーマー、ハーバート Blumer, Herbert　　7, 13, 14, 27, 28, 35, 38, 48, 57, 59, 61, 65-67, 69-71, 75, 80, 84-90, 93-102, 104-9, 114, 141, 149-50, 152, 157-59, 160-67, 169-70, 176, 185, 197, 281-82
ブルーム、レオナルド Broom, Leonard　　194, 197
フレイジア、E・フランクリン Frazier, E. Franklin　　7, 37, 179, 267
文化主義パラダイム culturalist paradigm　　292
文化的実体 cultural entity　　44, 96-99, 105, 109
文脈依存指示語 indexicals　　65, 302-3
文脈主義パラダイム contextualist paradigm　　196, 263-73, 279-80, 285, 297-98, 301-2　理論的概念も見よ
米国国勢調査 United States Census　　65-66, 160
ベイン、リード Bain, Read　　150, 171
ベッカー、ハワード・S Becker, Howard S.　　26, 83, 97, 108, 172, 259
ベル、ダニエル Bell, Daniel　　51-53, 106
変数パラダイム variables paradigm　　263-65, 270, 272-76, 281-91, 297　理論的概念も見よ
ヘンダーソン、チャールズ Henderson, Charles　　116, 121, 126
ボーグ、ドナルド Bogue, Donald　　49, 74, 78, 108, 172, 186, 221
ホートン、ドナルド Horton, Donald　　50, 62-63, 68, 77, 101
ホワイト、ハリソン・C White, Harrison C.　　83, 266, 293-94, 296

マ行
マシューズ、フレッド Matthews, Fred　　15-17, 29, 40

*350*

索　引

マックラエ、ダンカン MacRae, Duncan　　82, 199
ミード、ジョージ・ハーバート Mead, George Herbert　　12, 86, 97, 279

ラ行
ライス、アルバート Reiss, Albert　　27, 87-88, 99, 104-5, 108
ラウマン、エドワード・O Laumann, Edward O.　　186, 199, 221, 226-29, 231-33, 235-38, 293
ラザースフェルド、ポール・F Lazarsfeld, Paul F.　　60, 73, 97, 107, 185, 282-83, 286-90
ラジカル社会学者 radical sociologists　　14-15, 20
ラッツェンホーファー、グスタフ Ratzenhofer, Gustav　　121-22, 279
ラル、バーバラ Lal, Barbara　　32
リースマン、デイヴィッド Riesman, David　　50-52, 69-70, 73-85, 105-6, 108
リーバーソン、スタンレー Lieberson, Stanley　　172, 199
理論的概念 theoretical concepts
　　因果関係 causality　　275, 278-79, 285, 287-90, 295-96
　　客体化 objectification　　101, 105
　　系譜 lineage　　3, 112, 131, 139, 240-41, 243-45, 299-302
　　社会的実体 social entity　　1, 2, 7, 41-45, 86-88, 90-92, 96, 109-112, 115, 240-245, 299-302
　　文化的実体 cultural entity　　44, 96-99, 105, 109
　　文脈主義パラダイム contextualist paradigm　　196, 263-73, 279-80, 285, 297-98, 301-2
　　変数パラダイム variables paradigm　　263-65, 270, 272-76, 282-91, 297
　　歴史研究 historiography　　2, 39-41, 111-12, 120, 299
ルイス、デイヴィッド Lewis, David　　16, 40
レヴィンソン、フローレンス Levinsohn, Florence　　198-205, 207-10, 213, 216, 218-19, 224, 244
歴史研究 historiography　　2, 39-41, 111-12, 120, 299　　理論的概念も見よ
レッドフィールド、ロバート Redfield, Robert　　37, 102-3
ロック、ポール Rock, Paul　　16-17, 40
ロッシ、ピーター Rossi, Peter　　50, 53, 76, 80-81, 84, 172, 185, 188-94, 197-99, 208, 211, 214-15, 241, 303

ワ行
ワース、ルイス Wirth, Louis　　7, 14, 31, 37, 48-51, 54-58, 61, 64-67, 69-71, 74, 84-87, 90-93, 96, 99, 102-8, 114, 141, 152, 157-58, 160-61, 163-71, 178, 185, 267, 271, 303

*351*

訳者略歴
## 松本　康（まつもと・やすし）
1955年　大阪市生まれ
1981年　社会学修士（東京大学）
1984年　東京大学大学院社会学研究科博士課程単位取得退学
東京大学文学部助手、名古屋大学文学部講師、同助教授、東京都立大学大学院都市科学研究科教授などを経て、現在、立教大学社会学部教授。
著書『都市社会学のフロンティア　2　生活・関係・文化』（共編著）日本評論社、1992年
　　『増殖するネットワーク』（編著）勁草書房、1995年
　　『東京で暮らす』（編著）東京都立大学出版会、2004年
訳書　C.S. フィッシャー『都市的体験』（共訳）未來社、1996年
　　　C.S. フィッシャー『友人のあいだで暮らす』（共訳）未來社、2002年
　　　H.J. ガンズ『都市の村人たち』ハーベスト社、2006年

## 任　雪飛（にん・せつひ／Ren, Xuefei）
中国・ハルビン市生まれ
2001年　東京都立大学大学院都市科学研究科修士課程修了（修士（都市科学））
2007年　シカゴ大学社会学科博士課程修了（Ph.D. Sociology）
2007年　ミシガン州立大学助教授、現在にいたる。
著書　Building Globalization: Transnational Architecture Production in Urban China. University of Chicago Press, 2011.

　　　　　　　　　ネオ・シカゴ都市社会学シリーズ2
　　　　　　　　　アンドリュー・アボット
　　　　　　　　**社会学科と社会学　シカゴ社会学百年の真相**

　　　　　　　　　　　　　　　　　　　　定価はカバーに表示
　　　　　2011年9月9日　第1刷発行

　　　　　　　　　　　　　　著　者　A・アボット
　　　　　　　　　　　　　　訳　者　松　本　　　康
　　　　　　　　　　　　　　　　　　任　　　雪　飛
　　　　　　　　　　　　　　発行者　小　林　達　也
　　　　　　　　　　　　　　発行所　ハーベスト社
本書の内容を無断で複写・複製・転訳載す　　〒188-0013　東京都西東京市向台町2-11-5
ることは、著作者および出版者の権利を侵　　　　　　　電話　0424-67-6441
害することがございます。その場合には、　　　　　　　Fax　0424-67-8661
あらかじめ小社に許諾を求めてください。　　　　　　　振替　00170-6-68127
視覚障害などで活字のまま本書を活用でき　　　　　　　http://www.harvest-sha.co.jp
ない人のために、非営利の場合にのみ「録
音図書」「点字図書」「拡大複写」などの製　　　　　　　印刷・製本・㈱平河工業社
作を認めます。その場合には、小社までご　　　落丁・乱丁本はお取りかえいたします。　Printed in Japan
連絡ください。　　　　　　　　　　　　　　　　　　ISBN978-4-86339-031-7 C3036